Reinhard Krickhahn
Bernd Radig

Die Wissensrepräsentationssprache OPS5

Artificial Intelligence
Künstliche Intelligenz

herausgegeben von Wolfgang Bibel

Künstliche Intelligenz steht hier für das Bemühen um ein Verständnis und um die technische Realisierung intelligenten Verhaltens.
Die Bücher dieser Reihe sollen Wissen aus den Gebieten der Wissensverarbeitung, Wissensrepräsentation, Expertensysteme, Wissenskommunikation (Sprache, Bild, Klang, etc.), Spezialmaschinen und -sprachen sowie Modelle biologischer Systeme und kognitive Modellierung vermitteln.

Reinhard Krickhahn
Bernd Radig

Die Wissensrepräsentations-sprache OPS5

Sprachbeschreibung und Einführung in die regelorientierte Programmierung

Unter Mitarbeit von
Carola Eschenbach

Friedr. Vieweg & Sohn   Braunschweig/Wiesbaden

CIP-Kurztitelaufnahme der Deutschen Bibliothek

Krickhahn, Reinhard:
Die Wissensrepräsentationssprache OPS 5:
Sprachbeschreibung u. Einf. in d. regelorientierte
Programmierung / Reinhard Krickhahn; Bernd Radig.
Unter Mitarb. von Carola Eschenbach. — Braunschweig;
Wiesbaden: Vieweg, 1987.
  (Künstliche Intelligenz)
  ISBN-13: 978-3-528-04498-5   e-ISBN-13: 978-3-322-85335-6
  DOI: 10.1007/978-3-322-85335-6

NE: Radig, Bernd:

Das in diesem Buch enthaltene Programm-Material ist mit keiner Verpflichtung oder Garantie irgendeiner Art verbunden. Die Autoren und der Verlag übernehmen infolgedessen keine Verantwortung und werden keine daraus folgende oder sonstige Haftung übernehmen, die auf irgendeine Art aus der Benutzung dieses Programm-Materials oder Teilen davon entsteht.

Umschlaggestaltung: Ludwig Markgraf, Wiesbaden

ISBN-13: 978-3-528-04498-5

Inhalt

Vorwort

Zur Entwicklung Wissensbasierter Systeme stehen inzwischen unterschiedliche Werkzeuge zur Verfügung. Eines dieser Werkzeuge ist OPS5, das speziell zur Erstellung regelbasierter Systeme dient. Es hat schon seit längerem den Weg aus den Entwicklungslaboratorien gefunden und wurde für erfolgreich eingesetzte Expertensysteme verwendet. Auch in der Bundesrepublik hat es Verbreitung in Universitäten und Unternehmen gefunden. Ein Lehrbuch in deutscher Sprache, wie es sie für Sprachen wie Pascal oder FORTRAN in breiter Auswahl gibt, existierte für OPS5 jedoch bislang nicht.

Als die Autoren Anfang 1985 begannen, sich mit OPS5 zu beschäftigen, gab es als einzige Unterlage lediglich das knappe Handbuch von Charles L. Forgy als Bericht der Carnegie-Mellon Universität sowie einige kurze Veröffentlichungen anderer Universitäten. Zum Erlernen einer Sprache sind Handbücher aber weder geeignet noch gedacht, da sie didaktische Gesichtspunkte völlig außer acht lassen. Auch wird in ihnen weder auf das zugrundeliegende Programmierparadigma eingegangen noch etwas über das Umfeld oder den Einsatz der Sprache ausgesagt. Viele Fragen lassen sich aufgrund des Handbuches auch nicht beantworten.

Die Autoren konnten deshalb detaillierte Kenntnisse über OPS5 und dessen Möglichkeiten nur auf experimentellem Weg gewinnen. Um anderen den Einstieg in OPS5 zu erleichtern, begannen sie, ihre gewonnenen Erkenntnisse zu dokumentieren. Daraus entstand zunächst ein Skript als Arbeitsmaterial für ein Seminar über OPS5. Aufgrund der mit den Teilnehmern gemachten Erfahrungen wurde das Skript korrigiert und ergänzt. Für das vorliegende Buch wurde das Material völlig überarbeitet und wesentlich erweitert. Dabei enstand die nun vorliegende Dreiteilung.

Die wesentlichen Konzepte der Künstlichen Intelligenz, die zum Verständnis der Sprache und zu ihrer richtigen Einordnung in das Umfeld notwendig sind, wurden aus der eigentlichen Sprachbeschreibung herausgenommen und in dem Einleitungsteil des Buches zusammengefaßt. Der zweite Teil enthält eine detaillierte Beschreibung der Sprachelemente und ist sowohl zum erstmaligen Erlernen der Sprache wie auch zum schnellen Nachschlagen bei konkreten Fragen geeignet. Der dritte Teil schließlich beschreibt die Anwendung von OPS5 und macht mit dem Programmierparadigma vertraut.

Die Autoren hoffen, dem Leser ein leichtes Erlernen der Sprache zu ermöglichen, aber auch, ihn den Anwendungsbereich und die Möglichkeiten der Sprache abschätzen zu lassen und nicht zuletzt die hinter der Sprache liegenden Ideen zu vermitteln.

Reinhard Krickhahn und Bernd Radig
Hamburg und München, im Dezember 1986

TEIL 1

WISSENSVERARBEITUNG MIT PRODUKTIONENSYSTEMEN

Kapitel 1 Wissensverarbeitung

1.1 Die Verwendung von Wissen zur Lösung von Problemen

Die Künstliche Intelligenz (KI) ist ein Teilbereich der Informatik, in dem versucht wird, die kognitiven Leistungen des Menschen zu verstehen und mit Hilfe von Rechnern bzw. darauf laufenden Programmen nachzuahmen. Dazu gehören neben dem Sehen, Hören und Sprechen auch die Kontrolle von (komplexen) Bewegungen und das abstrakte Denken. Entsprechend gibt es Teilbereiche innerhalb der KI, die sich mit Bildverstehen, Sprachverstehen, Robotik und logischem Schließen befassen.

Die Fähigkeit des Menschen, derartige "Intelligenz erfordernde" Probleme zu lösen, hängt zu einem erheblichen Teil von seinen Möglichkeiten ab, eigene Erfahrungen zu sammeln und sie mit anderen Menschen auszutauschen, von Unwesentlichem zu abstrahieren und bekannte Lösungen auf neue Probleme zu übertragen. Ein wesentlicher Teilaspekt bei der maschinellen Bearbeitung solcher Probleme ist daher die Darstellung und Manipulation von Wissen. Was dabei überhaupt "Wissen" bedeutet, ist nicht ganz einfach zu definieren. Man könnte Wissen als die Verfügbarkeit von Information über Fakten, Konzepte und Methoden aus einem bestimmten Problembereich (Domäne) bezeichnen. Unter der Darstellung von Wissen versteht J. Laubsch die symbolische Repräsentation von Objekten, Fakten und Regeln in operationaler Form für einen Handlungsträger mit symbolverarbeitender Kompetenz /Laubsch 85/.

1.2 Wissensbasierte Systeme vs. traditionelle Programmierung

Im Vergleich zur traditionellen Datenverarbeitung (Textverarbeitung, Tabellenkalkulation, Compiler etc.), bei der eine Menge von Eingabedaten durch einen Algorithmus zu einer Menge von Ausgabedaten verarbeitet wird, wird bei vielen KI-Systemen eine Wissensbasis mit hinzugezogen. Dafür hat sich der Ausdruck "Wissensbasierte Systeme" geprägt. Von Expertensystemen spricht man, wenn ein wissensbasiertes System Spezialwissen eines Problembereiches enthält, das unter den Menschen nur ausgebildeten Spezialisten bekannt ist.

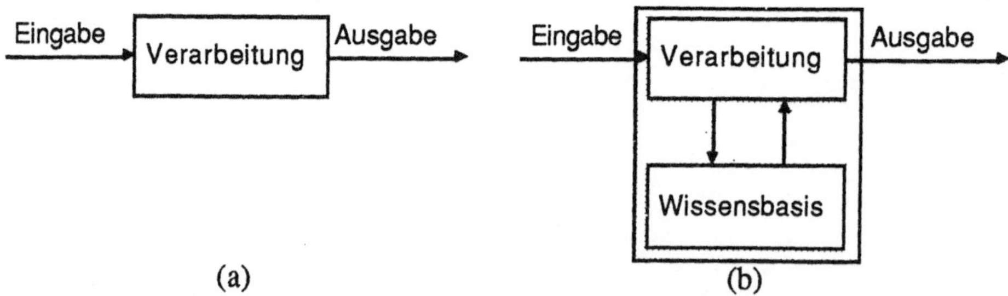

Bild 1-1: Datenverarbeitung (a) und Wissensverarbeitung (b)

Die Wissensbasis kann dabei nicht als Teil der Eingabe aufgefaßt werden, wie etwa verwendete Dateien oder Datenbankinhalte. Im Gegensatz zu den "passiven" Inhalten einer Datei enthält eine Wissensbasis nicht nur Daten (Faktenwissen), sondern auch Verfahren oder Methoden (Methodenwissen). Diese Verfahren (-sbeschreibungen) liegen typischerweise in einer Form vor, die eine direkte Ausführung ermöglicht (übersetzt oder interpretierbar).

Ein wesentlicher Unterschied zwischen methodischem Wissen und Prozeduren eines Programms liegt in der Art der Aktivierung. Eine Prozedur wird an einer von vornherein festgelegten Stelle im Programm aufgerufen, u.U. nur unter bestimmten Voraussetzungen, die vom dynamischen Vorgänger der Prozedur geprüft werden. Methodenwissen enthält jedoch typischerweise die Prüfung der Bedingungen, unter denen es aktivierbar ist. Dadurch ergibt sich häufig eine regelartige Struktur: "Wenn Bedingung, dann Aktion". Eine Inferenzkomponente, die die Steuerung des Systems vornimmt, enthält keine explizit vorprogrammierten Aufrufe, sondern aktiviert einzelne Wissensbrocken aufgrund ihrer Inhalte (assoziativer Zugriff). In OPS5 etwa enthalten die Regeln ein Aufrufmuster, das der Inferenzkomponente beschreibt, unter welchen Umständen diese Regel eingesetzt werden kann. Ob sie jedoch eingesetzt wird, entscheidet die Inferenzkomponente.

Eine solche Komponente des Systems, die das Fakten- und Methodenwissen benutzt, um neues Wissen daraus abzuleiten (zu inferieren), wird als Inferenzmaschine (inference engine) bezeichnet.

Bei verschiedenen regelbasierten Programmiersprachen, in denen die Inferenzmaschine vollständig vorgegeben ist, besteht noch die Möglichkeit, diese zu beeinflussen, in OPS5 durch die Wahl der Regelauswahlstrategie, in PROLOG durch den Cut, der das Backtracking begrenzt. Noch deutlicher wird die Zugehörigkeit der Inferenzmaschine zum Programm in der Sprache OPS83, deren Regelinterpreter einen effizienten Algorithmus zum Feststellen der feuerbereiten Regeln enthält, die Regelauswahlstrategie aber vollständig vom Anwender programmiert werden muß.

Traditionelle Programmsysteme und wissensbasierte Systeme lassen sich demnach wie in Bild 1-2 schematisch darstellen.

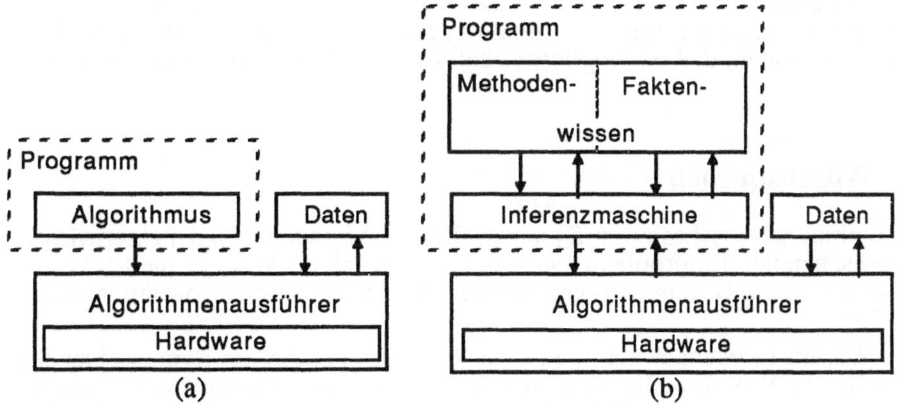

Bild 1-2: Traditionelle Programme (a) und wissensbasierte Systeme (b)

Dennoch wird bei regelbasierten Sprachen wie OPS5 und PROLOG meistens mit dem Begriff Programm ausschließlich die Regelmenge bezeichnet, die ja der Teil ist, der für eine bestimmte Anwendung tatsächlich entwickelt werden muß. Die Einbeziehung der Inferenzmaschine in den Begriff Programm macht deutlich, wie groß die Abhängigkeit des "zu schreibenden Teils" von der ausführenden Komponente ist. Der Begriff der Semantik einer Programmiersprache läßt sich nicht ohne Berücksichtigung der Inferenzmaschine auf Regelsprachen übertragen.

Ein Lohnbuchhaltungsprogramm beispielsweise, in traditioneller Weise programmiert, liest für jeden Angestellten eine Menge von Daten ein. Art und Umfang dieser Daten sind durch das Programm strikt festgelegt. Aus diesen Daten berechnet es die Höhe des Gehalts, die zu zahlenden Steuern und Versicherungsbeiträge und veranlaßt die nötigen Überweisungen. Bei dieser Berechnung schaut das Programm vielleicht noch in einer Tabelle nach. Der Zeitpunkt eines solchen Nachsehens in einer Datei ist aber wie alle anderen Verarbeitungsschritte unveränderlich festgelegt. Das Wissen darüber, wie man eine ordnungsgemäße Lohnbuchhaltung durchführt, steckt nur in den Köpfen derjenigen Personen, die das Programm enwickelt haben, nicht aber im Programm selbst.

Betrachten wir dagegen ein System, das gesprochene Sprache verstehen soll. Als Eingabe erhält das System die digitalisierten, einem Mikrophon entnommenen Spannungsschwankungen; als Ausgabe soll der gesprochene Satz auf ein Terminal geschrieben werden. Es müssen bestimmte Muster von Spannungsschwankungen auf die sie verursachenden Phoneme abgebildet, passende Phoneme zu Silben und Silben zu Wörtern verbunden werden. Lediglich die erste Phase, die Vorverarbeitung der eingehenden Signale läßt sich mit Algorithmen der Signalverarbeitung behandeln. Für die Interpretation der Semantik hingegen gibt es keine algorithmischen Verfahren. Dazu enthält die gesprochene Sprache zu viele Mehrdeutigkeiten; selbst der Mensch versteht Wörter meist aus dem Kontext des ganzen Satzes und nicht, weil er jeden Laut verstanden hat.

Das System braucht nicht nur ein Lexikon der möglichen Worte, es benötigt auch Wissen über den Aufbau der Sprache. Es muß feststellen können, welche Phonemkombinationen eine Silbe ergeben könnten, welche Folgen von Silben in der Sprache möglich, wahrscheinlich oder völlig auszuschließen sind und welche Wortfolgen einen syntaktisch wohlgeformten Satz bilden. Da alle diese Entscheidungen nicht immer eindeutig zu treffen sind, muß das System zwischen Alternativen dergestalt abwägen können, daß es möglichst häufig eine richtige Interpretation der Eingabe liefert.

1.3 Wissensquellen

Teile eines wissensbasierten Systems, die das Methoden- und Faktenwissen zum Lösen spezieller Teilprobleme bereitstellen, werden als Wissensquellen bezeichnet. Diese können z.B. durch Regelgruppen, aber auch durch Prozeduren dargestellt werden.

Warum bezeichnet man nun eine Regelgruppe, die die Syntax einer Sprache darstellt, als Wissensquelle, eine Prozedur, die aus den geleisteten Arbeitsstunden das Gehalt bestimmt, aber als bloße Berechnungsvorschrift? Ein wichtiger Gesichtspunkt ist dabei die Explizitheit der Darstellung. Bei einem wissensbasierten System wird das zur Problemlösung erforderliche Wissen nicht nur bei der Programmerstellung benutzt, sondern es wird explizit im Programm dargestellt. Alle Wissensbrocken werden dabei als voneinander unabhängig gesehen, so daß das Ändern oder Hinzufügen von Wissen keine Auswirkung auf die Verwendbarkeit der anderen Wissensquellen hat.[1] Es gibt keine speziellen Schnittstellen zwischen einzelnen Wissensquellen, sondern globale Konventionen, wodurch es für die einzelnen Wissensquellen unerheblich ist, wie andere aufgebaut sind.

In einem traditionellen Programmsystem werden dagegen häufig Annahmen über das behandelte Problem gemacht, die selbst nicht explizit in das Programm codiert werden, sondern nur indirekt, in Form der daraus resultierenden Anweisungen.

Betrachten wir die Tatsache, daß Mitglieder der Kirche eine entsprechende Kirchensteuer zahlen müssen. In einem traditionellen Programm könnte sich das -vereinfacht- wie folgt niederschlagen:

```
BEGIN
        . . .
    IF    Angestellter.Konfession IN [Evang, Kathol]
    THEN Kirchensteuer (Angestellter);
        . . .
END
```

Das Wissen (unter welchen Bedingungen Kirchensteuer gezahlt werden muß) ist nicht explizit im Programm vorhanden, sondern es drückt sich in einer speziellen Aktion aus, die auf diesem Wissen aufbaut (Berechnen und Abziehen der Steuern). So sind im traditionellen (imperativen) Programmierstil Prozeduren mehr auf Handlungen ausgelegt, in wissensbasierten Systemen dagegen mehr auf das Bereitstellen von Information. Wäre es notwendig, das Wissen zu ändern (was in einem wissens- basierten System durchaus keine Ausnahmeerscheinung ist, sondern einem "Dazulernen" entspricht), müßten alle Anweisungen, in denen das Wissen implizit verwendet wird, geändert werden.

In einem wissensbasierten System wäre dagegen folgende Darstellung denkbar:

```
(Regel::Kirchensteuer_zahlen
        (Angestellter
            ^Konfession << Evang Kathol >> )

    -->   (MAKE Aufgabe
            ^Name          Kirchensteuer_zahlen)
    )
```

Diese Regel stellt eine einfache Wissensquelle dar, die das Wissen enthält, unter welchen Voraussetzungen Kirchensteuern zu zahlen sind. Ist im Arbeitsspeicher die Information vorhanden, daß der gerade bearbeitete Angestellte evangelisch-lutherisch oder römisch-katholisch ist, so kann diese Regel darauf reagieren und die Information erzeugen, daß Kirchensteuer gezahlt werden muß.

Sollten sich die Bedingungen für das Zahlen der Kirchensteuer ändern, so muß nur diese Wissensquelle geändert werden, die ja genau diese Bedingungen repräsen- tiert, nicht aber die Teile des Programms, die dieses Wissen benötigen. Diese Unab-

---

[1] Eventuell in der Realität vorhandene Abhängigkeiten zwischen Fakten und Methoden werden explizit als solche repräsentiert.

hängigkeit ist Voraussetzung für die experimentelle Erstellung und inkrementelle Erweiterung einer Wissensbasis.

Ein weiterer wichtiger Punkt im Zusammenhang mit der Verwendung von Wissen ist die Art des möglichen Zugriffs auf eine Wissensquelle. Wie bereits erwähnt, werden Wissensquellen typischerweise nicht wie Unterprogramme an festgelegten Zeitpunkten aufgerufen, sondern das System wählt zur Laufzeit aus einer Anzahl möglicher Quellen eine adäquate aus. Dazu muß es effizient entscheiden können, welche Wissensquellen aktuell einsetzbar sind.

Eine Möglichkeit, dies zu erreichen, ist die im System HEARSAY entwickelte "Blackboard"-Technik /Hayes-Roth 85/. Verschiedene Wissensquellen kommunizieren dabei über einen gemeinsamen Informationspool (das Blackboard). Sie reagieren auf Einträge dort, indem sie (wiederum über das Blackboard) selbständig bekanntgeben, wie sie den aktuellen Inhalt des Blackboards zum Inferieren weiteren Wissens verwenden können. Die Inferenzmaschine entscheidet daraufhin, welche Wissensquelle die interessantesten Ergebnisse verspricht und aktiviert diese.

Es kommt also zusätzlich noch das Problem hinzu, aus den einsetzbaren Wissensquellen eine geeignete auszuwählen, um sie als nächstes zu aktivieren. Das bedeutet, daß in dem System Wissen über den sinnvollen Einsatz von Wissensquellen enthalten sein muß (Metawissen). In gewisser Weise läßt sich dies als so etwas wie Verständnis für den Inhalt der Wissensquellen begreifen. Das Verstehen von Wissen über eine Domäne haben J. L. Moore und A. Newell folgendermaßen definiert :

> S versteht Wissen W,
> wenn S W benutzt, wann immer es angebracht ist.
> /Moore 1973/

1.4 Anforderungen der Wissensrepräsentation an Implementationswerkzeuge

Nicht nur bei der voran erwähnten Verarbeitung gesprochener Sprache, auch für viele andere Probleme gibt es keinen Lösungsalgorithmus, etwa für die Diagnose von Krankheitssymptomen. Dennoch ist der Mensch, etwa ein Arzt, aufgrund seiner Erfahrung durchaus in der Lage, eine zuverlässige Diagnose zu stellen. Die Erfahrung des Arztes drückt sich dabei nicht nur in Faktenwissen über die verschiedenen Krankheiten aus, sondern auch in der Verwendung von Heuristiken (Daumenregeln). Die traditionellen Programmiersprachen unterstützen aber einen imperativen Programmierstil, d.h. die Formulierung eines Algorithmus durch eine Folge von Anweisungen.

Das menschliche Gehirn läßt Umwelteindrücke nicht auf der Ebene der eingehenden Signale bewußt werden, sondern verdichtet diese zu höheren Konzepten. Im Bereich der Künstlichen Intelligenz entwickelte sich die Idee der Symbolverarbeitung. Dabei werden Objekte, Konzepte oder Ereignisse nicht mehr durch Zahlen oder Zeichenketten codiert dargestellt, sondern durch atomare Bezeichner (Symbole), die wiederum zu größeren Einheiten zusammengefaßt werden können. Symbole haben keinen Wert, sondern sind lediglich Repräsentanten für reale oder abstrakte Objekte etc. Die Manipulation solcher symbolischer Objekte geschieht durch Operationen wie Vergleichen, Verändern und Zusammenfassen. Newell und Simon haben die Hypothese aufgestellt, daß ein solches Symbolsystem die notwendigen und hinreichenden Mittel für intelligentes Verhalten bereitstellt /Newell 76/.

Aus dem Charakter der in der KI behandelten Probleme ergeben sich verschiedene Anforderungen an das zu benutzende Implementationswerkzeug, die von traditionellen Programmiersprachen wie FORTRAN und COBOL, aber auch Pascal nur unzureichend erfüllt werden.

- Mit den Werkzeugen müssen Symbole gehandhabt werden können. Arithmetische Berechnungen spielen nur eine untergeordnete Rolle.
- Die Werkzeuge müssen Alternativen zum imperativen, sich auf einen Algorithmus stützenden Programmierstil bieten.
- Es sollte spezielle Repräsentationsformen zur Darstellung von Wissen geben.

Fast alle frühen KI-Programme und auch viele der neueren wurden in LISP geschrieben. Obwohl nicht als KI-Sprache entwickelt, erfüllt LISP die an solche Sprachen gestellten Anforderungen besser als andere herkömmliche Programmiersprachen. Symbolische Werte lassen sich durch Atome darstellen. Diese können zu beliebig langen und beliebig verschachtelten Listen zusammengefaßt werden. Jedes Atom hat eine Eigenschaftsliste (property list), in der ihm unter frei definierbaren Eigenschaften beliebige Werte zugeordnet werden können. Es gibt keine Unterscheidung zwischen Daten und Programmcode. LISP legt einen funktionalen Programmierstil nahe, ermöglicht aber auch einen imperativen und selbst einen objektorientierten Programmierstil.

Die in der KI entwickelten Techniken zur Wissensrepräsentation und zum logischen Schließen ließen sich am besten in LISP implementieren. Viele der neueren KI-Programmiersprachen, die spezielle, über LISP hinausgehende Eigenschaften haben, wurden in LISP implementiert. Dabei handelt es sich z.T. um Erweiterungen von LISP, wie etwa die Sprache Fuzzy, oder Sprachen, die weitgehend eigenständig sind, wie etwa OPS5.

1.5 Wissensrepräsentation

Die Möglichkeit, Wissen formal zu repräsentieren, ist eine grundlegende Voraussetzung für den Bau intelligenter Systeme. Dazu sind in der KI bereits verschiedene Techniken entwickelt worden.

- In Semantischen Netzen werden Objekte, Konzepte und ihre Beziehung untereinander durch die Knoten bzw. Kanten in einem Graphen dargestellt. Zusammengehörendes Wissen ist dadurch über einen größeren Teil des Netzes verstreut, wodurch lange Zugriffswege entstehen können.
- Mit Hilfe von Schemata (frames) wird versucht, zusammengehörendes Wissen auch entsprechend zu repräsentieren und dadurch einen leichteren Zugriff zu ermöglichen. Schemata sind Objekte, die aus einer Menge von Fächern (slots) bestehen, in denen die zu einem Objekt gehörenden Eigenschaften dargestellt werden. In der Regel sind Schemata in einer Hierarchie angeordnet und können ihre Eigenschaften durch diese Hierarchie vererben. Durch die Möglichkeit, anstelle von Werten auch Prozeduraufrufe in die Fächer einzutragen (attached procedures), ist es möglich, neben Faktenwissen auch methodisches Wissen darzustellen.
- Mit den beiden voran erwähnten Techniken kann vor allem deklaratives Wissen dargestellt werden. Zu dessen Verarbeitung sind zusätzliche Komponenten nötig.

Dagegen sind Regeln geeignet, prozedurales Wissen zu repräsentieren, also etwa anzugeben, wie neues Wissen aus vorhandenem (deklarativem) Wissen inferiert werden kann. Regelsysteme können also z.B. auf Strukturen wie den vorangenannten arbeiten.

1.6 Einsatz spezieller Sprachen zur Wissensrepräsentation

Einige der Wissensrepräsentationstechniken werden durch spezielle Programmiersprachen unterstützt. Die Sprache KRL (Knowledge Representation Language) und FRL (Frame Representation Language) dienen zur Darstellung von Wissen mit Hilfe von Schemata; in EMycin (essential Mycin) und OPS5 wird Wissen in Form von Regeln dargestellt.

Während bei der Implementation von Mycin der gesamte Regelinterpreter und die Struktur der Regeln mitentwickelt werden mußte (Mycin ist in LISP implementiert), besteht heute die Möglichkeit, u.U. einen Teil der notwendigen Entwicklungsarbeit durch die Wahl einer geeigneten Implementationssprache abzudecken. Hält man etwa nach der Problemanalyse ein Produktionssystem für die geeignete Implementationsform, scheint die Wahl einer regelorientierten Programmiersprache eine Reduzierung des Entwicklungsaufwandes zu versprechen. Dies gilt allerdings nicht uneingeschränkt.

Aus verschiedenen Expertensystemen wie etwa Mycin, HEARSAYII und anderen sind sogenannte "leere Expertensysteme" [2] entwickelt worden, indem alle problembereichsspezifischen Teile aus dem System entfernt wurden. Da aber auch der vom Problembereich unabhängige Teil (z.B. der Regelinterpreter, die Handhabung unscharfen Wissens und die damit verbundene Technik der Evidenzberechnung) unter Berücksichtigung der ursprünglichen Problemstellung entwickelt worden sind, kann man solche Systeme nicht an beliebige andere Problembereiche adaptieren. So ist z.B. die Rückwärtsverkettung bei einem der Diagnose dienenden Produktionssystem durchaus eine geeignete Technik; für ein System, das eine Überwachungs- oder eine Konfigurationsaufgabe lösen soll, ist sie dagegen ungeeignet. Ob die Verwendung einer speziellen Programmiersprache gegenüber einer universellen eine Reduzierung des Entwicklungsaufwandes bringt, hängt davon ab, wie sehr die spezielle Sprache auch im Detail dem Problem angepaßt ist.

Im Bereich der regelorientierten Programmierwerkzeuge bilden z.B. EMycin und OPS5 zwei mögliche Extreme. EMycin verwendet sowohl den für Mycin entwickelten Regelinterpreter, als auch dessen Darstellung unscharfen Wissens, dessen Mechanismus zur Generierung von Erklärungen etc. Für einen eingeschränkten Problembereich, nämlich die Diagnostik, lassen sich hiermit mit geringem Aufwand neue Systeme entwickeln. Es ist aber kaum möglich, neue Leistungsmerkmale zu implementieren, die nicht von vornherein unterstützt werden. EMycin ist also keine Programmiersprache, sondern ein leeres Expertensystem, für das neue Wissensbasen entwickelt werden können.

OPS5 dagegen wurde ohne Berücksichtigung einer speziellen Domäne oder gar eines speziellen Systems entwickelt. Es enthält lediglich einen sehr effizienten Regelinterpreter und die Möglichkeit des assoziativen Zugriffs auf eine große Menge von symbolischen Daten. Spezielle Strukturen, wie ein Vererbungsmechanismus, die

---

[2] Etwas widersprüchlich auch Expertensystemkerne oder -hüllen (shells) genannt.

Unterstützung einer Erklärungskomponente oder die Behandlung unscharfen Wissens, fehlen in OPS5. Diese Offenheit gegenüber einem breiten Bereich von Anwendungen wird mit entsprechend höherem Implementationsaufwand bezahlt. OPS5 stellt nur solche Spracheigenschaften zur Verfügung, die in jedem Produktionensystem nötig sind. Gegenüber der Verwendung einer universellen Programmiersprache wird einem Entwickler die nicht triviale Aufgabe abgenommen, einen leistungsfähigen Regelinterpreter zu schreiben. Alle problemorientierten Eigenschaften des Systems müssen hingegen selbst entwickelt werden, können dementsprechend aber besser angepaßt werden. OPS5 versucht, den Vorteil der Problembeschreibung auf höherem Niveau (symbolische Regeln statt imperative Programmieranweisungen) zu bieten, ohne sich den Nachteil einzuhandeln, durch zu spezielle Strukturen die Ausdrucksfähigkeit der Sprache einzuschränken. Die einfache Struktur der OPS5-Regeln und einige enthaltene Einschränkungen sind keine Konzessionen an einen speziellen Problembereich, sondern dienen lediglich der gewünschten hohen Verarbeitungsgeschwindigkeit des Systems.

Neben den mehr oder weniger universellen Programmiersprachen für Probleme der KI (u.a. LISP, PROLOG, OPS5) und den leeren Expertensystemen für eng begrenzte Problembereiche (u.a. EMycin, Med1) gibt es noch sogenannte hybride Werkzeuge für die Erstellung wissensbasierter Systeme (u.a. Babylon, KEE, LOOPS). Solche Systeme zeichnen sich dadurch aus, daß sie einerseits ein ähnlich breites Anwendungsspektrum besitzen wie Programmiersprachen, andererseits aber verschiedene Wissensrepräsentationsformen und entsprechende Programmierparadigmen unterstützen. LOOPS beispielsweise ist in INTERLISP eingebettet und kombiniert den durch LISP nahegelegten applikativen Programmierstil mit den Möglichkeiten der objektorientierten und der regelbasierten Programmierung. So können z.B. die Methoden von Objekten durch Regelmengen beschrieben werden. Allerdings ist der regelorientierte Teil von LOOPS, für sich genommen, weniger mächtig als beispielsweise OPS5.

Kapitel 2 Produktionensysteme

2.1 Einleitung

Produktionensysteme stellen eine Möglichkeit dar, Wissen über eine Domäne zu formalisieren. Solche Systeme bestehen im allgemeinen aus drei Komponenten: [1]

> einer Menge von Produktionsregeln,
>
> einer Kontrolleinheit und
>
> einer globalen Datenbasis.

Das Programm, d.h. der ablauffähige Teil des Systems, besteht dabei aus der Regelmenge und der Kontrolleinheit.

Die Datenbasis dient zur Darstellung von deklarativem Wissen der betrachteten Domäne, aber auch Daten, die den Kontrollfluß des Systems steuern, werden hier untergebracht.

Mit den Produktionsregeln wird das methodische Wissen ausgedrückt. Die Regeln sind typischerweise zweiteilig aufgebaut; sie bestehen aus einem Bedingungsteil und einem Anweisungsteil und haben damit oft eine "Wenn-Dann-Form".

Wenn   Bedingung,   **dann**   Anweisung.

Der Bedingungsteil (Antezedensteil) kann entweder ein Muster beschreiben, das durch Übereinstimmung mit Teilen der Datenbasis erfüllt wird (OPS5), oder ein Boolescher Ausdruck sein (LOOPS). Der Anweisungsteil (Konsequenzteil) beschreibt die daraus resultierende Schlußfolgerung, die sich meist in der Änderung der Datenbasis ausdrückt. Im Englischen wird der Bedingungsteil oft als "left hand side" (LHS), der Anweisungsteil als "right hand side" (RHS) bezeichnet, obwohl der Anweisungsteil nicht immer rechts steht (PROLOG).

Die Kontrolleinheit entscheidet, wann welche Regel ausgeführt wird. Sie ist in einer auf dem jeweiligen Rechner verfügbaren Programmiersprache geschrieben. Häufig ist dies LISP. Da die Effizienz der Kontrolleinheit wesentlich die Effizienz des gesamten Systems bestimmt, werden auch andere Sprachen (FORTRAN, BLISS) zu ihrer Implementation verwendet. Die Kontrolleinheit ist diejenige Komponente, die durch Anwendung von Wissen neues Wissen erschließt. Sie stellt die Inferenzmaschine des Produktionensystems dar. Verschiedene Systeme können sich durch die Regelauswahlstrategie, den Zugriff auf die Datenbasis und die Verkettungsrichtung (vorwärtsverkettend, rückwärtsverkettend) etc. unterscheiden.

2.2 Problemräume

Der zu einem Problem gehörende Problemraum kann durch einen gerichteten Graphen beschrieben werden, dessen Knoten alle möglichen Zustände des betrachteten Problems darstellen, wobei ein interessantes Kennzeichen eines Zustandes der Grad

---

[1] Eine Ausnahme bildet PROLOG, wo Regel- und Datenspeicher nicht getrennt sind. Daten werden durch Regeln dargestellt, deren Bedingungsteil stets erfüllt ist (Axiom).

der Gelöstheit des Problems ist. Die Kanten stellen Operationen dar, die einen Zustand in einen anderen überführen, geben also an, wie ein Teilschritt bei der Problemlösung durchgeführt wird. Startzustände sind dabei solche Zustände, die die Ausgangssituation des Problems beschreiben, Zielzustände beschreiben das Problem entsprechend als gelöst. Das Lösen des Problems entspricht der Suche nach einem Pfad durch den Problemraum vom Startzustand zu einem Zielzustand. Dabei kann es zusätzlich noch darauf ankommen, den günstigsten von mehreren Lösungspfaden bzw. eine möglichst gute von mehreren möglichen Lösungen zu finden. Zu jedem Problem ist per se ein Problemraum definiert, auch wenn dieser nicht immer vollständig bekannt oder berechenbar ist. Jede Repräsentation eines Problemraumes stellt ein geschlossenes Modell eines Ausschnittes der realen Welt dar.

Dabei wird vom realen Problemraum mehr oder weniger stark abstrahiert, einerseits durch die eingesetzten Lösungsmethoden, andererseits durch unvollständiges Problemwissen und schließlich auch durch das Nichtberücksichtigen von (vermeintlich) Unwesentlichem.

Ein einfaches Beispiel ist die Aufgabe, ein Zimmer zu renovieren. Dabei sollen die Wände tapeziert, die Decke gestrichen und die Fenster und Türen lackiert werden. Der Bearbeitungszustand der Aufgabe, der ja angibt, wie weit das Problem schon gelöst ist, ergibt sich aus dem Zustand der Wände (tapeziert bzw. nicht tapeziert), dem der Decke (gestrichen bzw. nicht gestrichen) und dem der Fenster und Türen (lackiert bzw. nicht lackiert). Um von der Ausgangssituation (nicht renoviertes Zimmer) zur Zielsituation (renoviertes Zimmer) zu gelangen, sollen uns die folgenden Regeln helfen.

> Regel_1::tapeziere_die_Wände
> **Wenn** die Wände nicht tapeziert sind,
> **dann** tapeziere die Wände.

> Regel_2::streiche_die_Decke
> **Wenn** die Decke nicht gestrichen ist,
> **dann** streiche die Decke.

> Regel_3::lackiere_Fenster_und_Türen
> **Wenn** die Fenster und Türen nicht lackiert sind,
> **dann** lackiere Fenster und Türen.

Die Regeln enthalten im Namen einen Hinweis auf den Inhalt der Regel. Im Antezedensteil der Regel wird die Bedingung zur Anwendung der Regel beschrieben, der Konsequenzteil beschreibt den Effekt der Regelanwendung. Durch diese Regeln ergibt sich eine Repräsentation des Problemraumes wie in Bild 2-1 dargestellt. Deutlich wird in diesem Beispiel, wie von sehr vielen durchaus nicht unwichtigen Details des Zimmerrenovierens abstrahiert wird. Das Problem reduziert sich auf diesem Abstraktionsniveau auf nur drei notwendige Schritte.

Anhand der Darstellung des vollständigen Problemraumes läßt sich feststellen, ob mit den eingesetzten Mitteln bzw. Methoden, dargestellt durch die verwendete Regelmenge, überhaupt eine Lösung zu erreichen ist. Jede erreichbare Lösung sowie alle dazu führenden Lösungswege können einer solchen Darstellung entnommen werden.

Ein weiterer Gesichtspunkt ist, daß es häufig nicht nur darauf ankommt, eine gute Lösung zu finden, sondern auch einen möglichst guten Lösungsweg. Ein

Diagnosesystem könnte beispielsweise feststellen, daß es durch zwei verschiedene Folgen von Regelanwendungen die Diagnose "fahruntüchtig" stellen kann. Dies entspricht der Situation im Problemraum, daß der Zustand, der diese Diagnose repräsentiert, auf zwei unterschiedlichen Pfaden zu erreichen ist. Nehmen wir an, die eine Regelanwendung bedingt eine Blutuntersuchung durch einen Arzt, während die andere lediglich das Pusten in die Tüte voraussetzt. Das Anwenden der Regeln kann also mit unterschiedlichen Kosten verbunden sein. Die Kanten im Problemraum werden dazu mit einem Maß bewertet, das den Kosten der entsprechenden Regelanwendung entspricht. Gesucht wird jetzt der Pfad vom Start- zum Zielzustand, der die geringsten Kosten verursacht.

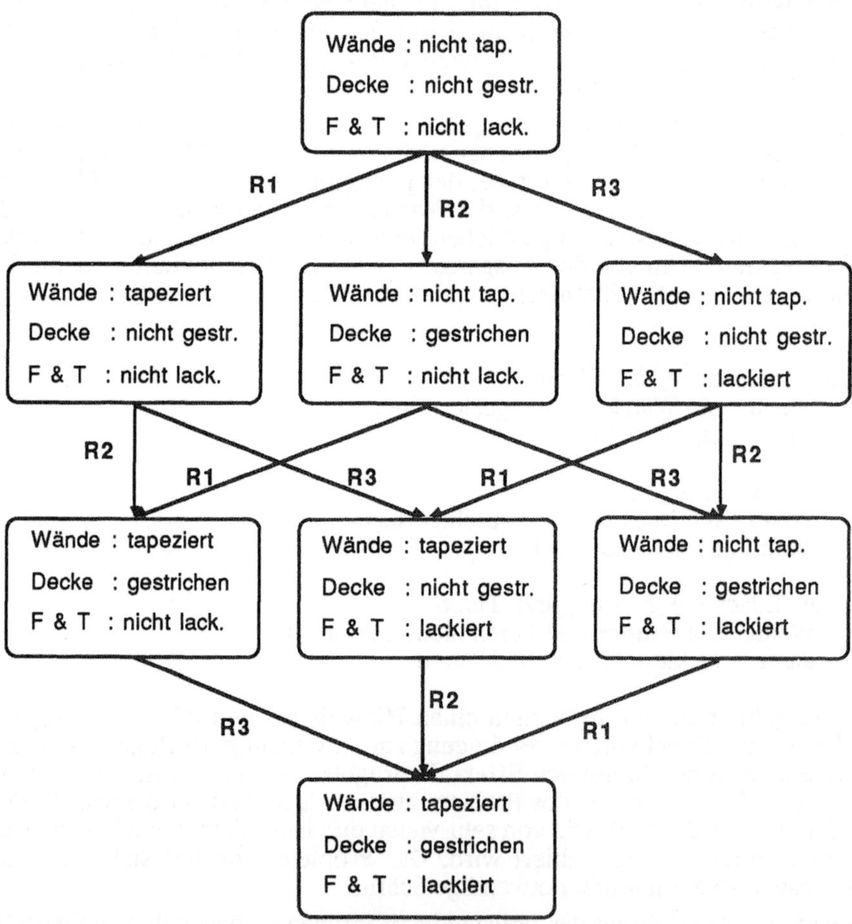

Bild 2-1: Graphische Darstellung eines Problemraumes

Bei Betrachtung des Beispiels gemäß Bild 2-1 lassen sich zwei Besonderheiten feststellen. Zum einen ist die Lösung unabhängig von der Reihenfolge der anzuwendenden Regeln. Zum anderen gibt es in dem Graphen keine Sackgassen, außer der Lösung selbst, d.h. eine ungeschickte Entscheidung bei der Regelauswahl führt schlimmstenfalls zu einem Umweg durch den Problemraum, kann aber das Erreichen der Lösung nicht unmöglich machen. (Betrachtet man den Problemraum als eine durch die Regeln gegebene Relation der Zustände, entspricht diese Eigenschaft der Konfluenz der Relation.)

Für praktisch interessante Probleme gelten solche Eigenschaften in der Regel nicht. Auch ist es dort normalerweise nicht möglich, den vollständigen Problemraum zu berechnen, um daraus den günstigsten Lösungspfad abzulesen. Dafür gibt es verschiedene Gründe:

- Der Problemraum kann so groß sein, daß er (mit vertretbarem Aufwand) weder darstellbar noch berechenbar ist. Er muß nicht einmal endlich sein.
- Ausgangs- und Zielsituation sind nicht immer explizit gegeben, sondern u.U. nur durch eine Menge von Kriterien definiert, denen sie genügen müssen. In der Regel gibt es dann auch mehrere Ausgangs- bzw. Zielzustände, deren Anzahl nicht bekannt sein muß.
- Es sind nicht immer alle Merkmale bekannt, durch die ein Zustand spezifiziert wird.
- Es sind nicht immer alle möglichen Zustandsübergänge des Problemraumes bekannt.

Bei der Bildung eines Modelles des Problemraumes werden häufig Vereinfachungen vorgenommen, wenn von bekannten oder unbekannten Zustandsmerkmalen abstrahiert wird. Regeln stellen in einem Modell des Problemraumes typischerweise Klassen von Zustandsübergängen des realen Problemraumes dar. Geschieht diese Klassenbildung ungenau, oder war die Abstraktion von Merkmalen mit Verlust von relevanter Information in bezug auf die Regelanwendbarkeit verbunden, so kann nicht mehr davon ausgegangen werden, daß ein Zustandsübergang im Modell immer einem Zustandsübergang im realen Problemraum entspricht. Die Auswirkungen dieser unvermeidbaren Fehler bei der Modellbildung versucht man bei Wissensbasierten Systemen durch die Verwendung von Sicherheitsbeiwerten (certainty factors) zu kompensieren.

Ein Beispiel für ein reales Problem ist das Schachspielen. Die aktuelle Konfiguration von Spielfiguren auf dem Brett entspricht dem Startzustand. Dagegen gibt es eine unbekannte Zahl von Zielzuständen, welche dadurch definiert sind, daß sie eine Matt- oder Remis-Situation darstellen. Jede durch eine Folge von legalen Spielzügen erreichbare Spielsituation entspricht einem Zustand im Problemraum. Soll ein Programm ein solches Problem bearbeiten, benötigt es nicht nur Wissen darüber, wie ein Zustand des Problemraumes in einen anderen transformiert wird, also wie ein elementarer Schritt zur Lösung des Problems ausgeführt wird, sondern zusätzlich Heuristiken darüber, wann dieser Schritt angebracht erscheint. Dieses zusätzliche Problemwissen kann in den Zustandstransformationsregeln enthalten sein, aber auch in Form von Metaregeln, die die Anwendung der Transformationsregeln steuern.

Wenn auch Problemräume oft nicht vollständig zu berechnen sind, so lassen sich doch einige charakteristische Kriterien bestimmen. Dazu zählt nicht nur die vermutete Größe des Raumes, die Anzahl möglicher Start- und Zielzustände, sondern auch die Zuverlässigkeit und der Umfang des Wissens über mögliche Zustandsänderungen. Diese Kriterien geben Hinweise auf eine geeignete Lösungsstrategie.

Mit Hilfe des Konzeptes des Problemraumes lassen sich die möglichen Arbeitsweisen und Strategien eines Regelinterpreters erläutern.

2.3 Vorwärtsverkettende Regelsysteme

Ein vorwärtsverkettendes System geht von der Beschreibung einer Ausgangssituation aus. Diese ist durch den Inhalt der globalen Datenbasis gegeben. Die Regeln des Systems beschreiben, in welcher Weise die Datenbasis geändert werden darf. Änderungen können durch Modifizieren oder Löschen bestehender oder durch das Hinzufügen neuer Daten erreicht werden. Durch Anwenden der Regeln wird die Datenbasis solange geändert, bis entweder keine weitere Regel anwendbar ist oder die Datenbasis einem bestimmten Zielkriterium genügt.

Die Regeln haben eine "Wenn-Dann-Form", d.h. sie bestehen aus einer Menge von Bedingungen, die abhängig vom Zustand der Datenbasis als erfüllt oder nicht erfüllt gelten, sowie einer Folge von Anweisungen, die die Datenbasis ändern können. Da es vom Zustand der Datenbasis abhängt, ob der Bedingungsteil einer Regel erfüllt ist und somit, ob der Anweisungsteil ausgeführt werden kann, werden solche Systeme datengesteuert (data driven) genannt. Das Ausführen des Anweisungsteiles wird als "Feuern" der Regel bezeichnet (in Anlehnung an das Feuern von Nervenzellen, d.h. die Weitergabe eines Impulses als Reaktion auf einen Reiz).

2.4 Rückwärtsverkettende Regelsysteme

Ein rückwärtsverkettendes System versucht, den Nachweis zu führen, daß eine gewünschte (vorgegebene) Zielsituation aus der Datenbasis ableitbar ist. (Solche Systeme werden deshalb häufig bei Beweisverfahren benutzt.) Ist die Beschreibung der Zielsituation nicht von vornherein Teil der Datenbasis (triviale Lösung), werden die Regeln des Systems rückwärts angewendet, d.h. es werden Regeln gesucht, deren Konsequenzteile das Ziel oder einen Teil des Zieles beschreiben. Der Antezedensteil einer solchen Regel beschreibt ein Unterziel, dessen Erreichen eine Voraussetzung für das Erreichen des ursprünglichen Zieles darstellt. (Wenn alle Unterziele eines Zieles erreicht sind, so kann durch eine vorwärtsgerichtete Anwendung der entsprechenden Regeln auch das Ausgangsziel erreicht werden.) Zum Nachweis, daß die Unterziele ableitbar sind, können durch rückwärtsgerichtete Regelanwendungen weitere (Unter-)Unterziele gebildet werden. Ein solches System wird deshalb auch zielgesteuert (goal driven) genannt.

2.5 Verkettungsrichtung vs. Schließrichtung

Obwohl in der Literatur meistens keine Unterscheidung zwischen der Verkettungsrichtung (chaining) und der Schließrichtung (reasoning) bei Problemlösungsverfahren getroffen wird, werden wir hier zwischen diesen beiden Begriffen differenzieren. Den Begriff Verkettungsrichtung wollen wir in bezug auf die Implementation eines Verfahrens verwenden, während sich der Begriff Schließrichtung auf die logische Ebene des Problemlösens bezieht. Vorwärts- bzw. Rückwärtsverkettung gibt also an, ob die Regeln des Systems anhand der Antezedensteile oder anhand der Konsequenzteile ausgewählt werden. OPS5 ist beispielsweise ein vorwärtsverkettendes System, während PROLOG eine Rückwärtsverkettung der Regeln durchführt.

Auf der problemorientierten Seite bezeichnen wir mit Vorwärtsschließen den Fall, daß von einer Beschreibung des Ausgangszustandes durch sukzessives Erschließen weiteren Wissens eine Lösung gefunden wird, während Rückwärtsschließen bedeutet, daß ein gestelltes Ziel schrittweise in immer einfachere Ziele zerlegt wird. Bezogen auf den Problemraum bedeutet das Vorwärtsschließen, daß das System von einem Startzustand ausgeht und versucht, durch eine vorwärtsgerichtete Anwendung der Regeln zu einem Zielzustand zu kommen. Entsprechend bedeutet das Rückwärtsschließen, daß vom Zielzustand ein Pfad zu einem möglichen Startzustand gesucht wird.

Läßt sich ein Arzt beispielsweise am Anfang einer Konsultation alle Symptome schildern, um daraus zu schließen, welche ihm bekannte Krankheiten möglicherweise die Ursache der Beschwerden sind, so entspricht sein Verhalten einer vorwärtsgerichteten Strategie. Hat er jedoch einen bestimmten Verdacht, und überlegt, nach welchen Symptomen er gezielt fragen kann, um diesen Verdacht zu überprüfen, verfolgt er eine rückwärtsgerichtete Strategie.

Es scheint naheliegend, daß vorwärtsschließende Strategien am geeignetsten mit vorwärtsverkettenden Systemen zu realisieren sind, und umgekehrt. Obiges Beispiel zeigt aber, daß für ein Problem nicht immer eindeutig die eine oder die andere Strategie als einzig adäquat bestimmt werden kann. In der Tat ist es nicht so, daß die Verkettungsrichtung eines Systems die Schließrichtung unumgänglich mit festlegt. Werden z.B. Ziele durch Daten dargestellt, so daß die Zerlegung in Unterziele der Erzeugung neuer Daten entspricht, so kann ein vorwärtsverkettendes System eine rückwärtsschließende Strategie verfolgen.

2.6 Regelauswahlstrategie

Bei solchen Produktionensystemen, in denen die Regeln effektiv ausgeführt und nicht mehr rückgängig gemacht werden können, ist ein wesentlicher Bestandteil des Regelinterpreters die im Konfliktfall benutzte Regelauswahlstrategie. Im allgemeinen Fall sind Regelmengen weder konfluent noch kommutativ. Das bedeutet, daß bei der gleichzeitig gegebenen Anwendbarkeit mehrerer Regeln nicht jede mögliche Wahl ein letztendliches Erreichen der Lösung erlauben muß, auch wenn bei jeder Wahlmöglichkeit die "richtige" Auswahl zum Ziel führen würde. Im Gegensatz zu algorithmischen Lösungsverfahren kommt also ein Nichtdeterminismus ins Spiel. Selbstverständlich erwartet man aber von einem Programm, das durch ein Regelsystem realisiert wird, ein vorhersagbares und reproduzierbares Verhalten. Tritt demnach ein Konflikt dergestalt auf, daß mehrere Regeln anwendbar sind, muß der Regelinterpreter einen bestimmten Algorithmus verfolgen, um diesen Konflikt aufzulösen und eine Regel auszuwählen (Regelauswahlstrategie, conflict-resolution strategy). Diese Strategie könnte durchaus willkürliche Entscheidungen treffen, entscheidend ist, daß sie bei Aufstellung des Regelsystems berücksichtigt werden kann. Einer solchen Konfliktsituation entspricht ein Zustand im Problemraum, von dem mehrere Kanten zu unterschiedlichen Folgezuständen führen. Die anwendbaren Regeln bilden eine Konfliktmenge. Zur Lösung des Konfliktes sind verschiedene Strategien möglich.

2.6.1 Zufallsgesteuerte Anwendung

Es wird willkürlich eine Regel aus der Konfliktmenge ausgewählt. Das entspricht einer willkürlichen Entscheidung für einen der möglichen Pfade im Problemraum, die vom aktuellen Zustand ausgehen. Führt dieser Pfad nicht letztendlich zu einer Lösung, liefert das System das Ergebnis, daß eine Lösung nicht existiert, obwohl sie u.U. nur auf einem anderen Pfad liegt.

2.6.2 Reihenfolge im Regelspeicher

Es wird die Regel aus der Konfliktmenge gewählt, die am weitesten vorne im Regelspeicher steht. Dadurch kann vom Programmierer ein expliziter Einfluß auf den Programmablauf genommen werden. (Ähnlich wie bei einem Algorithmus.) Auch hier muß eine existierende Lösung nicht gefunden werden.

2.6.3 Heuristisch gesteuerte Anwendung

Um das Risiko, durch eine falsche Entscheidung auf einen Irrpfad zu gelangen, zu vermindern, kann man die Regelanwendungen danach bewerten, wie sicher sie zu einem Ergebnis führen. Die Regel mit der höchsten Bewertung wird angewandt. Beispielsweise könnten Regeln, die viele der befragten Experten als zutreffend ansehen, höher bewertet werden als solche, über die sich die Gelehrten noch streiten. Das Risiko, die Lösung zu verfehlen, wird durch diese Strategie zwar vermindert, aber nicht völlig ausgeschlossen. Die Heuristiken sind zum Teil Bestandteil des Problemwissens, etwa in Form von Sicherheitsbeiwerten, die ein Maß für die Zuverlässigkeit der Regel darstellen. Auf solchen problembereichsspezifischen Heuristiken beruhen die klassischen Suchverfahren der KI, wie das Hill-Climbing, das Branch-And-Bound oder der A*-Algorithmus. Eine gute Darstellung dieser Verfahren befindet sich unter anderem in /Rich 83/ und /Winston 84/.

Es gibt aber auch solche Heuristiken, die unabhängig von einer speziellen Domäne Gültigkeit haben und deshalb in die Regelauswahlstrategie von universell anwendbaren Produktionensystemen implementiert wurden.

- Die Spezialfallstrategie
  bevorzugt eine Regel gegenüber einer anderen, wenn deren Bedingungsteil den der anderen umfaßt. Dahinter steckt die Erwartung, daß solche Regeln, die eine umfangreichere Eingabe von Information erhalten, ein spezifischeres Ergebnis liefern können.

- Die Lebensalterstrategie
  bevorzugt solche Regeln, deren Bedingungsteil durch neuere Daten erfüllt wird und beruht auf der Heuristik, daß Regeln die auf neue Information reagieren, wichtigere Ergebnisse liefern als andere.

- Die Aktivitätsstrategie
  bevorzugt Regeln, die durch Daten mit hoher Aktivität angestoßen wurden. Die Aktivität der Elemente, ausgedrückt durch einen numerischen Wert, kann durch Regeln verändert werden. Die Aktivierung eines Elementes beeinflußt die Aktivität von Nachbarelementen und nimmt mit der Zeit ab. Diese Strategie ist an die Vorstellung von sich im Nervensystem ausbreitenden Impulsen angelehnt. Die Aktivität der Elemente wird durch die Regeln gesteuert.

- Die Ähnlichkeitsstrategie
  bevorzugt die Regel, die der zuvor angewandten Regel möglichst wenig ähnlich sieht. Dadurch hofft man zu vermeiden, die gleiche Handlung immer wieder auszuführen, wenn sich dabei die dazu nötigen Vorbedingungen nicht ändern.

Diese Strategien, die auch in Kombination miteinander auftreten können, verfolgen verschiedene, in Konkurrenz zueinander stehende, übergeordnete Ziele. Zum einen soll das System nicht unmotiviert zwischen verschiedenen Teilproblemen hin und her springen. Das an der Oberfläche sichtbare Verhalten des Systems wäre sonst für den Benutzer kaum nachvollziehbar. Außerdem würden eventuell vorhandene lange Zugriffswege auf repräsentiertes Wissen unnötig oft durchlaufen werden.

Zum anderen soll das System aber sensibel sein für neue Informationen und für Ergebnisse, die beim Lösen anderer Teilprobleme entstanden sind. Das ist beispielsweise bei Echtzeitaufgaben wichtig, wo neue Informationen das Lösen alter Probleme hinfällig machen können, aber auch, um Abhängigkeiten von anderen Teilproblemen berücksichtigen zu können.

2.7 Regelanwendungsmechanismen

Neben der Regelauswahlstrategie, die benötigt wird, wenn nur eine Regel aus einer Auswahl von möglichen Regeln angewendet wird, spielt der verwendete Regelanwendungsmechanismus eine wichtige Rolle für das Verhalten des Systems. Dieser ist ein gegenüber der Auswahlstrategie globales Konzept. Sowohl bei der simultanen als auch bei der parallelen Regelanwendung spielt die Auswahlstrategie keine Rolle, während sie beim Rücksetzverfahren und beim Graphsuchverfahren die Effizienz des Systems ganz wesentlich beeinflußt. Bei der einfachen Regelanwendung schließlich entscheidet die Regelauswahlstrategie über Erfolg und Mißerfolg.

2.7.1 Einfache Regelanwendung

Bei diesem Verfahren wird nur jeweils eine der Regeln aus der Konfliktmenge angewendet. Ein Entscheidungsalgorithmus (Regelauswahlstrategie) wählt diese Regel aus, wenn die Konfliktmenge mehr als eine Regel enthält. Nach der Regelanwendung werden alle Regeln erneut auf ihre Anwendbarkeit überprüft, d.h. es wird die Konfliktmenge neu gebildet.

2.7.2 Simultananwendung

Es werden alle Regeln der Konfliktmenge auf den augenblicklichen Zustand angewendet. Bei dieser Strategie muß gewährleistet werden, daß nach dem gemeinsamen Anwenden aller Regeln wieder ein Zustand des Problemraumes erreicht wird.

Beispiel:

Regel1
      Wenn   ein Werkzeug auf dem Arbeitstisch herum liegt,
      dann   entferne es vom Arbeitstisch und lege es in den Werkzeugschrank.

Regel2
      Wenn   ein Werkzeug auf dem Arbeitstisch herum liegt,
      dann   entferne es vom Arbeitstisch und lege es in die Werkzeugkiste.

Eine simultane Anwendung dieser Regeln würde dazu führen, daß ein Werkzeug anschließend doppelt repräsentiert wird.

2.7.3 Parallele Anwendung

Auch hier werden alle Regeln der Konfliktmenge angewendet, es werden aber vorher soviele Kopien der Datenbasis angelegt, wie es feuerbereite Regeln gibt. Auf jede der Kopien wird eine Regel angewendet. Dadurch werden Inkonsistenzen durch miteinander unverträgliche Regeln vermieden. Wird dieses Verfahren rekursiv auf alle erzeugten Kopien angewendet, erhält man eine erschöpfende Suche; es werden in jedem Zustand alle sich ergebenden Möglichkeiten quasi parallel weiterverfolgt. Je nachdem, in welcher Reihenfolge die Knoten betrachtet werden, spricht man von einer Breitensuche oder einer Tiefensuche.

2.7.4 Rücksetzverfahren

Auch mit dem Rücksetzverfahren (backtracking) ist es im Prinzip möglich, jede existierende Lösung auch zu finden. Im Konfliktfall wird zunächst eine der möglichen Regeln ausgewählt (willkürlich oder heuristisch gesteuert). Die um die ausgewählte Regel verminderte Konfliktmenge sowie die Datenbasis werden gespeichert und bilden einen sogenannten Rücksetzpunkt. Dann wird die Regel angewendet. Sind im dadurch erreichten Zustand wieder mehrere Regeln anwendbar, wird ein weiterer Rücksetzpunkt gebildet. Nach diesem Verfahren wird zunächst ein Pfad im Problemraum durchsucht. Endet die Suche in einer Sackgasse, wird anhand des letzten Rücksetzpunktes die Datenbasis und die Konfliktmenge restauriert und nach obigen Verfahren eine neue Regel ausprobiert. Der zuvor ergebnislos ausprobierte Pfad wird gelöscht. Nach dem Ausprobieren der letzten möglichen Regel an einem Rücksetzpunkt wird dieser gelöscht, so daß beim nächsten Rücksetzen zum davorliegenden Punkt zurückgegangen wird.

Da Problemräume unendlich sein können, gibt es Pfade, die weder in eine Sackgasse noch zu einer Lösung führen (und auch nicht in einer Schleife enden), also unendlich lang sind. Deswegen wird im allgemeinen die Suchtiefe begrenzt. Ist die Suchtiefe erreicht, ohne daß eine Lösung gefunden wurde, wird auf jeden Fall zum letzten Rücksetzpunkt zurückgekehrt, auch wenn weitere Regelanwendungen möglich wären. Erreicht das System den zuerst eingerichteten Rücksetzpunkt (i.a. der Startzustand), ist dessen Konfliktmenge leer und ist bis dahin keine Lösung gefunden worden, so gilt, daß (bis zur angegebenen Suchtiefe) auch keine Lösung existiert.

Das Rücksetzverfahren stellt eine Tiefensuche dar. Das Verfahren hat folgenden Nachteil: Durch verschiedene Folgen von Regelanwendungen können durchaus identische Zustände erreicht werden. Der Problemraum ist typischerweise kein Baum, sondern ein Netz. Da aber nur der aktuell untersuchte Pfad gespeichert wird und alle vergebens untersuchten Teilnetze wieder gelöscht werden, müssen diese u.U. mehrfach berechnet werden. Insbesondere, wenn mit der vorgegebenen Suchtiefe keine Lösung gefunden wurde und die Suchtiefe erhöht werden soll, muß das gesamte schon berechnete Netz erneut berechnet werden.

2.7.5 Graphsuchverfahren

Mit den Graphsuchverfahren kann man diese Mehrfachberechnungen vermeiden.
Dazu wird die Datenbasis vor jeder Regelanwendung kopiert und die Regel auf die
Kopie angewandt. Im Konfliktfall werden so viele Kopien hergestellt, wie Regeln in
der Konfliktmenge vorhanden sind. Zu jedem Zeitpunkt ist damit der gesamte
berechnete Teil des Problemraumes zugreifbar. Bei jedem neuen Zustand kann

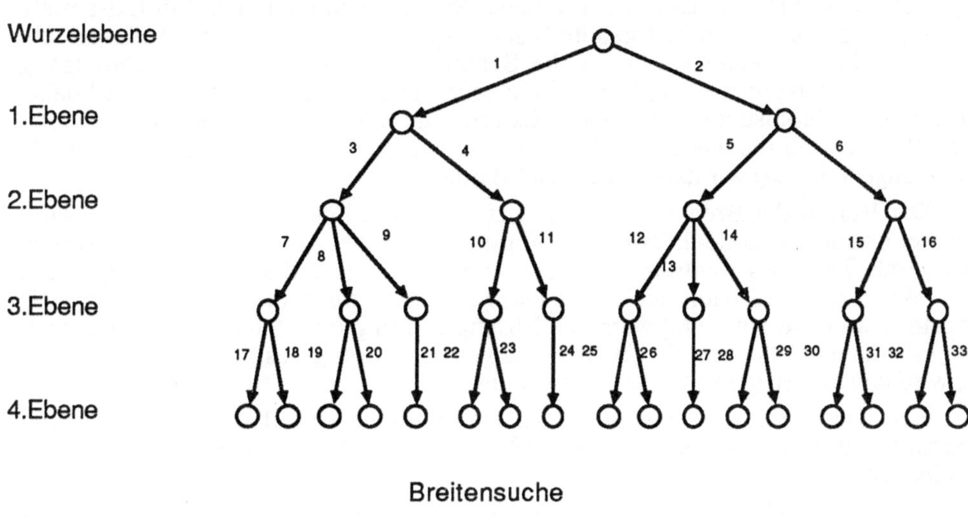

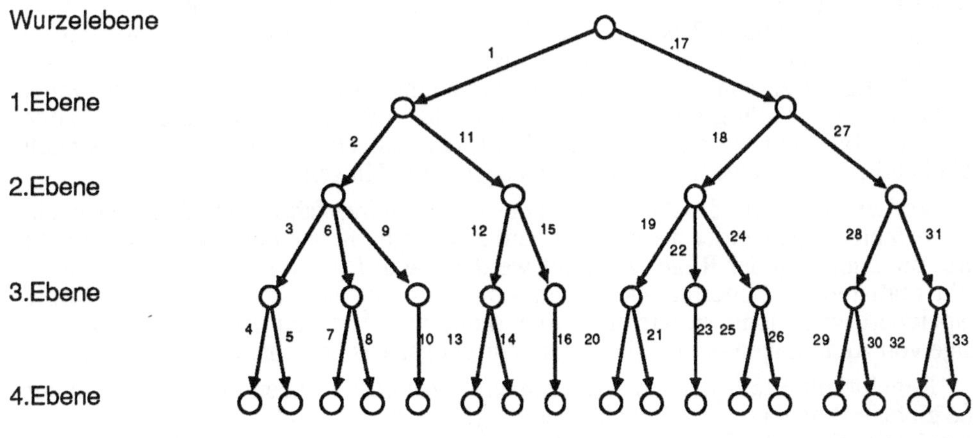

Bild 2-2: Reihenfolge der Knotenbearbeitung bei Breitensuche und Tiefensuche. Die Knoten entsprechen Zuständen des Problemraumes. Die Kanten
entsprechen Regelanwendungen. Die Regeln werden in der angegebenen Reihenfolge
angewandt.

dadurch überprüft werden, ob es nicht schon einen äquivalenten Zustand im Graphen gibt. Ist das der Fall, braucht nur einer von ihnen weiter betrachtet zu werden; solche Zustände werden deshalb vereinigt.

Es ist möglich, bei der Graphsuche wie beim Rücksetzverfahren vorzugehen. Beginnt man dabei mit einer geringen Suchtiefe, werden Lösungen, für die nur eine geringe Anzahl von Regelanwendungen nötig sind, schneller gefunden. Anschließendes Erhöhen der Suchtiefe, etwa wenn keine Lösung gefunden wurde oder weitere Lösungen gesucht werden sollen, bedeutet aber nun keinen Mehraufwand mehr gegenüber dem Fall, gleich mit der höheren Suchtiefe zu beginnen. Ein Extremfall, der einer Suche in die Breite (breadth first) entspricht, wird durch eine Anfangssuchtiefe von eins und einer Erhöhung der Suchtiefe um eins nach jedem Durchgang erreicht. Der berechnete Graph (vereinfachend als Baum angenommen) wird dabei ebenenweise durchsucht. Das andere Extrem, die Vorgabe einer hohen Suchtiefe, wird als Suche in die Tiefe (depth first) bezeichnet. Der Problemraum (wieder als Baum angenommen) wir dabei "astweise" durchsucht.

Der Vorteil der Breitensuche liegt darin, daß ein Lösungspfad gefunden wird, wenn er existiert, und der kürzeste Lösungspfad als erstes gefunden wird. Es werden aber große Teile des Baumes durchsucht, die nicht Bestandteil des Lösungsweges sind. Wenn der Suchbaum sich weit verzweigt, d.h. wenn in jeder Situation viele Regeln anwendbar sind, und wenn die Lösung erst in großer Suchtiefe zu finden ist, also eine lange Folge von Regelanwendungen zur Lösung des Problems notwendig ist, wird dieses Verfahren sehr zeitaufwendig.

Eine Tiefensuche ist gegenüber der Breitensuche vorteilhaft, wenn sie durch Heuristiken gesteuert werden kann, so daß der Lösungspfad als einer der ersten Pfade durchsucht wird.

Bei einem endlichen Problemraum werden sowohl mit einer Breitensuche, als auch mit einer Tiefensuche alle Lösungen gefunden. Verfügt man über ausreichendes Problemlösungswissen, bewährt sich die heuristisch gesteuerte Kombination von Breiten- und Tiefensuche (z.B. Beam-Search oder Best-First). Dafür ist es notwendig, die erreichten Zustände des Problemraumes dahingehend bewerten zu können, wie sicher sie auf einem Lösungspfad liegen bzw. wie weit sie noch von einer Lösung entfernt sind. Es wird immer der am höchsten bewertete Zustand weiter bearbeitet. Ein anfänglich erfolgversprechender Pfad wird dadurch so lange weiterverfolgt, bis er in einen Zustand führt, der schlechter bewertet wird als noch nicht bearbeitete Zustände, die auf einem anderen Pfad liegen.

Voraussetzung für die Anwendung des Graphsuchverfahrens ist, daß die Regeln nicht effektiv angewendet werden, sondern zuvor eine Kopie der Datenbasis erstellt wird, die dann von der Regel geändert werden kann. Das ist für große Datenbasen nicht realisierbar. Behelfen kann man sich dadurch, daß nicht die ganze Kopie gespeichert wird, sondern nur die vorgenommenen Änderungen, so daß aus einer Folge von Änderungen die Kopie aus der Ausgangsbasis berechnet werden kann.

Regelorientierte Sprachen wie beispielsweise OPS5 haben typischerweise nur eine globale Datenbasis und Regelanwendungen führen zu effektiven Änderungen der Datenbasis. Der OPS5-Regelinterpreter verwendet also einen Regelanwendungsmechanismus, den wir als "einfache Regelanwendung" bezeichnet haben. Dadurch ist das Graphsuchverfahren nicht ohne weiteres auf solche Sprachen übertragbar. Zu berücksichtigen ist dabei aber, daß die reine Breiten- und auch Tiefensuche keine besonders intelligenten Verfahren sind und auch als blinde Suche bezeichnet werden. Wissensbasierte Systeme zeichnen sich durch die Verwendung von Heuristiken aus, die auf Problemwissen basieren; sie streben an, auf Anhieb den richtigen Weg durch den Problemraum zu finden. Für solche Systeme kommt daher nur die heuristisch gesteuerte Regelauswahlstrategie in Betracht.

2.8 Aufteilung in Teilprobleme

Eine Methode zum Lösen von komplexen Problemen besteht darin, sie in Teilprobleme zu gliedern. Jedes auf diese Weise entstandene Teilproblem kann wieder untergliedert werden. Dadurch lassen sich zwei Dimensionen der Problemzerlegung betrachten.

- Die Teilprobleme können unabhängig voneinander zu lösen sein. Die Gesamtlösung setzt sich aus den einzelnen Teillösungen zusammen.
- Die Teilprobleme werden in einer bestimmten Reihenfolge gelöst, wobei eine Teillösung die Voraussetzung für die Bearbeitung des nächsten Teilproblems ist.

Beispiel:

Problem   : Renoviere das Zimmer.
Teilprobleme   : Tapeziere die Wände und streiche die Decke und lackiere
                   Fenster und Türen.

Problem   : Streiche die Decke.
Teilprobleme   : Räume das Zimmer leer, danach wasche die alte Farbe ab,
                   danach streiche die Decke mit der neuen Farbe.

Das Rückwärtsschließen im Problemraum entspricht, wie wir gesehen haben, dem Aufteilen eines Zieles in eine Folge von Unterzielen, die nacheinander zu erreichen sind.

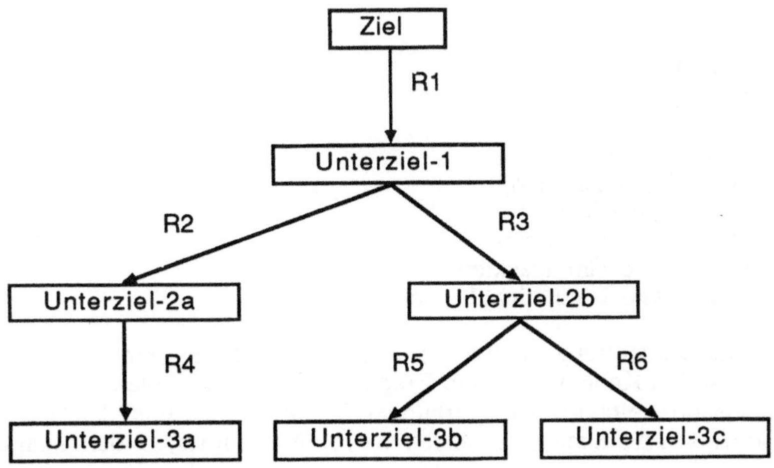

Bild 2-3: Beispiel einer Problemzerlegung

Hat dabei ein Zustand im Problemraum mehrere Nachfolger (vom Ziel her gesehen), so kann auf ihn durch entsprechend viele Regeln aus den verschiedenen Nachfolgern geschlossen werden. (Das Unterziel 1 in Bild 2-3 ist durch die Regeln R2 bzw. R3 aus den Unterzielen 2a bzw. 2b herleitbar.) Solche parallelen Unterziele eines Knoten sind alternativ zu verstehen, d.h. es genügt einen von ihnen zu erreichen, um zum übergeordneten Ziel zu gelangen.

Ein Ziel kann aber auch derart in Unterziele zerlegt werden, daß jedes dieser Unterziele erreicht werden muß. Um dies in einem Graphen darzustellen dient eine zweite Art von Kanten, die sogenannten k-Kanten. Sie verbinden einen Zustand mit einer Menge von k Zuständen, die jeder eines der zu erfüllenden Unterziele darstellt.

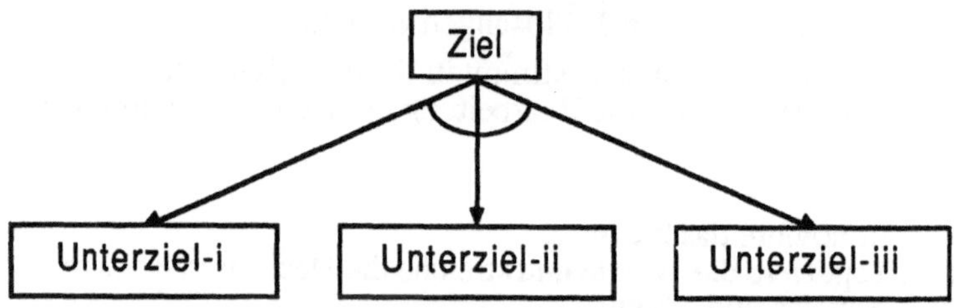

Bild 2-4: Beispiel für eine 3-Kante mit drei Und-Knoten

Für ein Problem, das sich in dieser Art in unabhängige Teilprobleme aufspalten lassen kann, gilt, daß die Teilprobleme in beliebiger Reihenfolge bearbeitet werden können. Da jede Permutation dieser Teilprobleme einem möglichen Abschnitt des Lösungspfades durch den Problemraum entspricht, wird die Zahl der Zustände und Kanten in diesem sehr groß. Durch die Verwendung von k-Kanten läßt sich der Problemraum erheblich einfacher darstellen. Anhand des Renovier-Beispieles sollen beide Möglichkeiten verglichen werden.

Dabei bedeutet:

     R1   Regel1
     R2   Regel2
     R3   Regel3
     W   Wände tapeziert
     w   Wände nicht tapeziert
     D   Decke gestrichen
     d   Decke nicht gestrichen
     F   Fenster und Türen lackiert
     f   Fenster und Türen nicht lackiert

Bei der ersten Darstellung in Bild 2-5 handelt es sich um einen sogenannten Und/Oder-Graphen. Ein Knoten in diesem Graphen heißt "Und-Knoten", wenn er mit seinem Vorgänger über eine k-Kante verbunden ist. In einem Und/Oder-Graphen[2] entsprechen die Knoten nicht mehr Zuständen des Problemraumes, sondern lediglich

---

[2] Die Eigenschaft eines Knotens, "Und-Knoten" bzw. "Oder-Knoten" zu sein, gilt also immer bezüglich eines Vorgängerknotens. Diese Terminologie geht auf Nilsson zurück /Nilsson 82/. Andere Autoren weichen davon ab, z.B. /Winston 84/.

Zuständen eines Teilproblemraumes, wenn das Problem durch eine k-Kante in Teilprobleme zerlegt wurde.

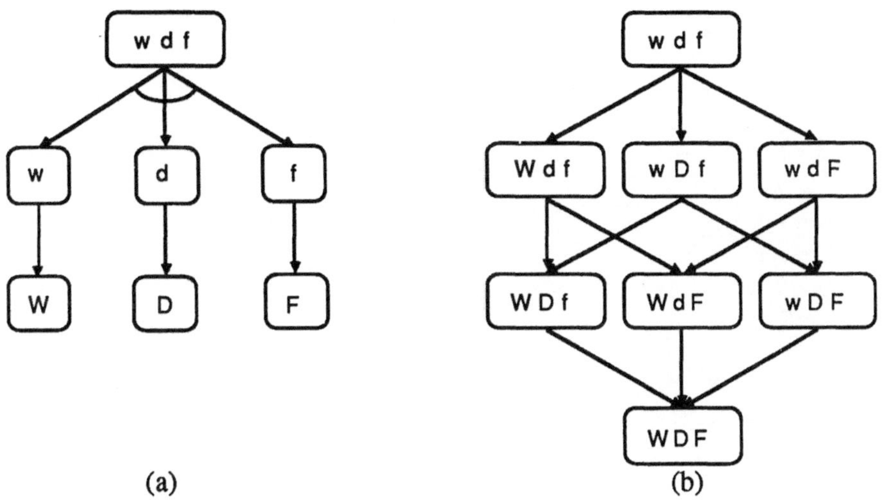

(a)   (b)

Bild 2-5: Darstellung des Problemraumes durch Und/Oder-Graph (a) und reinem Oder-Graph (b)

Das Konstrukt des Und/Oder-Graphen, d.h. die Aufteilung eines Problems in ein Netz aus alternativ und gemeinsam zu erfüllenden Teilproblemen, bietet eine gute Möglichkeit, die Struktur eines Problems adäquat darzustellen. Bezogen auf die Regeln bedeutet dabei eine k-Kante eine Konjunktion von Bedingungen innerhalb eines Antezedensteiles. Ein Knoten mit mehreren wegführenden Kanten steht dagegen für eine Disjunktion von Bedingungen.

Eine Disjunktion von Bedingungen innerhalb einer Regel läßt sich leicht dadurch erreichen, daß man für jede einzelne Bedingung separate Produktionen schreibt, die alle den gleichen Konsequenzteil haben.

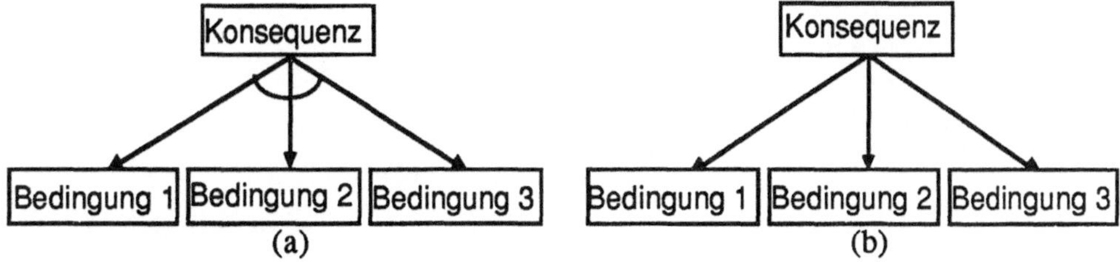

(a)   (b)

Bild 2-6: Darstellung von Und-Knoten (a) und Oder-Knoten (b)

Die Repräsentation eines Problems durch einen Und/Oder-Graphen ist unabhängig davon, ob das Problem durch eine vorwärts- oder rückwärtsschließende Lösungsstrategie bearbeitet wird. Bei einem vorwärtsschließenden System entsprechen die Blattknoten den Ausgangsdaten und der Wurzelknoten einer daraus gewonnenen Lösung. Bei einem rückwärtsschließenden System stellt der Wurzelknoten ein zu erreichendes Ziel dar, während die Blattknoten elementare Voraussetzungen für das Erreichen dieses Zieles repräsentieren.

TEIL 2

DIE PROGRAMMIERSPRACHE
OPS5

Kapitel 3 Übersicht

OPS5 ist eine Programmiersprache zur Implementation von Produktionensystemen und damit ein Werkzeug zur Realisierung von wissensbasierten Systemen. In OPS5 geschriebene Produktionensysteme weisen die für solche Systeme typische Dreiteilung in Regelmenge, Datenbasis und Kontrolleinheit auf.

3.1 Der Arbeitsspeicher

Der Arbeitsspeicher (working memory) ist die globale Datenbasis des Systems. In ihm können Elemente gespeichert werden, die aus einem Klassennamen und einer Folge von Attribut-Wert-Paaren besteht. Der Klassenname gibt den Typ der Elemente an, d.h. er bestimmt, welche Attribute für dieses Element deklariert sind. Unter den Attributen können Werte eingetragen werden, die ein individuelles Element beschreiben. Mit Hilfe dieser Elemente können Objekte der realen Welt in einem System modelliert werden. Nehmen wir beispielsweise eine Baukastenwelt (blocks world), in der verschiedene Bauklötze dargestellt werden sollen, von denen Form und Farbe sowie die Größe bekannt ist. Dazu wird eine Elementklasse Bauklotz benötigt, die die Attribute Form, Farbe und Größe hat.

Die Arbeitsspeicherelemente

```
(Bauklotz     ^Form  Würfel     ^Farbe rot    ^Größe mittel)
(Bauklotz     ^Form  Pyramide   ^Farbe gelb   ^Größe klein)
(Bauklotz     ^Form  Quader     ^Farbe blau   ^Größe mittel)
```

repräsentieren drei verschiedene Objekte.

In jedem Element steht zu Anfang der Klassenname. Der Hochpfeil kennzeichnet die Attributnamen. Wir nennen ihn im weiteren Attributoperator.

3.2 Die Produktionen

Die Produktionsregeln (häufig auch Produktionen oder nur Regeln genannt) bestehen aus einem Bedingungsteil und einem Aktionsteil. Der Bedingungsteil besteht aus Mustern, mit denen die Elemente des Arbeitsspeichers verglichen werden. Deckt sich mit jedem Muster einer Regel ein Element, so ist der Bedingungsteil dieser Regel erfüllt und ihr Aktionsteil kann ausgeführt werden. Typischerweise wird dabei der Arbeitsspeicher geändert. In einer Baukastenwelt könnte es folgende Regel geben:

```
(P Gibt_es_einen_blauen_Quader?
    (Bauklotz
        ^Form   Quader
        ^Farbe  Blau)

--> (WRITE |Es gibt einen blauen Quader|)
)
```

Diese Regel besagt, wenn es einen Bauklotz gibt, der die Form Quader und die Farbe blau hat, dann gebe folgenden Text aus: "Es gibt einen blauen Quader".

3.3 Die Kontrolleinheit

Die Kontrolleinheit des OPS5-Systems, der Regelinterpreter, durchläuft eine Endlosschleife, die aus folgenden Schritten besteht:

1. Finde alle Regeln, deren Bedingungsteil erfüllt ist.

2. Wähle eine der Regeln aus.

3. Führe deren Bedingungsteil aus.

4. Beginne von vorn.

Dieser Zyklus (recognize-act cycle) wird solange durchlaufen, bis keine Regel mit erfülltem Bedingungsteil mehr zu finden ist, oder bis eine Regel oder der Benutzer eine Unterbrechung auslöst.

Die Kontrolleinheit enthält weiterhin eine Kommandoebene (toplevel) zum interaktiven Umgang mit dem System.

3.4 Elementare Datentypen

Alle Daten werden in OPS5 durch Atome dargestellt. Es gibt zum einen symbolische Atome, die lediglich aus ihrem Namen bestehen und keinen Wert haben, und zum anderen numerische Atome. Diese haben einen Wert und einen Schreibnamen (printname), der diesem Wert entspricht. Für numerische Atomen sind die Grundrechenarten definiert. Sie lassen sich weiterhin in den Typ Integer und in den Typ Floating-point unterscheiden, die ganze Zahlen bzw. reelle Zahlen darstellen.

Alle Zeichenfolgen, die keine Zahl darstellen, sind symbolische Atome. Sie können aus beliebigen Buchstaben und Ziffern sowie aus den meisten Sonderzeichen bestehen.

Beispiele für symbolische Atome:

```
Würfel
29.95DM
OPS5
```

Integer-Zahlen bestehen aus einem optionalen Vorzeichen, einer Ziffernfolge und einem optionalen Dezimalpunkt. Floating-point-Zahlen haben zusätzlich einen optionalen Nachkommateil und einen optionalen Exponenten. Sie müssen einen Dezimalpunkt haben und entweder mindestens eine Nachkommastelle oder einen Exponenten.

Beispiele für numerische Atome:

Integer	Floating-point
27	27.0
-199	-199.E21
3.	3.14E-7
+79.	+79.001

Im Gegensatz zu FORTRAN reicht der Dezimalpunkt allein nicht aus, um eine Zahl als Fließkommazahl zu kennzeichnen.

3.5 Programme

Ein lauffähiges OPS5-Programm besteht aus einer Menge von Regeln und dem Regelinterpreter. Dieser ist in OPS5 vollständig vorgegeben. Er enthält einen effizienten
Algorithmus (rete-match algorithm), um festzustellen, bei welchen Regeln der Bedingungsteil erfüllt ist und eine ausgefeilte Strategie, um eine von diesen Regeln zur
Anwendung auszuwählen. Die Implementation eines Produktionensystems beschränkt
sich somit auf das Schreiben der Regeln und die Strukturierung der Arbeitsspeicherelemente. Das System hat damit im wesentlichen eine Architektur wie in Bild 3-1.

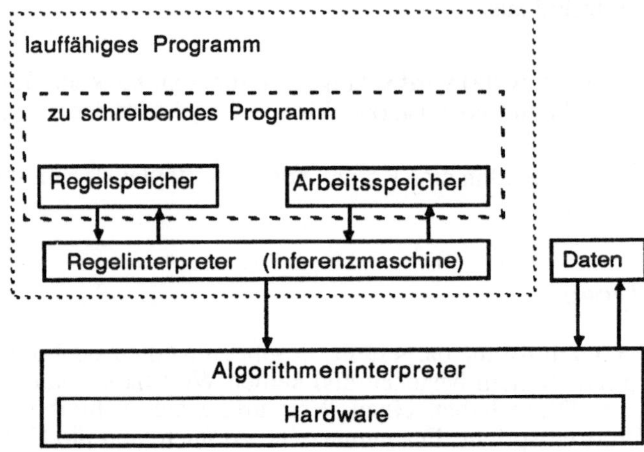

Bild 3-1: Architektur des OPS5-Systems

Die Regeln können beliebig mit Leerzeichen, Tabulatorsprüngen und
Zeilenumbrüchen formatiert werden. Ebenso ist die Reihenfolge der Regeln ohne
Bedeutung für das Programm.

3.6 Unterschiedliche Implementationen

Es gibt verschiedene Implementationen von OPS5. Ursprünglich wurde es an der
Carnegie Mellon University unter Charles L. Forgy entwickelt. Es ist das zweit-
jüngste Mitglied einer Sprachfamilie, die alle zur Implementation von Produktionensystemen dienen und in verschiedenen LISP-Dialekten geschrieben worden sind.

Seit 1983 gibt es eine OPS5-Version von Digital Equipment Corporation (DEC),
die auf VAX Rechnern unter VMS läuft. Diese Version ist in BLISS-32 implementiert, einer maschinennahen Programmiersprache. Dadurch ist sie wesentlich schneller
als die LISP-basierten Versionen. Außerdem ist die Regelsprache vollständig von der
Implementationssprache des Interpreters getrennt, während in den LISP-basierten
Versionen noch ein Zugriff auf den LISP-Interpreter besteht. In den älteren OPS-
Versionen hatten teilweise auch die Regelsprachen eine LISP-ähnliche Struktur.

Die LISP- und BLISS-basierten Versionen unterscheiden sich etwas in der Art
der Programmerstellung. Außerdem enthält die BLISS-Version von DEC diverse Er-

weiterungen gegenüber der ursprünglichen Sprachdefinition. Genaueres hierzu befindet sich in Kapitel 10.

Im folgenden wollen wir von der BLISS-Version von DEC ausgehen, genauer gesagt von der Version 2.x, die nahezu den gesamten Sprachumfang der ursprünglichen in LISP implementierten Version gemäß dem OPS5 User's Manual von Charles L. Forgy /Forgy 81/ umfaßt und einige Erweiterungen enthält. Eigenschaften, bei denen VAX-OPS5 und LISP-OPS5 sich unterscheiden, werden jeweils für beide Versionen erläutert. Erweiterungen von VAX-OPS5 werden gesondert behandelt.

Seit etwa einem Jahr gibt es OPS5-Versionen für verschiedene Mikrocomputer (Apple Macintosh, IBM PC). Diese Versionen sind meist in LISP implementiert, wodurch sie einerseits langsam sind und andererseits wenig Speicher für die eigentlichen OPS5-Programme zur Verfügung stellen. Außerdem ist nicht immer der volle Sprachumfang implementiert. So ist in einer Implementation die maximale Größe der Arbeitsspeicherelemente kleiner als in der ursprünglichen LISP-Version. Eine andere, in Turbo-Pascal geschriebene, Version verwendet nicht den Rete-Match Algorithmus, durch den sonst die Effizienz und die weitestgehende Unabhängigkeit der Ausführungsgeschwindigkeit von der Anzahl der Regeln und der Anzahl der Arbeitsspeicherelemente erreicht wird. Wir werden deshalb nicht näher auf die Besonderheiten dieser Versionen eingehen.

Kapitel 4 Der OPS5-Arbeitsspeicher

OPS5 ist auf die symbolische Informationsverarbeitung ausgelegt. Es unterscheidet nicht zwischen verschiedenen Datentypen, sondern lediglich zwischen symbolischen und numerischen Atomen.

4.1 Arbeitsspeicherelemente

In der globalen Datenbasis des OPS5-Systems, dem Arbeitsspeicher, kann nur eine Art von Objekten abgelegt werden, die sogenannten Arbeitsspeicherelemente. Dabei handelt es sich um eine aus Atomen zusammengesetzte Datenstruktur. Die Arbeitsspeicherelemente können in ihrer Verwendung wie Records in Pascal aufgefaßt werden. Es lassen sich verschiedene Klassen von Arbeitsspeicherelementen deklarieren, die durch einen Klassennamen unterscheidbar sind. Für jede Klasse kann eine Menge von Attributen deklariert werden, unter denen den Objekten beliebige Atome als Wert zugeordnet werden können. Die Deklaration der Objektklassen geschieht im Deklarationsteil am Anfang des Programms durch die Anweisung Literalize.

```
OPS5                          Pascàl

(LITERALIZE                   TYPE
        Person                    Person = RECORD
        Vorname                       Vorname,
        Nachname                      Nachname       : String;
        Geburtsdatum                  Geburtsdatun   : Datum;
        Geschlecht                    Geschlecht     : Geschl_typ;
        Beruf)                        Beruf          : Beruf_typ;
                              END;
```

In Pascal muß für jede Komponente der Typ der einzutragenden Werte festgelegt werden. Der Typ einer Komponente kann wieder ein Record, also ein zusammengesetzter Typ sein. Dies ist in OPS5 nicht möglich, ebenso keine geschachtelten Listen wie etwa in LISP.

Unter den Attributen eines Arbeitsspeicherelementes lassen sich nur atomare Werte eintragen, die aber in keiner Weise weiter eingeschränkt werden können. Alle Arbeitsspeicherelemente stehen gleichberechtigt nebeneinander. Durch Zugriff auf den Klassennamen läßt sich feststellen, zu welcher Klasse ein Element gehört; der Typ eines Pascal-Records hingegen liegt jeweils implizit durch die Art seiner Verwendung fest. Während in Pascal, wie auch in anderen Sprachen, primitive und zusammengesetzte Datentypen gleichberechtigt nebeneinander benutzt werden können, bilden sie in OPS5 eine einstufige Hierarchie.

Arbeitsspeicherelemente können aus dem Anweisungsteil einer Regel oder von der Kommandoebene des Interpreters aus durch die Anweisung Make erzeugt werden. Legt man die obige Deklaration zugrunde, erzeugt die Anweisung

```
(MAKE Person
        ^Vorname        Albert
        ^Nachname       Einstein
        ^Geburtsdatum   14.3.1879
        ^Beruf          Physiker)
```

ein Objekt der Klasse Person, bei dem vier Attribute mit Werten spezifiziert sind. Da unter dem Attribut Geschlecht nichts eingetragen wird, steht dort der Default-Wert Nil.

4.2 Vektorattribut

Jede Objektklasse darf maximal ein ausgezeichnetes Attribut (vector-attribute) haben, unter dem nicht nur ein atomarer Wert abgelegt werden kann, sondern eine ganze Folge von solchen Werten. Die Auszeichnung geschieht mit Hilfe der Deklaration Vector-attribute, mit der ein oder mehrere Vektorattribute deklariert werden können. Die Anweisung kann mehrmals innerhalb des Deklarationsteils verwendet werden, so daß Vektorattribute in textlichem Zusammenhang mit den Objektklassen deklariert werden können, in denen sie benutzt werden.

Zu beachten ist, daß ein Attribut, das einmal als Vektorattribut deklariert worden ist, in jeder Klasse, in der es verwendet wird, als solches gilt.

Die Anweisungen

```
(LITERALIZE Werkzeugkiste
              Farbe
              Gewicht
              Inhalt)
(LITERALIZE Behälter
              Material
              Inhalt)
(VECTOR-ATTRIBUTE Inhalt)
```

deklarieren die Objektklassen Werkzeugkiste und Behälter. In beiden Klassen ist Inhalt ein Vektorattribut.

Die Anweisung

```
(MAKE Werkzeugkiste
        ^Farbe          blau
        ^Gewicht        schwer
        ^Inhalt         Hammer Zange Schraubenzieher)
```

erzeugt ein Exemplar der Objektklasse Werkzeugkiste und trägt unter dem Attribut Inhalt eine Folge von drei atomaren Werten ein.

4.3 Interne Repräsentation der Arbeitsspeicherelemente

Zum Konzept der höheren Programmiersprachen gehört es, Programme mit diesen Sprachen entwickeln zu können, ohne dabei auf Implementationsdetails Rücksicht nehmen zu müssen. Es erscheint uns aber sinnvoll, die interne Repräsentation der Arbeitsspeicherelemente an dieser Stelle näher zu erläutern. Dafür lassen sich im wesentlichen zwei Gründe aufführen.

Wie in den folgenden Abschnitten noch erläutert wird, gilt die anfänglich vorgenommene Gleichsetzung von Arbeitsspeicherelementen und Records nur in erster Näherung. Zusätzlich zu den für Records üblichen Operationen sind weitere Operationen erlaubt. Ein genauerer Einblick in die interne Repräsentation hilft Fehler zu vermeiden, die auf einer ungenauen Vorstellung beruhen. Weiterhin vereinfacht er das Verstehen der in Kapitel 5 erläuterten Bedingungen und Anweisungen.

4.3.1 Zeitstempel

Alle Objekte im Arbeitsspeicher unterscheiden sich durch einen Zeitstempel (time tag), der ihnen bei ihrer Erzeugung aufgedrückt wird. Er beginnt bei eins und wird bei jedem erzeugten Objekt inkrementiert. Zwei Objekte, die den gleichen Klassennamen haben und unter allen Attributen jeweils den gleichen Wert, lassen sich trotzdem noch anhand des Zeitstempels unterscheiden. Die Zeitstempel, die das relative Alter der Arbeitsspeicherelemente repräsentieren, sind Grundlage der Regelauswahlstrategien. Sie werden nur systemintern verwandt und sind vom Programmierer nur beim interaktiven Arbeiten mit dem System (Fehlersuche) zugreifbar, nicht aber über ein Programm.

4.3.2 Speicherstruktur

Wir hatten die Arbeitsspeicherelemente anfänglich mit Records verglichen. Tatsächlich sind sie aber durch eindimensionale Felder (arrays) variabler Größe implementiert. Diese Art der Implementierung wirkt sich auch auf die Programmierung in OPS5 aus, indem der Zugriff auf die Komponenten der Arbeitsspeicherelemente nicht nur über die Attributnamen möglich ist, sondern auch in der für Felder typischen Weise über positive Zahlen als Indizes.

In VAX-OPS5 haben die Felder eine maximale Größe von 383 Komponenten. Die erste ist für den Klassennamen, die nachfolgenden 254 sind für Attributwerte und die letzten 128 Komponenten für ein Vektorattribut vorgesehen. Die Objekte werden immer von der ersten Komponente bis zu der letzten Komponente, auf die jemals zugegriffen wurde, abgespeichert. Dadurch benötigen kleine Objekte im allgemeinen weniger Speicherplatz. Wurde jedoch auf eine Komponente mit großem Index zugegriffen (z.B. das Vektorattribut), so wird viel Speicherplatz benötigt, auch wenn nur wenige Komponenten relevante Werte enthalten. Die maximale Anzahl von Objekten ist in VAX-OPS5 auf 8191 begrenzt.

In den LISP-Versionen sind die Arrays auf 127 Komponenten begrenzt. Der für ein Vektorelement zur Verfügung stehende Platz hängt von der Anzahl der restlichen Attribute ab und kann zwischen 1 und 126 Komponenten variieren. Werden beispielsweise die ersten zehn Komponenten für den Klassennamen und neun Attribute gebraucht, so kann ein Vektorattribut für diese Klasse maximal 117 Werte enthalten. Die Anzahl der Arbeitsspeicherelemente ist in LISP-OPS5 nicht beschränkt.

Außer den Attributen und dem Zeitstempel steht (in VAX-OPS5) noch ein Verweis auf den Namen der Regel, welche das Objekt erzeugt (bzw. zuletzt modifiziert) hat in jedem Objekt. Dieser dient jedoch nur als Hilfe zur Fehlersuche; vom Programm aus kann auf diese Namen nicht zugegriffen werden.

4.3.3 Abbildung von Attributnamen auf Indizes

Die Attribute, die man für die Objektklassen deklariert hat, werden bei der Compilation der Regeln auf die Indizes der zugrundeliegenden Felder abgebildet. Haben mehrere Objektklassen ein gemeinsames Attribut, so wird dieses Attribut für jede Klasse auf den selben Index abgebildet. Desweiteren wird die Abbildung so vorgenommen, daß jeweils alle Attribute einer Objektklasse einen unterschiedlichen Index erhalten.

Darüber hinaus ist die Abbildung quasi willkürlich, insbesondere ist sie abhängig von der Reihenfolge der Deklarationen. Das hat folgende Konsequenzen:

1. Hat ein Objekt n Attribute, so stehen deren Werte nicht zwangsläufig in den ersten n Komponenten. Es können sowohl Lücken zwischen den Werten auftreten als auch eine geänderte Reihenfolge vorliegen.
2. Unterschiedliche Attribute in verschiedenen Klassen können auf den gleichen Index abgebildet werden.

Zu beachten ist, daß man mit einem für eine Objektklasse deklarierten Attribut nicht nur auf Objekte dieser Klasse zugreifen kann, sondern auch auf jedes andere Objekt. Die Objekte sind also als ARRAY [1..383] OF ATOM implementiert, auf die man über Bezeichner und über Indizes zugreifen kann. Diese Felder lassen sich wie Records auffassen, solange man auf Objekte nur mit solchen Attributen zugreift, die für die jeweilige Klasse deklariert sind. Das verlangt natürlich eine gewisse Disziplin, da man mit unterschiedlichen Attributen auf gleiche Komponenten eines Objektes zugreifen kann, ohne dadurch irgendwelche Compilations- oder Laufzeitfehler zu erzeugen.

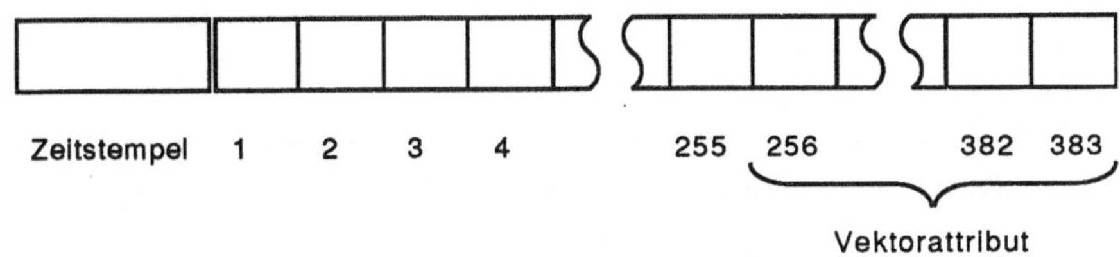

Bild 4-1: Interne Repräsentation eines Arbeitsspeicherelementes (VAX-OPS5)

Unter einem Vektorattribut können bis zu 128 Werte in ein Objekt eingetragen werden (in VAX-OPS5). Dies wird dadurch realisiert, daß Vektorattribute, unabhängig von den restlichen Attributen der Objektklasse immer auf den Index 256 abgebildet werden. Die Elemente des Vektors werden ab der 256-ten Komponente eines Objektes fortlaufend abgelegt. Andere Attributnamen werden vom System auf kleinere Indizes als 256 abgebildet.

In den LISP-basierten Systemen haben die Arbeitsspeicherelemente eine Maximalgröße von 127 Komponenten. Ein Vektorattribut erhält auch hier immer den höchsten innerhalb einer Objektklasse vergebenen Index. Dieser ist aber nicht konstant, da er von den restlichen Attributen der Klasse abhängt. Außerdem ist eine Vektorattributdeklaration für alle Elementklassen gültig. Deswegen muß der Index der höchste vergebene Index in allen Elementklassen sein, für die das Vektorattribut deklariert ist. Insgesamt hat ein Arbeitsspeicherelement also eine logische Struktur wie in Bild 4-1 dargestellt. Physisch gespeichert wird nur der Teil bis zum höchsten Index, unter dem einmal ein Wert eingetragen wurde (dieser Wert kann natürlich auch Nil sein). Ein Beispiel möge die Struktur der Arbeitsspeicherelemente verdeutlichen.

Beispiel:

Nehmen wir an, wir bräuchten ein Objekt Gerät mit den Eigenschaften Funktion, Preis, Material, Gewicht und Farbe sowie ein Objekt Kiste mit den Eigenschaften Material, Gewicht, Volumen, Inhalt. Weiterhin soll Inhalt ein Vektorattribut sein, damit einer Kiste mehrere Atome als Inhalt zugewiesen werden können. Die hierfür nötige Deklaration könnte wie folgt aussehen.

```
(VECTOR-ATTRIBUTE Inhalt)

(LITERALIZE Gerät Funktion Preis Material Gewicht Farbe)

(LITERALIZE Kiste Material Gewicht Volumen Inhalt)
```

Diese Deklaration führt zu einer Abbildung von Attributnamen auf Indizes wie in Bild 4-2 dargestellt.

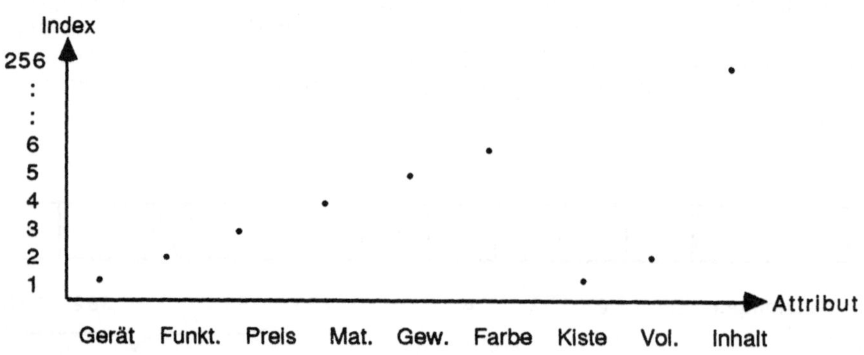

Bild 4-2: Abbildung von Indizes auf Attributnamen

Die Attribute des ersten Objektes werden fortlaufend auf die Zahlen 2 bis 6 abgebildet (unter dem Index 1 ist der Klassenname des Objektes zugreifbar). Beim zweiten Objekt ist festzustellen, daß die ersten beiden Attribute Material und Gewicht bereits auf die Zahlen 4 bzw. 5 abgebildet sind. Das nächste Attribut Volumen wird auf die kleinste zur Verfügung stehende Zahl abgebildet. Das ist in diesem Fall die 2, da es noch kein Attribut gibt, das auf die 2 abgebildet worden ist und in dieser Objektklasse vorkommt.

Das letzte Attribut schließlich ist ein Vektorattribut und wird somit in VAX-OPS5 auf die Zahl 256 abgebildet. Es wäre daher nicht notwendig gewesen, dieses Attribut

in der Literalize-Anweisung aufzuführen. In LISP-OPS5 wird das Vektorattribut in
diesem Fall auf den Index 6 abgebildet. Da diese Abbildung von den Klassen abhängt,
in denen das Vektorattribut benutzt wird, muß es unbedingt in den Literalize-
Anweisungen aufgeführt werden.

Die Anweisung

```
(MAKE Kiste
            ^Material    Holz
            ^Volumen     10
            ^Inhalt      Hammer Zange Schraubenzieher)
```

würde mit obiger Deklaration ein Arbeitsspeicherelement wie in Bild 4-3 erzeugen

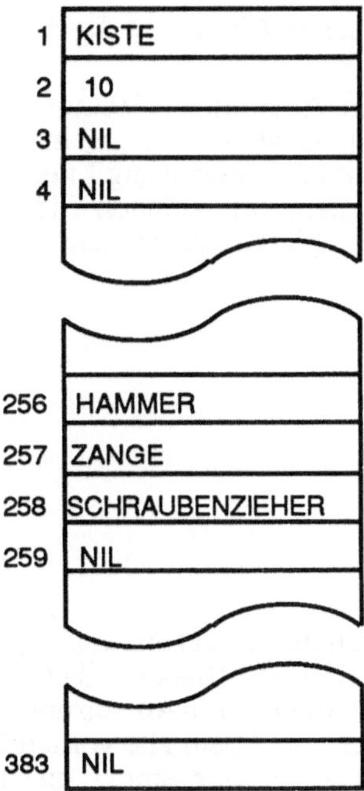

Bild 4-3: Arbeitsspeicherelement

Werden die beiden Objektklassen Gerät und Kiste in anderer Reihenfolge
deklariert, resultiert daraus eine andere Abbildung von Attributnamen auf Indizes. Die
Deklaration einer weiteren Objektklasse, die die Attribute Funktion und Volumen hat,
bedingt, daß die gefundene Abbildung revidiert wird, da die beiden genannten
Attribute nun auf unterschiedliche Indizes abgebildet werden müssen.

Das System sucht eine geeignete Abbildung, die mit keiner Deklarations-
Anweisung in Konflikt steht. Da es durchaus mehrere Abbildungen gibt, die den
erwähnten Bedingungen genügen, sollte es keine funktionellen Abhängigkeiten eines
Programms von der Art dieser Abbildung geben. Von der Sprachdefinition her kann
jede Abbildung implementiert werden, die folgenden Bedingungen genügt:

1. Gleiche Attributnamen werden auf den gleichen Index abgebildet.

2. Innerhalb einer Objektklasse werden alle Attribute auf verschiedene Indizes abgebildet.

3. Vektorattribute werden in jeder Klasse, für die sie deklariert sind, auf den höchsten vergebenen Index abgebildet.

4.3.4 Verarbeitung von Deklarationen

Die Deklarationen aller Elementklassen müssen vor der ersten Regel eines Programms stehen. Sie dient der Einführung von Attributen und der Zuordnung von Attributmengen zu Elementklassen. Zur Deklaration von Attributen gibt es drei Möglichkeiten. Mit der Anweisung Literalize wird eine Elementklasse sowie alle zu dieser Klasse gehörenden Attribute deklariert. Der Compiler bildet alle Attributnamen einer Klasse auf unterschiedliche Indizes ab und sorgt für eine konsistente Abbildung der Attribute verschiedener Klassen.

Durch die Anweisung Vector-attribute wird ein Attribut als Vektorattribut gekennzeichnet und auf den höchsten vergebenen Index aller Klassen, in der es vorkommt, abgebildet. Als drittes gibt es noch die Deklarationsanweisung Literal. Mit ihr kann vom Programmierer explizit bestimmt werden, auf welchen Index ein Attributname abgebildet werden soll. Dadurch kann beispielsweise erreicht werden, daß bestimmte Attribute direkt hintereinander stehen.

Beispiel:

```
(LITERAL
        Name        = 5
        Vorname     = 5
        Nachname    = 6)


(MAKE Person
        ^Name   Konrad Zuse)
```

Die Zuordnung von Indizes zu Attributnamen durch die Literal-Anweisung wird vom System gegenüber einer Literalize-Anweisung vorrangig behandelt, da sie nicht revidiert werden kann. Dazu ist es nicht notwendig, daß die Literal-Anweisungen am Anfang bzw. vor der ersten Literalize-Anweisung stehen. Nachdem alle vorhandenen Literal-Deklarationen bearbeitet sind, versucht der Compiler eine konsistente Abbildung der restlichen Attributnamen auf Indizes zu finden. Sollte das nicht möglich sein, wird eine Fehlermeldung ausgegeben.

Das Auftauchen der ersten Regeln in einem Programm bzw. in der interaktiven Eingabe beendet die Deklarationsphase. Die zu diesem Zeitpunkt gültige Abbildung von Attributnamen auf Indizes wird bei der Übersetzung der Regeln verwendet. Sie kann deshalb nicht geändert werden, ohne daß die Regeln neu übersetzt werden. Aus diesem Grund müssen die Deklarationen am Anfang des Programms stehen bzw. dürfen in der LISP-basierten Version erst interaktiv Arbeitsspeicherelemente erzeugt werden, nachdem die Eingabe der ersten Regel das Ende der Deklarationsphase kenntlich macht.

Kapitel 5   Die OPS5-Produktionen

Die Produktionsregeln in OPS5 haben folgende Syntax.

```
(P Regelname
    (Einzelbedingung1)
   -(Einzelbedingung2)    ; Die Negation ist optional.
          ....
--> (Anweisung1)
    (Anweisung2)
        ...
)
```

Die ganze Regel ist in runden Klammern eingeschlossen und enthält als erstes das Symbol "P" sowie einen Regelnamen, durch den sich alle Regeln voneinander unterscheiden lassen. Das P (für Produktion) ist in den LISP-Versionen der Funktionsaufruf zum Erzeugen (Übersetzen) einer Regel; allgemein kennzeichnet es einen Klammerausdruck als Regel. Als Regelname ist jedes beliebige symbolische Atom außer Nil erlaubt. Danach kommen der Bedingungsteil und der Anweisungsteil, die durch einen Rechts-Pfeil "-->" voneinander getrennt sind. Die Regeln können beliebig formatiert werden, Leerzeichen und Zeilenumbrüche haben nur die Funktion von Trennzeichen. Kommentare können an beliebiger Stelle im Programm auftauchen. Sie werden durch ein Semikolon gekennzeichnet und nehmen den Rest der Zeile in Anspruch. Sie wirken ebenfalls trennend (kein Bezeichner kann also ein Semikolon enthalten).

5.1 Der Bedingungsteil

Der Bedingungsteil besteht aus mindestens einer nicht negierten Einzelbedingung. Weitere Einzelbedingungen können folgen, diese dürfen auch negiert sein. Ihre Anzahl ist nicht begrenzt, jedoch dürfen im VAX-OPS5 höchstens 32 Einzelbedingungen nicht negiert sein. Alle Einzelbedingungen sind konjunktiv verknüpft; der Bedingungsteil einer Regel ist also dann erfüllt, wenn jede enthaltene Einzelbedingung erfüllt ist. Ist dieses der Fall, so kann die Regel vom Regelinterpreter ausgewählt und ausgeführt werden.

5.1.1 Die Einzelbedingung

Jede Einzelbedingung enthält ein Muster eines Arbeitsspeicherelementes. Eine nicht negierte Einzelbedingung ist dann erfüllt, wenn es ein Arbeitsspeicherelement gibt, das diesem Muster entspricht; entsprechend ist sie nicht erfüllt, wenn es kein solches Element gibt. Bei negierten Einzelbedingungen gilt das Umgekehrte, d.h. sie sind erfüllt, wenn es kein passendes Element im Arbeitsspeicher gibt. Das Muster in der Einzelbedingung

```
(Bauklotz ^Farbe = blau ^Form = Quader)
```

wird durch jedes Arbeitsspeicherelement erfüllt, das zur Klasse Bauklotz gehört und

unter dem Attribut Farbe den Wert Blau hat und unter dem Attribut Form den Wert
Quader. Beide Werte sind symbolische Atome. Welche Werte in den anderen Komponenten des Elementes stehen, hat in diesem Zusammenhang keine Bedeutung. Ein
passendes Element wäre also

```
(Bauklotz ^Farbe blau ^Form Quader ^Größe klein)
```

5.1.1.1 LHS-Terme

Bei genauerer Betrachtung besteht das Muster aus einer Folge von Termen. Jeder
Term beschreibt eine Einschränkung für eine Komponente des Arbeitsspeicherelementes. Damit ein Element sich mit einem Muster deckt, muß jede seiner Komponenten, für die es einen Term im Muster gibt, den Einschränkungen genügen, die durch
diesen Term dargestellt werden.

Ein solcher Term besteht zunächst aus der eigentlichen Einschränkung, sowie der
Bestimmung der Komponente, für die diese Einschränkung gelten soll. Die Komponente wird mit dem Attributoperator "^" angegeben, der als Parameter einen Attributnamen oder den Index der Komponente erhält. Die Einschränkung wird entweder
durch ein zweistelliges Prädikat ausgedrückt oder durch eine Auswahl von
Konstanten.

5.1.1.2 Prädikate

Der erster Operand eines Prädikates wird im Term angegeben, der zweite Operand ist
der Inhalt der spezifizierten Arbeitsspeicherelementkomponente. Das Muster im
obigen Beispiel enthält drei Terme, einer davon ist

```
^Farbe = blau
```

Er bestimmt diejenige Komponente, die unter dem Attributnamen Farbe zugreifbar ist.
Das Prädikat "=" bewirkt, daß ein Test auf Gleichheit zwischen dem angegebenen
Wert Blau und dem Inhalt der spezifizierten Komponente durchgeführt wird. Das
Prädikat ist gültig, wenn eine Übereinstimmung des überprüften Elementes mit dem
Muster an dieser Stelle vorliegt. Tabelle 5-1 gibt die zur Verfügung stehenden Prädi-
kate an.

Prädikat	durchgeführter Test
=	Test auf Gleichheit
<>	Test auf Ungleichheit
<=>	Test auf Typgleichheit
<	Test auf Kleinerbeziehung
>	Test auf Größerbeziehung
<=	Test auf Kleinergleich
>=	Test auf Größergleich

Tabelle 5-1: Prädikate in LHS-Termen

Das Prädikat Typgleich gilt für zwei Werte, wenn es sich bei beiden um symbolische Atome, um Integer-Zahlen oder um Floating-Point-Zahlen handelt.

Damit das Prädikat Gleich erfüllt ist, muß zunächst Typgleichheit vorliegen. Symbolische Atome müssen dazu noch den gleichen Printnamen haben, also aus der selben Zeichenfolge bestehen, bei numerischen Atomen muß die Typgleichheit vorliegen und die Differenz muß Null sein. Für die beiden Werte 1 und 1.0 gilt also demnach das Prädikat Ungleich, aber nicht das Prädikat Gleich. Das Prädikat Ungleich gilt immer, wenn das Prädikat Gleich nicht gilt. Die übrigen Prädikate sind nur für numerische Atome anwendbar. Wenn kein Prädikat angegeben ist, wird das Prädikat Gleich angenommen.

Beispiel:

Die Einzelbedingung

```
(Beispiel ^Zahl <=> 1. ^kein_Name <> String)
```

deckt sich mit jedem Arbeitsspeicherelement, das zur Klasse Beispiel gehört, unter dem Attribut Zahl irgendein Integer-Atom stehen hat und unter dem Attribut Kein_Name irgendeinen Wert außer dem symbolischen Atom String stehen hat.

Der erste Operand des Prädikates, der im Term mit angegeben wird, ist in den obigen Beispielen immer eine Konstante. An Stelle von Konstanten dürfen in den Termen auch Variablen stehen. Variablen sind symbolische Atome, die mit "<" beginnen und mit ">" enden. Sie werden bei ihrem ersten Auftreten in einer Regel gebunden, deshalb darf dort nur das Prädikat Gleich verwendet werden. Näheres folgt im Abschnitt 5.1.3. In VAX-OPS5 sind außerdem Funktionsaufrufe erlaubt. Prädikate müssen durch Leerzeichen vom nachfolgenden Operand getrennt sein.

5.1.1.3 LHS-Funktionen in VAX-OPS5

Anstelle von Konstanten und Variablen erlaubt VAX-OPS5 auch die Verwendung von Funktionsaufrufen als Operand für Prädikate. Außer der Funktion Compute sind beliebige externe Funktionen erlaubt, die ein Atom als Wert zurückliefern und keine Seiteneffekte haben.

Beispiel:

```
(P Klassifiziere_Standardbrief
   { <Brief> (Brief
              ^Gewicht       <= 20
              ^Länge         { >= 14 <= 23.5 }
              ^Breite        { >= 9 <= 12 <Breite> }
              ^Höhe          < .5
              ^Länge         >= (COMPUTE 1.14 * <Breite> )
              ^Typ           NIL) }

--> (MODIFY <Brief>
              ^Typ           Standardbrief)
)
```

Das Attribut Länge ist nur der Übersichtlichkeit halber doppelt aufgeführt. Zu beachten ist, daß die im Funktionsaufruf verwendete Variable gebunden sein muß.

5.1.1.4 Disjunktion von Konstanten

Statt eines Prädikates kann in einem LHS-Term auch eine Auswahl von Konstanten stehen. Diese wird durch eine Klammerung mit << und >> notiert. Der Term

```
^Farbe << rot blau gelb >>
```

bedeutet, daß der Wert unter dem Attribut Farbe eines der symbolischen Atome Rot, Blau oder Gelb sein muß. Prädikate können hier nicht angegeben werden; es wird immer ein Test auf Gleichheit mit den angegebenen Werten durchgeführt. Zu beachten ist auch, daß die Klammern eine Quotierung bewirken. Variablen und Funktionsaufrufe werden nicht ausgewertet. Der Term

```
^Farbe << <Farbe_1> <Farbe_2> >>
```

besagt also, daß unter dem Attribut Farbe ein symbolisches Atom stehen muß, das entweder den Printnamen <Farbe_1> oder den Printnamen <Farbe_2> hat. Da nur eine Disjunktion von Konstanten möglich ist und nicht etwa Ausdrücke wie "vom Typ Integer oder vom Typ Floating-point" oder "kleiner -1 oder größer +1", verspricht der Name Disjunktion etwas mehr, als er halten kann. Wir werden deshalb den Begriff Auswahl verwenden.

Vor und hinter den doppelten spitzen Klammern muß immer ein Leerzeichen stehen, da "<" und">" keine Trennzeichen sind und andernfalls als zum Atomnamen gehörig angesehen werden.

5.1.1.5 Implizite Komponentenbestimmung

Die Bestimmung der Komponente, für die ein Term gelten soll, muß nicht immer explizit vorgenommen werden. Fehlt sie in einem Term, so wird sie implizit vorgenommen. Zu Beginn des Musters wird die erste Komponente angenommen, wenn dieses nicht mit Hilfe des Attributoperators geändert wird. Hierdurch wird allgemein der Klassenname spezifiziert. Im weiteren wird der zuletzt spezifizierte Index um eins erhöht. Das Muster in folgender Einzelbedingung

```
(Kiste Quader ^Farbe grün << klein mittel >> )
```

enthält vier Terme, von denen drei die Bestimmung der Komponente implizit vornehmen. Die Einzelbedingung deckt sich mit jedem Arbeitsspeicherelement, das als Klassennamen, der ja in der ersten Komponente steht, das Atom Kiste hat. In der darauffolgenden zweiten Komponente muß das Atom Quader stehen. Unter dem Attribut Farbe muß das Atom Grün stehen und in der folgenden entweder das Atom Klein oder Mittel. Ist bei der Übersetzung des Programms das Attribut Farbe auf den Wert zwei abgebildet worden, so verlangt die obige Bedingung, daß in der zweiten Komponente der Wert Quader und gleichzeitig der Wert Grün steht. Die implizite Bestimmung der Komponente sollte also nur verwendet werden, wenn man sich genau über die Struktur des Elementes im klaren ist, im wesentlichen bei Zugriff auf den Klassennamen und bei Verwendung von Vektorattributen.

5.1.1.6 Konjunktion von LHS-Termen

Im letzten Beispiel hatten wir gesehen, daß es möglich ist, durch zwei Terme dieselbe Komponente einzuschränken. Im Gegensatz zu obigem Beispiel können das durchaus Einschränkungen sein, die gemeinsam erfüllbar sind. Anstatt dazu mehrere Terme zu verwenden, können auch mehrere Prädikate zu einem Term zusammengefaßt werden. Dazu dienen die geschweiften Klammern. Statt

```
^Anzahl > 4 ^Anzahl <= 7
```

kann man schreiben

```
^Anzahl { > 4 <= 7 }  .
```

Die Konjunktionsklammern verhindern also die Veränderung der bestimmten Komponente.

Eine Disjunktion kann in eine Konjunktion aufgenommen werden. Dadurch ist folgendes Muster möglich

```
^Anzahl { << 5 6 7 >> <Tatsächliche_Anzahl> } ,
```

das eine Disjunktion und eine Variablenbindung zusammenfaßt.

Wird zwischen den geschweiften Klammern keine Einschränkung angegeben, so stellt dieses eine Bedingung dar, die immer erfüllt ist.

"{" und "}" sind Trennzeichen. Sie müssen daher nicht durch Leerzeichen von anderen Zeichen abgetrennt werden.

5.1.1.7 Zusammenfassung

Ein LHS-Term besteht aus der Bestimmung einer Komponente (optional) und einer Einschränkung für den Wert dieser Komponente.

Eine Folge von LHS-Termen bilden ein LHS-Muster. Die Reihenfolge der Terme spielt dabei nur in bezug auf die implizite Bestimmung von Komponenten eine Rolle.

Ein Muster in runde Klammern gefaßt, ergibt eine Einzelbedingung, die durch ein vorangestelltes Minuszeichen negiert werden kann. Beim Mustervergleich wird die Negation nicht berücksichtigt. Gibt es ein zum Muster passendes Arbeitsspeicherelement, wird es als Ergebnis des Mustervergleiches geliefert. Die Negation wird erst zur Interpretation dieses Ergebnisses benötigt. Näheres dazu im Kapitel 6 über den Regelinterpreter.

5.1.2 Konstanten

Jede Zeichenfolge, die sich als Zahl auffassen läßt, wird als numerisches Atom interpretiert, jede andere Zeichenkette als symbolisches Atom, wobei nur die ersten 64 Zeichen berücksichtigt werden (einen Sonderfall stellen Variablen dar, s.u.). Atome werden durch Leerzeichen, Return, Tab oder Trennzeichen (^, (,), {, }, ;, nur in LISP: .) getrennt (da dieses auch für numerische Atome gilt, darf z.B. auch zwischen Vorzeichen und Ziffernfolge nie ein Leerzeichen stehen). Trennzeichen werden als

selbständige symbolische Atome verstanden. Soll ein Atom Leerzeichen oder Trennzeichen enthalten, oder soll eine Zeichenfolge, die sonst anders interpretiert wird, als
symbolisches Atom verstanden werden, muß es quotiert werden. Dazu gibt es
mehrere Möglichkeiten:

1. Einschluß in senkrechte Striche
   `"|Dies ist ein Atom|"` liefert das Atom `"Dies ist ein Atom"`, während
   `"Dies ist ein Atom"` die Atome `"DIES"`, `"IST"`, `"EIN"`, `"ATOM"` liefert.
   Zwischen zwei senkrechten Strichen werden alle Zeichen zusammen als ein
   symbolisches Atom aufgefaßt. Die einzige Ausnahme bildet der senkrechte Strich
   selbst. Damit er innerhalb eines symbolischen Atoms vorkommen kann, muß er
   doppelt geschrieben werden. `"|senkrechter||Strich|"` ergibt das Atom
   `"senkrechter|Strich"`.

2. Vorangestellte Schrägstriche
   Zwei vorangestellte Schrägstriche quotieren das nächste Atom. `"//^Farbe`
   `grün"` liefert die Atome `"^"`, `"FARBE"`, `"GRÜN"`. Da `"/"` kein Trennzeichen ist,
   muß das nachfolgende Atom normalerweise durch ein Leerzeichen abgesetzt
   werden, wenn es nicht selbst durch ein Trennzeichen dargestellt wird.
   `"//<Farbe>"` liefert das Atom `"//<FARBE>"`, während `"//   <Farbe>"` das Atom
   `"<FARBE>"` liefert. ·

3. Die Auswahlklammern wirken ebenfalls quotierend.
   `<< rot grün >>`   deckt sich mit `"ROT"` oder `"GRÜN"`.
   `<< <var_1> <var_2> >>`   deckt sich mit `"<VAR_1>"` oder `"<VAR_2>"`.
   `<< rot <> //grün <= 10 >>`   deckt sich mit `"ROT"`, `"<>"`, `"//GRÜN"`, `"<="`
   oder mit dem numerischen Atom 10.
   Dieses hat zur Folge, daß Variablen nicht in eine Auswahl aufgenommen werden
   können. (Auch hier gilt, daß `"<"` kein Trennzeichen ist, `"<<"` muß also von
   Leerzeichen eingeschlossen werden.)

   Alle Eingaben, sei es von der Tastatur oder von einem File werden in VAX-
OPS5 und der MACLISP-Version in die Großschreibung konvertiert, wenn dies nicht
durch die erste Art der Quotierung verhindert wird (case folding). Dieses gilt auch für
alle Atome, die im Programmtext stehen. // und << >> verhindern diese Konvertierung nicht. Ebenso kann das Kommentarzeichen ";" nur mit Hilfe der ersten Quotie-
rungsart quotiert werden. OPS5 unterscheidet (wenn keine Konvertierung vorgenommen wurde) zwischen groß- und kleingeschriebenen Atomen, so daß "ATOM" und
"Atom" verschiedene Atome sind. In der FRANZLISP-Version wird keine Konvertierung vorgenommen.

5.1.3 Variablen im Bedingungsteil

Es ist möglich, auf der linken Seite Variablen zu benutzen. Sie werden durch spitze
Klammerung notiert <Variable>. Dabei ist zwischen solchen, an die ein Atom gebunden wird (Atom- oder Wertvariable) und solchen, an die ein ganzes Arbeitsspeicherelement gebundern wird (Elementvariable) zu unterscheiden. Mit Variablen ist es
einerseits möglich, Beziehungen zwischen verschiedenen Einzelbedingungen innerhalb eines Bedingungsteiles zu beschreiben, sowie andererseits Bezüge vom Anweisungsteil auf Objekte des Bedingungsteiles auszudrücken.

   Alle Variablen sind lokal innerhalb der Regel, in der sie benutzt werden, d.h.
Gültigkeit und Sichtbarkeit dauern vom ersten Auftreten innerhalb einer Regel bis zum

Ende der Regel. Es besteht keine Möglichkeit, Bindungen aus einer Regel in eine andere zu exportieren.

5.1.3.1 Atomvariablen

Atomvariablen werden bei ihrem ersten Auftreten innerhalb der linken Seite gebunden. Bei jedem weiteren Auftreten innerhalb der Regel werden sie wie Konstanten vom an sie gebundenen Wert behandelt. Bei ihrem ersten Auftreten darf deshalb nur ein Test auf Gleichheit vorgenommen werden (dieser bewirkt die Bindung). Anschließend können beliebige Tests mit ihnen gemacht werden.

Betrachten wir folgenden Ausschnitt einer linken Regelseite:

```
(Kiste   ^Farbe   <Farb_Variable>)
(Gerät   ^Farbe   <Farb_Variable>)
```

Jedes Element mit dem Klassennamen Kiste läßt sich mit der ersten Bedingung in Übereinstimmung bringen. Der Wert, den dieses Element unter dem Attribut Farbe hat, wird dabei an die Variable <Farb_Variable> gebunden. Wurde dem Element unter diesem Attribut noch kein Wert zugewiesen, so ist der Wert Nil.

Zur zweiten Bedingung passen dann solche Elemente, deren Klassenname Gerät ist und die unter dem Attribut Farbe den gleichen Wert haben, wie der an <Farb_Variable> gebundene.

Man vergewissere sich, daß die Reihenfolge der beiden Bedingungselemente innerhalb einer Regel keinen Einfluß auf die Erfüllbarkeit hat.

Will man, wie im obigen Beispiel, einen Wert an eine Variable binden, für den gewisse Einschränkungen gelten sollen, so ist dieses durch die Konjunktion möglich.

```
(Kiste   ^Farbe   { <Farb_Variable> <> rot } )
```

Die Konjunktion bewirkt, daß für den Wert unter dem Attribut Farbe

1. die Bindung an die Variable vorzunehmen ist, bzw. eine Übereinstimmung mit dieser Variablen gegeben sein muß,
2. keine Gleichheit mit dem Wert Rot vorliegen darf.

Die gebundenen Variablen sind auch im Aktionsteil verwendbar. Es ist auch möglich, dort noch neue Atomvariablen zu binden (durch die Anweisung Bind).

5.1.3.2 Elementvariablen

Der zweite Typ von Variablen sind die Elementvariablen. Eine Bindung auf der linken Seite sieht folgendermaßen aus:

```
(P Fülle_Kiste
   { (Kiste
            ^Farbe  blau
            ^Inhalt Werkzeug ) <Kiste>}
     (Werkzeug
            ^Name    { Hammer     <Werkzeug>} )
```

```
--> (MODIFY <Kiste>
          ^Inhalt <Werkzeug>)
)


    ;<Kiste>    ist eine Elementvariable.
    ;<Werkzeug> ist eine Atomvariable.
```

Dieses Beispiel einer vollständigen OPS5-Regel zeigt auch gleich die Hauptverwendung von Elementvariablen. Im Bedingungsteil wird das Arbeitsspeicherelement, das sich für die Regelinstantiierung mit der ersten Bedingung deckt (eine blaue Kiste mit Werkzeug), an die Variable <Kiste> gebunden. Das ermöglicht einen Zugriff vom Aktionsteil aus auf dieses Element, in diesem Fall um den Inhalt von "Werkzeug" in "Hammer" zu ändern.

Auch Elementvariablen können in der rechten Seite einer Regel (mit der Anweisung Cbind) gebunden werden.

Ob eine Variable eine Atomvariable oder eine Elementvariable ist, läßt sich nur an der Position ihres Auftretens erkennen. Auf der linken Seite stehen Elementvariablen außerhalb und Atomvariablen innerhalb von Mustern. Atomvariablen dürfen linksseitig nur anstelle von Werten stehen. In der rechten Seite einer Regel können sie auch anstelle eines Attributnamens stehen, also als Argument des Attributoperators.

Man beachte, daß in einer Regel eine Atomvariable, eine Elementvariable und ein symbolisches Atom mit gleicher Bezeichnung erlaubt sind!

Wird eine Variable an der falschen Stelle benutzt, so wird im allgemeinen die Warnung "unbound variable" zur Übersetzungszeit ausgegeben.

Man überlege sich, daß Variablen-Bindungen nur im Zusammenhang mit nicht negierten Einzelbedingungen sinnvoll sind. ("Es genügt nicht, keine eigene Meinung zu haben, man muß auch unfähig sein, sie zu äußern.")

5.1.4 Schematische Darstellung des Bedingungsteiles

Die Struktur des Bedingungsteiles läßt sich wie in Bild 5-1 graphisch darstellen. Bei dieser Darstellung ist zu berücksichtigen, daß es sich nicht um eine exakte Repräsentation der Syntax handelt. Vielmehr soll die Graphik veranschaulichen, daß der Bedingungsteil keine rekursiven Strukturen enthält, sondern eine Hierarchie darstellt. Dabei kann ein Bedingungsteil beliebige Größe erlangen, da die Anzahl der negierten Einzelbedingungen pro Regel nicht beschränkt ist. Das gleiche gilt für die Anzahl der Einschränkungen in einer Einzelbedingung oder die Anzahl der Konstanten innerhalb einer Auswahl. Die Größe wird dabei aber durch parallele Strukturen innerhalb einer Hierarchiestufe erreicht. Eine Einschränkung kann beispielsweise im einfachsten Fall durch Angabe einer Konstanten erreicht werden. Es können aber auch mehrere Konstanten zur Auswahl gestellt werden; eine solche Auswahl kann mit einer Variablenbindung konjugiert werden. Alle Einschränkungen einer Einzelbedingung sind konjunktiv verbunden und der ganze Bedingungsteil besteht aus einer Konjunktion von Einzelbedingungen.

Diese Möglichkeit der Schachtelung von Junktoren ist nicht rekursiv, wie etwa logische Ausdrücke in der Programmiersprache Pascal. In einem Bedingungsteil einer OPS5-Regel sind die Möglichkeiten der Und/Oder-Schachtelung gemäß der skizzierten Hierarchie fest vorgegeben, und zwei Konjunktionen auf verschiedenen Stufen sind nicht miteinander vergleichbar.

Diese strenge hierarchische Struktur hat natürlich auch Auswirkungen auf die Ausdrucksfähigkeit der Sprache, worauf wir im weiteren noch eingehen werden.

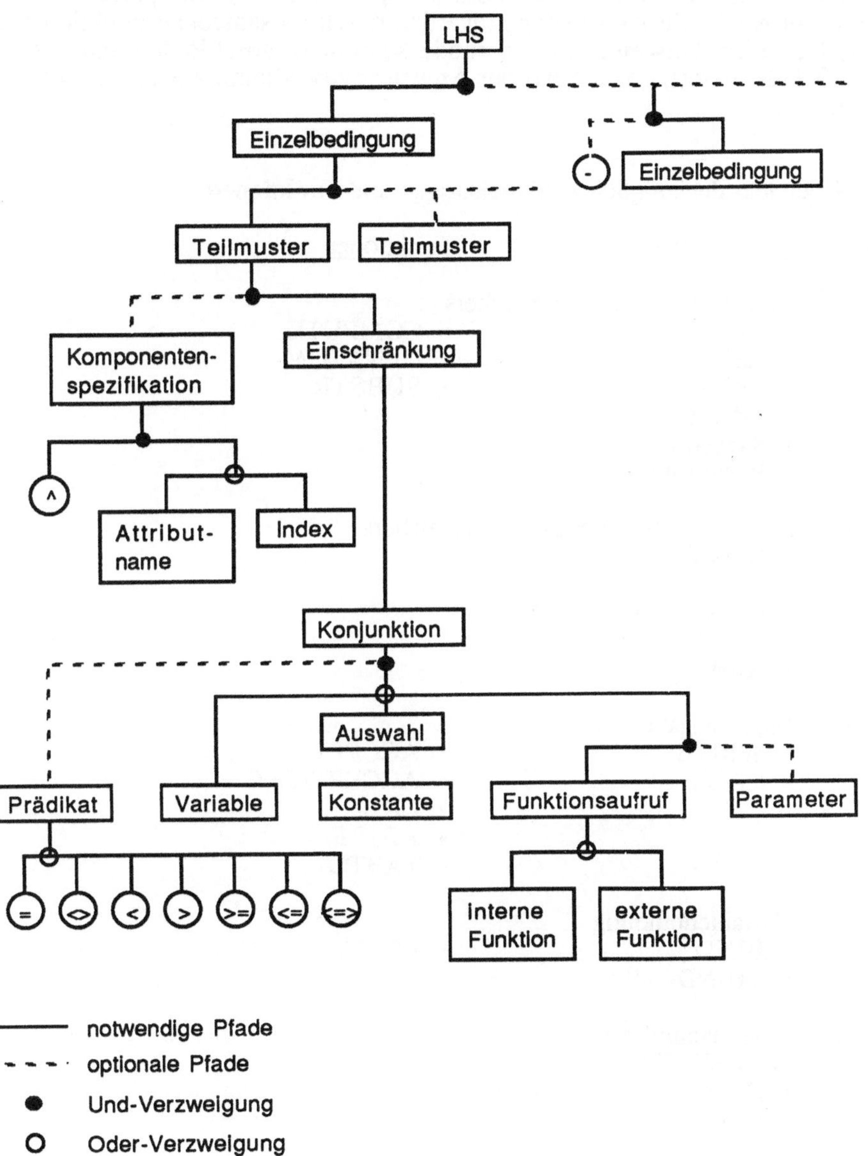

Bild 5-1: Schematische Darstellung des Bedingungsteiles

5.2 Der Aktionsteil

Der Aktionsteil einer Regel besteht aus einer Folge von Einzelanweisungen, die hintereinander ausgeführt werden, wenn diese Regel vom Regelinterpreter zum Feuern ausgewählt wird. Die Anweisungen werden durch verschiedene Funktionen unterstützt. Jede Einzelanweisung ist in runde Klammern geschlossen und besteht aus einem Schlüsselwort, das die Art der Anweisung bestimmt, sowie den zugehörigen Parametern.

5.2.1 Übersicht der möglichen Anweisungen und Funktionen

        <u>Anweisungen</u>   <u>Funktionen</u>

o   Änderung des Arbeitsspeichers
- MAKE   • COMPUTE
- REMOVE   • GENATOM
- MODIFY   • SUBSTR
- Addstate
- Savestate
- Restorestate

o   Ergänzung des Produktionenspeichers
- BUILD

o   Ablaufkontolle
- HALT
- After

o   Ein-/Ausgabe
- WRITE   • ACCEPT
- CALL   • ACCEPTLINE
                     • CRLF
                     • RJUST
                     • TABTO

o   Variablenbindung
- BIND   • LITVAL
- CBIND

o   Dateimanipulationen
- OPENFILE
- CLOSEFILE
- DEFAULT

Die groß geschriebenen Schlüsselwörter gelten für alle OPS5-Implementationen gemäß dem OPS5 User's Manual von Charles L. Forgy. Bei den klein geschriebenen Wörtern handelt es sich um Erweiterungen des VAX-OPS5 von DEC.

Bevor die Anweisungen im einzelnen erläutert werden, soll auf die möglichen Parameter näher eingegangen werden. Dies sind im wesentlichen Verweise auf Arbeitsspeicherelemente (element-designators) und RHS-Muster (RHS-Pattern).

5.2.2 Zugriff auf Arbeitsspeicherelemente

Um von einer Anweisung aus ein Arbeitsspeicherelement zu manipulieren, muß es im Bedingungsteil der Regel gebunden werden. Das geschieht jeweils automatisch dadurch, daß es eine Einzelbedingung des Bedingungsteils erfüllt. Um auf die gebundenen Elemente zuzugreifen, gibt es zwei Möglichkeiten.

1. Durch Angabe einer Zahl n bezieht man sich auf das Element, welches an die n-te nicht negierte Einzelbedingung gebunden ist.

```
(P Regelname
     (Element-1
          ^Attribut     Wert)
   - (Element-2
          ^Attribut     Wert)
     (Element-3
          ^Attribut     Wert)

 --> (Remove 2)
 )
```

Die Anweisung "(Remove 2)" löscht das Arbeitsspeicherelement mit dem Klassennamen Element-3. Da die negierten Bedingungen nicht mitgezählt werden, kann man sich hier leicht verzählen. Deswegen ist folgende Möglichkeit vorzuziehen.

2. Arbeitsspeicherelemente, auf die vom Aktionsteil aus zugegriffen werden soll, werden im Bedingungsteil an eine Elementvariable gebunden, mit der dann in einer Anweisung auf das Element verwiesen werden kann. Die Bindung wird ausgedrückt, indem die betreffende Einzelbedingung zusammen mit einem Variablennamen in geschweifte Klammern gefaßt wird. Der Variablenname kann sowohl vor als auch hinter der Einzelbedingung stehen.

```
(P Regelname
     (Element-1
          ^Attribut  Wert)
   - (Element-2
          ^Attribut  Wert)
   { (Element-3
          ^Attribut  Wert) <Element> }

 --> (Remove   <Element>)
 )
```

Bei dieser Version der Regel wird das Element-3 unabhängig von der Reihenfolge der Einzelbedingungen im Bedingungsteil gelöscht (s.a. Abschnitt 17.4).

5.2.3 RHS-Muster

Einige Anweisungen können ein ähnliches Muster als Argument bekommen, wie die Einschränkungen im Bedingungsteil darstellen. Diese Muster werden nicht zum Vergleich mit Arbeitsspeicherelementen benutzt, sondern nach ihrer Vorlage wird ein solches Element erstellt. Da das Muster dafür eine eindeutige Beschreibung liefern muß, ist die Verwendung von Prädikaten und Junktoren hier nicht erlaubt.

5.2.4 Das Resultatelement

Zum Auswerten der RHS-Muster wird häufig ein ausgezeichnetes Arbeitsspeicherelement, das sogenannte "Resultatelement" benutzt. Das Resultatelement dient als Speicher für Zwischenergebnisse und ist für den Mustervergleich zur Instantiierung von Regeln nicht zugänglich. Außerdem wird es zur Kommunikation mit den externen Routinen verwendet.

Zum Resultatelement gehören zwei Zeiger.
* der Zeiger auf die aktuelle Schreibposition
* der Zeiger auf die relevante Größe

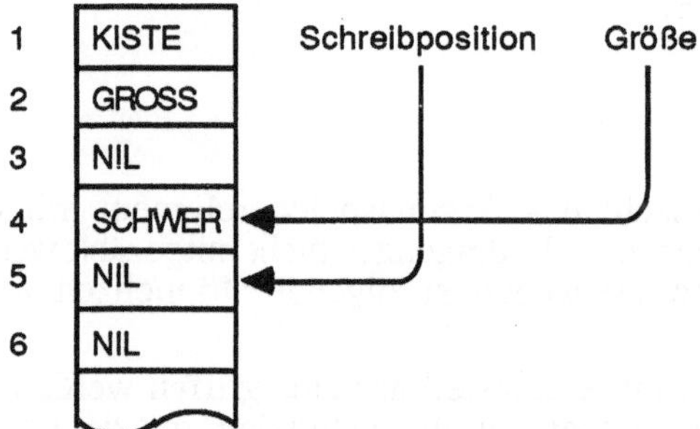

Bild 5-2: Interne Repräsentation des Resultatelementes

Die Schreibposition gibt an, in welche Komponente der nächste Wert eingetragen wird. Der zweite Zeiger zeigt auf die höchste Komponente, auf die je zugegriffen wurde, zeigt also die relevante Größe des Elementes an. (Man erinnere sich, daß Arbeitsspeicherelemente bis zu genau dieser Komponente physisch gespeichert werden.) Der Wert von "Größe" wird aktualisiert, sobald auf eine Komponente zugegriffen wird, deren Index größer als der momentane Wert von "Größe" ist.

Der Zeiger auf die Schreibposition kann auf verschiedene Weisen positioniert werden.

* explizit durch den Attributoperator
* implizit durch jeden Schreibzugriff
* von einer externen Routine mit der Tabulator-Prozedur $TAB.

Die ersten beiden Möglichkeiten werden im folgenden genauer erläutert, die Prozedur $TAB ist im Kapitel 9 über externe Routinen erklärt und hier nur der Vollständigkeit halber erwähnt.

5.2.5 Evaluierung von RHS-Mustern

Ein RHS-Muster wird mit Hilfe des Resultatelementes ausgewertet. Die Auswertung geschieht dabei von links nach rechts. Nach jedem Schritt werden die beiden Zeiger aktualisiert.

Im einfachsten Fall besteht das Muster aus einer Folge von Konstanten. Diese werden der Reihe nach in das Resultatelement geschrieben, beginnend bei Position 1. Das Muster

```
rot grün blau
```

liefert folgendes Resultatelement:

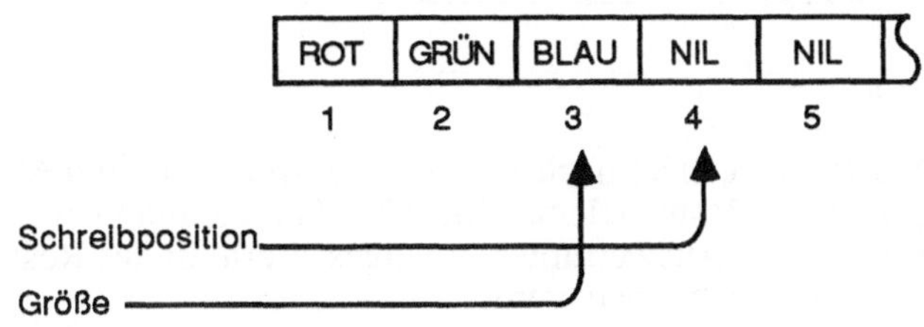

Bild 5-3: Resultatelement

Statt der Konstanten können auch gebundene Atomvariablen oder Funktionsaufrufe im Muster stehen. In das Resultatelement werden entsprechend die Werte der Variablen bzw. Ergebnisse der Funktionen eingetragen. Wenn an die Variable <x> der Wert 2 gebunden ist, ergibt das Muster

```
Summe von 3 und <x> ist (COMPUTE 3 + <x>)
```

folgendes Resultatelement:

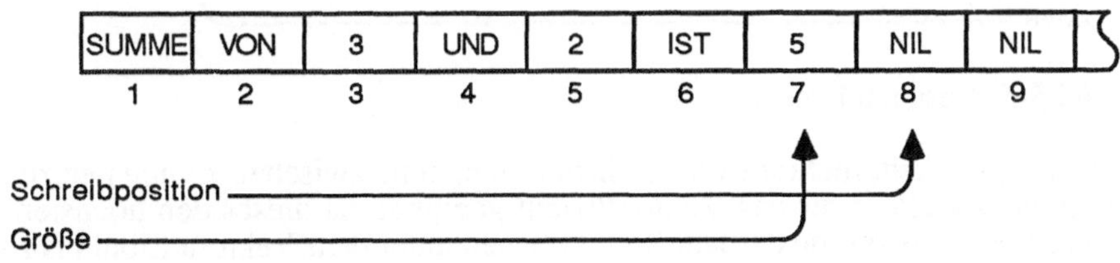

Bild 5-4: Resultatelement

Durch den Hochpfeil gefolgt von einem Index, einem Attributnamen oder einer Variablen läßt sich die aktuelle Schreibposition in das Resultatelement ändern. Taucht im Muster ^n auf, werden die weiteren Werte fortlaufend ab Position n in das Resultatelement geschrieben. Ein Attributname hinter einem Hochpfeil wird bei der Evaluierung zu dem daran gebundenen Index ausgewertet. An eine Variable an dieser Position darf eine Zahl oder ein Attributname gebunden sein, sie bewirkt eine dementsprechende Positionierung. Das Muster

```
rot ^4 grün blau
```

erzeugt folgendes Resultatelement:

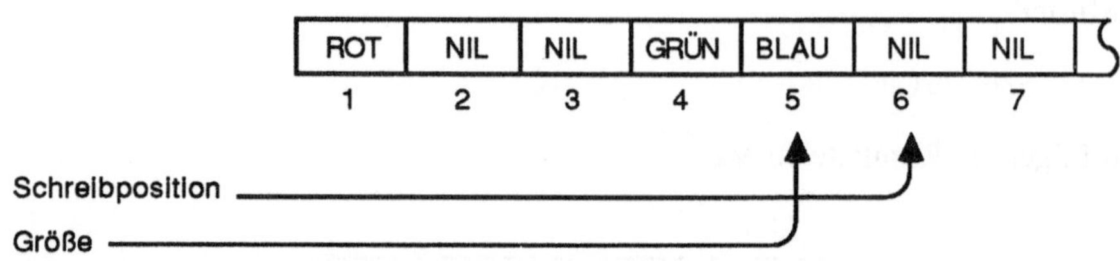

Bild 5-5: Resultatelement

Insgesamt wird das Muster von links nach rechts ausgewertet. Ist ein Muster zum Teil ausgewertet, entspricht das Resultatelement dem bis dahin ermittelten Ergebnis. Dadurch können innerhalb eines Auswertungsvorganges Werte in das Resultatelement geschrieben und wieder überschrieben werden.

Das Muster

```
^4 klein mittel gross ^2 rot grün blau
```

hinterläßt nach seiner vollständigen Evaluierung folgendes Resultatelement:

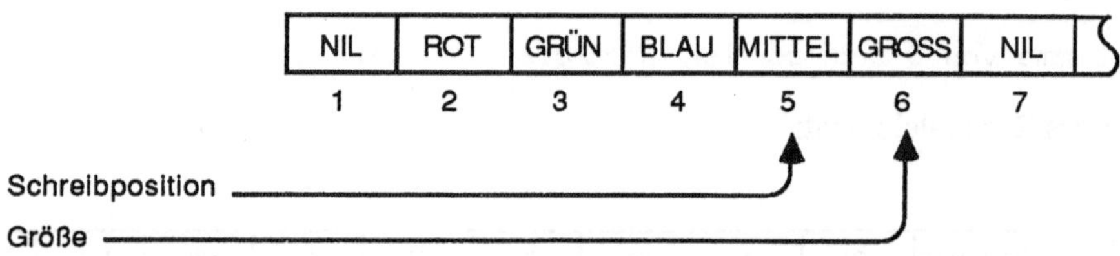

Bild 5-6: Resultatelement

Die Möglichkeit, mehrere Werte einzutragen, ohne zwischenzeitlich neu zu positionieren, ist vor allem für das Vektorattribut geeignet, da dieses den höchsten vom System zu vergebenen Index erhält. Somit können unter dem Vektorattribut bis zu 128 Werte geschrieben werden, ohne daß andere Attribute dabei unbeabsichtigt überschrieben werden.

5.2.6 RHS-Funktionen

In OPS5 gibt es für den Bedingungteil verschiedene vordefinierte Funktionen, weitere können extern definiert werden.

5.2.6.1 Compute

Compute wertet einen arithmetischen Ausdruck aus. Als Operanden sind numerische Atome (Integer und Floating-point) bzw. Variablen dieses Typs gestattet. Folgende Operatoren sind möglich:

+	Addition
-	Subtraktion
*	Multiplikation
//	Division
\\	Modulo (nur für Integer-Atome)

Die Ausdrücke werden von links nach rechts ausgewertet. Die Auswertungsreihenfolge kann durch Klammerung von Teilausdrücken geändert werden. Enthält ein Ausdruck einen Operand vom Typ Floating-point, ist auch das Ergebnis von diesem Typ.

Für komplexe Berechnungen ist die Compute-Funktion nur bedingt geeignet. Es gibt keinen Vorzeichenoperator, Vorzeichen können deswegen nur als Bestandteil einer Zahl auftreten, nicht aber vor Variablen. Statt "- <Variable>" muß man schreiben: "(0 - <Variable>)" bzw. "(-1 * <Variable>)". Des weiteren gibt es keine verschiedenen Operatoren für die ganzzahlige und die Fließkommadivision. Schließlich können innerhalb der Compute-Funktion keine weiteren Funktionsaufrufe stehen. Ein entsprechendes Ergebnis läßt sich aber durch Speichern von Zwischenergebnissen erreichen.

Beispiel:

```
(P Entfernungsberechnung
    (Etappe
           ^von              <Start>
           ^nach             <Zwischenziel>
           ^Entfernung       <x>)
    (Etappe
           ^von              <Zwischenziel>
           ^nach             <Ziel>
           ^Entfernung       <y>)

--> (WRITE |Entfernung vom Start zum Ziel ist| (COMPUTE <X> + <Y>))
)
```

5.2.6.2 Substr

Substr isoliert einen fortlaufenden Teil aus einem gegebenen Arbeitsspeicherelement und schreibt ihn in das Resultatelement. Als Parameter bekommt Substr einen Bezug auf ein Arbeitsspeicherelement (Elementvariable oder Zahl) und zwei Atome (oder Variablen), die den zu isolierenden Bereich markieren. Das Atom "Inf" bezeichnet die letzte Komponente des referenzierten Elementes, auf die bereits schreibend zugegriffen wurde (auch wenn der Wert hier Nil ist). Außer diesem dürfen nur noch deklarierte Attributnamen als Symbole hier auftauchen. Die Variablen können als Werte Zahlen oder symbolische Atome haben, die als Attribute deklariert sind.

Nehmen wir an, die Deklaration

```
(LITERALIZE Person
            Vorname Nachname Geburtsdatum Geschlecht Beruf)
```

führe zu folgender Abbildung von Attributnamen auf Indizes,

```
Person       1
Vorname      2
Nachname     3
Geburtsdatum 6
Geschlecht   7
Beruf        5
```

da die Attribute "Geburtsdatum", "Geschlecht" und "Beruf" bereits in anderen Deklarationen verwendet worden sind. Es gebe ein Arbeitsspeicherelement entsprechend dem Muster

```
(Person                                      1 | PERSON
    ^Vorname       Albert                    2 | ALBERT
    ^Nachname      Einstein                  3 | EINSTEIN
    ^Geburtsdatum  14.3.1879                 4 | NIL
    ^Geschlecht    männlich                  5 | PHYSIKER
    ^Beruf         Physiker)                 6 | 14.3.1879
                                             7 | MÄNNLICH
```

das an die Elementvariable <Person> gebunden sei.
Der Funktionsaufruf

```
(SUBSTR <Person> 2 3)
```

liefert ins Resultatelement

```
(Albert Einstein) .
```

Durch den Aufruf

```
(SUBSTR <Person> Vorname Beruf)
```

erhält man

```
(Albert Einstein NIL Physiker) .
```

Schließlich liefert

```
(SUBSTR <Person> 1 INF)
```

den Wert

```
(Person Albert Einstein NIL Physiker 14.3.1879 männlich) .
```

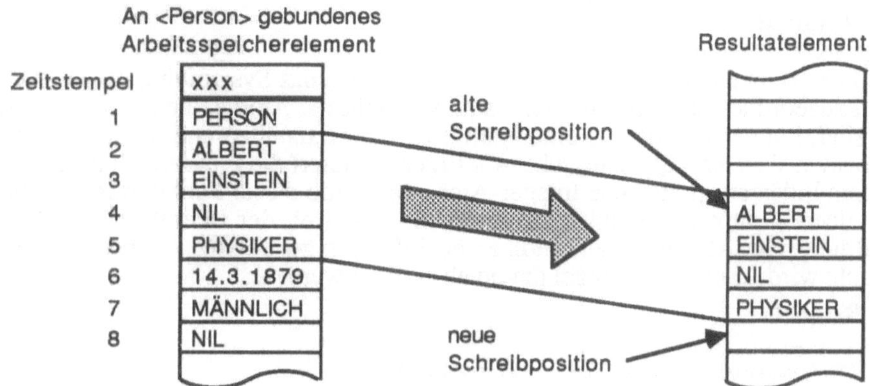

Bild 5-7: Schematische Darstellung von (SUBSTR <Person> Vorname Beruf)

5.2.6.3 Genatom

Genatom erzeugt ein neues symbolisches Atom ohne speziellen Printnamen. (Als
Printname wird "G:xxx" verwendet, wobei xxx durch eine fortlaufende Numerierung
entsteht.) Diese Funktion dient dazu, eine zur Programmierzeit unbekannte Zahl von
Objekten individuell zu kennzeichnen oder um Objekte miteinander zu verketten.

Soll etwa zwischen Elementen einer Klasse unterschieden werden können, auch
wenn unter allen Attributen gleiche Werte stehen, so kann das über ein zusätzliches
Attribut erreicht werden, dessen Werte mit Genatom erzeugt werden.

Beispiel:

```
(P Erzeuge_Objekte
    (Bedingungsteil)

--> (MAKE Bauklotz
            ^Kennung     (GENATOM)
              weitere Attribut-Wert Paare )
)


(P Gibt_es_nur_einen_blauen_Quader?
    (Bauklotz
            ^Kennung      <Kenn>
            ^Farbe        blau)
      -(Bauklotz
            ^Kennung      <> <Kenn>
            ^Farbe        blau)

--> (WRITE |Es gibt nur einen blauen Quader.|)
)
```

Ohne die individuelle Kennung würde ein und derselbe blaue Quader die erste
Einzelbedingung erfüllen, aber gleichzeitig auch die zweite negierte Einzelbedingung.

5.2.6.4 Litval

Litval liefert zu einem Attributnamen den Index, den das System ihm nach der Deklaration zugeordnet hat. Als Parameter sind symbolische Atome, die als Attribut deklariert sind, Integer-Atome, die einen gültigen Index darstellen und Variablen, die eins von beiden als Wert haben, erlaubt. Als Ergebnis liefert die Funktion in beiden Fällen das dem Index entsprechende Integer-Atom. Mit Hilfe dieser Funktion ist es möglich, über einen Komponentenindex zu verfügen, ohne (mit der Literal-Deklaration) die Abbildung von Attributen auf Indizes beeinflussen zu müssen (selbst wenn dieses gemacht wird, kann in der Regel davon abstrahiert werden).

Beispiel:

```
(P Auslesen_einer_Vektorkomponente
     { <Spez>      (Komponentenspezifikation
                          ^Welcher_Vektor          <Vektor_Name>
                          ^Komponente              <Komponente>
                          ^Status                  Frage) }
     { <Vektor> (Vektor
                    ^Vektor_Name                    <Vektor_Name>) }

  --> (BIND    <x> (LITVAL Vektor_Attribut) )
      (BIND    <y> (COMPUTE <x> + <Komponente> ) )
      (MODIFY <Spez>
                    ^Wert      (SUBSTR <Vektor> <y> <y>)
                    ^Status Antwort )
)
```

Extern definierte Funktionen

Anstelle der vordefinierten Funktionen können auch selbstgeschriebene Funktionen aufgerufen werden. Diese können beliebig viele Atome als Ergebnis liefern, die fortlaufend ab der aktuellen Schreibposition in das Resultatelement geschrieben werden.

Einzelheiten hierzu werden im Kapitel über das Anbinden externer Routinen erläutert (Kapitel 9).

Ein- und Ausgabe-Funktionen

Zum Einlesen von Atomen und Listen vom Terminal oder von Dateien sowie zur Formatierung der Ausgabe gibt es weitere Funktionen, die im Kapitel 7 eingehend behandelt werden.

5.2.7 Anweisungen im Aktionsteil

Die RHS-Muster treten, wie eingangs erwähnt, als Argument von verschiedenen Anweisungen im Aktionsteil auf. Die Art der Anweisung bestimmt, wie mit dem Ergebnis der Muster-Auswertung verfahren wird, außerdem hängt von ihr ab, wie das Resultatelement vor der Auswertung initialisiert wird.

Für die folgenden Beispiele wollen wir annehmen, daß die Deklaration

```
(LITERALIZE Person
            Vorname
            Nachname
            Geburtsdatum
            Geschlecht
            Beruf)
```

aus dem letzten Kapitel mit der dort beschriebenen Abbildung von Attributnamen auf Indizes weiterhin gültig sei.

5.2.7.1 Make

Die Anweisung Make hat als Parameter lediglich ein RHS-Muster. Sie bewirkt, daß vor dessen Evaluierung das Resultatelement mit Nils initialisiert wird, die Größe auf 0 und die Schreibposition auf 1 gesetzt werden.

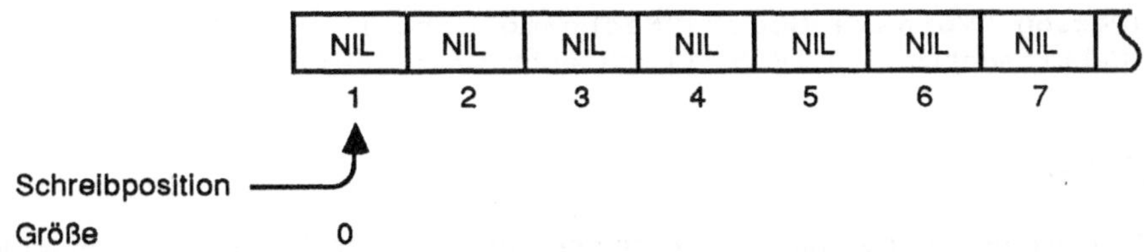

Bild 5-8: Resultatelement vor Evaluierung der Parameter einer Make- Anweisung

Die Anweisung

```
(MAKE Person
            ^Vorname        Georg
            ^Nachname       Cantor
            ^Geburtsdatum   3.3.1845
            ^Geschlecht     männlich
            ^Beruf          Mathematiker)
```

ergibt nach Evaluierung des enthaltenen Musters folgendes Resultatelement.

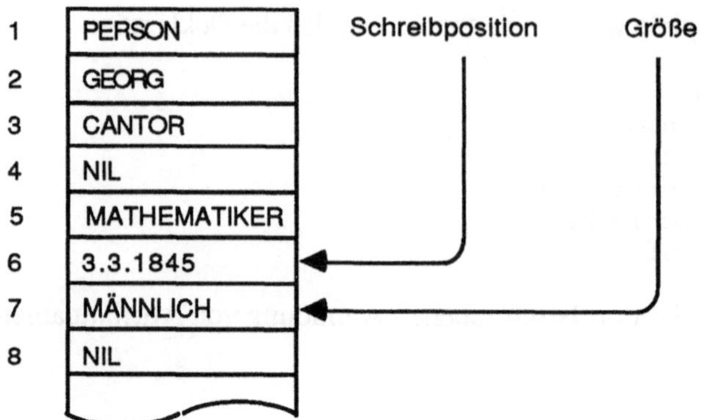

Bild 5-9: Resultatelement nach Evaluierung der Parameter der Make-Anweisung

Der durch den Zeiger "Größe" angegebene Teil wird anschließend in den Arbeitsspeicher kopiert. Sieht man sich daraufhin den Arbeitsspeicher an (mit dem Kommando WM), findet man also folgenden Eintrag.

```
(Person ^Vorname Georg ^Nachname Cantor ^Beruf Mathematiker
^Geburtsdatum 3.3.1845 ^Geschlecht männlich)
```

5.2.7.2 Remove

Die Anweisung Remove hat als Parameter Verweise auf Arbeitsspeicherelemente (Elementvariablen oder Nummern), die im Bedingungsteil der Regel gebunden wurden, und löscht diese Elemente.

Bei folgender Regel

```
(P Lösche_Wert_unter_Schwellwert
                (Schwellwert
                        ^Wert    <x>)
    {<Resultat> (Ergebnis
                        ^Wert    < <x>) }

--> (REMOVE <Resultat>)
)
```

wird das an die Elementvariable <Resultat> gebundene Arbeitsspeicherelement gelöscht.

5.2.7.3 Modify

Die Anweisung Modify hat als Parameter sowohl einen Verweis auf ein Arbeitsspeicherelement als auch ein RHS-Muster. Vor Auswertung des RHS-Musters wird das Resultatelement mit dem Arbeitsspeicherelement initialisiert, auf das der erste Parameter weist. Nach der Auswertung wird das Resultatelement in den Arbeitsspeicher kopiert. Das ursprüngliche Element wird am Ende der Regel gelöscht. Modify besteht also aus einem Make und einem Remove. Bei einer zweimaligen Modifikation eines Arbeitsspeicherelementes innerhalb einer Regel wird dementsprechend zweimal das Make und das Remove ausgeführt. Da sich das Remove aber beide Male auf die gleiche Bindung bezieht, entstehen 2 Objekte, während nur eines gelöscht wird.

Betrachten wir als Beispiel folgende Regel

```
(P Regelname
    (Person
              ^Vorname      Niccolo
              ^Nachname     Paganini
              ^Beruf        NIL)

--> (MODIFY <Person>
              ^Beruf        Musiker)
)
```

und nehmen wir ferner an, es existiere folgendes Arbeitsspeicherelement,

```
(Person ^Vorname Niccolo ^Nachname Paganini ^Geburtsdatum
17.10.1782)
```

dann wird bei Ausführung der Regel das Resultatelement wie folgt initialisiert.

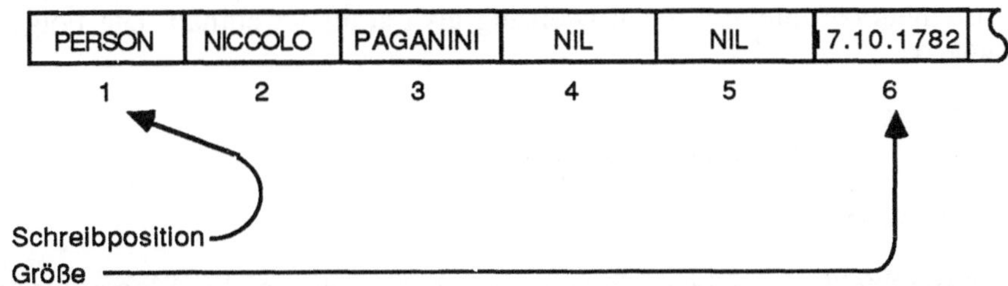

Bild 5-10: Resultatelement nach Evaluierung des ersten Parameters der Modify-Anweisung

Nach Auswertung des RHS-Musters, das eine Änderung der Komponente "Beruf" beschreibt, sieht das Resultatelement wie folgt aus.

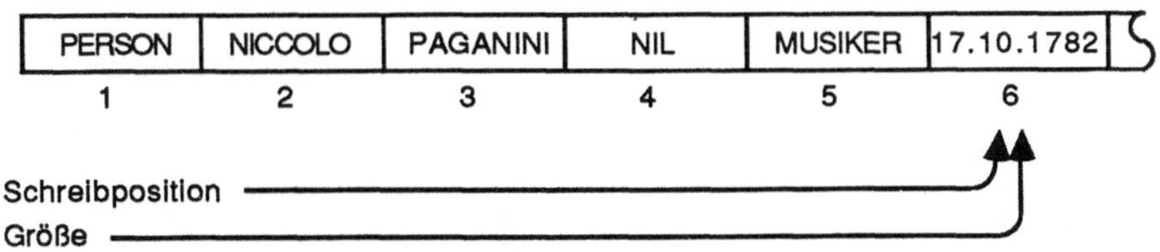

Bild 5-11: Resultatelement nach Evaluierung aller Parameter der Modify-Anweisung

Das Resultatelement wird danach wie bei der Make-Anweisung in den Arbeitsspeicher
kopiert. Das ursprüngliche Element wird gelöscht.

5.2.7.4 Bind

Die Anweisung Bind hat als Parameter eine Atomvariable und ein RHS-Muster. Das
Muster wird evaluiert und der erste Wert des Resultatelementes an die Variable gebunden. Die Angabe des zweiten Parameters ist optional. Wird er fortgelassen, so wird
implizit die Funktion Genatom angenommen, die ein neues symbolisches Atom liefert.

In einer rechten Regelseite bewirkt die Anweisung

```
(BIND <Ergebnis> (COMPUTE 3 * 3)) ,
```

daß an die Variable "Ergebnis" der Wert 9 gebunden wird, während die Anweisung

```
(BIND <Ergebnis>)
```

dazu führt, daß an die Variable das Symbol G:xxx gebunden wird, xxx entsteht dabei
durch eine fortlaufende Numerierung.

5.2.7.5 Cbind

Die Anweisung Cbind bindet das letzte in den Arbeitsspeicher geschriebene Element
an eine Elementvariable, die die Anweisung als Parameter enthält. Die Folge von
Anweisungen

```
(MAKE    Person
              ^Vorname     Gaius
              ^Nachname    Julius)
(CBIND <Imperator>)
```

erzeugt ein Objekt der Klasse Person und bindet es an die Elementvariable
<Imperator>.

5.2.7.6 Build

Mit der Anweisung Build ist es möglich, den Regelspeicher während eines Programmlaufes zu erweitern. Dieses kann sinnvoll sein, wenn ein Programm das vorhandene Wissen selbst erweitern soll, oder aus Effizienzgründen anstelle einer allgemeinen Regel mehrere spezielle Regeln eingefügt werden sollen, wobei die gewünschten Spezialfälle erst zur Laufzeit des Programms bekannt werden. Als Parameter bekommt Build den Regelnamen, der eindeutig sein muß, den Bedingungsteil, das Atom "-->" und den Aktionsteil der Regel. Die äußeren Klammern und das Symbol P werden nicht angegeben. Im Gegensatz zu den anderen Anweisungen, werden die Parameter automatisch als quotiert angesehen (ähnlich wie bei FEXPR in LISP). Soll eine Funktionsauswertung stattfinden (z.B. Substr) oder eine Variable ausgewertet werden, so muß dieses mit dem Auswertungsoperator "\\" (unquote-Zeichen) kenntlich gemacht werden.

Beispiel:

```
(P Regelbauer
       (Endwert      ^Wert    <x>)

--> (BUILD   \\ (GENATOM)
             (Ergebnis ^Wert \\ <x> )
             --> (WRITE |Endwert erreicht| )
                 (HALT) )
)
```

Diese Regel erstellt eine neue Regel, wenn bekannt ist, welcher Wert der Endwert des derzeitigen Programmlaufes ist. Der Name wird durch die Funktion Genatom erzeugt und ist dadurch einmalig. Außer diesem Funktionsaufruf wird nur noch die Variable <x> evaluiert.

Wenn der Endwert 1986 sein soll, wird folgende Regel erzeugt:

```
(P G:372
       (Ergebnis ^Wert 1986 )

--> (WRITE |Endwert erreicht| )
    (HALT)
)
```

Zu beachten ist, daß der Bedingungsteil einer neu erzeugten Regel nur durch Arbeitsspeicherelemente erfüllt werden kann, die später erzeugt werden. Entsprechend werden ältere Arbeitsspeicherelemente, die auf eine negierte Einzelbedingung passen, nicht als solche erkannt. (Der Grund hierfür liegt im verwendeten Algorithmus zum Mustervergleich. Siehe Abschnitt 18.2.)

Weitere Anweisungen

Die Anweisung Call hat als Parameter den Namen einer externen Prozedur und ein RHS-Muster. Das Muster wird zunächst ausgewertet; danach wird die Prozedur aufgerufen und kann das entstandene Resultatelement lesen, verändern und in den Arbeitsspeicher eintragen. Das Muster stellt die Parameter für die externe Prozedur dar. Näheres im Kapitel über das Anbinden externer Routinen. Weitere Anweisung zur Ein-/Ausgabe und zur Dateimanipulation werden in den entsprechenden Kapiteln behandelt.

5.2.8 Schematische Darstellung des Aktionsteiles

Der Aktionsteil hat ebenso wie der Bedingungsteil eine hierarchische Struktur. Zu beachten ist, daß auch hier die Syntax nur vereinfacht wiedergegeben ist.

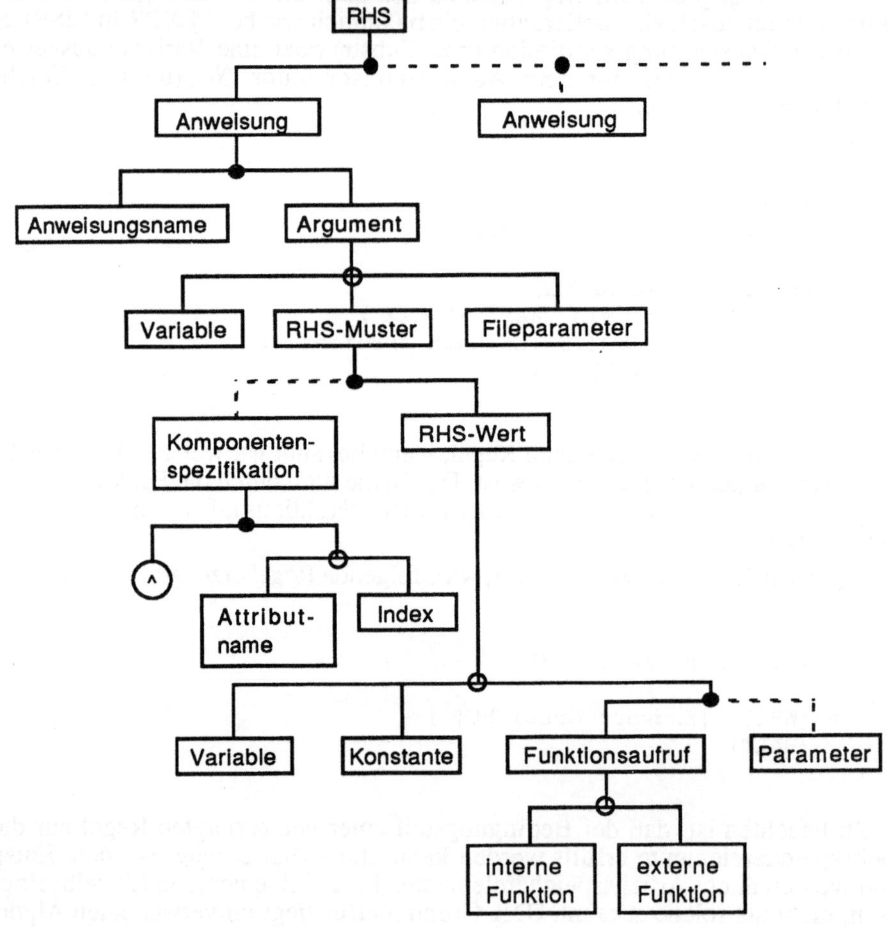

Bild 5-12: Schematische Darstellung des Aktionsteiles

Kapitel 6 Der OPS5-Regelinterpreter

Der Steuerungsteil eines Produktionensystems wählt anwendbare Regeln aus und bringt sie zur Ausführung. In OPS5 wird der Steuerungsteil als Regelinterpreter bezeichnet, allgemeingültiger ist jedoch die Bezeichnung Inferenzmaschine. Der OPS5-Regelinterpreter stellt zunächst fest, bei welchen der Regeln der Bedingungsteil erfüllt ist und entscheidet dann, welche dieser Regeln ausgeführt wird. Nach Ausführung der Regel beginnt er wieder von vorn, d.h. er durchläuft einen Zyklus, der aus Überprüfung, Auswahl und Anwendung von Regeln besteht.

6.1 Instantiierung von Regeln

Der Bedingungsteil einer Regel wird durch das Vorhandensein bzw. Nichtvorhandensein bestimmter Arbeitsspeicherelemente erfüllt. Dabei muß zu jeder nicht negierten Einzelbedingung ein Arbeitsspeicherelement vorhanden sein, mit dem sich die Bedingung deckt (siehe Abschnitt 5.1.1). Es kann aber durchaus vorkommen, daß es mehrere geeignete Arbeitsspeicherelemente für eine Bedingung gibt. Um diesem Umstand gerecht zu werden, unterscheidet das OPS5-System nicht nur zwischen verschiedenen Regeln, sondern auch zwischen verschiedenen Instantiierungen einer Regel.

Die Instantiierung einer Regel läßt sich als eine Kopie der Regel vorstellen, bei der an jede (positive) Einzelbedingung ein passendes Arbeitsspeicherelement gebunden ist. Für jede Kombination von Arbeitsspeicherelementen, die den Bedingungsteil erfüllt, wird eine Instantiierung gebildet. Innerhalb einer Instantiierung ist dadurch an jede Variable, die im Bedingungsteil eingeführt wird, ein bestimmter Wert gebunden. Da die Variablen im Aktionsteil verwendet werden können, ist es möglich, daß verschiedene Instantiierungen ein und derselben Regel über die unterschiedlichen Variablenbindungen unterschiedliches bewirken.

Tatsächlich werden die Instantiierungen durch einen Verweis auf die zugrundeliegende Regel und Verweise auf die Arbeitsspeicherelemente, die den Bedingungsteil erfüllen, realisiert. Zusätzlich werden die vorgenommenen Variablenbindungen vermerkt. Wir hatten bereits bei der Einführung der Variablen festgestellt, daß diese lokal zu einer Regel sind und über eine Regel hinaus keine Bedeutung haben. Jetzt müssen wir genauer sagen, daß sie lokal zu einer Instantiierung sind.

Beispiel:

Regelspeicher :

```
(P Regel_1
    (Kiste
        ^Farbe       grün
        ^Material    <Material> )

--> (WRITE <Material> )
    )
```

Arbeitsspeicher :

Zeitstempel	6	5	Attribut	Index
1	KISTE	KISTE	Farbe	2
2	GRÜN	GRÜN	Material	3
3	HOLZ	NIL		

Diese Regel benötigt, um instantiiert zu werden, eine grüne Kiste. Derer gibt es aber zwei, so daß diese Regel zweimal instantiiert wird.

Entstehende Instantiierungen :   (Regel_1   6)

(Regel_1   5)

Durch das Feuern der ersten Instantiierung wird z.B. das Wort "Holz" geschrieben, durch das der zweiten das Wort "Nil".

6.2 Recognize-Act Cycle

Der Regelinterpreter des OPS5-Systems durchläuft den sogenannten Recognize-Act Cycle. Dieser besteht darin, daß zunächst festgestellt wird, welche Instantiierungen gebildet werden können und anschließend mit Hilfe der noch zu beschreibenden Regelauswahlstrategie eine Instantiierung ausgewählt und der zugehörige Aktionsteil zur Anwendung gebracht wird. Die Menge aller Instantiierungen bilden die Konfliktmenge (conflict set). Wird der Interpreter unterbrochen, sei es durch eine Regel oder durch einen Interrupt des Benutzers, so lassen sich an Hand der Konfliktmenge immer die augenblicklich feuerbereiten Regeln erkennen.

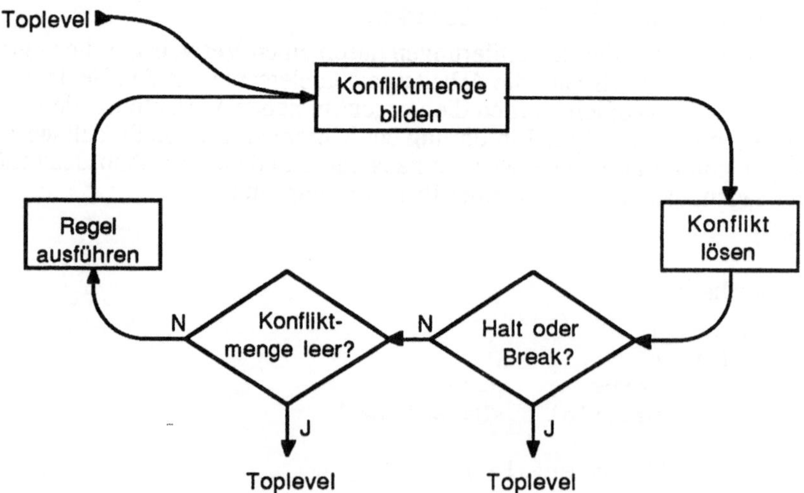

Bild 6-1: Recognize-Act Cycle

Bild 6-1 zeigt wie der Regelinterpreter prinzipiell arbeitet. Deutlich wird, daß der Recognize-Act Cycle nur an einer Stelle unterbrochen werden kann, so daß nach einer Unterbrechung die Konfliktmenge in einem wohldefinierten Zustand ist.

Diese Darstellung ist etwas vereinfacht. Tatsächlich wird nicht in jedem Durchlauf die Konfliktmenge neu gebildet, sondern sie wird nach jeder Änderung des Arbeitsspeichers durch die Berechnung aller hinzukommenden und wegfallenden Instantiierungen aktualisiert. Eine genauere Darstellung des Recognize-Act Cycle wird im Abschnitt 18.2 über den Rete-Match Algorithmus gegeben.

6.3 Konfliktlösungsstrategien

Es gibt verschiedene Strategien zur Regelauswahl. Vor allem bei älteren Sprachen und Systemen (PROLOG), aber auch bei neueren (LOOPS) wird die Regelmenge linear durchsucht, bis eine feuerbereite Regel gefunden wird. Dann wird die gefundene Regel ausgeführt. Kennzeichnend für solche Regelsysteme ist die Abhängigkeit der Ausführung von der Reihenfolge der Regeln im Regelspeicher.

Wie schon im einleitenden Kapitel über Produktionssysteme erläutert, gibt es verschiedene Ansätze die Regelauswahl durch Heuristiken zu unterstützen. In OPS5 sind verschiedene Strategien hierarchisch zusammengefaßt worden. Die Hierarchie von Regelauswahlstrategien kann man sich als ein mehrstufiges Filter vorstellen. Als Eingabe erhält die erste Filterstufe alle Instantiierungen aus der Konfliktmenge, die

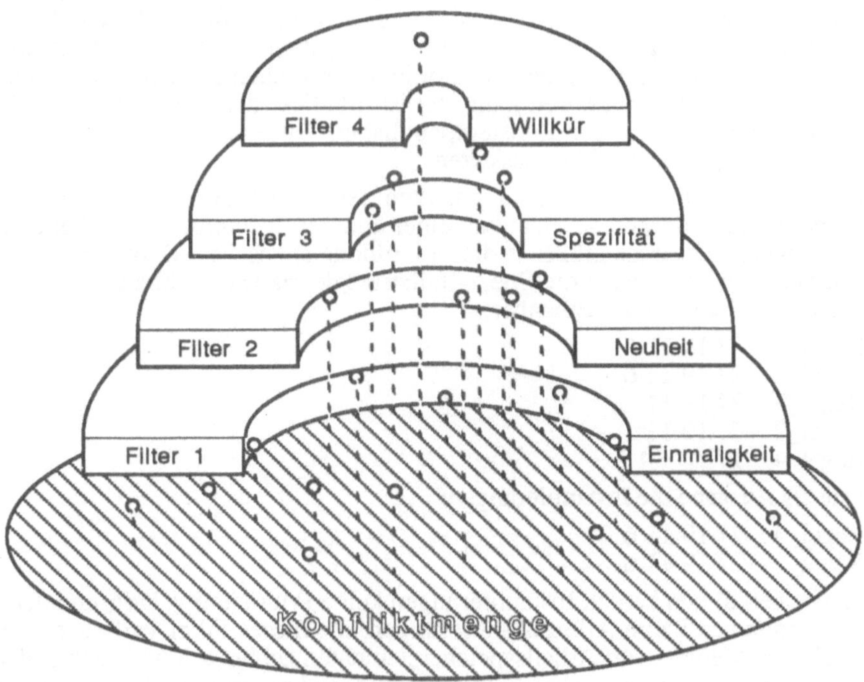

Bild 6-2 : Schematische Darstellung der Regelauswahlstrategie

Ausgabe der letzten Stufe besteht aus der Instantiierung, die die Strategie zum Feuern auswählt.

6.3.1 Einmaligkeit

Die erste Stufe filtert alle die Instantiierungen aus, die bereits einmal gefeuert haben, aber seitdem noch immer in der Konfliktmenge sind, da ihr Bedingungsteil nach dem Feuern erfüllt blieb (mit denselben Arbeitsspeicherelementen). Diesem Teil der Strategie liegt die Heuristik zugrunde, daß ein erneutes Feuern derselben Instantiierung nichts Neues bringen würde. In der (engl.) Literatur wird diese Strategie mit Refraktärität (refraction) bezeichnet. Mit diesem Begriff wird in der Neurophysiologie der Effekt bezeichnet, daß Nervenzellen nach einem Reiz für kurze Zeit gegenüber weiteren Reizen unempfänglich sind. Diesen Begriff halten wir für unpassend, da die gleiche Instantiierung nie wieder feuern kann; verschiedene Instantiierungen derselben Regel können dagegen durchaus unmittelbar hintereinander feuern. Bei dieser Namensgebung ist wohl zu berücksichtigen, daß zumindest bei Vorläufern der OPS-Familie der Anspruch erhoben wurde, mit einem Produktionensystem ein psychologisches Modell für die kognitiven Leistungen des Menschen zu bilden.

6.3.2 Neuheit

Die nächste Stufe ist im wesentlichen eine Realisierung der Lebensalterstrategie. Es werden solche Instantiierungen bevorzugt, die auf möglichst jungen Datenelementen beruhen. Dazu werden die Zeitstempel, die zu einer Instantiierung gehören, der Größe nach in absteigender Folge geordnet und als Vektor aufgefaßt. Diese Vektoren werden lexikographisch geordnet. Der größte Vektor in dieser Ordnung entspricht der Instantiierung, die dieses Filter passieren kann. Es ist möglich, daß verschiedene Instantiierungen denselben Vektor von Zeitstempeln haben. Deshalb können durchaus mehrere Instantiierungen dieses Filter passieren.

Ist ein Vektor in einem anderen enthalten (ist also bei einer Instantiierung eine Teilmenge der Arbeitsspeicherelemente einer anderen Instantiierung gebunden), so wird der längere Vektor als größer in dieser Ordnung angesehen. Dadurch wird neben der Lebensalterstrategie auch die Spezialfallstrategie realisiert. Erhält die Filterstufe folgende Instantiierungen als Eingabe:

```
Regel_3    27 19 11 6
Regel_1    27 19 11 6
Regel_2    27 19 11
Regel_2    21 19 11
Regel_4    17 12 9 4 2
```

liefert sie als Ausgabe die Instantiierungen:

```
Regel_3    27 19 11 6
Regel_1    27 19 11 6
```

da sie zwischen diesen beiden Instantiierungen keine Priorisierung aufgrund der Zeitstempel vornehmen kann. Alle Instantiierungen, die dieses Filter verlassen, werden mit der gleiche Mengen von Arbeitsspeicherelementen gebildet. Man beachte, daß die Zeitstempel in den oben angegebenen Instantiierungen bereits dem Alter nach geordnet sind. Sieht man sich die Konfliktmenge vom Toplevel aus an (siehe Abschnitt 8.3.1) erscheinen die Zeitstempel in Reihenfolge der zugehörigen Einzelbedingungen.

6.3.3 Spezifität

Dem dritten Filter liegt eine Abwandlung der Spezialfallstrategie zugrunde. Das Filter läßt nur Instantiierungen der jeweils speziellsten Produktion passieren, wobei als Maß für die Spezifität die Anzahl der Tests von Variablen und Konstanten innerhalb eines Bedingungsteils dient.

Als ein Test zählt :
- jede (mit einem Prädikat versehene) Konstante
- jede Auswahl von Konstanten
- jeder Vergleich mit einer gebundenen Variablen.

Die Regel

```
(P Regel
    (Bauklotz
        ^Farbe          << rot blau >>
        ^Form           Quader
        ^Größe          {<< klein mittel >> <Größe> }
        ^Volumen        { > 10 < 25 } )
    (Bauklotz
        ^Form           Pyramide
        ^Größe          <Größe> )
    --> ...
    )
```

enthält beispielsweise 9 Tests; diese sind durch Unterstreichen kenntlich gemacht.

Die Instantiierung der Regel, die die meisten Tests durchführt, passiert das Filter. Es können aber wiederum mehrere Instantiierungen das Filter passieren.

6.3.4 Willkür

Das vierte und letzte Filter dieser Hierarchie trifft eine willkürliche (aber nicht zufällige) Entscheidung für eine Instantiierung. Dadurch ist gewährleistet, daß auch in den Fällen, in denen die ersten drei Stufen keine eindeutige Entscheidung herbeiführen, eine solche letztendlich immer getroffen werden kann. Dadurch, daß nicht zufällig gewählt wird, ist das Verhalten immer reproduzierbar.

6.4 Auswahl der Strategie

6.4.1 LEX-Strategie

OPS5 stellt zwei Regelauswahlstrategien zur Verfügung, die beide auf dem beschriebenen vierstufigen Filter beruhen. Die erste von beiden wendet die Filter unverändert an. Da das wesentliche Element dieser Strategie die lexikographische Ordnung im zweiten Filter ist, wird diese Strategie LEX genannt. Sie bevorzugt keine Regel aufgrund ihrer Struktur. Deswegen ist bei Verwendung der LEX-Strategie eine Gruppierung der Regeln nicht so leicht möglich. Sie ist deshalb vor allem für kleine Regelmengen oder für solche, in denen es nicht auf die Reihenfolgen der Lösung von Teilaufgaben ankommt geeignet. Daß sie dennoch die voreingestellte Strategie ist, ist wohl als historisch bedingt zu werten.

LEX-Algorithmus

1. Entferne alle Instantiierungen, die schon gefeuert haben.

2. Ordne die restlichen Instantiierungen entsprechend der Neuheit der an sie gebundenen Elemente und wähle die größte Instantiierung gemäß dieser Ordnung.

3. Gibt es mehrere gleich große Instantiierungen gemäß voriger Ordnung, ordne diese nach der Zahl der Tests und wähle die größte Instantiierung gemäß dieser Ordnung.

4. Gibt es auch in dieser Ordnung mehrere gleich große Instantiierungen, wähle willkürlich eine der größten.

6.4.2 MEA-Strategie

Die zweite Regelauswahlstrategie weicht von der LEX-Strategie in der Arbeitsweise des zweiten Filters ab. Bei der Ordnung der Zeitstempel einer Instantiierung wird der Zeitstempel des Elementes, das die erste Einzelbedingung erfüllt, an die erste Stelle des Vektors gestellt. Die entstehenden Vektoren werden wieder lexikographisch geordnet und es wird im weiteren genauso verfahren wie bei der ersten Strategie.

Die besondere Beachtung, die der ersten Einzelbedingung einer Regel geschenkt wird, wirkt sich dahingehend aus, daß im zweiten Filter nur die Instantiierungen weiter betrachtet werden, deren erste Einzelbedingung durch ein besonders neues Element erfüllt ist. Andere Instantiierungen können dieses Filter nicht passieren, auch wenn ihre zweite oder dritte Bedingung durch das neueste Arbeitsspeicherelement überhaupt erfüllt wird. Diese Priorisierung der ersten Einzelbedingung eignet sich besonders für eine Gliederung des Systems, indem die erste Bedingung einer Regel jeweils das aktuelle Unterziel beschreibt. Eine solche Aufteilung in Unterziele ist für ein Problemlösungsverfahren namens "Means Ends Analysis" notwendig. Die Strategie wird deshalb MEA genannt.

MEA-Algorithmus

1. Entferne alle Instantiierungen, die schon gefeuert haben.

2. Ordne die restlichen Instantiierungen entsprechend der Neuheit der Elemente, die die erste Einzelbedingung erfüllen und wähle die größte Instantiierung gemäß dieser Ordnung.

3. Gibt es mehrere Instantiierungen mit gleich neuem ersten Element, ordne diese entsprechend der Neuheit aller an sie gebundenen Elemente und wähle die größte Instantiierung gemäß dieser Ordnung.

4. Gibt es mehrere gleich große Instantiierungen gemäß voriger Ordnung, ordne diese nach der Zahl der Tests und wähle die größte Instantiierung gemäß dieser Ordnung.

5. Gibt es auch in dieser Ordnung mehrere gleich große Instantiierungen, wähle willkürlich eine der größten.

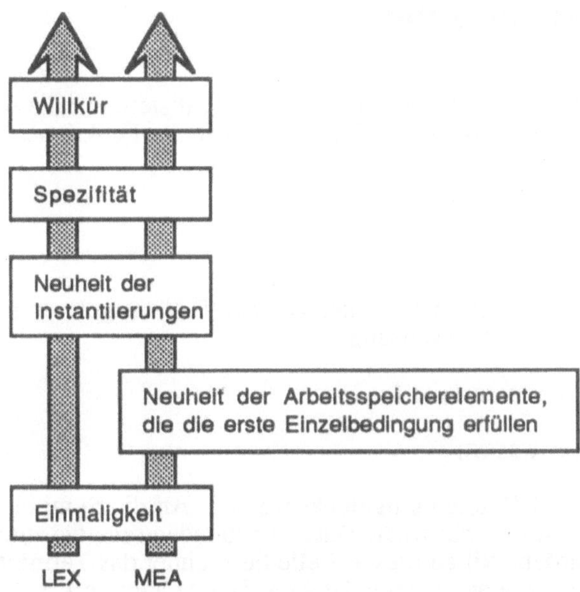

Bild 6-3 : Unterschied zwischen LEX- und MEA-Strategie

Um Mißverständnisse zu vermeiden, sei noch einmal ausdrücklich auf folgendes hingewiesen:

Der Begriff "Neuheit der Instantiierung" (recency of instantiation) bezieht sich nicht direkt auf den Zeitpunkt der Instantiierung, sondern vielmehr auf das Alter der Arbeitsspeicherelemente, die eine Instantiierung ermöglichen.

Kapitel 7   Ein- und Ausgabe

Die Eingabe und die Ausgabe sind in OPS5 unterschiedlich realisiert. Für die Ausgabe gibt es die Anweisung Write, die Eingabe geschieht mit Hilfe der Funktionen Accept oder Acceptline.

7.1 Voreinstellung

Mit den Ein/Ausgaberoutinen wird normalerweise von der Tastatur gelesen bzw. auf den Bildschirm geschrieben. Mit der Anweisung

```
(DEFAULT Eingabefile ACCEPT)
```
und
```
(DEFAULT Ausgabefile WRITE)
```

kann die Ein/Ausgabe auch auf Dateien umgelenkt werden. An die Symbole "Ausgabefile" bzw. "Eingabefile" müssen physische Dateien gebunden sein, die zum Lesen bzw. Schreiben geöffnet wurden. Nil an dieser Stelle bezeichnet das Terminal. Das Öffnen und Binden einer Datei geschieht durch die Anweisung Openfile z.B.

```
(OPENFILE    Ausgabefile  |OUTPUT.TXT|  OUT)
(OPENFILE    Eingabefile  |INPUT.TXT|   IN )
```

Derartige Dateien werden mit Closefile wieder geschlossen.

```
(CLOSEFILE   Einfile)
```

Wird versucht, über das Dateiende hinauszulesen, liefern die Eingabefunktionen das Atom END-OF-FILE. Dieses Atom kann auch explizit mitten in einer Datei stehen, um ein Dateiende zu simulieren.

7.2 Ausgabe

7.2.1 Write

Die Anweisung Write hat als Parameter ein RHS-Muster. Nachdem dieses ausgewertet worden ist, steht das Ergebnis der Auswertung im Resultatelement. Zunächst wird geprüft, ob sich in der ersten Komponente ein symbolisches Atom befindet, an das ein Dateiname gebunden ist. Ist das der Fall, wird die folgende Ausgabe auf diese Datei gelenkt. Andernfalls wird die voreingestellte Ausgabedatei benutzt. Anschließend wird das Resultatelement von der ersten bzw. zweiten Komponente bis zu derjenigen, die durch den Zeiger "Größe" bezeichnet wird, ausgegeben. Zwischen zwei Komponenten wird jeweils ein Leerzeichen geschrieben.

Nehmen wir an, daß in einer Regel an die Variable <X> der Wert 2 und an die Variable <Y> der Wert 3 gebunden ist, dann bewirkt im Aktionsteil dieser Regel die folgende Anweisung

```
(WRITE Die Summe von <X> und <Y> ist (COMPUTE <X> + <Y>) ) ,
```

daß nach Evaluierung des RHS-Musters folgendes Resultatelement entsteht:

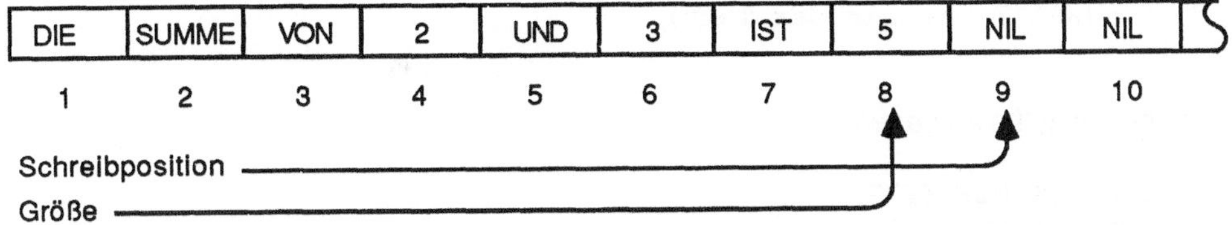

Bild 7-1: Resultatelement

Es werden die Komponenten von Index 1 bis Index 8 ausgegeben. Als Ausgabe erscheint also

```
DIE SUMME VON 2 UND 3 IST 5
```

Die Formatierung der Ausgabe wird durch drei RHS-Funktionen unterstützt.
- CRLF   liefert einen Wagenrücklauf mit Zeilenvorschub.
- TABTO liefert eine Positionierung (gegebenenfalls mit Zeilenvorschub) in die angegebene Spalte.
- RJUST dient zur Unterstützung bei rechtsbündiger Ausgabe, indem es vor dem auszugebenden Wert aufgerufen wird und diesen nach links bis zu der angegebenen Weite mit Blanks verlängert.

7.2.2 CRLF

Diese Funktion wird in gleicher Weise ausgewertet, wie alle anderen RHS-Funktionen auch, d.h. die Auswertung erfolgt, sobald der Funktionsaufruf im RHS-Muster entdeckt wird. Der Wert, den ein Aufruf der CRLF-Funktion liefert, besteht dabei aus einem symbolischen Atom, dessen Printname aus den Steuerzeichen für Wagenrücklauf und Zeilenvorschub besteht. Diese Funktion kann nicht nur in solchen RHS-Mustern aufgerufen werden, die Parameter einer Write-Anweisung sind, sondern in beliebigen RHS-Mustern. Das durch die CRLF-Funktion erzeugte Symbol kann also in Arbeitsspeicherelemente eingebaut werden. Dadurch ergibt sich die Möglichkeit, im Arbeitsspeicher vorformatierte Textbausteine zu halten. Denkbar ist etwa folgende Aktion:

```
(MAKE Text  Dies ist Zeile 1 (CRLF) Dies ist Zeile 2 (CRLF)
            Dies ist Zeile 3 (CRLF) )
```

Diese Anweisung erzeugt ein Arbeitsspeicherelement, welches an der fünften, zehnten und fünfzehnten Komponente ein symbolisches Atom hat, dessen Printname als Zeilenumbruch ausgegeben wird. Nachdem obige Make-Anweisung ausgeführt ist, würde die Regel

```
(P Text_Ausgabe
    { <Textvariable> (Text) }

--> (WRITE Es folgt der Text (CRLF) )
    (WRITE (SUBSTR <Textvariable> 2 INF) )
    (WRITE Das war der Text)
)
```

folgende Ausgabe erzeugen:

```
ES FOLGT DER TEXT
DIES IST ZEILE 1
DIES IST ZEILE 2
DIES IST ZEILE 3
DAS WAR DER TEXT
```

7.2.3 RJUST

Die Justierungsfunktion erhält als Argument eine positive ganze Zahl. Sie bewirkt, daß bei der Ausgabe des nachfolgenden Atoms soviele Leerzeichen vorangestellt werden, daß der Printname und die Leerstellen insgesamt soviele Zeichen beanspruchen, wie das Argument der Funktion angibt. Bei zu langen Namen bleibt die Funktion ohne Auswirkung. Die Anweisung

```
(WRITE   1 (RJUST 20)  |Zeile Nummer 1|    (CRLF)
         2 (RJUST 20)  |Zeile 2|           (CRLF)
         3 (RJUST 20)  |Zeile No 3|        (CRLF) )
```

erzeugt folgende Ausgabe:

```
1        Zeile Nummer 1
2                  Zeile 2
3               Zeile No 3
```

Auch die Justierungsfunktion kann in jedem RHS-Muster aufgerufen werden, also auch innerhalb einer Make-Anweisung. Sinnvoll ist sie aber erst im Zusammenhang mit einer Ausgabe. Wird sie bei der Erzeugung eines Arbeitsspeicherelementes benutzt, kann bei der Evaluierung der Funktion noch nicht festgestellt werden, für welches Atom die führenden Leerzeichen ausgegeben werden sollen. Deshalb kann die Funktion als Wert nicht eine bestimmte Anzahl Leerzeichen liefern. Es ist also notwendig, die Evaluierung dieser Funktion zu verschieben, bis tatsächlich eine Ausgabe vorliegt

```
(MAKE    Text     (RJUST 30)   |Dies ist die erste Textversion|)
    ...
(MODIFY <Text> ^4        |Dies ist die geänderte Textversion|)
```

Obiges Beispiel mit zwei Regelausschnitten deutet an, daß das hinter dem Aufruf der Justierungsfunktion stehende Atom erst festgelegt zu werden braucht, nachdem die Justierungsfunktion ausgewertet wurde.

In der Tat wird beim OPS5-System ein ähnlicher Weg beschritten. Die Evaluierung der Justierungsfunktion liefert zwei konstante Atome: das erste ist ein symbolisches Atom mit dem Printnamen "(RJUST)", das zweite ist der Parameter der Funktion, also ein numerisches Atom. Bei einer Ausgabe wird das erstere der beiden Atome besonders behandelt. Es wird nicht mehr als Konstante angesehen, sondern als Aufruf einer Funktion aus der Laufzeitunterstützung, die die eigentliche Wirkung der Justierungsfunktion erzielt, nämlich eine bestimmte Anzahl Leerzeichen zu erzeugen.

7.2.4 TABTO

Auch die Tabulatorfunktion hat als Argument eine ganze Zahl. Sie bewirkt eine Positionierung des Cursors an die durch die Zahl angegebene Stelle. Befindet sich der Cursor bereits hinter dieser Stelle, wird zunächst ein Zeilenvorschub durchgeführt. Da auch die Tabulatorfunktion nicht nur in direktem Zusammenhang mit einer Ausgabe auftreten kann, taucht hier das gleiche Problem auf wie bei der Justierungsfunktion, d.h. es ist wieder eine Verzögerung der Funktionsevaluierung nötig. Entsprechend liefert der Aufruf der Tabulatorfunktion wieder ein spezielles symbolisches Atom, das den Printnamen "(TABTO)" trägt, sowie ein dem Argument entsprechendes numerisches Atom. Bei einer Ausgabe wirkt das spezielle symbolische Atom "(TABTO)" als Funktionsaufruf an die Laufzeitunterstützung.

Die Anweisung

```
(WRITE Position  (TABTO 20) Menge  (TABTO 30) Preis
                 (TABTO 40) Artikelnummer )
```

erzeugt folgende Ausgabe:

```
POSITION          MENGE    PREIS   ARTIKELNUMMER
```

7.2.5 Beispiel

Ein Beispiel soll den Unterschied zwischen der Tabulator- bzw. Justierungsfunktion und den anderen RHS-Funktionen verdeutlichen. Betrachten wir dazu folgende Anweisung:

```
(MAKE Phantasieobjekt
      (GENATOM)     (COMPUTE 2 * 3)
      (TABTO 20)    |Ein Text|  (RJUST 15)
      |Noch ein|    |Text|  )
```

Bei Auswertung des enthaltenen RHS-Musters entsteht ein Resultatelement, wie in Bild 7-2 gezeigt, das dann in den Arbeitsspeicher kopiert wird. Da im RHS-Muster keine Positionierungen mit dem Attributoperator vorgenommen wurden, stehen alle resultierenden Werte der Reihe nach im Resultatelement. Man beachte, daß die Tabulator- bzw. die Justierungsfunktion zwei Atome als Wert liefert, die aktuelle Schreibposition also zweimal während der Funktionsauswertung weitergerückt wird.

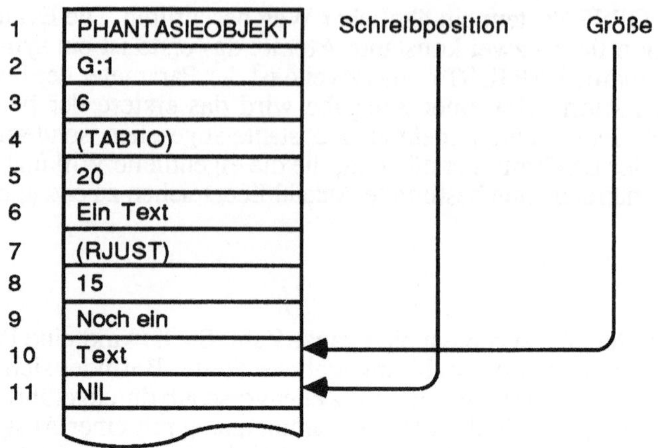

Bild 7-2: Resultatelement

Die vollständige Ausgabe des obigen Elements erzeugt folgenden Text auf dem
Terminal:

```
PHANTASIEOBJEKT G:1 6
                Ein Text        Noch ein Text
```

Da das Atom "6" bereits in Spalte 21 steht, erzeugt der Aufruf (TABTO 20) zuerst einen Zeilenvorschub und dann eine Positionierung des Cursors an die 20. Spalte.
Zwischen den Atomen "Ein Text" und "Noch ein" befinden sich 8 Leerzeichen, 7 davon hat die Funktion Rjust erzeugt, eines steht von vornherein zwischen je zwei
Atomen.

7.3 Eingabe

Mit Hilfe der Funktionen Accept und Acceptline können atomare Werte eingelesen
werden. Die Funktion Accept hat einen optionalen Parameter. Er gibt an, von welcher
Datei gelesen werden soll und muß zu einem symbolischen Dateinamen evaluiert
werden können. Fehlt er, wird die voreingestellte Eingabedatei benutzt. Accept liest
ein einzelnes Atom oder eine Liste von Atomen und liefert im Resultatelement alle
gelesenen Atome ab. (Die Klammern der Liste werden unterdrückt.)

Acceptline liest von der Eingabedatei jeweils eine ganze Zeile, wobei Klammern
unterdrückt werden, und liefert eine Folge von Atomen in das Resultatelement. Die
Funktion kann beliebig viele Parameter haben. Läßt sich der erste Parameter zu einem
symbolischen Dateinamen evaluieren, wird von der zugehörigen Datei gelesen.
Andernfalls wird er wie alle übrigen Parameter als Default-Eingabe verwendet, die
dann als Funktionswert geliefert werden, wenn nichts als Leerzeichen, Tabs oder
END-OF-FILE gelesen wurde.

Bei beiden Funktionen muß die Eingabe über die Tastatur mit einem Return abgeschlossen werden. Die Werte des Funktionsaufrufes, d.h. die eingelesenen Atome,
werden gemäß der Evaluierung von RHS-Funktionen in das Resultatelement eingetragen.

Beispiele:

Wir wollen in den folgenden Beispielen annehmen, daß bei Auswertung eines RHS-Musters, direkt vor Auftreten des Eingabefunktionsaufrufes im Muster, das Resultatelement in folgendem Zustand sei:

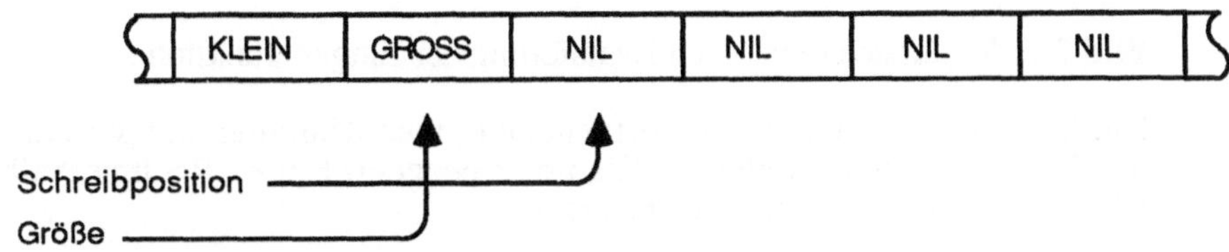

Bild 7-3 : Resultatelement direkt vor Aufruf der Eingabefunktion

Die beiden ersten Beispiele zeigen, was die Auswertung der Funktion Accept bewirkt, wobei zunächst eine Folge von Werten eingegeben wird und dann eine Liste von Werten. Im dritten und vierten Beispiel wird gezeigt, wie die gleichen Eingaben von der Funktion Acceptline verarbeitet werden. Das Zeichen <CR> soll für das Betätigen der Return-Taste stehen.

1.) Programm: Tastatureingabe:

   ... (ACCEPT) ...   ROT BLAU GELB GRÜN <CR>

Die Änderung des Resultatelementes zeigt Bild 7-4.

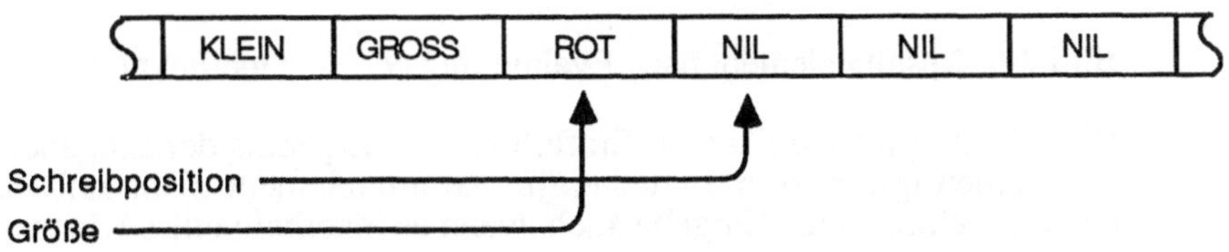

Bild 7-4: Resultatelement nach Evaluierung der Eingabefunktion

Da die Eingabe nicht mit einer öffnenden runden Klammer beginnt, wird sie durch das erste Trennzeichen (Blank, Tab, (,),{,}, <CR>) beendet.

2.) Programm: Tastatureingabe:

   ... (ACCEPT) ...   (ROT BLAU GELB) GRÜN <CR>

Die Änderung des Resultatelementes zeigt Bild 7-5.

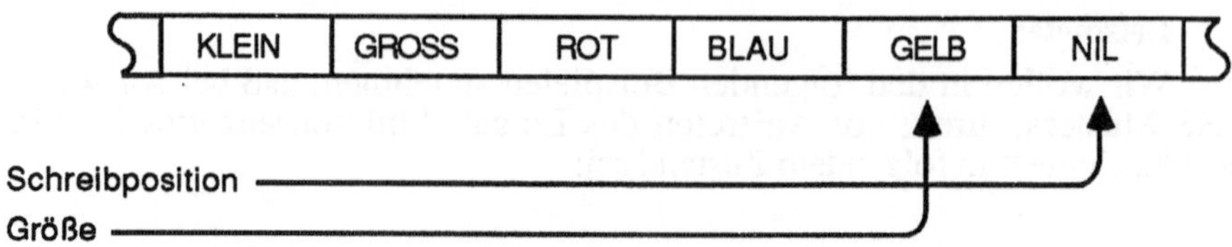

Bild 7-5: Resultatelement nach Evaluierung der Eingabefunktion

Die Eingabe beginnt mit einer öffnenden runden Klammer und wird deshalb durch die nächste schließende Klammer beendet. Ein <CR> innerhalb der Klammerung beendet die Eingabe nicht.

3. u. 4.)

Programm:	Tastatureingabe:
...(ACCEPTLINE)...	3.) ROT BLAU GELB GRÜN <CR>
	4.) (ROT BLAU GELB) GRÜN <CR>

Die Änderung des Resultatelementes zeigt Bild 7-6.

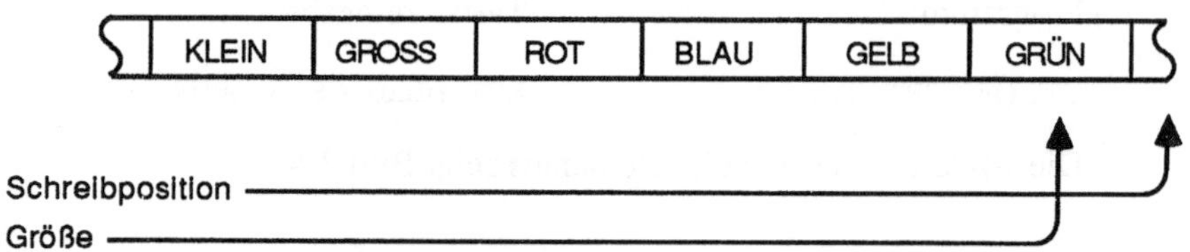

Bild 7-6: Resultatelement nach Evaluierung der Eingabefunktion

Die Klammern haben keinen Einfluß auf das Ergebnis der Eingabefunktion. Sie werden ignoriert und tauchen im Resultatelement nicht auf. Ein <CR> beendet demnach die Eingabe auch, wenn es innerhalb eines Klammerpaares auftritt.

Nach vollständiger Auswertung des RHS-Musters bestimmt der vor dem Muster stehende Anweisungsschlüssel, was mit dem Resultatelement zu geschehen hat. Es besteht die Möglichkeit, die eingelesenen Atome mit einer Make-Anweisung direkt in den Arbeitsspeicher einzutragen

```
(MAKE Antwort (ACCEPT))
```

oder das erste Atom der Antwort zu binden und in derselben Regel weiterzuverarbeiten.

```
(BIND <Antwort> (ACCEPT))
```

Hiermit ist es z.B. möglich, die eingegebenen Werte direkt in die im Programm benötigten Werte umzurechnen.

```
(P Welches_hätten_Sie_denn_gerne::1
    { (Antwortvorgabe Menue) <Antwortvorgabe> }

--> (WRITE     (CRLF) Welches hätten Sie denn gerne
               (TABTO 10)  1  (SUBSTR <Antwortvorgabe> 3 3)
               (TABTO 10)  2  (SUBSTR <Antwortvorgabe> 4 4)
               (TABTO 10)  3  (SUBSTR <Antwortvorgabe> 5 5)
               (CRLF) )
    (BIND <Index> (ACCEPT))
    (BIND <Index> (COMPUTE <Index> + 2))
    (MAKE Antwort Menue
               (SUBSTR <Antwortvorgabe> <Index> <Index>))
)
```

Bei dieser Methode, eine Eingabe vom Benutzer zu fordern, braucht dieser nur
die Nummer der von ihm gewählten Antwort einzugeben. Prinzipiell ist es mit dieser
Methode auch möglich, mehrere Antworten zuzulassen. Diese müssen dann mit
Acceptline eingelesen werden und der zweite Teil des Aktionsteiles muß zu einer
eigenständigen Regel werden, die sukzessive die Liste der gegebenen Antworten
abarbeitet. Der Vorteil dieser Methode ist, daß die möglichen Antworten nur einmal in
das Antwortvorgabeobjekt geschrieben werden müssen und von da sowohl für die
Ausgabe als auch für die Eingabeumrechnung genutzen werden können.

7.4 Benutzung der eingebauten Ein/Ausgabefähigkeiten

Die voran beschriebene Regel zeigt, wie es trotz der einfachen Ein/Ausgabefähigkeiten
möglich ist, dem Benutzer die Eingabe zu vereinfachen, wenn er aus einer Menge von
Antwortvorgaben wählen soll. Es treten aber Probleme auf, wenn der Benutzer z.B.
eine zu große Zahl oder gar ein Symbol eingibt. Eine zu große Zahl führt dazu, daß
ein falsches Symbol (Nil) aus der Liste als Antwort verwendet wird; ein Symbol
verursacht einen Laufzeitfehler, da versucht wird, mit ihm zu rechnen.

Eine solche Benutzerschnittstelle setzt also einen gutmütigen Benutzer voraus.
Das ist beim "Rapid Prototyping" wohl zu vertreten, da es hier vor allem auf das unter
der Oberfläche liegende System ankommt.

Die Fehlerbehandlung bei Benutzereingaben, also das Zurückweisen falscher
Eingaben und eventuelles Wiederholen der Eingabeanforderung, erfordert einen ver-
hältnismäßig großen Aufwand, wenn sie in OPS5-Regeln ausgedrückt werden soll.

Relativ einfach ließe sich die Regel verbessern, wenn man eine externe Routine
verwendet, die die Eingabe überprüft. Da wir an dieser Stelle aber nicht die gesamte
Eingabeprozedur auslagern wollen, sind wir an einer einfachen und allgemein ver-
wendbaren Routine interessiert. Was uns hier weiterhelfen würde, wäre eine -in OPS5
nicht vorhandene- Möglichkeit, zu testen, ob ein Atom in einer Folge von Atomen
vorkommt. Wir wollen deshalb annehmen, wir hätten folgende Funktion zur Verfügung.

```
(MEMBER Testwert Ja_Antwort Nein_Antwort Wert_1 Wert_2 ...)
```

Die Funktion wird aufgerufen wie jede andere RHS-Funktion. Sie erhält als
ersten Parameter den zu überprüfenden Wert, danach einen Wert, den sie im Falle

eines positiven Ergebnisses zurückgeben soll, entsprechend als drittes einen Wert für den Fehlerfall und schließlich eine Folge von Werten, in der der Testwert gesucht wird. Wie eine solche Funktion implementiert werden kann, wird im Kapitel über das Anbinden externer Routinen erläutert.

Mit einer solchen Funktion könnte der Aktionsteil der Regel folgendermaßen erweitert werden:

```
(P Welches_hätten_Sie_denn_gerne::2
   { <Antwortvorgabe> (Antwortvorgabe Menue) }

--> (WRITE   (CRLF) Welches hätten Sie denn gerne
             (TABTO 10) 1 (SUBSTR <Antwortvorgabe> 3 3)
             (TABTO 10) 2 (SUBSTR <Antwortvorgabe> 4 4)
             (TABTO 10) 3 (SUBSTR <Antwortvorgabe> 5 5)
             (CRLF) )
    (BIND <Index> (ACCEPT))
    (BIND <Index> (MEMBER <Index> <Index> 4 1 2 3) )
    (BIND <Index> (COMPUTE <Index> + 2))
    (MAKE Antwort Menue
          (SUBSTR <Antwortvorgabe> <Index> <Index>)).
)
```

In dieser Version der Regel wird überprüft, ob der eingegebene Wert, der ja an <Index> gebunden ist, in der Menge der möglichen Werte { 1 2 3 } enthalten ist. Ist das der Fall, liefert die Member-Funktion genau diesen Wert zurück andernfalls liefert sie den Wert 4, wobei wir annehmen wollen, daß an sechster Stelle der Antwortvorgabe ein Wert steht, der diesen Fall repräsentiert.

Eine solche Überprüfung der Eingaben mit OPS5 eigenen Mitteln ist nur sehr eingeschränkt möglich, etwa mit den Regeln

```
(P Ja_Antwort
   (Antwort       { <X> << J JA >> } ) )
--> Anweisung für den Ja-Fall
)

(P Nein_Antwort
   (Antwort       { <X> << N NE NEI NEIN >> } ) )
--> Anweisung für den Nein-Fall
)
```

Da in den Disjunktionsklammern aber nur eine Auswahl von Konstanten gegeben werden kann, können die beiden Regeln nur spezielle Antworten überprüfen, da die Antwortauswahl in die Regel hineincompiliert wird und nicht in Arbeitsspeicherelementen gehalten werden kann.

Ein komfortables Menue, in dem die Eingabe z.B. mit Hilfe von Cursortasten oder Maus erfolgt, läßt sich jedoch durch das Anbinden von Prozeduren, die in anderen Sprachen geschrieben wurden, erzielen (siehe Kapitel 9).

Sollen Daten von einer Datei eingelesen werden, so ist das mit den Funktionen Accept bzw. Acceptline ebenfalls möglich. Eine Einleseregel kann solange hintereinander feuern, bis das Dateiende erreicht ist. Bei einer großen einzulesenden Datei sind dazu viele Durchläufe des Recognize-Act Cycles nötig. Außerdem wird das Dateiende nicht durch eine globale Variable angezeigt, sondern dadurch, daß das Atom END-OF-FILE als Ergebnis der Eingabefunktion geliefert wird.

Eine einfachere Methode, um Dateien einzulesen, ist (in VAX-OPS5) die Verwendung der Anweisung Addstate, mit der eine durch Savestate erstellte Datei in einem Durchlauf des Recognize-Act Cycles eingelesen werden kann. Während dieses Einlesevorganges wird die Konfliktmenge allerdings auch aktualisiert und damit die größte Arbeit des Recognize-Act Cycles durchgeführt.

Sollen in einem Programm zur Interaktion mit dem Benutzer vorformulierte Texte verwendet werden, etwa als Antwortschemata, in die vor der Ausgabe jeweils aktuelle Werte eingesetzt werden, so können diese Texte durch Arbeitsspeicherelemente dargestellt werden. Da jedes symbolische Atom aus bis zu 64 Zeichen bestehen kann, können in jeder Komponente entsprechend lange Textstücke gehalten werden. Enthält ein Programm eine Vielzahl solcher Textbausteine, so werden diese zweckmäßigerweise in eine Datei editiert und nicht etwa mit Initialisierungsregeln vom Programm erzeugt.

Dabei tritt ein Problem bezüglich der Formatierung auf. Zwar können bei der Erzeugung der Arbeitsspeicherelemente die Formatierfunktionen benutzt werden, aber von einer Datei können nur atomare Werte eingelesen werden und keine Funktionsaufrufe. Da im Aktionsteil keine Fallunterscheidungen in den Anweisungen gemacht werden können, besteht auch nicht die Möglichkeit, während des Einlesens der Texte bestimmte Atome durch Funktionsaufrufe zu ersetzen. Die Aufrufe der Formatierfunktionen müssen also explizit in den Regeln stehen, was wiederum bedeutet, daß der Regel bekannt sein muß, wie lang der Text ist, d.h. aus wievielen Atomen er besteht. Betrachte dazu folgendes Beispiel:

```
(P Ausgabe_ohne_Formatierung
    { <Text>     (Ausgabetext) }

--> (WRITE (SUBSTR <Text> 2 INF)
)

(P Ausgabe_mit_Formatierung
    { <Text>     (Ausgabetext) }

--> (WRITE   (TABTO 10)    (SUBSTR <Text> 2 2)
             (TABTO 10)    (SUBSTR <Text> 3 3)
             (TABTO 10)    (SUBSTR <Text> 4 4)
             (TABTO 10)    (SUBSTR <Text> 5 5) )
)
```

Damit eine Regel beliebige Textobjekte formatiert ausgeben kann, muß die Formatierung bereits in den Textobjekten enthalten sein. Das beschriebene Problem läßt sich folgendermaßen lösen. Wie wir gesehen haben, wird bei zwei der Formatierfunktionen die Evaluierung verzögert, indem die Funktionen zunächst nur zwei Atome liefern, die später den entsprechenden Funktionsaufruf bewirken. Diese symbolischen Atome können natürlich auch mit Hilfe der Make-Anweisung erzeugt werden. Die Anweisung

```
(MAKE Text |(TABTO)| 25 Ausgabetext )
```

erzeugt das gleiche Arbeitsspeicherelement wie die Anweisung

```
(MAKE Text (TABTO 25) Ausgabetext ) ,
```

nur, daß im ersten Fall die Tabulatorfunktion nicht aufgerufen wird. Statt dessen wird das symbolische Atom "(TABTO)", das sonst die Auswertung der Tabulatorfunktion liefert, direkt erzeugt. Ob das Element auf die eine oder andere Art entstanden ist, macht bei einer späteren Ausgabe keinen Unterschied mehr. Das enthaltene Atom "(TABTO)" ruft in jedem Fall die Tabulatorfunktion der Laufzeitunterstützung auf.

Da die Evaluierung der CRLF-Funktion nicht verzögert wird, kann diese nicht in der beschriebenen Weise in einer Datei untergebracht werden. Sie läßt sich aber mit Hilfe der Tabulatorfunktion simulieren, die ja einen Zeilenumbruch herbeiführt, wenn der Cursor bereits hinter der angegebenen Spalte steht.

Beispiel für eine Textdatei:

```
(Text_1
|Dies ist eine Textdatei, in der vorformulierte Texte stehen.|
|(TABTO)| 1 |Mit Hilfe von (Tabto) 1 wird ein Crlf simuliert.|
|(TABTO)| 1)
(Text_2
|Durch solche Textbausteine können beispielsweise| |(TABTO)| 1
|Fragetexte eines Systems gebildet werden.| |(TABTO)| 1)
```

Wird obige Textdatei mittels Acceptline eingelesen und in entsprechende Arbeitsspeicherelemente gewandelt, so erzeugt die folgenden Regel

```
(P Texte_Ausgeben
    { <Text_1> (Text_1) }
    { <Text_2> (Text_2) }
--> (WRITE   (SUBSTR <Text_1> 2 INF))
    (WRITE   (SUBSTR <Text_2> 2 INF))
)
```

folgenden Text bei ihrer Ausführung.

```
Dies ist eine Textdatei, in der vorformulierte Texte stehen.
Mit Hilfe von (Tabto) 1 wird ein Crlf simuliert.
Durch solche Textbausteine können beispielsweise
Fragetexte eines Systems gebildet werden.
```

Eine andere Möglichkeit, die Aufrufe der Formatierfunktionen in die Texte einer Datei zu bekommen, ist die Darstellung der Funktionsaufrufe in der Datei durch spezielle Atome. Es ist dann eine Regelgruppe notwendig, die nach Einlesen der Texte und vor dem erstmaligen Verwenden diese Atome durch die jeweiligen Funktionsaufrufe substituiert. Dazu muß allerdings jedes Arbeitsspeicherelement, das einen Textbaustein darstellt, komponentenweise bearbeitet werden, wodurch dies Verfahren auch bei kleinen Texten schon relativ zeitaufwendig wird.

Kapitel 8   Interaktion mit dem OPS5-System

8.1 Die Toplevelroutine

Um ein OPS5-Programm zu testen ist ein interaktives Arbeiten mit dem System
möglich. Dazu läßt sich der Interpreter jederzeit auf den sogenannten "Toplevel"
bringen, auf dem er auch nach Start des Systems ist. In diesem Zustand führt er nicht
den Recognize-Act Cycle aus, sondern eine spezielle Toplevelroutine, die Kommandos vom Benutzer einliest und ausführt. Nach jeder Kommandointerpretation wird die
Konfliktmenge aktualisiert.

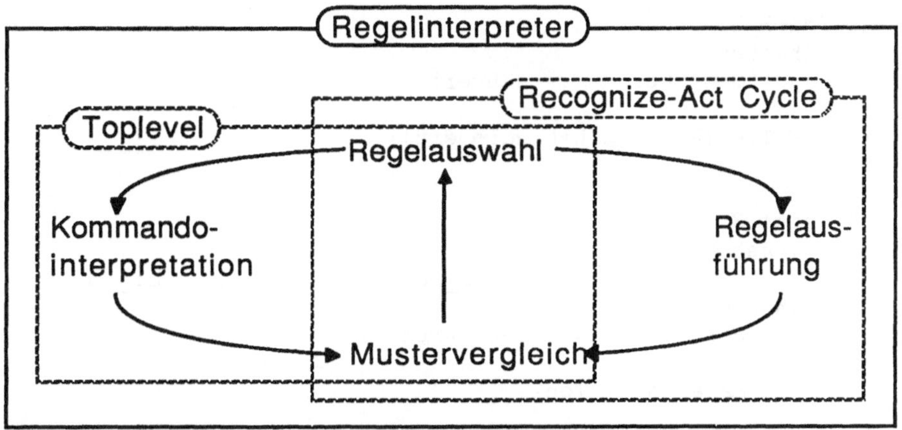

Bild 8-1: Schematische Darstellung des OPS5-Regelinterpreters

Vom Toplevel aus lassen sich der Arbeitsspeicher, die Konfliktmenge und die
Regelmenge inspizieren. Der Arbeitsspeicher und die Regelmenge können verändert
werden. Es bestehen allerdings einige signifikante Unterschiede zwischen den LISP-
basierten Versionen und der BLISS-basierten Version, die im wesentlichen darauf
beruhen, daß bei der BLISS-Version alle Regeln vor dem OPS5-Aufruf bereits
übersetzt wurden. Die Ausführung des Recognize-Act Cycles läßt sich jederzeit
wieder starten, wobei die Möglichkeit besteht, eine Protokollierung der Ausführung
zu veranlassen.

Für die Beschreibung der Toplevelkommandos wollen wir eine Regelmenge und
einen Arbeitsspeicher wie im folgenden beschrieben zugrunde legen und davon
ausgehen, daß der Recognize-Act Cycle noch nicht durchlaufen wurde. Weiterhin
sollen folgende Klassen- und Attributnamen deklariert sein.

Klassennamen	Attribute	
Kiste	Farbe	: 2
Kasten	Material	: 3
Krug	Inhalt	: 4
	Gewicht	: 5

(für alle Klassen seien alle Attribute deklariert)

Regelspeicher :

```
(P Regel_1
    (Kiste
         ^Farbe        << blau schwarz >>
         ^Material    Holz)
    (Kiste
         ^Farbe        <> rot
         ^Inhalt      Werkzeug)

--> (WRITE |Regel_1 hat gefeuert|)
)

(P Regel_2
    (Kasten
         ^Gewicht         schwer)

--> (WRITE |Regel_2 hat gefeuert|)
)

(P Regel_3
   { (Kasten
        ^Farbe        { <Kasten_Farbe> <> NIL }) <Ein_Kasten> }
    -(Kiste
        ^Farbe        <Kasten_Farbe> )
    (Krug
        ^Material    Ton)

--> (WRITE |Regel_3 hat gefeuert|)
    (MAKE Kasten
          ^Gewicht         schwer)
    (REMOVE <Ein_Kasten>)
)
```

Arbeitsspeicherinhalt:

Zeitstempel	Klasse	Farbe	Material	Inhalt	Gewicht
1	KISTE	BLAU	HOLZ	WERKZEUG	
2	KISTE	SCHWARZ	BLECH	WERKZEUG	
3	KASTEN	SCHWARZ	BLEI	URAN	SCHWER
7	KASTEN	GELB	NIL	NIL	SCHWER
9	KRUG	NIL	TON	WEIN	
15	KSTE	ORANGE	PLASTIK		

Weiterhin sei angemerkt, daß "OPS5>" die Eingabeanforderung (Prompt) in
VAX-OPS5 ist und "->" die entsprechende in LISP-OPS5.

8.2 Kommandoübersicht

o Inspizierung des Zustandes

- CS   (Konfliktmenge)
- Next   (Konfliktmenge)
- MATCHES   (Konfliktmenge)
- WM   (Arbeitsspeicher)
- PPWM   (Arbeitsspeicher)
- PM   (Regelspeicher)   (LISP)

o Änderung des Zustandes

- + MAKE   (Arbeitsspeicher)
- + Modify   (Arbeitsspeicher)
- + REMOVE   (Arbeitsspeicher)
- + Addstate   (Arbeitsspeicher)
- + Restorestate   (Arbeitsspeicher und Konfliktmenge)
- EXCISE   (Regelspeicher)
- BACK   (Arbeitsspeicher und Konfliktmenge)

o Ablaufkontrolle

- + After
- PBREAK
- STRATEGY
- RUN

o Protokollierung

- + OPENFILE
- + CLOSEFILE
- + DEFAULT
- + Savestate
- WATCH

o Sonstiges

- + CALL
- EXIT
- Report
- Enable
- Disable
- @

Die groß geschriebenen Schlüsselwörter gelten für alle OPS5-Implementationen gemäß dem OPS5 User's Manual von Charles M. Forgy. Bei den klein geschriebenen Wörtern handelt es sich um Erweiterungen des VAX-OPS5 von DEC.

Die Befehle, die auch auf der rechten Seite einer Produktion möglich sind (+), bewirken im Toplevel dasselbe, wie in Produktionen. Der Verweis auf ein Arbeitsspeicherelement für Remove und Modify geschieht dabei über den Zeitstempel: (Remove x). Das Kommando Remove kann auch eine Folge von Zeitstempeln als Parameter erhalten. (Remove *) löscht den gesamten Arbeitsspeicher.

8.3 Inspizieren des Systemzustandes

8.3.1 Ausgabe der Konfliktmenge

CS

Mit dem Kommando CS kann man sich die Konfliktmenge ansehen, eingeschränkt auf den Teil der Instantiierungen, der noch nicht gefeuert hat. In VAX11-OPS5 werden zu jeder Instantiierung der Name der zugehörigen Regel sowie die Zeitstempel der Elemente, die diese Instantiierung möglich machen, ausgegeben. Im Beispielprogramm sähe die Ausgabe wie folgt aus:

```
OPS5>(CS)

REGEL_3 7 9
REGEL_2 7
REGEL_2 3
REGEL_1 1 2
REGEL_1 1 1
```

Der n-te Zeitstempel gibt an, welches Element sich mit der n-ten nicht negierten Bedingung deckt. Welche Instantiierung als nächstes feuert, muß aus den Zeitstempelangaben abgelesen werden.

Beim LISP-basierten OPS5 werden nur die Regelnamen ausgegeben sowie diejenige Regel, deren Instantiierung zur Zeit von der aktuellen Regelauswahlstrategie priorisiert wird. Das hat den Nachteil, daß nicht festgestellt werden kann, wie häufig eine Regel instantiiert ist. Obiges Beispiel sähe im LISP-basierten System wie folgt aus:

```
->(cs)
regel_1
regel_2
regel_3
(regel_3 dominates)
```

Next

Das Kommando CS gibt beim VAX-OPS5 nicht an, welche Instantiierung als nächstes feuert. Dazu gibt es dort das Kommando Next, das die Instantiierung angibt, die von der Regelauswahlstrategie zum Feuern ausgewählt wurde.

```
OPS5>(NEXT)
REGEL_3   7 9
```

In den LISP-basierten Versionen gibt es dieses Kommando nicht.

Matches

Vermißt man eine Regel in der Konfliktmenge oder ist man ohnehin nur an einer bestimmten Regel interessiert, so kann diese mit dem Kommando Matches untersucht werden. Das Kommando erhält Regelnamen als Parameter und liefert zu jeder

Einzelbedingung der Regel die Zeitstempel der Elemente, die sich mit der Bedingung (in nicht negierter Form) decken. Da es durch die Verwendung von Variablen Interdependenzen zwischen verschiedenen Einzelbedingungen gibt, werden auch die Elemente angezeigt, mit denen sich Kombinationen von Einzelbedingungen decken.

```
OPS5>(MATCHES Regel_3)
>>> REGEL_3 <<<
*** MATCHES FOR 1 ***
3
7
*** MATCHES FOR 2 ***
1
2
*** MATCHES FOR 1 2 ***
7
*** MATCHES FOR 3 ***
9
*** MATCHES FOR 1 2 3 ***
7 9
```

8.3.2 Ausgabe des Arbeitsspeichers

WM und PPWM

Die Kommandos CS und Matches geben Arbeitsspeicherelemente nur durch Angabe der Zeitstempel aus. Durch das Kommando WM können die zu den Zeitstempeln gehörenden Elemente ausgegeben werden. Sie werden als Listen aus Attributen und Werten ausgegeben. Zusätzlich wird zu jedem Element der Zeitstempel angegeben. In VAX11-OPS5 auch noch der Name der Regel, die das Element erzeugt bzw. zuletzt modifiziert hat. Nil steht dabei für eine Erzeugung vom Toplevel.

```
OPS5>(WM 1 9)
1 [NIL] (KISTE ^FARBE BLAU ^MATERIAL HOLZ ^INHALT WERKZEUG)
9 [NIL] (KRUG ^MATERIAL TON ^INHALT WEIN)
```

In LISP-basierten OPS5 wird der Regelname nicht mit angegeben.

```
->(WM 1 9)
1 :    (kiste ^farbe blau ^material holz ^inhalt werkzeug)
9 :    (krug ^material ton ^inhalt wein)
```

Es gibt das weitere Kommando PPWM, das als Parameter ein Muster erhält und alle diejenigen Arbeitsspeicherelemente anzeigt, die sich mit dem Muster decken. Beide Kommandos, ohne Parameter verwendet, zeigen den gesamten Arbeitsspeicher.

```
OPS5>(PPWM ^FARBE SCHWARZ ^MATERIAL HOLZ)
7 [NIL] (KISTE ^FARBE SCHWARZ ^MATERIAL HOLZ ^INHALT WERKZEUG)
```

Wenn es ein Arbeitsspeicherelement gibt, in dem an erster Position kein gültiger Klassenname steht, so wird das ganze Elemente als Liste der Werte ohne die Attribute ausgegeben (es ist dem System nicht mehr bekannt, welche Attribute benutzt wurden, um die Werte einzutragen).

```
OPS5>(WM 15)
15 [NIL] (KSTE ORANGE PLASTIK)
```

8.3.3 Ausgabe von Regeln

PM

In den LISP-Versionen von OPS5 gibt es das Kommando PM, mit dem der Quelltext einer Regel angezeigt werden kann.

```
->(pm regel_1)
(p regel_1
    (kiste ^farbe << blau schwarz >> ^material holz)
    (kiste ^farbe <> rot ^inhalt werkzeug)
-->
    (write |Regel_1 hat gefeuert|)
)
```

8.4 Ändern des Zustandes

8.4.1 Sperren von Regeln

Excise

Mit dem Kommando Excise können Regeln von der Instantiierung ausgenommen werden. (EXCISE Regelname) nimmt alle Instantiierungen der Regel "Regelname" gegebenenfalls aus der Konfliktmenge und unterbindet ihre zukünftige Instantiierung. Die Wirkung des Excise-Kommandos kann nicht aufgehoben werden.

```
OPS5>(CS)
REGEL_3 7 9
REGEL_2 7
REGEL_2 3
REGEL_1 1 2
REGEL_1 1 1

OPS5>(EXCISE Regel_2)

OPS5>(CS)
REGEL_3 7 9
REGEL_1 1 2
REGEL_1 1 1
```

8.4.2 Restaurieren eines vorhergehenden Zustandes

Back

Mit dem Befehl Back können Wirkungen von Regelausführungen auf Arbeitsspeicher und Konfliktmenge rückgängig gemacht werden. Andere Wirkungen (z.B. auf Dateien) werden nicht aufgehoben. Es können bis zu 32 (LISP-OPS5) bzw. 64 (VAX-OPS5) Schritte rückgängig gemacht werden. Durch einen Parameter wird angegeben, wieviele Schritte auf einmal rückgängig zu machen sind. Durch

```
OPS5>(BACK 3)
```

werden die letzten 3 Schritte rückgängig gemacht. Die Verwendung des Kommandos Back muß zunächst durch das Enable-Kommando ermöglicht werden. Dabei ist zu berücksichtigen, daß nicht mehr Schritte rückgängig gemacht werden können, als seit Eingabe von (ENABLE BACK) ausgeführt worden sind.

8.5 Kontrolle des Programmlaufes

8.5.1 Start des Programmes

Run

Das Kommando Run läßt den Interpreter mit dem Recognize-Act Cycle beginnen. Wird hierbei kein Parameter angegeben, so wird dieser so lange durchlaufen, bis eine der folgenden Bedingungen erfüllt ist :

- der Benutzer gibt <CTRL>+C ein oder
- die Anweisung Halt tritt in einer Regel auf oder
- die Konfliktmenge ist leer oder
- ein Breakpoint wird erreicht.

Durch einen Parameter kann eine maximale Anzahl von Durchläufen des Recognize-Act Cycles bestimmt werden.

```
OPS5>(RUN 1)
```

bewirkt, die Ausführung der nächsten Regel und keiner weiteren (wenn die Konfliktmenge nicht leer ist).

8.5.2 Unterbrechungen

Pbreak

Eine Unterbrechung des Programmlaufes kann mit dem Kommando Pbreak vorprogrammiert werden (breakpoint). Es erhält Regelnamen als Parameter und setzt bzw. löscht diese Regeln als Breakpoints, je nachdem, ob sie bislang gesetzt waren oder nicht. Wird eine Regel mit "breakpoint" zum Feuern ausgewählt, kehrt der Interpreter nach Ausführung der Regel und Aktualisierung der Konfliktmenge in den Toplevel zurück. Es können maximal 8 Breakpoints zur Zeit gesetzt sein. Ohne Parameter werden die Namen aller Regeln ausgegeben, die zur Zeit als Breakpoint gesetzt sind.

```
OPS5>(PBREAK REGEL_1 REGEL_2)
OPS5>(PBREAK REGEL_1)
OPS5>(PBREAK)
REGEL_2
OPS5>RUN

...
%OPSRT-I-BREAKNOTED, break
OPS5>
```

8.5.3 Einstellung der Regelauswahlstrategie

Strategy

Zur Auswahl der Regelauswahlstrategie wird der Befehl Strategy verwendet (s. Abschnitt 6.4). Wird er ohne Parameter benutzt, so wird die zur Zeit eingestellte Strategie ausgegeben. Mit (STRATEGY MEA) bzw. (STRATEGY LEX) wird eine der beiden Strategien eingestellt. Die voreingestellte Strategie ist LEX.

```
OPS5>(STRATEGY)

LEX
OPS5>(STRATEGY MEA)

OPS5>(STRATEGY)

MEA
```

8.6 Protokollierung

Watch

Bevor man das Programm mit Run startet, läßt sich durch das Watch-Kommando bestimmen, wieviel begleitende Information während der Ausführung ausgegeben werden soll. Es gibt dabei folgende Abstufungen:

(WATCH 0)   Keine Ausgabe.

(WATCH 1)   durchnumerierte Angabe aller Regeln, die feuern, sowie die Zeitstempel der Elemente, mit denen die Regel instantiiert wurde.

(WATCH 2)   Zusätzlich zur vorigen Einstellung alle Änderungen des Arbeitsspeichers.

(WATCH 3)   Zusätzlich zur vorigen Einstellung alle Änderungen der Konfliktmenge.

Ohne Parameter gibt Watch die aktuelle Einstellung an. Die Ausgabe der Konfliktmengenänderung (WATCH 3) ist nur in VAX-OPS5 realisiert.

```
OPS5> (ENABLE BACK) (ENABLE TIMING)

OPS5>(CS)
REGEL_3     7 9
REGEL_2     7
REGEL_2     3
REGEL_1     1 2
REGEL_1     1 1

OPS5>(NEXT)
REGEL_3     7 9

OPS5>(WATCH 1) (RUN 1)

1:  REGEL_3    7 9   Regel_3 hat gefeuert
%OPSRT-I-PAUSED, Pause

OPS5>(BACK 1)

OPS5>(WATCH 2) (RUN 1)
1:  REGEL_3     7 9   Regel_3 hat gefeuert
=>WM:  16 [REGEL_3] (KASTEN ^FARBE NIL MATERIAL NIL ^INHALT NIL
^GEWICHT SCHWER)
<=WM:   7 [NIL] (KASTEN ^FARBE GELB ^MATERIAL NIL ^INHALT NIL
^GEWICHT SCHWER)
%OPSRT-I-PAUSE, pause

OPS5>(BACK 1)
=>WM:   7 [NIL] (KASTEN ^FARBE GELB ^MATERIAL NIL ^INHALT NIL
^GEWICHT SCHWER)
<=WM:  16 [REGEL_3] (KASTEN ^FARBE NIL MATERIAL NIL ^INHALT NIL
^GEWICHT SCHWER)
OPS5>(WATCH 3) (RUN 1)
1:  REGEL_3     7 9
=>WM:  16 [REGEL_3] (KASTEN ^FARBE NIL MATERIAL NIL ^INHALT NIL
^GEWICHT SCHWER)
=>CS:   REGEL_2 16
<=WM:   7 [NIL] (KASTEN ^FARBE GELB ^MATERIAL NIL ^INHALT NIL
^GEWICHT SCHWER)
```

Arbeitsspeicherelemente, die neu hinzukommen, werden mit "=>WM:" gekennzeichnet, gelöschte durch "<=WM:". Entsprechendes gilt für die Instantiierungen ("=>CS:" und "<=CS:").

Die begleitende Information wird normaler Weise auf das Terminal geschrieben. Mit dem Default-Kommando läßt sich die Ausgabe in eine Datei lenken. Dazu muß mit dem Kommando Openfile eine Datei an ein symbolisches Atom gebunden und zum Schreiben geöffnet werden, z.B.

```
OPS5>(OPENFILE Tracefile   TRACE.TRC   OUT) .
```

Eine Ausgabe der begleitenden Information in die Datei mit dem physischen

Namen "TRACE.TRC" wird dann erreicht durch

```
OPS5>(DEFAULT Tracefile TRACE).
```

Nil als Symbolischer Dateiname bezeichnet dabei das Terminal.

8.7 Sonstige Kommandos für VAX-OPS5

Die folgenden Kommandos sind Erweiterungen, die nur im VAX-OPS5 realisiert sind.

Report

Mit dem Befehl Report können Informationen über das Zeitverhalten eines Programms sowie die Kausalität von Regelinstantiierungen ermittelt werden. Der Befehl gibt Information über den Zeitbedarf und die Häufigkeit des Feuerns der Regeln aus. Außerdem werden zu jeder ausgeführten Regel diejenigen Regeln angegeben, die die Instantiierung ermöglicht haben. Zunächst muß das OPS5-System durch das Kommando (ENABLE TIMING) dazu veranlaßt werden, ein Protokoll zu führen. Danach kann zu beliebiger Zeit durch das Kommando (REPORT TIMING) veranlaßt werden, daß die protokollierten Daten in zwei Dateien geschrieben werden. Die Datei TIMINGCPU.TXT enthält eine Tabelle, in der für jede Produktion aufgeführt ist, wie oft sie gefeuert hat, wieviel Zeit die Ausführung der Anweisungsteile beanspruchte und wieviel Zeit ein Abgleichen von Arbeitsspeicheränderungen mit ihrem Bedingungsteil verbraucht hat. Die Zeitangaben dabei sind ein relatives Maß.

Die Datei TIMINGCAU.TXT enthält eine Tabelle, in der für alle Produktionen angegeben ist, von welchen Produktionen eine Instantiierung ausgeführt wurde, die den Bedingungsteil dieser Produktion beeinflußt hat. Im Beispiel erzeugt Regel_3 ein Element, das sich mit einer Bedingung von Regel_2 deckt. Regel_3 wird deshalb als beeinflussende Produktion für Regel_2 angegeben.

```
OPS5>(REPORT TIMING)
```

bewirkt nach Ablauf des Beispielprogramms aus diesem Kapitel das Erzeugen zweier Dateien mit folgendem Inhalt:

```
    Timing CPU report for 'Programm.ops' on 7-MAR-86 16:45:17.00

    PRODUCTION NAME # FIRINGS      LHS TIME      RHS TIME
    REGEL_1         3             1             0
    REGEL_2         2             2             0
    REGEL_3         1             3             1


    Cause report for 'Programm.ops' on 17-MAR-86 16:45:17.00

    PRODUCTION NAME                 EFFECTING PRODUCTION NAME
    REGEL_1
    REGEL_2                         REGEL_3
    REGEL_3
```

Enable und **Disable**

Enable und Disable können mit den Parametern Halt, Warning, Timing und Back aufgerufen werden. Durch

```
OPS5>(DISABLE WARNING)
```

wird verhindert, daß Systemmeldungen (Warnungen oder Fehlermeldungen) ausgegeben werden. Das Kommando

```
OPS5>(DISABLE HALT)
```

bewirkt, daß bei einem Rücksprung aus dem Recognize-Act Cycle nicht in die Toplevelroutine gesprungen wird, sondern direkt auf die Betriebssystemebene. Diese beiden Kommandos verhindern also den Zugriff auf den Interpreter und schützen ein Programm vor unerlaubter Einsichtnahme und Manipulationen. Diese Kommandos lassen sich durch ein entsprechendes Enable-Kommando wieder aufheben. Man mache sich klar, daß man nach Eingabe von (DISABLE HALT) in der Regel aber keine Gelegenheit mehr erhält, (ENABLE HALT) einzugeben.

Durch die Kommandos

```
OPS5>(ENABLE TIMING)
```

beziehungsweise

```
OPS5>(ENABLE BACK)
```

werden verschiedene Hilfsprozeduren aktiviert, die Informationen über das Zeitverhalten und Instantiierungsabhängigkeiten bzw. vorgenommene Änderungen des Arbeitsspeichers sammeln. Sie sind Voraussetzung für die Verwendung der Kommandos (REPORT TIMING) bzw. (BACK xx).

Mit dem Disable-Kommando können die Prozeduren wieder deaktiviert werden. Diese Buchführung ist relativ zeitaufwendig, deshalb ist sie nicht voreingestellt.

Prozeduren	Voreinstellung
Warning	Enable
Halt	Enable
Timing	Disable
Back	Disable

@

Das Kommando @ benötigt einen Dateinamen als Parameter. Die dazugehörige Datei muß gültige Toplevel-Kommandos enthalten. Durch das Kommando werden die in der Datei enthaltenen Kommandos ausgeführt, als ob sie interaktiv vom Toplevel eingegeben worden wären.

```
$ CREATE INIT.DAT
(MAKE START)
(MAKE TESTOBJEKT ^ATTRIBUT WERT)
(WATCH 3)
(ENABLE BACK)
```

```
$ RUN OPSPRGM.EXE
OPS5>(@ INIT.DAT)
    ...
```

Savestate, Addstate und Restorestate

Durch das Kommando Savestate und die Angabe eines Dateinamens wird der aktuelle Arbeitsspeicherinhalt und die aktuelle Konfliktmenge in eine Datei geschrieben.

```
(SAVESTATE ZUSTAND.DAT)
```

Die Arbeitsspeicherelemente bzw. die Instantiierungen werden in demselben Format in die Datei geschrieben, wie sie auch durch die Kommandos WM bzw. CS ausgegeben werden. Die Datei ist also vom Programmierer lesbar. Damit ergibt sich die Möglichkeit, den Zustand auszudrucken, um ihn zu untersuchen.

Durch das Kommando Restorestate wird eine durch Savestate erzeugte Datei eingelesen.

```
(RESTORESTATE ZUSTAND.DAT)
```

Der Arbeitsspeicher und die Konfliktmenge werden dabei gelöscht und gemäß dem Dateiinhalt restauriert. Das System befindet sich nach der Ausführung dieses Kommandos in dem gleichen Zustand wie zum Zeitpunkt, als mittels eines Savestate-Kommandos die eingelesene Datei erzeugt wurde.

Eine zweite Möglichkeit, eine solche Datei einzulesen, ist das Kommando Addstate. Hierbei wird weder der Arbeitsspeicher noch die Konfliktmenge gelöscht, sondern der in die Datei geschriebene Arbeitsspeicherinhalt wird dem aktuellen Arbeitsspeicher hinzugefügt. Dabei erhalten alle hinzugefügten Elemente neue Zeitstempel und die Konfliktmenge wird entsprechend aktualisiert.

Zu beachten ist, daß das Semikolon ein Trennzeichen ist und Kommentare einleitet. Enthält eine Dateispezifikation also ein Semikolon, muß sie in jedem Fall mittels senkrechter Striche quotiert werden.

```
(ADDSTATE |ZUSTAND.DAT;7|)
```

In LISP ist weiterhin der Punkt ein Trennzeichen, weshalb in LISP-OPS5 Dateispezifikationen praktisch immer quotiert werden müssen.

Exit

Durch das Kommando Exit wird vom Toplevel auf die Betriebssystemebene gesprungen. Dies ist auch durch die Eingabe von <CTRL>+Z möglich.

Befehle, die keine Parameter benötigen, können ohne Klammern benutzt werden, wenn sie durch Return abgeschlossen werden. Innerhalb einer Klammerstruktur beendet ein Return die Eingabe nicht, sondern es wird auf die nächste schließende Klammer gewartet. In einer Eingabezeile können mehrere geklammerte Kommandos stehen.

Kapitel 9 Kommunikation zwischen OPS5 und anderen Sprachen

9.1 Übersicht

Das relationale Modell, das dem OPS5-System zugrunde liegt, ist turingäquivalent. Jedes Programm, das sich für eine Turingmaschine schreiben läßt und damit jedes Programm, das in irgendeiner Programmiersprache geschrieben werden kann, läßt sich auch mit Hilfe des relationalen Modells ausdrücken. Dabei wird bei einer praktischen Realisierung des Modells, etwa in Form einer OPS5-Implementation, davon abgesehen, daß hier der Speicherplatz begrenzt ist, oder daß es nur endlich viele unterscheidbare Bezeichner gibt. Die Eigenschaft der Turingäquivalenz besagt nur, daß prinzipiell alle turingberechenbaren Probleme in endlicher Zeit gelöst werden können. Sie erlaubt keine Aussage darüber, wie effizient das Programm wird bzw. wie aufwendig sich seine Erstellung erweist. (Man bedenke, wie umständlich es ist, ein Turingprogramm zu schreiben.)

Aufgaben, die am besten durch prozedurale Algorithmen gelöst werden, lassen sich in OPS5 nur mit sehr großem Overhead realisieren, da dem Regelsystem durch geeignete Steuerungsmechanismen eine feste Reihenfolge der Abarbeitung aufgezwängt werden muß. Im Gegensatz zu prozeduralen Sprachen, bei denen die Reihenfolge der Abarbeitung zur Compilationszeit bekannt ist, wird die Reihenfolge bei OPS5 zur Laufzeit berechnet. Wo diese Berechnung nicht notwendig ist (weil die Reihenfolge schon zur Übersetzungszeit bekannt ist), bewirkt dieses Verhalten überflüssigen Aufwand. OPS5 bietet keine Möglichkeit, Teilprobleme prozedural zu lösen. In der rechten Seite einer Regel sind zwar Folgen von Anweisungen erlaubt, diese werden aber in fester Reihenfolge abgearbeitet. Es sind keine Vergleichsoperationen und keine bedingten oder unbedingten Sprünge mehr möglich. Die Folge von Anweisungen in einer Regel wirkt quasi wie eine Superanweisung.

Zu den Problemen, die am geeignetsten prozedural bzw. mittels einer externen Routine gelöst werden, zählen unter anderem

- die komfortable Benutzeroberfläche
  Auswahlmenues, Mauseingabe, Konsistenzprüfung der Eingabe
- alle nichttrivialen Berechnungen
  Evidenzfunktionen, Zustandsbewertungsfunktionen
- Zeichenkettenoperationen auf Atomen
  Alphabetisches Sortieren von Atomen
- Kommunikation mit andern Programmsystemen
  Datenbankanschluß, Prozeßsteuerung.

Das Benutzen einer (oder mehrerer) weiterer Sprachen läßt sich in der Regel daher nicht vermeiden. Die Schnittstelle zu externen Routinen ist deshalb Teil der Sprachdefinition und nicht eine implementationsabhängige Erweiterung von OPS5.

9.2 Konzept der externen Routinen

Externe Routinen können als Unterprogramme oder Funktionen aufgerufen werden. Diese beiden Möglichkeiten unterscheiden sich sowohl im Übergabemechanismus der

Aufrufparameter als auch in der Rückgabe eines Ergebnisses. Alle externen Routinen
müssen als solche deklariert worden sein. Das geschieht durch die External-Anwei-
sung. Dabei können mehrere Routinen zusammen deklariert werden, und es dürfen
mehrere Deklarationen im Programm auftauchen.

```
(EXTERNAL ROUTINE_1 ROUTINE_2)
(EXTERNAL ROUTINE_3)
```

Die Deklaration einer externen Routine muß vor ihrem ersten Aufruf stehen.
Zweckmäßigerweise schreibt man sie an den Anfang eines Programms zusammen mit
den Deklarationen der Arbeitsspeicherelementklassen.

Zur Kommunikation mit externen Routinen bietet OPS5 eine Anzahl spezieller
Routinen an. Diese dienen vor allem dem eigentlichen Datenaustausch sowie dem bei
BLISS-basiertem OPS5 notwendigen Konvertieren der Daten. Externe Funktionen
und Prozeduren können von OPS5 aus nur in einem Aktionsteil einer Regel aufgerufen werden. VAX-OPS5 ist allerdings derart erweitert, daß auch im Bedingungsteil Funktionsaufrufe erlaubt sind (siehe Abschnitt 5.1.1.3). Solche LHS-Funktionen
können auch in anderen Sprachen geschrieben sein, so daß sich die Testoperationen in
den Bedingungen um selbstgeschriebene Funktionen wie etwa eine Minimums- bzw.
Maximumsfunktion, logarithmische oder trigonometrische Funktionen erweitern
lassen.

Wir betrachten im folgenden zunächst das Anbinden externer LISP-Funktionen,
ausgehend von einer LISP-basierten OPS5-Version. Da die externen Routinen dabei
in der Implementationssprache des Systems geschrieben werden, gestaltet sich die
Kommunikation zwischen OPS5 und den externen Routinen relativ einfach. Nachdem
wir das Prinzip und die wesentlichen Unterstützungsroutinen am Beispiel LISP erläutert haben, beschreiben wir, wie dieses Konzept in der BLISS-basierten Version
auf das Anbinden in beliebigen Sprachen geschriebener Routinen erweitert wurde.
Dabei gehen wir von VAX-OPS5 aus und verwenden Pascal als Beispielsprache für
die externen Routinen. Das hierbei Gesagte gilt im Prinzip auch für andere Sprachen
(FORTRAN, Ada, C).

Die im weiteren noch erläuterten Unterstützungsroutinen sind (in LISP-OPS5)
vordefinierte LISP-Funktionen. Zum Teil haben sie aber den Charakter von Prozeduren, d.h. die erwünschten Ergebnisse werden über Seiteneffekte erzielt, wie es auch
bei den Ausgabefunktionen in LISP üblich ist, während ihr Wert nicht von Interesse
ist. Um diesen Umstand deutlich zu machen, werden wir bei den Unterstützungsroutinen etwaige Parameter in Klammern schreiben und den Funktionswert hinter
einem Doppelpunkt nur angeben, wenn die Routine tatsächlich den Charakter einer
Funktion hat.

9.3 Externe Unterprogramme

Externe Unterprogramme werden im Aktionsteil der Regel mit der Call-Anweisung
aufgerufen. Ein Unterprogrammaufruf entspricht also einer Anweisung im Aktionsteil. Effekte auf das OPS5-Programm kann ein Unterprogramm durch Erzeugung von
Arbeitsspeicherelementen erzielen. Es liefert keinen Wert.

Ein Prozeduraufruf hat folgende Syntax :

```
(CALL Prozedurname Parameter_1 Parameter_2 ...)
```

9.3.1 Parameterübergabe

Als erster Parameter von Call muß der Name der aufzurufenden Prozedur kommen. Danach können weitere Argumente folgen, die als Parameter für die Prozedur dienen. Diese Parameter werden dabei nicht, wie allgemein üblich, über eine Argumentliste übergeben, sondern die aufgerufene Prozedur erhält explizit Zugriff auf das Resultatelement. Dies wird durch zwei vordefinierte Routinen ermöglicht. Die Folge von optionalen Parametern wird durch ein RHS-Muster dargestellt, d.h. sie können nicht nur aus einer einfachen Folge von Konstanten oder Variablen bestehen, sondern es sind Positionierungen mit dem Attributoperator oder Aufrufe von RHS-Funktionen erlaubt. Die externe Prozedur erhält das nach der Auswertung entstandene Resultatelement als Parameter. Es ist also möglich, komplette Arbeitsspeicherelemente unter Erhalt ihrer Struktur als Parameter zu übergeben.

$PARAMETERCOUNT () : INTEGER

> Die Funktion hat kein Argument und liefert die Anzahl der übergebenen Parameter. Zu berücksichtigen ist dabei, daß nicht die Anzahl der explizit übergebenen Parameter geliefert wird, sondern der höchste Index, unter dem ein Wert eingetragen wurde. $PARAMETERCOUNT liefert also den Wert des Zeigers "Größe" des Resultatelementes.

$PARAMETER (INTEGER) : Atom

> Mit Hilfe dieser Funktion kann die externe Routine auf jede Komponente des Resultatelementes zugreifen. Als Argument erhält sie den Index der gewünschten Komponente in Form eines Integerwertes. Als Ergebnis liefert sie das entsprechende Atom. Das Resultatelement wird durch diese Funktion nicht geändert. Ein Wert kann also mehrmals ausgelesen werden.
>
> Diese Funktion kann nur Zahlen als Argument bekommen. Das ist durchaus ausreichend, wenn die externe Prozedur eine feste Folge von atomaren Parametern erhält und die Bedeutung der einzelnen Werte in der Prozedur festgelegt ist. Anders sieht es aus, wenn die Parameter ein ganzes Arbeitsspeicherelement darstellen und die Funktion auf Werte zugreifen soll, die unter bestimmten Attributen dieses Elements abgelegt sind. Da die gültige Abbildung zwischen Attributnamen und Indizes dem OPS5-System bekannt ist, ist es einfach, sie über eine entsprechende Funktion dem Programmierer bekanntzumachen. Dadurch kann eine externe Routine dann auch über Attributnamen auf das Resultatelement zugreifen.

$LITBIND (Atom) : INTEGER

> Als Argument erhält diese Funktion ein symbolisches Atom. Ist dieses Atom als Attributname deklariert, liefert sie als Wert den an dieses Attribut gebundenen Index, ansonsten gibt sie ihr Argument zurück.
>
> **Beispiel:**

```
...
(setq farbe ($PARAMETER 2))
(setq gewicht ($PARAMETER 3))
...
```

```
...
(setq farbe ($PARAMETER ($LITBIND 'farbe)))
(setq gewicht ($PARAMETER ($LITBIND 'gewicht)))
...
```

Das erste Beispiel zeigt den Zugriff auf das Resultatelement über Indizes, das zweite Beispiel zeigt den Zugriff über Attributnamen.

9.3.2 Ergebnisübergabe

Die Aufgabe eines externen Unterprogrammes kann in der Ausgabe von Daten oder der Steuerung eines Peripheriegerätes bestehen. Soll hingegen auch in irgendeiner Weise eine Antwort an das OPS5-System erzeugt werden, die den weiteren Programmlauf beeinflußt, so kann dies nur über die Schaffung neuer Arbeitsspeicherelemente geschehen. Dazu gibt es wieder eine Reihe vordefinierter Routinen, mittels derer das Resultatelement modifiziert werden kann und die Eintragung in den Arbeitsspeicher bewirkt wird. Dabei ist zu bedenken, daß durch das Einschreiben neuer Werte und erst recht durch das Löschen des gesamten Resultatelementes, die Aufrufparameter verlorengehen. Sie müssen also gegebenenfalls vorher gerettet werden.

$RESET ( )

Diese Routine löscht das Resultatelement, d.h. es werden alle Komponenten mit Nil initialisiert, der Zeiger "Schreibposition" erhält den Wert 1, der Zeiger Größe den Wert 0.

$VALUE (Atom)

Durch diese Routine wird ein Wert in das Resultatelement eingetragen. Er wird an die aktuelle Schreibposition geschrieben. Anschließend wird die Schreibposition um eine Stelle weiter gesetzt.

$TAB (Atom)

Mit dieser Routine kann die Schreibposition explizit bestimmt werden. Als Parameter benötigt sie entweder ein numerisches Atom, das einen Index darstellt, oder ein symbolisches Atom, das als Attributname deklariert ist. In diesem Fall ist der Umweg über die Litbind-Funktion nicht nötig.

$ASSERT( )

Diese Routine kopiert das aktuelle Resultatelement in den Arbeitsspeicher. Das entstehende Element erhält den höchsten Zeitstempel und kann im weiteren Verlauf der Regel mit Cbind gebunden werden. Das Resultatelement selbst wird nicht verändert. Die Assert-Funktion kann mehrmals innerhalb einer externen Routine aufgerufen werden.

Beispiel:

```
...
($RESET)
($VALUE 'kiste)
($TAB 'farbe)
($VALUE 'gelb)
($TAB 'inhalt)
($VALUE 'werkzeug)
($ASSERT)
...
```

erzeugt folgendes Arbeitsspeicherelement:

```
(KISTE ^FARBE GELB ^INHALT WERKZEUG)
```

9.4 Externe Funktionen

Externe Funktionen werden wie vordefinierte Funktionen (z.B. Genatom, Substr) behandelt, d.h. sie können innerhalb von RHS-Mustern aufgerufen werden. Sie liefern einen Wert in Form einer oder mehrerer Konstanten, die ab der aktuellen Schreibposition in das Resultatelement geschrieben werden. Als Argumente kann die Funktion eine oder mehrere Konstanten oder Variablen erhalten. Im Gegensatz zu externen Prozeduren werden hier die Argumente über eine Argumentliste übergeben.

Die Wertzuweisung einer externen RHS-Funktion wird von OPS5 ignoriert. Statt dessen muß der Funktionswert mit Hilfe der Routine $VALUE in das Resultatelement geschrieben werden. Obwohl es prinzipiell möglich ist, die Routinen $TAB und $ASSERT zu verwenden, sollte dies tunlichst vermieden werden. Die Funktion erhält sonst den Charakter eines Unterprogrammes und die Überschaubarkeit des OPS5-Programmes würde darunter leiden. Aus dem gleichen Grund sollten externe RHS-Funktionen auch nicht mittels $PARAMETER auf das Resultatelement zugreifen.

Eine in LISP geschriebene RHS-Funktion muß vom Typ Fexpr oder Nlambda sein, da sonst das LISP-System versuchen würde, die OPS5-Atome zu evaluieren. Da das (LISP-basierte) OPS5 die übergebenen Parameter nicht auswertet, benötigt eine externe RHS-Funktion die Unterstützungsfunktion $VARBIND, um die an LISP übergebenen Argumente dahingehend auszuwerten, daß Variablen durch die an sie gebundenen Werte ersetzt werden. (Bei externen Funktionen, die als Unterprogramm aufgerufen werden, übernimmt das OPS5-System diese Auswertung beim Erzeugen des Resultatelementes.)

9.5 Beispiel

Als Beispiel soll uns das Problem dienen, eine Folge von Werten gemäß einem bestimmten Schema zu verknüpfen, wobei wir annehmen wollen, daß diese Verknüpfung assoziativ sei. Wenn eine solche Verknüpfungsvorschrift sich nicht mittels der Grundrechenarten einfach ausdrücken läßt, so ist es einfacher (und schneller), eine externe Routine zu benutzen, als die Verknüpfung durch eine Regelmenge zu realisieren. Da uns Einzelheiten der Verknüpfung in diesem Zusammenhang nicht interessieren, wollen wir davon abstrahieren und annehmen, wir hätten eine Funktion "Verknüpfung", die diese realisiert.

Dieses Prinzip kann beispielsweise die Grundlage einer Sicherheitsbeiwert-Implementation sein, wobei besagte Funktion dann die Verknüpfung von Sicherheitsbeiwerten (certainty factors) beschreibt.

Für das Beispiel nehmen wir folgende Deklaration an:

```
(LITERALIZE Aufgabe
                Berechnungstyp
                Kennung
                Werteliste )

(LITERALIZE Ergebnis
                Kennung
                Wert )

(VECTOR-ATTRIBUTE Werteliste)

(EXTERNAL Berechne_f Berechne_p)
```

Wir wollen nun eine Regel schreiben, die mit Hilfe der externen Verknüpfungs-routine auf ein Element der Klasse Aufgabe mit einem entsprechenden Wert unter dem Attribut Berechnungstyp derart reagiert, daß es ein Element "Ergebnis" erzeugt, wel-ches unter dem Attribut Wert das Ergebnis der Verknüpfung aller Werte der Werteliste enthält. Es sind in diesem Fall beide Möglichkeiten, die Verwendung entweder eines Unterprogramms oder einer Funktion, anwendbar. Die entsprechenden Regeln kön-nen wie folgt aussehen:

```
(P Berechne_mit_Hilfe_des_Unterprogramms
   { <Aufgabe> (Aufgabe
                    ^Berechnungsart Verknüpfung ) }

--> (CALL Berechne_p (SUBSTR <Aufgabe> 1 INF) )
)


(P Berechne_mit_Hilfe_der_Funktion
             (Aufgabe
                    ^Berechnungsart Verknüpfung
                    ^Kennung          <Kenn>
                    ^Werteliste       <Wert_1> <Wert_2> )

--> (MAKE Ergebnis
             ^Kennung          <Kenn>
             ^Wert             (Berechne_f <Wert_1> <Wert_2> ))
)
```

Die entsprechenden LISP-Funktionen können wie folgt aussehen:

```
(defun Verknüpfung (Arg_1 Arg_2)
   ...FUNKTIONSKÖRPER...
)
```

```
(defun Berechne_p ( )
     (let ((Kennzeichnung ($PARAMETER ($LITBIND 'Kennung))))
         (do ((Zähler ($LITBIND 'Werteliste) (addl Zähler))
             (Ergebnis 0 (Verknüpfung Ergebnis
                               ($PARAMETER Zähler))))
            ((greaterp zaehler ($PARMETERCOUNT))
                ($RESET)
                ($VALUE 'Ergebnis)
                ($TAB 'Kennung)
                ($VALUE Kennzeichnung)
                ($TAB 'Wert)
                ($VALUE Ergebnis)
                ($ASSERT))))
)

(defun Berechne_f fexpr (argumente)
     ($VALUE (Verknüpfung   ($VARBIND (car argumente))
                            ($VARBIND (cadr argumente)))))
)
```

Die beiden Realisierungsarten unterscheiden sich beträchtlich in ihren Möglichkeiten.

1. Unterprogrammvariante

Die externe Routine wird mit der Anweisung CALL aufgerufen. Der Parameter
einer Anweisung kann ein vollständiges RHS-Muster sein. Dadurch können zur Erstellung der Parameter RHS-Funktionen aufgerufen werden und mittels der Substr-
Funktion eine erst zur Laufzeit bestimmbare Anzahl von Parametern übergeben werden. Andererseits muß das zu erstellende Arbeitsspeicherelement von der externen
Routine mit Hilfe der Unterstützungsroutinen erzeugt werden.

2. Funktionsvariante

In LISP lassen sich Funktionen schreiben, denen eine variable Anzahl von
Parametern übergeben werden kann (no spread). Verschiedene andere Sprachen wie
etwa Pascal bieten diese Möglichkeit nicht.

Als Parameter einer RHS-Funktion kann eine Folge von Konstanten und Variablen angegeben werden, jedoch keine Funktionsaufrufe. Andererseits werden Funktionen innerhalb von Anweisungen aufgerufen, so daß alle Manipulationen an Arbeitsspeicherelementen (im Beispiel die Erzeugung) direkt von OPS5 aus vorgenommen
werden können. Dieses bietet vor allem dann Vorteile, wenn die RHS-Anweisung
Modify benutzt wird, d.h. kein neues Element erzeugt werden soll. Eine durch Call
aufgerufene Routine kann kein bestehendes Arbeitsspeicherelement modifizieren,
sondern Einfluß auf das Programm nur durch Erzeugung neuer Elemente nehmen.
Auch wenn in einem Arbeitsspeicherelement verschiedene Werte, die durch unterschiedliche externe Routinen berechnet werden, einzutragen sind, ist die Funktions-
variante vorteilhaft.

9.6 Externe Routinen in VAX-OPS5

Prinzipiell läßt sich das am Beispiel LISP erläuterte Konzept auf andere Sprachen übertragen. Es muß lediglich in einigen Punkten angepaßt bzw. erweitert werden.

9.6.1 Unterstützungsroutinen

Das OPS5-System stellt eine Bibliothek mit den Unterstützungsroutinen zur Verfügung. Die Routinen müssen in einem externen Modul ihrerseits als extern deklariert werden. Dabei sollte zwischen Prozeduren und Funktionen unterschieden werden. Die Parameter der Unterstützungsroutinen müssen für VAX-OPS5 als Werteparameter deklariert werden, solange es sich um Zahlen handelt, sonst als Referenzparameter. Im Gegensatz zu LISP-OPS5 haben die Namen der Unterstützungsroutinen anstelle des Präfixes "$" den Präfix "OPS$".

Beispiel Pascal:

```
FUNCTION OPS$PARAMETER (%IMMED Index : INTEGER) : Atom; EXTERN;
FUNCTION OPS$INTERN (%REF String : PACKED ARRAY[1..64] OF CHAR;
                     %IMMED Länge : INTEGER) : INTEGER; EXTERN;
PROCEDURE OPS$ASSERT; EXTERN;
  ...
```


9.6.2 Datenkonvertierung

In LISP-OPS5 werden symbolische und numerische Atome durch entsprechende LISP-Atome realisiert. Sprachen wie Pascal und FORTRAN etc. haben keinen Datentyp Atom, deshalb ist es nötig, die zwischen einem OPS5-Programm und einer externen Routine ausgetauschten Daten geeignet zu konvertieren. In VAX-OPS5 werden Atome durch ein 32-Bit-Wort dargestellt, unabhängig davon, ob es sich um numerische oder symbolische Atome handelt. Um Parameter von einem OPS5-Programm überhaupt erst einmal annehmen zu können, ist also ein kompatibler Datentyp nötig; in VAX Pascal läßt sich dafür z.B. der Typ Integer verwenden.

```
      TYPE Atom   =   INTEGER;
oder
      TYPE Atom   =   PACKED ARRAY [1..32] OF 0..1;
```

Den numerischen Atomen entspricht in Pascal der Typ Integer bzw. Real, wobei zu berücksichtigen ist, daß in Pascal 32 Bit zur Zahldarstellung verwendet werden, in OPS5 aber 31 für Integer-Atome und 32 für Floating-point-Atome. Ein symbolisches Atom besteht im wesentlichen nur aus seinem Namen und läßt sich deshalb in Pascal am geeignetsten durch ein Character-Array darstellen. Entsprechend gibt es sechs Konvertierungsroutinen, die Atome in Integer, Real bzw. Character-Arrays wandeln und umgekehrt. Weiterhin gibt es eine Funktion, die zwei Atome auf Gleichheit prüft, ohne daß eine vorherige Konvertierung notwendig ist und drei Funktionen, die feststellen, ob ein Atom symbolisch ist oder eine ganze Zahl bzw. eine reelle Zahl darstellt.

Konvertierungsroutinen

OPS$CVAN (Atom) : INTEGER

> Diese Funktion konvertiert ein Integer-Atom in einen entsprechenden Zahlwert vom Typ Integer, mit dem die externe Routine dann arbeiten kann.

OPS$CVNA (INTEGER) : Atom

> Diese Funktion konvertiert Werte vom Typ Integer in Integer-Atome, so daß Ergebnisse der externen Routinen an OPS5 zurückgegeben werden können.

OPS$CVAF (Atom) : REAL

> Diese Funktion konvertiert ein Floating-point-Atom in eine Fließkommazahl.

OPS$CVFA (REAL) : Atom

> Diese Funktion konvertiert eine Fließkommazahl in ein Floating-point-Atom.

OPS$PNAME (Atom, Pufferadresse, INTEGER) : INTEGER

> Diese Funktion erzeugt aus einem symbolischen Atom eine, dem Printnamen entsprechende Zeichenkette, die anschließend in dem, als zweiten Parameter angegebenen, Puffer steht. Der eigentliche Wert dieser Funktion ist die Länge des Printnamens. Der dritte Parameter gibt an, bis zu welcher Länge dieser Name in den angegebenen Puffer kopiert werden darf. Die Pufferadresse kann durch eine Zeichenketten-Variable und Call-by-reference spezifiziert werden. Das Programmstück

```
VAR Attribut :PACKED ARRAY [1..64] OF CHAR;
OPS$PNAME (OPS$PARAMETER(2), Attribut, 12);
```

> wandelt ein an zweiter Position im Resultatelement stehendes symbolisches Atom in eine Zeichenfolge aus maximal zwölf Zeichen, und schreibt sie in die ersten Komponenten des Arrays Attribut.

OPS$INTERN (Character-Array, Länge) : Atom

> Diese Funktion erzeugt ein symbolisches Atom mit einem dem Charakter-Array entsprechenden Printnamen. Der Parameter Länge gibt an, bis zu welcher Stelle der Arrayinhalt relevant ist. Der resultierende Printname wird in die Symboltabelle eingetragen (falls er nicht schon drin steht). Der Wert der Funktion ist das entsprechende Atom.
>
> In VAX-Pascal kann anstelle des Character-Arrays auch eine Konstante stehen, da diese nach außen auch als Referenz übergeben wird. Der Aufruf

```
OPS$INTERN('blau', 4);
```

> liefert ein symbolisches Atom mit dem Printnamen blau.

Testfunktionen

OPS$EQL (Atom, Atom) : 0..1

> Diese Funktion testet die Gleichheit zweier Atome. Bei Gleichheit liefert sie eine 1, sonst eine 0.

OPS$SYMBOL (Atom) : 0..1

> Diese Funktion testet, ob ein Atom numerisch oder symbolisch ist. Es liefert eine 1 bei symbolischen Atomen, sonst eine 0.

OPS$INTEGER (Atom) : 0..1

> Diese Funktion testet, ob ein Atom einen Integer-Wert darstellt. In diesem Fall liefert sie eine 1, sonst eine 0.

OPS$FLOATING (Atom) : 0..1

> Diese Funktion testet, ob ein Atom eine Fließkommazahl darstellt. In diesem Fall liefert sie eine 1, sonst eine 0.

9.6.3 Anpassung des Parameterübergabemechanismus

Ein weiteres Problem tritt bei VAX-OPS5 in Zusammenhang mit der Parameterübergabe an externe Funktionen auf. VAX-OPS5 übergibt und erwartet seine Parameter bei Kommunikation mit externen Routinen als Werte (call-by-value). VAX-Pascal erwartet dagegen immer Referenzen, auch wenn die Parameter als Werteparameter deklariert sind. Beim Aufruf wird automatisch eine Dereferenzierung durchgeführt. Wird aber ein Wert als Referenz aufgefaßt, resultiert im allgemeinen ein Zugriffsfehler.

Die Parameter der Pascal-Funktion müssen als Referenzparameter deklariert werden. Dadurch wird die Dereferenzierung beim Aufruf verhindert, würde aber beim Zugriff erfolgen. Die eigentlichen, von OPS5 übergebenen Argumente, stehen der Funktion nicht als Werte der Aktualparameter zur Verfügung, sondern als deren Adressen. VAX-Pascal bietet neben einer Funktion ("adress"), die die Adresse einer Variablen als Zeiger liefert, auch eine Funktion ("iadress"), die die Adresse der Variablen in den Typ Integer konvertiert. Mit dieser Funktion können die Adressen der Variablen und damit die von OPS5 übergebenen Werte auf eine Integervariable zugewiesen werden.

Beispiel:

```
OPS5    :   (MAKE Wert_ist (Sinus <X>))

Pascal :    PROCEDURE Sinus (VAR OPS_Arg : INTEGER);
            TYPE Atom = INTEGER;
            VAR  Arg  : Atom;
            BEGIN
               Arg := IADRESS (OPS_Arg);
               ...
            END;
```

FORTRAN und BASIC erwarten die Atome von OPS5 ebenfalls als Referenzen. Die "iadress" entsprechenden Funktionen heißen dort "%loc" bzw."loc". C benutzt Werteparameter.

Variablen als Parameter werden von einem BLISS-basierten OPS5-System evaluiert, so daß es hier die Funktion OPS$VARBIND nicht gibt.

9.6.4 Beispiel

An dieser Stelle soll das Beispiel aus Abschnitt 9.5 noch einmal aufgegriffen werden, indem die dort verwendeten externen LISP-Funktionen durch äquivalente Routinen in Pascal ersetzt werden. Die OPS5-Regeln werden dabei unverändert übernommen. Ein entsprechendes Pascal-Modul enthalte dabei folgende Routinen:

```
PROCEDURE Verknüpfung (Par_1, Par_2 : INTEGER);
BEGIN
    { Funktionskörper }
END;


PROCEDURE Berechne_f (VAR Arg_a, Arg_b : INTEGER);

VAR Argument_a, Argument_b,
    Ergebnis                    : INTEGER;
BEGIN
    Argument_a := OPS$CVAN (iadress (Arg_a));
    Argument_b := OPS$CVAN (iadress (Arg_b));
    Ergebnis   := Verknüpfung (Argument_a, Argument_b);
    OPS$VALUE (OPS$CVNA (Ergebnis))
END;


PROCEDURE Berechne_p;

VAR Anfang, Ende, Kennung,
    Ergebnis, i                 : INTEGER;
BEGIN
    Anfang     := OPS$LITBIND (OPS$INTERN ('WERTELISTE',10));
    Ende       := OPS$PARAMETERCOUNT;
    Ergebnis   := 0;
    Kennung    := OPS$PARAMETER (OPS$LITBIND
                                 (OPS$INTERN ('KENNUNG',7)));
    FOR i := Anfang TO Ende DO
      Ergebnis := Verknüpfung(Ergebnis, OPS$CVAN
                              (OPS$PARAMETER (i)));
    OPS$RESET;
    OPS$VALUE (OPS$INTERN ('ERGEBNIS',8);
    OPS$TAB (OPS$INTERN ('KENNUNG',7));
    OPS$VALUE (Kennung);
    OPS$TAB (OPS$INTERN ('WERT',4));
    OPS$VALUE (OPS$CVNA (Ergebnis));
    OPS$ASSERT;
END;
```

9.7 Erweiterungen von VAX-OPS5

9.7.1 Externe Funktionen

VAX-OPS5 bietet die Möglichkeit, auch im Bedingungsteil externe Funktionen aufzurufen (siehe Abschnitt 5.1.1.3). Für diese LHS-Funktionen werden sowohl für die Übergabe der Aufrufparameter als auch für die Übergabe des Funktionswertes die Standardmechanismen benutzt (Argumentliste bzw. Wert in Register R0). Die Übergabe des Funktionswertes in R0 ist nötig, da beim Mustervergleich nicht das Resultatelement benutzt wird. Aus Gründen der Kompatibilität (sowohl mit älteren Versionen als auch mit dem ursprünglichen LISP-OPS5) ist die Wertübergabe bei den RHS-Funktionen nicht angepaßt worden. Dies führt dazu, daß beim Schreiben einer Routine berücksichtigt werden muß, ob sie als LHS-Funktion oder als RHS-Funktion aufgerufen werden soll.

LHS-Funktionen

Soll eine externe Funktion im Bedingungsteil aufgerufen werden, muß die entsprechende Routine als Funktion geschrieben sein. Die Unterstützungsroutinen sind dann nur noch zur Datenkonvertierung notwendig, nicht mehr zur Übergabe der Werte.

RHS-Funktionen

Eine Routine, die als RHS-Funktion aufgerufen werden soll, ist vom Prinzip her eine Prozedur. Das Liefern eines Funktionswertes erfolgt durch Schreiben in das Resultatelement.

Soll eine Routine sowohl vom Bedingungsteil als auch vom Aktionsteil aus als Funktion aufgerufen werden, müssen entsprechend beide Wertübergabemechanismen berücksichtigt werden. Das ist möglich, da bei einer RHS-Funktion eine Wertübergabe mittels Register R0 ebenso ignoriert wird wie bei einer LHS-Funktion Eintragungen in das Resultatelement, das ja nur während der Auswertung eines RHS-Musters einen definierten Wert hat.

Das nachfolgende Beispiel zeigt die Realisierung einer Sinusfunktion, die sowohl im Bedingungsteil als auch im Aktionsteil verwendet werden kann. Weiterhin kann sie sowohl mit Integer-Atomen wie auch mit Floating-point-Atomen aufgerufen werden. Entsprechende Tests bewirken die geeignete Konvertierung. Bei Aufruf mit einem symbolischen Atom wird mittels der Prozedur OPS$WARNING eine Fehlermeldung ausgegeben. (Die Erweiterung OPS$WARNING wird im weiteren erklärt.)

```
FUNCTION Sinus (VAR Osp_Arg : INTEGER) : REAL;
    TYPE ATOM = INTEGER;
    VAR  Arg  : Atom;
         F_Arg : REAL;
BEGIN
    Arg := IADRESS (OPS_Arg);
    IF   OPS$SYMBOL(Arg)
    THEN OPS$WARNING ('Nur Zahlen erlaubt',18,Arg)
    ELSE
    BEGIN IF OPS$FLOATING (Arg)
        THEN F_Arg := OPS$CNAF (Arg)
        ELSE F_Arg := OPS$CVAN (Arg);
        F_Arg := SIN(F_Arg);
        OPS$VALUE (OPS$CVFA (F_Arg));          { Wert für RHS }
        Sinus := (OPS$CVFA (F_Arg));           { Wert für LHS }
    END;
END;
```

9.7.2 Ein- und Ausgabe

VAX-OPS5 ermöglicht es einer externen Routine, Ein/Ausgaberoutinen zu benutzen, die denen entsprechen, die im Aktionsteil einer Regel erlaubt sind.

OPS$ACCEPT(LINE)

Die Prozeduren OPS$ACCEPT und OPS$ACCEPTLINE haben die gleiche Wirkung und die gleichen Parameter wie die entsprechenden RHS-Funktionen. Sie lesen also Atome vom Terminal oder einer Datei ein und schreiben sie ins Resultatelement. Konvertierungen sind dabei nicht durchzuführen. Man beachte, daß es sich bei OPS$ACCEPT und OPS$ACCEPTLINE um Prozeduren handelt, während Accept und Acceptline Funktionen sind.

OPS$CRLF

Mittels der Prozedur OPS$CRLF läßt sich ein entsprechendes Atom im Resultatelement plazieren.

OPS$WRITE

Für die Ausgabe läßt sich die Prozedur OPS$WRITE verwenden, sie schreibt den aktuellen Inhalt des Resultatelementes auf das Terminal bzw. in eine Datei.

9.7.3 Weitere Routinen

OPS$ATOM : Atom
OPS$GENATOM

Mittels der Funktion OPS$ATOM kann eine externe Routine individuelle symbolische Atome erzeugen. OPS$ATOM liefert ein neues Atom als Funktionswert. Des weiteren gibt es die Prozedur OPS$GENATOM, die ebenfalls ein neues Atom erzeugt und dieses mittels eines impliziten Aufrufs von OPS$VALUE in das Resultatelement einträgt. Die beiden Routinen

```
      BEGIN                           BEGIN
         ...                             ...
         OPS$GENATOM;                    Atom := OPS$ATOM;
         ...                             OPS$VALUE (Atom);
      END;                               ...
                                      END;
```

haben die gleiche Wirkung, abgesehen davon, daß in der zweiten Variante das
erzeugte Atom in der Variablen Atom weiter zur Verfügung steht. In der
LISP-basierten Version sind diese Routinen nicht notwendig, da Genatom eine
Standard-LISP-Funktion ist.

OPS$HALT

Mit Hilfe der Prozedur OPS$HALT kann eine externe Routine ein laufendes
OPS5-Programm unterbrechen. Ein Aufruf dieser Prozedur bewirkt, daß nach
Beendigung des laufenden Recognize-Act Cycles der Interpreter zum Toplevel
oder auf Betriebssystemebene springt.

OPS$WARNING (Character Array, Integer, [Atom])

Schließlich gibt es noch die Prozedur OPS$WARNING. Mit ihr kann eine
externe Routine eine Warnung auf das Terminal schreiben. Außer einem Text,
der als Warnung ausgegeben wird, können ein oder mehrere Atome angegeben
werden, die gegebenenfalls vor der Warnung ausgegeben werden. Als zweiter
Parameter muß die Länge des Warnungstextes stehen. (Disable Warning) unterdrückt die Ausgabe dieser Warnungen.

```
      ...
      IF    NOT OPS$INTEGER (OPS$PARAMETER(1))
      THEN  OPS$WARNING ('Nur ganze Zahlen erlaubt', 20,
                                  OPS$PARAMETER (1))
      ...
```

9.8 Vereinfachung der Kommunikation bei VAX-OPS5

Die Kommunikation zwischen VAX-OPS5 und Pascal bzw. einer anderen Sprache
mit Hilfe der erläuterten Funktionen gestaltet sich etwas umständlicher als bei der
LISP-Version. Das liegt daran, daß beide Sprachen nicht kompatible Datentypen
besitzen und die dadurch notwendige Konvertierung der Parameter explizit durch den
Programmierer vorgenommen werden muß.

Ein weiteres Manko, speziell im Zusammenhang mit Pascal, ist, daß eine an
OPS5 gebundene Sprache nur Integer und Strings als Datentypen bei der Kommunikation verwenden kann. Variablen, die von einem anderen Typ sind, wobei hier
speziell die Aufzählungstypen zu erwähnen sind, können nicht als Parameter verwendet werden. VAX-Pascal bietet jedoch eine Möglichkeit beliebige Datentypen in
Strings zu konvertieren ("readv", "writev").

Das Arbeiten mit den Kommunikationsroutinen läßt sich mit geringem Aufwand
vereinfachen, wenn man diese Funktionen nicht direkt aufruft, sondern in eine
Pascal-Funktion einbettet, die statt dessen aufgerufen wird. Dabei können mehrere
OPS5-Funktionen zu einer Pascal-Funktion zusammengefaßt werden. Dadurch läßt
sich die Kommunikation angenehmer gestalten.

1. Beispiel : OPS_Pname

Die Funktion OPS$Pname hat folgende 3 Parameter:
- ein symbolisches Atom   (pass-by-value)
- ein Textpuffer   (pass-by-reference)
- eine Integer-Zahl   (pass-by-value)

Die Funktion liefert als Ergebnis die Länge des Printnamens des symbolischen Atoms. Als Seiteneffekt kopiert sie den Printnamen in den angegebenen Textpuffer. Dabei werden höchstens so viele Zeichen kopiert, wie der dritte Parameter angibt.

Nachteile dieser Methode:
- Der Textpuffer muß eine feste Größe haben. In Pascal muß er ein packed array of char sein und kann nicht vom Typ String (varying of char) sein, der eine variable Länge erlaubt.

- Das eigentliche Ergebnis der Funktion erhält man nicht direkt, sondern nur über einen Seiteneffekt.

Folgende Funktion vermeidet diese Nachteile:

```
TYPE Atom    = INTEGER;
     String = VARYING (64) OF CHAR;


FUNCTION OPS_Pname (Ein_Atom : Atom) : String;
VAR Name : String;
BEGIN
     Name.Length := OPS$PNAME (Ein_Atom, Name.Body, 64);
     OPS_Pname   := Name;
END;
```

Obige Funktion bekommt als Argument ein symbolisches Atom und liefert als Ergebnis dessen Printname in Form eines Strings. Ein String in Pascal ist ein Record, bestehend aus einem Integer für die Länge des Strings und ein packed array of char, das die Zeichenfolge enthält. Beiden Komponenten werden direkt durch die Funktion "OPS$pname" ihre Werte zugewiesen.

2. Beispiel : OPS_tab

Durch die Prozedur OPS$VALUE kann eine externe Routine Werte in das Resultatelement schreiben. Sie benötigt als Parameter ein Atom. Der Wert wird an die aktuelle Schreibposition geschrieben, der entsprechende Zeiger wird inkrementiert, gegebenenfalls erfolgt auch eine Aktualisierung der Größe.

Die Schreibposition kann mit OPS$TAB explizit bestimmt werden. Als Parameter ist ein Atom nötig, das sich zu einem gültigen Komponentenindex evaluieren läßt (also ein numerisches Atom mit Wert zwischen 0 und 384 oder ein als Attribut deklariertes symbolisches Atom). Dieses führt in den entsprechenden Programmen zu unterschiedlichen Ausdrücken für die Positionierung wie z.B.

```
     OPS$TAB (OPS$INTERN('ATTRIBUT',8))
```
oder
```
     OPS$TAB (OPS$CVNA(2))     ,
```

die nicht besonders leserlich sind. Entsprechend erfordert ein Schreiben dann

```
    OPS$VALUE (OPS$INTERN('WERT',4))
oder
    OPS$VALUE (OPS$CVNA(7))      .
```

Eine Vereinfachung (und bessere Lesbarkeit) läßt sich durch folgende Pascal-prozedur erreichen:

```
PROCEDURE OPS_tab (Zahl : INTEGER := 0; Name : STRING
                    := 'VERBOTENES ATTRIBUT'; Symbol : Atom := 0);
BEGIN
    IF    (Zahl > 0) AND (Zahl < 384)
    THEN OPS$TAB (OPS$CVNA (Zahl))
    ELSE IF   NOT StringEquality (Name, 'VERBOTENES ATTRIBUT')
        THEN OPS$TAB (OPS$INTERN (Name.Body, Name.Length ))
        ELSE IF   SYMBOL <> 0
            THEN OPS$TAB (Atom)
            ELSE OPS$WARNING ('Falsche Positionierung',22)
END;
```

Die Parameter der Prozedur sind optional. Der Aufruf kann nun durch

```
    OPS_tab (Name := 'ATTRIBUT');
oder
    OPS_tab (Zahl := 2);
```

erfolgen.

Über den Parameter Symbol kann auch weiterhin direkt mit einem Atom positioniert werden.

In dieser Prozedur wurde ausgenutzt, daß das numerische Atom 0 in OPS5 die gleiche Repräsentation wie die Integer 0 in Pascal hat, und an Position 0 in das Resultatelement nicht geschrieben werden darf.

In gleicher Weise kann eine Prozedur "OPS_Value" geschrieben werden, die Strings, Integer oder Atome ins Resultatelement schreiben kann.

3. Beispiel: OPS_Parameter

Da der Zugriff auf Parameter, von denen man nur den Attributnamen, unter dem sie übergeben wurden, kennt, insgesamt 3 Aufrufe von "OPS$..."-Funktionen erfordert, hier noch eine kleine Routine, die den Zugriff sowohl durch Zahlen, als auch durch Attributnamen erlaubt.

```
FUNCTION OPS_Parameter (Zahl : INTEGER := 0; Name : String
                                 := 'VERBOTENES ATTRIBUT') : Atom;
BEGIN
    IF    NOT StringEquality (Name, 'VERBOTENES ATTRIBUT')
    THEN OPS_Parameter := OPS$PARAMETER (OPS$LITBIND
                            (OPS$INTERN (Name.Body, Name.Length)))
    ELSE  IF (Zahl > 0) AND (Zahl < 384)
        THEN OPS_Parameter := OPS$PARAMETER(Zahl)
        ELSE BEGIN
                OPS_Parameter := 0;
                OPS$WARNING
                    ('Falscher Zugriff auf Parameterliste',35)
            END;
END;
```

Ein Aufruf erfolgt zum Beispiel durch:

```
Wert := OPS_Parameter ( Name := 'FARBE')   .
```

Kapitel 10 Erweiterungen und Abweichungen von VAX-OPS5 gegenüber dem ursprünglichen LISP-OPS5

10.1 Unterschiede

Das ursprüngliche in LISP implementierte OPS5 wird von einer LISP-Umgebung aus geladen. Es besteht weiterhin ein Zugriff auf das LISP-System. Dadurch wird einerseits der Aufruf externer (LISP-) Routinen etwas vereinfacht (die Unterstützungsroutinen sind LISP-Funktionen), andererseits werden aber bei Laufzeitfehlern sowohl Fehlermeldungen des OPS5-Systems wie auch die des zugrundeliegenden LISP-Systems ausgegeben. Für einen OPS5-Anwender sind daher Kenntnisse von LISP unumgänglich.

VAX-OPS5 ist dagegen in BLISS implementiert. Es ist von seiner Benutzung her vollständig von der Implementierungssprache gelöst und ähnelt, was den Umgang mit Programmen angeht, sehr viel mehr traditionellen Programmiersprachen. Regeln werden nicht bei Eingabe in das System übersetzt, sondern die OPS5-Programme (d.h. Dateien mit Deklarationen und Regeln) werden durch einen Compiler übersetzt und mit dem eigentlichen OPS5-System zu einem ausführbaren Programm verbunden. Die Regeln werden in Maschinencode übersetzt, wodurch VAX-OPS5 gegenüber den LISP-Versionen erheblich schneller ist.

10.2 Erweiterungen

Gegenüber der ursprünglichen LISP-basierten Implementation enthält VAX-OPS5 verschiedene Erweiterungen.

10.2.1 Systeminitialisierung

In VAX-OPS5 gibt es eine Startup-Regel. Sie hat keinen Bedingungsteil, sondern wird automatisch beim Start des Systems ausgeführt, noch bevor sich das System zur Kommandoeingabe bereit meldet.

```
(STARTUP    (Anweisung_1)
            (Anweisung_2)
               ...
            (Anweisung_n)
)
```

Der Aktionsteil einer Startup-Regel entspricht dem einer normalen Regel. Die möglichen Anweisungen sind nur dadurch eingeschränkt, daß (außer nach CBind) keine Verweise auf den Arbeitsspeicher möglich sind (da dieser bei Start des Systems leer ist, besteht dafür allerdings auch kein Bedarf). Außer den in einer Regel möglichen Anweisungen sind noch verschiedene Toplevel-Kommandos möglich. Dazu gehören Enable und Disable, Run, Watch, @ und Strategy. Eine genaue Erläuterung dieser Kommandos befindet sich in Kapitel 8.

Nach Start des OPS5-Systems ist der Arbeitsspeicher zunächst leer. Es können deshalb keine Regeln ausgeführt werden. Dazu muß vorher mindestens ein Arbeitsspeicherelement erzeugt werden, das die Instantiierung einer Regel ermöglicht. In LISP-OPS5 muß das vom Toplevel aus geschehen, entweder durch Eingabe eines Make-Kommandos oder Einlesen einer Datei mit der LISP-Funktion Load. Erst danach kann das Programm bzw. der Recognize-Act Cycle gestartet werden. Das ist in der Testphase eines Programms vorteilhaft, es können zum einen durch Bereitstellen verschiedener Dateien unterschiedliche Ausgangsbedingungen für das Programm geschaffen werden, zum anderen kann mit dem Trace-Kommando die begleitende Ausgabe von Statusinformation veranlaßt werden. Bei einem fertigen (kommerziellen) Programm ist ein solcher Zugriff auf das System jedoch unerwünscht und unkomfortabel.

Die notwendige Initialisierung des Arbeitsspeichers (und des übrigen Systems) läßt sich mit der Startup-Regel erreichen, ohne daß ein Programmbenutzer sie beeinflussen kann.

- Der Arbeitsspeicher läßt sich durch eine Folge von Make-Anweisungen initialisieren. Eine flexiblere (und auch in der Testphase geeignete) Variante ist das Einlesen einer Kommandodatei mit Make-Kommandos durch das Kommando @. Eine dritte Möglichkeit ist, eine Datei mit den benötigten Elementen zu erstellen (mittels Savestate) und diese mit der Anweisung Addstate einzulesen.

- Eventuell benutzte externe Module können durch Aufrufe entsprechender Prozeduren initialisiert werden.

- Die für das Programm notwendige Regelauswahlstrategie kann eingestellt werden.

- Die begleitende Ausgabe kann ein- bzw. ausgestellt werden.

- Durch das Kommando Run im Startup beginnt das System sofort mit dem Recognize-Act Cycle, ohne vorher in den Toplevel zu gehen.

- Speziell bei kommerziellen Programmen kann durch (DISABLE WARNING) und (DISABLE HALT) die Ausgabe von Fehlermeldungen und der Zugriff auf den Interpreter verhindert werden. Ein Benutzer erhält also nach Terminierung des Programms oder durch Eingabe von <CTRL>+C keine Einsicht in das Programm. (Das gilt natürlich nur in Verbindung mit dem Kommando Run im Startup.)

10.2.2 Schleifen-Steuerung

VAX-OPS5 ist um einen Mechanismus erweitert, der es gestattet, Endlosschleifen zu überwachen, den sogenannten "Loop Catcher". Dieser ermöglicht es, nach einer bestimmbaren Anzahl von Durchläufen des Recognize-Act Cycles eine spezielle Anweisungsfolge auszuführen. Diese Folge von Anweisungen entspricht dem Aktionsteil einer Regel. Da es keinen zugehörigen Bedingungsteil gibt, können die Anweisungen keine Verweise auf den Arbeitsspeicher enthalten. Es ist weder ein Modifizieren noch Löschen von Elementen möglich. Lediglich das letzte erzeugte Arbeitsspeicherelement kann mit der Anweisung CBind gebunden (aber nicht mehr getestet) werden. Statt des Symbols P steht vor dem Catchernamen Catch.

```
(CATCH Catchername                (P Regelname
                                         Bedingungsteil
          Aktionsteil             -->   Aktionsteil
)                                 )
```

Catcher müssen genau wie die Regeln hinter dem Deklarationsteil stehen. Aktiviert wird ein Catcher durch die Anweisung After. Die Anweisung erhält als Parameter den Namen eines Catchers und die Anzahl von Durchläufen des Recognize-Act Cycles, nach der dieser Catcher ausgeführt werden soll.

```
          (AFTER Anzahl Catchername)
```

Wird der Recognize-Act Cycle bereits vor Erreichen der angegebenen Anzahl von Durchläufen abgebrochen (leere Konfliktmenge, Breakpoint etc.), wird der Catcher deaktiviert und nicht mehr ausgeführt. Die Deaktivierung eines Catchers geschieht auch implizit bei Aktivierung eines anderen Catchers, d.h. es kann immer nur einer zur Zeit aktiv sein. Eine Deaktivierung des aktuellen Catchers ohne die Aktivierung eines neuen läßt sich simulieren, indem ein Catcher aktiviert wird, der keine Wirkung auf das Programm hat, also z.B. einen leeren Aktionsteil enthält. Neben der Anweisung After gibt es auch ein solches Toplevel-Kommando. Dadurch können in der Testphase auch interaktiv Catcher aktiviert werden.

Es ist nicht möglich, ein Regelsystem damit vor ungewollten Endlosschleifen zu bewahren. Ein Catcher feuert nicht durch das häufige Instantiieren und Ausführen einer bestimmten Regel (was ein Indiz für eine Endlosschleife wäre), sondern nachdem beliebige Regeln insgesamt eine bestimme Anzahl mal gefeuert haben. Er wird also auch bei ordnungsgemäßem Programmablauf irgendwann ausgeführt. Da außerdem die Ursache der Endlosschleife nicht feststellbar ist, kann der aktivierte Catcher lediglich das Programm abbrechen. Sinnvoll ist dies bei großen, lange rechnenden Programmen, bei denen man gewährleisten kann, daß einzelne Abschnitte des Programmes nach einer bestimmten Anzahl von Regelfeuerungen beendet sein müssen. Dazu aktiviert man zu Beginn jedes Programmabschnittes einen Catcher, der das Programm nach einer für diesen Abschnitt ausreichenden Zahl von Durchläufen abbricht.

Speziell im Stapelbetrieb bietet diese Art der Rechenzeitbegrenzung Vorteile gegenüber einer einfachen Begrenzung der CPU-Zeit. (Da sich durch einen Catcher begrenzte Programmteile zyklisch aufrufen können, ist es bei einer fehlerhaften globalen Strategie natürlich immer noch möglich, daß das Programm nicht terminiert.)

Anders sieht die Verwendung des Loop Catchers bei gewollten Endlosschleifen aus. Hier ist es möglich, daß man von einem sicheren Systemzustand aus einen Catcher aktiviert, bevor man in eine möglicherweise nicht terminierende Schleife gerät. Dies kann z.B. eine Suche sein, die dadurch nach einer bestimmten Zeit abgebrochen wird, auch wenn noch kein Ergebnis gefunden wurde.

Der Catcher kann nun z.B. eine Regelgruppe aktivieren, die den alten Zustand wiederherstellt, bereichert um die Nachricht, daß auf dem zuletzt beschrittenen Weg kein Ergebnis gefunden wurde.

Eine andere Verwendung des Loop Catchers ist die einfache Erzeugung einer regelmäßigen Unterbrechung. Diese kann dazu dienen, auch in längeren Programmabschnitten, die keine Interaktion mit dem Benutzer vorsehen, eine regelmäßige Ausgabe von Meldungen oder Eingaben von Benutzerkommandos zu erzwingen.

Ebenso kann mit Hilfe solcher Unterbrechungen erreicht werden, daß eine regelmäßige Kontrolle darüber stattfindet, ob der aktuell bearbeitete Kontext noch die gleiche Priorität hat wie zu Beginn der Bearbeitung, oder ob neu gewonnene Daten es sinnvoller erscheinen lassen, sich nunmehr einer anderen Aufgabe zuzuwenden.

Beispiel:

```
(LITERALIZE Antwort auf ist)


(STARTUP   (MAKE Aufgabe Frage_bearbeiten)
           (AFTER 10 Beenden)
)


(CATCH Beenden
           (WRITE |Da Sie sich offensichtlich für keine|   (CRLF)
                  |Farbe entscheiden können, bekommen|     (CRLF)
                  |Sie die, die gerade auf Lager ist.|     (CRLF)
           (MAKE Antwort ^auf Farbe ^ist egal)
)


(CATCH Dummy)

(P Fragen
        (Aufgabe Frage_bearbeiten)
        -(Antwort ^auf Farbe)

-->        (WRITE |In welcher Farbe möchten Sie Ihren Wagen?|
                (CRLF)    |Es gibt rote, blaue und grüne Autos.|
                (CRLF) )
           (MAKE Antwort ^auf Farbe ^ist (ACCEPT))
)


(P Falsche_Antwort
                (Aufgabe Frage_bearbeiten)
       {<Antwort>(Antwort ^auf Frage
                        ^ist {<> rot <> blau <> grün <> egal})}

-->     (REMOVE <Antwort> )
)


(P Aufgabe_beenden
       {<Aufgabe>(Aufgabe Frage_bearbeiten) }
                (Antwort ^auf Farbe
                        ^ist {<< rot blau grün egal >> <Farbe>})

-->        (WRITE |Die Aufgabe ist beendet.| (CRLF)
                |Als Antwort wird| <Farbe> |weiterverarbeitet.|)
           (REMOVE <Aufgabe>)
           (AFTER 1 Dummy)
)
```

Obiges Programm fragt nach einer Farbe für einen neuen Wagen. Wird eine unzulässige Antwort gegeben, wird die Frage wiederholt. Nach fünfmaligem Wiederholen, d.h. nach zehn Regelfeuerungen wird der im Startup aktivierte Catcher ausgeführt. Er beendet das Wiederholen der Frage, indem er eine entsprechende Meldung ausgibt und die Frage selbst beantwortet. Damit der Catcher nicht auch dann ausgeführt wird, wenn innerhalb der ersten fünf Versuche richtig geantwortet wird (wir nehmen an, daß das Programm nach Beantworten der Frage noch nicht beendet ist), aktiviert die Regel, die die Aufgabe beendet, einen Dummy-Catcher, der nur dazu dient, den ersten Catcher zu deaktivieren.

10.3 Der VAX-OPS5-Compiler

10.3.1 Übersetzung eines kompletten Programmes

OPS5-Programme müssen vor der Ausführung übersetzt werden. Der Compiler wird mit dem DCL-Kommando "OPS5" unter Angabe einer oder mehrerer OPS5-Programmdateien aufgerufen.

```
$ OPS5 Programmteil_1.ops,Programmteil_2.ops
```

Das Kommando bewirkt eine Übersetzung der angegebenen Dateien sowie ein anschließendes Binden. Es entsteht ein ausführbares Programm.

Beim Aufruf des Compilers können Optionen angegeben werden, die sich auf den Compiler oder den Binder beziehen. So können in der Liste der zu übersetzenden Programmdateien Objektdateien, die externe Routinen enthalten, angegeben werden. Sie benötigen die Option "/OBJECT" und werden mit eingebunden.

Der Compiler erzeugt direkt Maschinencode. Die linken und rechten Seiten der Regeln werden getrennt übersetzt. Es entstehen zwei entsprechende Objektdateien sowie eine dritte, die die Beziehung zwischen den beiden ersten beschreibt. Außerdem entsteht eine Kommandodatei, die den Compiler steuert und am Ende wieder gelöscht wird.

Die entstandenen Objektdateien werden mit dem OPS5-Interpreter zu einem "executable image" gebunden. Anschließend werden die Objektdateien, die der Compiler erzeugt hat, gelöscht. Dieses Löschen kann durch die Option "/KEEP" vermieden werden. ("/NOKEEP" ist voreingestellt.) Die entstandenen Objektdateien können dann mittels des DCL-Kommandos LINK gebunden werden. Das ist z.B. notwendig, wenn zum Binden der externen Routinen Optionen verwendet werden, die das OPS5-System nicht unterstützt. Beim Binden mit dem VMS-Linker muß außer allen Objektdateien zusätzlich noch der OPS5-Interpreter mit eingebunden werden. Dies geschieht durch Angabe von "OPS$Library:interp/opt".

Die Angabe "/NOCODE" bewirkt, daß lediglich die Syntax der Programme überprüft wird, was sehr viel schneller als die Codeerzeugung geht. Bricht man den Compiler bei der Codeerzeugung ab ("/CODE" ist voreingestellt), bleiben alle vom Compiler angelegten Files erhalten und müssen von Hand gelöscht werden. (Findet der Compiler einen Fehler, so nimmt er nur die betroffene Regel von der Übersetzung aus und erzeugt aus den restlichen ein lauffähiges Programm.)

Die Angabe "/LIST" (voreingestellt für Stapelbetrieb) veranlaßt den Compiler, eine Datei zu erzeugen, in die eventuelle Fehlermeldungen und der Programmtext geschrieben werden. "/NOLIST" (voreingestellt für interaktiven Betrieb) schreibt diese Meldungen lediglich auf Terminal. In Verbindung mit der Option "/MACHINE-CODE" enthält die durch "/LIST" erzeugte Datei nicht nur den Quellcode des OPS5-

Programms, sondern auch die Übersetzung in Assembler-Quellcode.

An das vom Compiler erzeugte lauffähige Programm werden der OPS5-Interpreter sowie verschiedene Routinen aus der OPS5-Systembibliothek angebunden. Durch die Option "/SYSLIB" (Voreinstellung) wird ein "shareable image" vom Interpreter angebunden. Dadurch wird das "executable image" des OPS5-Programms möglichst klein gehalten. Dieses Programm benötigt aber die Installation des OPS5-Systems. Soll das Programm auf einem Rechner laufen, auf dem kein OPS5-System installiert ist, muß es mit der Angabe "/NOSYSLIB" übersetzt werden. Es wird dann eine Version des Interpreters aus der Bibliothek angebunden und alle Bibliotheksroutinen in das "executable image" kopiert.

Außer dem lauffähigen Programm, dem "executable image", kann der Compiler auch ein "shareable image" erzeugen ("/SHAREABLE"). Dieses ist nicht direkt ausführbar, sondern muß wie ein Unterprogramm in ein Programm eingebunden und von diesem aufgerufen werden. (Siehe dazu auch "VAX11 Linker Reference Manual".)

Mit "/DEBUG" wird das Anbinden des VMS Debuggers bewirkt. Dieser ist zum Debugging von OPS5-Programmen nicht verwendbar, sondern lediglich für Routinen in anderen Sprachen, die vom OPS5-Programm aufgerufen werden. Die Optionen "/SHAREABLE" und "/DEBUG" dürfen nicht beide gleichzeitig angegeben werden ("/NODEBUG" und "/NOSHAREABLE" sind voreingestellt).

10.3.2 Modulare Programmentwicklung

Der Aufruf des OPS5-Compilers ohne zusätzliche Angaben bewirkt eine Übersetzung des Programms, ein anschließendes Binden und danach das Löschen der Objektdateien, sowie aller anderen vom Compiler erzeugten temporären Dateien.

Durch die Angabe von "/NOEXECUTABLE" wird des Binden des Programms verhindert ("/EXECUTABLE" ist voreingestellt). Dadurch ist es möglich, Teile des Programms getrennt zu übersetzen und später zu binden. Mit "/EXECUTABLE=Dateiname" kann der Name der entstehenden Datei bestimmt werden. Ohne diese Angabe wird der Name der ersten angegebenen Datei beim Binden oder Übersetzen genommen.

Alle Deklarationen sind jeweils für das gesamte Programm gültig, die Abbildung der Attributnamen auf Indizes muß konsistent für alle Programmteile sein. Diese Abbildung muß deshalb bei jeder Übersetzung eines Teiles bekannt sein. Dafür wird bei der modularen Übersetzung eine sogenannte Indexdatei geführt. Im einzelnen sind folgende Schritte auszuführen:

1. Der OPS5-Compiler speichert die Objekt- und Indexdateien in einer Directory mit dem logischen Namen OPS$USERLIB. An diese muß zunächst eine physische Directory gebunden werden.

```
$ ASSIGN OPS$USERLIB [323373.OPSUSERLIB]
```

2. Bei der Übersetzung des ersten Programmteiles muß durch die Angabe "/CREATE" angegeben werden, daß eine Indexdatei neu erzeugt werden soll. Der Name der Indexdatei wird bei jeder Übersetzung durch "/INDEXFILE=Dateiname" angegeben.

3. Bei jeder Übersetzung eines Moduls wird "/NOEXECUTABLE" angegeben. Jeder Teil kann beliebig oft neu übersetzt werden. Eine Reihenfolge ist nur insoweit zu beachten, daß alle Deklarationen übersetzt sein müssen, bevor solche Regeln übersetzt werden, in denen die deklarierten Attribute auftauchen. Zweckmäßigerweise werden alle Deklarationen zu Anfang übersetzt. Da die alten Zuordnungen nicht mehr revidiert werden können, dürfen nachfolgende Programmteile nur solche Deklarationen enthalten, die keinen Konflikt mit der bestehenden Abbildung auf Indizes verursachen. Tritt so ein Konflikt ein, wird eine Meldung ausgegeben und alle Module müssen neu übersetzt werden.

4. Ein Binden wird durch "/RELINK" unter Angabe der Indexdatei veranlaßt.

Beispiel:

Es gibt folgende Dateien:

```
[323373]DEKLARATION.OPS
[323373]TEIL_1.OPS
[323373]TEIL_2.OPS
[323373]TEIL_3.PAS


$ CREATE DIRECTORY [323373.OPS_USELIB]
$ ASSIGN OPS$USERLIB    [323373.OPS_USELIB]
$ OPS5 DEKLARATION/NOEXECUTABLE/INDEXFILE=TEILE/CREATE
$ OPS5 TEIL_1/NOEXECUTABLE/INDEXFILE=TEILE
$ OPS5 TEIL_2/NOEXECUTABLE/INDEXFILE=TEILE
$ PASCAL TEIL_3
$ COPY TEIL_3.OBJ [323373.OPS_USERLIB]TEIL_3.OBJ
$ OPS5 TEIL_3/OBJECT/RELINK/EXECUTABLE=FERTIG/INDEXFILE=TEILE
```

Durch obige Anweisungen entsteht das ausführbare Programm FERTIG.EXE.

In der Directory OPS$USERLIB legt der Compiler zwei Dateien an, die jeweils den Namen der angegebenen Indexdateien tragen. In diesem Beispiel wären das

      TEILE.OPX
      TEILE.OLB

In dieser Directory erwartet der Binder bei "/RELINK" auch die anzubindenen Objektdateien, die Zusatzroutinen enthalten. Die Datei TEILE.OLB stellt die eigentliche Bibliothek dar. In ihr befindet sich der Objektcode der übersetzten Module. Bei Neuübersetzung wird diese Datei entsprechend aktualisiert. Die Datei enthält auch Verwaltungsinformationen der Bibliothek und ist beträchtlich größer als das entstehende ausführbare Programm.

Die zweite Datei TEILE.OPX enthält die Beschreibung aller in der Bibliothek enthaltenen Module in einer für den Programmierer lesbaren Form. Im betrachteten Beispiel könnte es wie folgt aussehen:

```
()module 1 DSK4:[323373]DEKLARATION.OPS;3
()literals
KISTE 1
FARBE 3
GRÖSSE 2
INHALT 256
GEWICHT 4
...
()externals
```

```
BERECHNUNG_1
BERECHNUNG_2
()rules
()module 2 DSK4:[323373]TEIL_1.OPS;6
()literals
()externals
()rules
REGEL_1
REGEL_2
...
REGEL_N
()module 3 DSK4:[323373]TEIL_2.OPS;2
()literals
()externals
BERECHNUNG_3
()rules
REGEL_N+1
REGEL_N+2
...
REGEL_N+M
()next 4
```

Kapitel 11 Übungen zum Teil 2

11.1 Aufgaben

Aufgabe 1

In einer Einzelbedingung werden für einzelne Attribute eines Arbeitsspeicherelementes Einschränkungen beschrieben. Formulieren Sie Einschränkungen mit folgenden Bedeutungen:

1. gleich dem symbolischen Atom "frisch"

2. eine ganze Zahl zwischen 3 und 8 exklusiv

3. gleich dem symbolischen Atom "Nein" oder gleich einem Atom, dessen Name ein Präfix von "Nein" ist

4. weder eine ganze Zahl, noch eine reelle Zahl

5. eine der drei Farben "rot", "grün" oder "blau", aber nicht die, welche an die Variable <Farbe> gebunden ist.

Aufgabe 2

Worin unterscheiden sich die folgenden beiden Einschränkungen?

```
<< 4 5 6 7 >>
{ >= 4 <= 7 }
```

Aufgabe 3

Betrachten Sie den Bedingungsteil der folgenden Regel.

```
(P Regelname
    (Kiste
        ^Größe  100 cm
        ^Farbe  <> { gelb grün blau } )
--> ... )
```

Was bedeutet dieser Bedingungsteil. Prüfen Sie anhand der Syntaxdiagramme, ob die Bedingungen syntaktisch korrekt sind.

Aufgabe 4

Machen Sie einen Vorschlag für die Deklaration einer Elementklasse, mit der die verschiedenen Obstsorten, die auf einem Markt angeboten werden, dargestellt werden können.

Aufgabe 5

Gehen Sie von der Deklaration der letzten Aufgabe aus und formuliern Sie eine Einzelbedingung, mit der Sie frische Äpfel beschreiben, die nicht mehr als 3,- DM pro kg kosten.

Aufgabe 6

Formulieren Sie einen Bedingungsteil, der die Tatsache ausdrückt, daß frische Orangen mehr kosten als gelbe Bananen.

Aufgabe 7

·Schreiben Sie eine Regel, die Ihnen alle Mengen von Obstsorten ausgibt, die den gleichen Preis bei gleicher Qualität haben.

Aufgabe 8

Schreiben Sie eine Regel, die Ihnen alle Obstangebote mit den zugehörigen Beschreibungen ausgibt.

Aufgabe 9

Um die letzten Aufgaben auszuprobieren, brauchen Sie offensichtlich eine Menge Elemente der Klasse Obst in Ihrem Arbeitsspeicher. Wie bekommen Sie die zweckmäßigerweise dort hinein?

Aufgabe 10

Was bewirken die folgenden Anweisungsteile?

    1.

```
-->    (OPENFILE Ausgabedatei |Ausgabe.txt| OUT)
       (DEFAULT Ausgabedatei WRITE)
       (WRITE ^7   |"Was tun?" sprach Zeus,| (CRLF)
                   |"Die Götter sind besoffen."| (CRLF) )
```

    2.

```
-->    (BIND <x> |"Was tun?" sprach Zeus,|)
       (BIND <y> "Die Götter sind besoffen.")
       (WRITE <x> (CRLF) <y> (CRLF) )
```

Aufgabe 11

Nehmen Sie an, das Attribut Inhalt ist als Vektorattribut deklariert, und es gibt lediglich folgende Elemente im Arbeitsspeicher:

```
(Aufgabe
       ^Name    Ausgabe
       ^Text    Bauernregel)

(Textbaustein
       ^Name    Bauernregel
       ^Inhalt Wenn der Hahn kräht auf dem Mist, ändert sich's
               Wetter oder es bleibt, wie's ist.)
```

Was passiert, wenn eine Instantiierung der folgenden Regel ausgeführt wird?

```
(P Ausgabe
              (Aufgabe
                 ^Name    Ausgabe
                 ^Text    <gewünschter-Text>)
       { <Text> (Textbaustein
                 ^Name    <gewünschter-Text>
                 ^Inhalt <Text>) }

  --> (WRITE  <Text>)
)
```

Aufgabe 12

Nehmen Sie an, eine externe Routine namens "Berechne" wird folgendermaßen
aufgerufen:

```
(CALL Berechne 128 512 ^7 8 NIL)
```

Welchen Wert liefert nach einem solchen Aufruf die Unterstützungsroutine
OPS$PARAMETERCOUNT und welchen Wert liefert OPS$PARAMETER(17)?

Aufgabe 13

Betrachten Sie folgendes OPS5-Programm:

```
(LITERALIZE Firma
                 Branche Adresse Name)
(LITERALIZE Person
                 Vorname Name Geb-Jahr Adresse Beruf)
(LITERALIZE Adressobjekt
                 Name Straße No PLZ Ort)

(STARTUP (MAKE Firma
                 ^Name Müller&Co
                 ^Adresse Adresse-1)
           (MAKE Person
                 ^Vorname Adam
                 ^Name Riese
                 ^Beruf Rechenmeister
                 ^Geb-Jahr 1492) )

(P Wie_heißt_der_Rechenmeister_der_1492_geboren_wurde?
   {<Person> (Person ^Geb-Jahr 1492  ^Beruf Rechenmeister)}

  --> (WRITE |Die gesuchte Person heißt|
                 (SUBSTR <Person> Vorname Name) )
)
```

Was bewirkt die Ausführung dieses Programms?

11.2 Lösungen

Lösung 1

1. `= frisch`
   Das Gleichheitszeichen ist optional.

2. `{ > 3 < 8 }` oder `{ >= 4 <= 7 }` oder `<< 4 5 6 7 >>`
   Die dritte Methode ist nur bei geeigneten Zahlenbereichen möglich.

3. `<< Nein Nei Ne N >>`

4. `<=> Atom`
   Diese Einschränkung ist nur deshalb formulierbar, weil es für den Typ eines Atoms außer Integer und Floating point nur noch einen Typ gibt. Direkt läßt sich eine Nichtäquivalenz nicht ausdrücken.

5. `{ << rot blau grün >> <> <Farbe> }`
   Die Variable Farbe muß vorher im Bedingungsteil gebunden sein.

Lösung 2

In der logischen Bedeutung gibt es keinen Unterschied. Aber beim Bestimmen der Spezifität eines Bedingungsteiles im Rahmen der Regelauswahlstrategie zählt die Konstantenauswahl als ein Test, die Konjunktion (in diesem Beispiel) jedoch als zwei Tests.

Lösung 3

Mit dem Bedingungsteil ist offenbar folgendes gemeint: Es soll ein Objekt der Klasse Kiste geben, das unter einem Attribut Größe den Wert 100 cm hat und unter einem Attribut Farbe weder den Wert gelb, noch den Wert grün oder blau

Der erste Teil dieser Bedingung ist zumindest syntaktisch korrekt. Aus dem Diagramm für LHS-Muster läßt sich ersehen, daß das Muster aus einer Folge von Werten besteht, vor denen nicht notwendigerweise eine Positionierung mit dem Attributoperator vorgenommen werden muß. Dieses entspricht aber nicht der oben unterstellten Intention, denn bei einer fehlenden Positionierung wird eine implizite Erhöhung des Indexes um eins angenommen. Um die Bedingung zu erfüllen, muß der Wert 100 unter dem Attribut Größe stehen und der Wert cm in der darauf folgenden Komponente.

Der zweite Teil der Bedingung ist syntaktisch nicht korrekt. Anhand der Diagramme für LHS-Muster und LHS-Wert läßt sich feststellen, daß Prädikate wie <> nur zu Anfang eines LHS-Wertes auftreten können, so daß danach eine Konstante oder Variable, niemals aber eine Konjunktionsklammer folgen darf. Um den beschriebenen Sachverhalt ausdrücken zu können, kann der Bedingungsteil wie folgt geschrieben werden:

```
(P Regelname
   (Kiste
        ^Größe        |100 cm|
        ^Farbe        { <> gelb <> grün <> blau}
 --> ... )
```

Lösung 4

Die Art und Weise, wie eine solche Deklaration vorzunehmen ist, hängt in erster Linie davon ab, welche Eigenschaften des Obstes repräsentiert werden sollen und welche Beziehungen dargestellt werden, an denen das Obst beteiligt ist. Unter Umständen ist eine Darstellung mit einer Elementklasse gar nicht angemessen. Für die weiteren Aufgaben wollen wir von folgender Deklaration ausgehen:

```
(LITERALIZE Obst
              Sorte Form Farbe Größe Preis-pro-Kg Qualität)
```

Lösung 5

```
(Obst
      ^Sorte       Apfel
      ^Farbe       grün
      ^Qualität    frisch
      ^Preis       <= 3)
```

Lösung 6

```
(P Banane-&-Orange
    (Obst
        ^Sorte         Orange
        ^Qualität      frisch
        ^Preis-pro-Kg  <Orangen-Preis> )
   -(Obst
        ^Sorte         Banane
        ^Farbe         gelb
        ^Preis-pro-Kg  > <Orangen-Preis> )
 --> ... )
```

Man beachte, daß dieser Bedingungsteil nicht nur erfüllt ist, wenn die gelben Bananen weniger kosten als die frischen Orangen, sondern auch, wenn es überhaupt keine Bananen gibt.

Lösung 7

```
(P Gleicher-Preis-bei-gleicher-Qualität
    (Obst
        ^Sorte         <erste-Sorte>
        ^Qualität      <Qualität-erste-Sorte>
        ^Preis-pro-Kg  <Preis-erste-Sorte>)
    (Obst
        ^Sorte         { <zweite-Sorte> <> <erste-Sorte> }
        ^Qualität      = <Qualität-erste-Sorte>
        ^Preis-pro-Kg  = <Preis-erste-Sorte> )

 --> (WRITE <erste-Sorte> und <zweite-Sorte> haben den gleichen
            Preis, (CRLF) nämlich <Preis-erste-Sorte> pro
            Kg.(CRLF) )
    )
```

Die beiden Elemente, die an die beiden Einzelbedingungen gebunden werden, müssen
verschieden sein, da sonst für jede vorhandene Obstsorte ausgegeben wird:

```
BANANE UND BANANE HABEN DEN GLEICHEN PREIS,
NÄMLICH 5 DM PRO KG.
        ...
```

Lösung 8

```
(P Gebe_alle_Angebote_aus
    (Obst
            ^Sorte          <Sorte>
            ^Form           <Form>
            ^Farbe          <Farbe>
            ^Größe          <Größe>
            ^Preis-pro-Kg   <Preis>
            ^Qualität       <Qualität>)

  --> (WRITE Ein(e) <Sorte> hat die Form <Form>, die Farbe
            <Farbe>, (CRLF) die Größe <Größe>, einen Preis von
            <Preis> DM pro Kg (CRLF) und die Qualität
            <Qualität>.)
  )
```

Diese Regel beschreibt in ihrem Bedingungsteil lediglich das auszugebende Element:
Eine explizite Bedingung, die ausdrückt, daß ein Element nur auszugeben ist, wenn es
nicht schon ausgegeben wurde, ist nicht notwendig, da die Regel mit jedem Element
genau einmal instantiiert wird.

Lösung 9

Eine naheliegende, aber umständliche Methode ist es, die Elemente vom Toplevel aus
mit dem Kommando Make zu erzeugen. Dies wäre schließlich bei jedem
Programmlauf erneut notwendig.

In VAX-OPS5 besteht allerdings die Möglichkeit, den Arbeitsspeicherinhalt
durch das Kommando Savestate zu speichern und bei erneuten Programmläufen wieder zu laden. Dies hat aber den Nachteil, daß bei eventuellen Programmänderungen
diese Dateien inkompatibel werden. Eine andere Möglichkeit, die auch nur VAX-
OPS5 bietet, ist, die notwendigen Make-Anweisungen in das Startup zu schreiben,
das ja bei Programmänderungen immer mitübersetzt wird. Dadurch wird der
Arbeitsspeicher bei jedem Programmlauf in gleicher Weise initialisiert, was beim
Testen von Programmen nicht unbedingt wünschenswert ist.

Es besteht schließlich noch die Möglichkeit, die Make-Anweisungen in eine Datei
zu schreiben und diese vom Toplevel aus einzulesen. Dazu gibt es in LISP-OPS5 das
(LISP-)Kommando Load und in VAX-OPS5 das Kommando @.

Lösung 10

1. Die Anweisungen dieses Aktionsteiles bewirken folgende Ausgabe auf das
Terminal:

```
NIL NIL NIL NIL NIL "Was tun?" sprach Zeus,
"Die Götter sind besoffen."
```

Durch die (zugegebenermaßen unsinnige) Positionierung auf die siebente Komponente werden implizit die ersten sechs, mit Nil initialisierten Komponenten als
Parameter der Write-Anweisung gewertet. Läßt sich der erste Parameter zu einer Ausgabedatei evaluieren, wird die Default-Ausgabedatei ignoriert und Nil bezeichnet
gerade das Terminal als Ein- bzw. Ausgabedatei.

2. Bei diesem Aktionsteil entsteht folgende Ausgabe:

```
"Was tun?" sprach Zeus,
"DIE
```

Bei der Anweisung Bind wird nach Evaluierung der Parameter der Wert der ersten
Komponente des Resultatelementes an die angegebene Variable gebunden. Da der
erste Halbsatz quotiert ist, wird er als ein Atom aufgefaßt.

Lösung 11

Im Bedingungsteil werden sowohl eine Elementvariable als auch eine Atomvariable
namens <Text> gebunden. Im Aktionsteil wird ebenfalls eine Variable mit diesem
Namen benutzt. Aufgrund der Position, an der diese auftaucht, kann es sich nur um
eine Atomvariable handeln. An die Atomvariable <Text> ist der erste Wert des Vektorattributes gebunden.

Die Ausführung dieser Regel schreibt also unter den gegebenen Umständen das
Atom WENN auf das Terminal. Sollte die ganze Bauernregel ausgegeben werden,
hätte sie in senkrechte Striche quotiert werden müssen. Das ist in diesem Fall aber
nicht möglich, da die Länge eines Printnamens (in VAX-OPS5) auf 64 Zeichen
begrenzt ist. Statt dessen kann folgende Anweisung verwendet werden.

```
(WRITE (SUBSTR <Text> Inhalt INF) )
```

Die Variable <Text> taucht nun an einer Stelle auf, an der nur Elementvariablen stehen
dürfen. Somit wird nun die im Bedingungsteil gebundene Elementvariable namens
<Text> verwendet.

Lösung 12

Die Funktion OPS$PARAMETERCOUNT liefert nicht die Anzahl der explizit
übergebenen Parameter, die in diesem Fall 4 ist, sondern die aktuelle Größe des
Resultatelementes, d.h. den Index der höchsten explizit beschriebenen Komponente.
Durch die Positionierung mit dem Attributoperator auf den Index 7 und die
anschließende explizite Übergabe des Wertes Nil ergibt sich die Größe 8. Es werden
also implizit vier Nil-Werte zwischen den Werten 512 und 8 mit übergeben, so daß die
Anzahl aller übergebenen Parameter tatsächlich 8 ist.

Sobald jedoch von der externen Routine durch die Prozedur OPS$VALUE ein Wert in eine höhere Komponente des Resultatelementes geschrieben wird, ändert sich dessen aktuelle Größe und somit auch der Wert, den OPS$PARAMETERCOUNT liefert.

Ein Zugriff mittels der Funktion OPS$PARAMETER auf eine höhere als durch OPS$PARAMETERCOUNT angegebene Komponente liefert den Default-Wert Nil, wenn zwischenzeitlich nicht durch die externe Routine selbst Werte dort eingetragen wurden.

Lösung 13

Das Programm enthält zunächst drei Deklarationen von Elementklassen, die nacheinander übersetzt werden. Dabei wird eine mit allen drei Klassen konsistente Abbildung der Attributnamen auf Komponentenindizes gebildet. In diesem Fall treten dabei keine Konflikte dergestalt auf, daß bei der Übersetzung einer Deklaration die bislang vorgenommene Abbildung inkonsistent wird und revidiert werden muß, dennoch beeinflußt diese die Abbildung weiterer Attributnamen. Erhält der Attributname "Name" beispielsweise den Index 4, da er in der ersten Deklaration an vierter Stelle vorkommt, muß dies bei den weiteren Deklarationen dahingehend berücksichtigt werden, daß eine weitere Elementklasse, für die dieses Attribut deklariert ist, keinen anderen Attributnamen auf den Index 4 abbilden kann. Gehen wir davon aus, daß jedes neue Attribut in einer Elementklasse jeweils den kleinsten freien Index erhält, kommen wir zu folgender Abbildung.

Index	Attributname
1	Firma, Person, Adressobjekt
2	Branche, Vorname, Straße
3	Adresse, No
4	Name
5	Geb-Jahr, PLZ
6	Beruf, Ort

Das durch die beschriebene Regel erzeugte Objekt hat somit folgende interne Struktur.

PERSON	ADAM	NIL	RIESE	1492	RECHENMEISTER
1	2	3	4	5	6

Die verwendete Substr-Funktion isoliert die zweite bis vierte Komponente und es entsteht demnach folgende Ausgabe auf dem Terminal:

```
Die gesuchte Person heißt ADAM NIL RIESE
```

TEIL 3

PROGRAMMIERTECHNIKEN
IN OPS5

Kapitel 12 Übersicht

12.1 OPS5 im Vergleich zu imperativen Programmiersprachen

Traditionelle Programmiersprachen wie FORTRAN und COBOL, aber auch Pascal, C und Ada legen einen imperativen Programmierstil nahe. Programme bestehen aus Folgen von Anweisungen, die nacheinander abgearbeitet werden. Diese Anweisungen sind im wesentlichen Wertzuweisungen, die Kontrollstrukturen basieren auf der bedingten Anweisung (Fallunterscheidung) und der Sprunganweisung, die es ermöglichen, daß die Abarbeitungsreihenfolgen der Anweisungen in verschiedenen Programmläufen voneinander abweichen. Strukturiert werden können Programme durch die Aufteilung in kleinere Unterprogramme.

Für OPS5 wie für Produktionensysteme allgemein gilt, daß es keine festgelegte Abarbeitungsreihenfolge der Regeln gibt. Die Regeln enthalten keine syntaktischen Strukturen, welche die zeitliche Reihenfolge der Regelanwendungen steuern. Diese wird primär durch die Inferenzmaschine bestimmt und nur sekundär durch die Regeln selbst. Anweisungen, etwa eine Ausgabe, ausgedrückt durch den Aktionsteil einer Regel, werden also nicht zu einem bestimmten Zeitpunkt, sondern unter bestimmten Umständen ausgeführt. Diese Umstände werden durch die Bedingungsteile der Regeln näher spezifiziert.

Regeln stellen also relativ unabhängige Gebilde innerhalb eines Produktionensystems dar. Die Inferenzmaschine kann im Prinzip zu jeder Zeit jede beliebige Regel zum Feuern auswählen. Dagegen müssen bei imperativen Sprachen alle während eines Programmlaufes möglichen Unterprogrammaufrufe explizit vorprogrammiert werden. Der wesentliche Unterschied zwischen Unterprogrammen und den Regeln eines Produktionensystems ist, daß eine Regel nicht über einen eindeutigen Namen aktiviert wird, sondern durch das Erfülltsein ihres Bedingungsteiles. Speziell bei OPS5 bewirkt das Erfüllen des Bedingungsteiles einer Regel zunächst nur die Instantiierung dieser Regel. Über das tatsächliche Ausführen der Instantiierung entscheidet der Regelinterpreter. So ist es möglich, daß trotz erfülltem Bedingungsteil die Regelinstantiierung nie zur Ausführung gelangt.

Für Algorithmen, die durch sequentielle Verarbeitung gekennzeichnet sind, sind regelorientierte Programmiersprachen daher ungeeignet. Vielmehr wurden sie entwickelt, um eine menschliche Problemlösungsmethode nachzubilden.

Menschen, die selbst den einfachsten Rechnern bei numerischen Berechnungen sowohl in Schnelligkeit als auch in Genauigkeit und Zuverlässigkeit deutlich unterlegen sind, können andererseits manche komplexen nichtnumerischen Probleme scheinbar mühelos lösen, ohne daß bisher eine nur annähernd befriedigende Lösungsmethode für einen Rechner gefunden wurde. Eine wichtige Rolle spielt dabei die Fähigkeit des Menschen, neues Wissen aus bekanntem zu folgern, bekannte Lösungen auf neue Probleme zu übertragen und die eigenen Überlegungen durch Daumenregeln und Intuition zu steuern. Ein weiterer wichtiger Gesichtspunkt ist die mentale Repräsentation von Wissen.

Bei den verschiedenen Ansätzen im Bereich der regelorientierten Programmierung wurde einerseits versucht, ein psychologisch adäquates Modell für die kognitiven Leistungen des Menschen zu finden, d.h. die Methoden des menschlichen Problemlösens nachzubilden, ohne auf die dazu notwendige Rechenzeit zu achten.

Andererseits wurde versucht, eine ähnliche Performanz zu erreichen, wie der Mensch sie aufweist, d.h. brauchbare Ergebnisse schnell zu berechnen mit Methoden, die in erster Linie auf die vorhandenen Programmierwerkzeuge abgestimmt sind.

12.2 OPS5 im Vergleich zu Produktionensystemen allgemein

Bevor wir auf spezielle Programmiertechniken eingehen, wollen wir zunächst sehen, wie sich OPS5 in die Klasse der Produktionensysteme einordnen läßt. In Kapitel 2 sind verschiedene Gesichtspunkte erläutert worden, unter denen Produktionensysteme betrachtet werden können. In diesem Zusammenhang läßt sich OPS5 wie folgt charakterisieren:

- Es gibt eine globale Datenbasis, die für eine Regelanwendung nicht kopiert wird.

- Jede Regelanwendung ändert effektiv diese Datenbasis, es wird kein Protokoll geführt, anhand dessen eine Änderung wieder zurückgenommen werden kann.

- Es liegt ein "einfacher" Regelanwendungsmechanismus vor, d.h. nachdem jeweils eine Regel ausgewählt und angewandt wurde, wird erneut überprüft, welche Bedingungen nun erfüllt bzw. nicht mehr erfüllt sind.

- Die Inferenzmaschine wendet eine vorwärtsverkettende Strategie an.

- Die Regelauswahlstrategie ist heuristisch gesteuert, und sie ist unabhängig von der Reihenfolge der Regeln im Programmtext.

Diese Charakteristika beeinflussen die möglichen Programmiertechniken erheblich. Die Inferenzmaschine verwendet kein Verfahren zur erschöpfenden Suche, insbesondere wird kein Rücksetzverfahren (backtracking) unterstützt. Das Feuern einer "falschen" Regel darf das Feuern der "richtigen" Regel nicht endgültig verhindern, u.U. muß das Feuern der "falschen" Regel auch völlig unterbunden werden, etwa wenn sie unerwünschte Daten erzeugt, die nicht korrigiert werden können. Aus diesem Grund ist es wichtig, die vom System verwendeten Heuristiken zur Regelauswahl beim Formulieren der Regeln zu berücksichtigen. Diese Heuristiken sind fest in das OPS5-System integriert; vom Programmierer kann der Regelinterpreter nicht um neue, dem betrachteten Problem angepaßte Heuristiken erweitert werden. Durch die vorwärtsverkettende Regelanwendung wird eine datengesteuerte Vorgehensweise nahegelegt, dies ist aber durchaus nicht in allen Problembereichen angemessen. Bei dieser Charakterisierung von OPS5 ist folgendes zu berücksichtigen:

Die erschöpfende Suche als globale Problemlösungsstrategie ist nicht unbedingt empfehlenswert, was an der dabei auftretenden kombinatorischen Explosion bzw. dem damit verbundenen Speicherplatz- und Rechenzeitbedarf liegt. Diese Strategie ist somit nur für kleine (Spiel-)Probleme oder für abgegrenzte Teilprobleme innerhalb von komplexen Problemstellungen geeignet. Um bei komplexen Problemstellungen die kombinatorische Explosion zu vermeiden, muß durch Bereitstellen von geeignetem Problemwissen erreicht werden, daß keine oder nur wenige und kurze Irrwege beschritten werden. Dieses "Bereitstellen geeigneter Wissensquellen" stellt natürlich kein triviales Problem dar; vielmehr handelt es sich um eine der zentralen Aufgaben beim Erstellen wissensbasierter Systeme.

Die Inferenzmaschine des OPS5-Systems ist nicht für einen speziellen Typ von Aufgabenstellungen konzipiert. Sie vermeidet die Probleme einer simplen (reihenfolgeabhängigen oder willkürlichen) Regelauswahlstrategie durch Verwendung von

Heuristiken, von denen man annimmt, daß sie unabhängig von speziellen Problembereichen gültig sind. Bei größeren OPS5-Programmen ist es in bezug auf die Inferenzkomponente sinnvoll, zwischen zwei Ebenen zu unterscheiden. Eine untere Ebene wird bestimmt durch die Inferenzmaschine des OPS5-Systems, also dem Regelinterpreter, die datengesteuert mit einer ungeordneten Menge von Regeln auf einer homogenen Menge von Daten arbeitet. Der Regelinterpreter inferiert Wissen durch das Anwenden einzelner Regeln. Auf einer darüber liegenden Ebene liegt ein Inferenzmechanismus, der vom Benutzer implementiert ist und einem speziellen Problembereich angepaßt werden kann. Auf dieser Ebene ist es beispielsweise möglich, trotz des vorwärtsverkettenden Mechanismus des Regelinterpreters eine rückwärtsschließende Strategie zu implementieren. Die Berücksichtigung von Sicherheitsbeiwerten gemäß einer für das Problem geeigneten Theorie gehört ebenso in diese Inferenzebene wie die Bereitstellung einer Begründungs- und Erklärungskomponente. Kennzeichnend für diese zweite Ebene ist, daß ein gültiger Inferenzschritt aus einer Folge von Regelanwendungen bestehen kann.

Damit stellen sich verschiedene programmiertechnische Aufgaben. Bezogen auf die untere Ebene zeigen wir, wie elementare Sachverhalte mittels einer Regel ausgedrückt werden können. Dazu gehören Techniken, mit denen das Instantiieren einer Regel kontrolliert wird, weiterhin solche, mit denen Regeln gegenüber anderen priorisiert werden können.

Zur zweiten Ebene gehören Möglichkeiten, Regeln zu Gruppen zusammenzufassen, um mit Hilfe solcher Regelgruppen höhere Konzepte wie etwa einen problemorientierten Inferenzmechanismus zu realisieren. Es wird beschrieben, wie verschiedene Arten von Wissen in einem OPS5-Programm dargestellt werden können. In diesem Zusammenhang werden auch die Möglichkeiten erläutert, mit Hilfe der Arbeitsspeicherelemente Strukturen zu repräsentieren, die über einfache Mengen von Attribut/Wert-Paaren hinausgehen.

12.3 Programmentwicklung

Die traditionelle Entwicklung von Programmen kann in diskrete Phasen unterteilt werden. Der sogenannte Lebenszyklus eines Programmes (software life cycle) umfaßt die Problemanalyse, die Spezifikation der Anforderungen, den Entwurf, die Implementation, das Testen und die Wartung [1]. Diese Phasen werden mehr oder minder sequentiell durchlaufen. So kann im allgemeinen die Implementationsphase erst begonnen werden, wenn ein vollständiger und korrekter Entwurf vorliegt. Werden während der Entwicklung Fehler in einer bereits abgeschlossenen Phase entdeckt, so ist dessen Beseitigung mit hohem Aufwand verbunden. Dieser Aufwand ist um so höher, je weiter die Phase zurückliegt. Rückgriffe sollten sich deshalb nur auf die zuletzt abgeschlossene Phase beschränken.

Bei der Entwicklung von wissensbasierten - oder Expertensystemen kann dieser Lebenszyklus nicht ohne weiteres zugrunde gelegt werden. Es kann hier nicht mehr davon ausgegangen werden, daß etwa die Anforderungsspezifikation erst gemacht werden kann, wenn das Problem vollständig verstanden wurde. (Häufig ist der Versuch, ein Expertensystem zu realisieren, gleichzeitig der Versuch, das zugrundelie-

---

[1] Die Aufteilung des Zykluses in einzelne Phasen differiert bei verschiedenen Autoren und unterschiedlichen Anwendungen voneinander.

gende Problem zu begreifen.) Eine Möglichkeit, dieses Problem zu handhaben, ist das sogenannte "rapid prototyping", das schnelle Entwickeln eines Prototyp-Systems. Anhand eines solchen Prototypen kann zu einen frühen Zeitpunkt festgestellt werden, ob das soweit repräsentierte Wissen, die gewählte Repräsentationsform und die Inferenzmechanismen das Problem adäquat behandeln. Das Experimentieren mit dem Prototypen dient den Entwicklern ebenfalls zur Erweiterung ihres Verständnisses des Problembereiches und der Aufdeckung zugrundeliegender Konzepte und Strukturen.

Zwar kann ein Prototyp im Laufe der Zeit erweitert werden; aus ihm sollte aber nie das endgültige System werden, da Fehler häufig ergebnisgesteuert durch Ausprobieren beseitigt werden und durch den experimentellen Charakter in der Regel ein durchgehendes Konzept fehlt. An ihm kann jedoch abgeschätzt werden, was ein System prinzipiell leisten kann, und er kann die Grundlage einer Anforderungsspezifikation sein.

Eine andere Methode der Programmentwicklung, die bei noch unvollständigem Problemverständnis eingesetzt werden kann, ist die des schrittweisen Ausbauens (iterative enhancement), wie sie in /Brownston 85/ empfohlen und in /Basili 75/ beschrieben ist. Ausgehend von einem Teilproblem entsteht ein System, das einen Ausschnitt des Problems bearbeiten kann. Schrittweise erfolgt nun ein Ausbau des Systems. In jedem Iterationsschritt werden die Fähigkeiten des Systems erweitert oder verbessert. Gleichzeitig wächst auch das Verständnis der Entwickler für das behandelte Problem. Dadurch können sich in einem früheren Stadium gemachte Entscheidungen als falsch oder ungeschickt erweisen, so daß sie revidiert werden müssen. Ein Ausbauschritt kann also eine Erweiterung darstellen, in dem Sinne, daß ein bislang unberücksichtigter Teil des Problems bearbeitet wird, oder es kann sich um eine Verfeinerung des bestehenden Teils handeln, etwa um die Korrektur entdeckter Fehler oder um die Anpassungen an neu entwickelte Teile.

Die Vorteile diese Methode liegen darin begründet, daß, wie auch beim rapid prototyping, die Phasen der Problemanalyse, der Spezifikation und der Codierung, bezogen auf das ganze System, nicht mehr streng sequentiell angeordnet sind. Im Gegensatz zum rapid prototyping ist die Methode aber von Beginn an auf die Implementation eines einsatzfähigen Systems ausgerichtet. Konzeptuelle Fehler, die im Laufe der Entwicklung aufgrund des wachsenden Problemverständnisses entdeckt werden, müssen deshalb auch (gegebenenfalls im nächsten Iterationsschritt) auf konzeptueller Ebene korrigiert werden. Ein "Herumflicken" auf Codeebene beseitigt die inadäquate Darstellung eines Konzeptes nicht und sollte nur temporär erlaubt sein.

Bezogen auf Expertensysteme kann ein Teilproblem, das als Ausgangspunkt für den schrittweisen Ausbau dient, eine Sammlung von typischen Fällen eines Problembereiches sein, für die in Zusammenarbeit mit einem menschlichen Experten Lösungswege erarbeitet wurden. Die Fälle sollten möglichst alle wesentlichen Aspekte des Problembereiches abdecken, Spezialfälle und Ausnahmen dagegen ausklammern. Das im ersten Schritt entstehende System wird diese, sowie eine gewisse Anzahl ähnlich gelagerter Fälle richtig bearbeiten können. Beinhaltet die Lösung eines Falles Aspekte, die bislang nicht berücksichtigt wurden, wird das System jedoch eine Lösung liefern, die mehr oder weniger unbefriedigend ist, da eine implementierte Lösungsmethode auf eine größere Klasse von Problemen angewandt wurde, als für die sie tatsächlich geeignet ist. Für die weiteren Schritte sind mit dem Experten also solche Problemlösungen zu erarbeiten, die neue Aspekte berücksichtigen. Im Laufe der Entwicklung werden somit die Klassen solcher Problemfälle, die vom System als gleichartig angesehen werden, immer kleiner. Dieser iterative Prozeß der Wissensakquisition während der Systementwicklung kann mit dem Lernen des Menschen verglichen werden. Und ähnlich, wie ein menschlicher Experte niemals auslernen kann, gibt es keinen Iterationsschritt, nach dem die Entwicklung abgeschlossen ist.

Allgemein kann bei der Methode des schrittweisen Ausbaus für jeden Iterationsschritt gemäß dem Life-Cycle-Konzept vorgegangen werden. Bei der Entwicklung von wissensbasierten Systemen können abweichend davon spezielle Techniken angewandt werden, bei denen unter Verwendung einer geeigneten Wissensrepräsentationssprache die Formulierung von Spezifikation und Entwurf in ausführbarem Code gemacht wird.

12.4 Modularisierung

Menschen sind nicht in der Lage, Probleme, die einen bestimmten Grad der Komplexität überschreiten, vollständig zu überblicken. Eine wichtige Technik, die Komplexität eines Problems zu reduzieren, ist seine Zerlegung in Teilprobleme. Da eine solche Zerlegung selbst wieder ein Problem mit einer gewissen Komplexität darstellt, muß eine solche Zerlegung bei umfangreichen Problemen in mehreren Schritten erfolgen, um schließlich zu Teilproblemen zu gelangen, deren Komplexität es einem Menschen erlaubt, sie, einzeln betrachtet, vollständig zu überschauen und eine zuverlässige Lösung dafür zu finden. Die verschiedenen Stufen der Zerlegung entsprechen unterschiedlichen Ebenen der Abstraktion bei der Problembetrachtung. Bei der Entwicklung traditioneller Programme spiegelt sich eine solche mehrstufige Problemzerlegung in der Aufteilung des Programms in Module und deren Gliederung in Prozeduren und Funktionen wieder.

In OPS5 bzw. anderen regelbasierten Systemen erfolgt eine Modularisierung durch eine Partitionierung der Regelmenge. Die auf diese Weise entstehenden Regelgruppen werden Kontexte genannt (engl. context oder task). Ein Kontext ist also eine kleine Menge von Regeln, die der Lösung eines abgegrenzten Teilproblems dient. (Manchmal wird mit Kontext nicht nur die Regelgruppe bezeichnet, sondern auch die Aufgabe, die von ihr bearbeitet wird.) Ein Kontext sollte nicht mehr als zwei bis drei Dutzend Regeln enthalten. Bei dieser Größenordnung sind Abhängigkeiten zwischen den Regeln eines Kontextes untereinander und zwischen benachbarten Kontexten noch überschaubar, wodurch die Fehlersuche, die Programmverifikation und die bei wissensbasierten Systemen besonders wichtige Erweiterbarkeit erleichtert werden.

Die bei der Zerlegung entstehenden Teilprobleme müssen entweder nacheinander abgearbeitet werden oder können parallel (bzw. in willkürlicher Reihenfolge) bearbeitet werden. Dabei tritt das Problem der Synchronisation auf. Teilaufgaben müssen in bestimmter Reihenfolge bearbeitet werden, wenn das Ergebnis einer Aufgabe Voraussetzung für die Bearbeitung einer weiteren ist. Andererseits kann sich die Bearbeitung zweier Teilaufgaben wechselseitig ausschließen, weil dieselben Ressourcen benutzt werden (z.B. das Terminal zur Ein- und Ausgabe).

Es ist also eine Steuerung auf Ebenen der Regelgruppen notwendig. Einzelne Kontexte müssen sich aktivieren und deaktivieren lassen, wodurch nur Regeln des aktiven Kontextes zum Feuern ausgewählt werden. Im Gegensatz zum OPS5-Regelinterpreter, der auf der Ebene einzelner Regeln arbeitet, wollen wir eine solche Steuerung als problemorientierte Inferenzmaschine bezeichnen.

Letztendlich ist die Partitionierung der Regelmenge in Kontexte die Voraussetzung für die Anwendung der voran beschriebenen Methode des schrittweisen Ausbaus. Sowohl bei der Erweiterung eines Systems auf bislang unberücksichtigte Teilprobleme als auch bei der Verfeinerung, d.h. bei der differenzierten Darstellung bislang behandelter Probleme lassen sich die Auswirkungen durch Ändern, Löschen und Hinzufügen von Regeln (bei gut strukturierten Regelmengen) auf einen vom Programmierer überschaubaren Teil des Produktionensystems begrenzen.

Kapitel 13 Ablaufkontrolle und Programmstrukturierung

Die Bedingungsteile von OPS5-Regeln sind keine Booleschen Ausdrücke, die zu Wahr oder Falsch ausgewertet werden. Alle Einzelbedingungen einer Regel können als existenzquantifizierte Variablen verstanden werden, für die mittels der Attribute Prädikate angegeben werden können. Entsprechend wird nicht bloß zwischen erfülltem und nicht erfülltem Bedingungsteil unterschieden, sondern auch zwischen verschiedenen Instantiierungen einer Regel. Obwohl der Bedingungsteil einer Regel als prädikatenlogische Formel angesehen werden kann, läßt sich nicht jede beliebige Formel der Prädikatenlogik in einem einzigen Bedingungsteil formulieren. Die Mächtigkeit der Sprache beruht auf den Möglichkeiten der Kombination von Regeln und der Kombination von Bedingungsteilen und Aktionsteilen.

In bezug auf die (sukzessive erweiterbare) Repräsentation von regelhaftem menschlichen Wissen mittels Produktionensystemen ist zu bedenken, daß auch Menschen typischerweise nicht im Prädikatenkalkül denken.

13.1 Steuerung einzelner Regeln

Bei Start eines OPS5-Programms sind nicht alle Regeln, die im Laufe des Programmlaufes feuern werden, bereits instantiiert. Typischerweise ist zu jeder Zeit nur eine kleine Menge der Regeln instantiiert, die sich aber während des Programmlaufes ständig ändert. Das Feuern einer Regel ändert den Arbeitsspeicherinhalt, woduch neue Instantiierungen möglich sind bzw. alte Instantiierungen zurückgenommen werden. Man vergleiche dieses Verhalten mit dem eines Menschen, der ein Puzzel zusammensetzt. Er weiß am Anfang von fast keinem Stück, wo es einzusetzen ist. Aber jedes Stück, das er richtig eingesetzt hat, zeigt ihm, wie ein oder mehrere nachfolgende Stücke eingesetzt werden können. Aus der potentiellen Menge aller möglichen Puzzelstücke betrachtet er immer nur einen sich ändernden Ausschnitt derjenigen Stücke, von denen er glaubt, sie demnächst zu gebrauchen.

13.1.1 Auslösen von Instantiierungen

Nehmen wir an, eine bestimmte Aktion A soll erfolgen, wenn die drei Bedingungen B1, B2 und B3 erfüllt sind. Dabei könnte es sich um eine Ausgabe auf das Terminal handeln und um drei Datenobjekte, die ausgegeben werden sollen. Wann diese Datenobjekte bereitgestellt werden, ist unbestimmt und hängt vom individuellen Programmlauf ab. Es soll gewährleistet werden, daß die Ausgabe nur zu vordefinierten Zeitpunkten erfolgen kann, z.B. wenn kein vorrangiger Dialog mit dem Benutzer geführt wird. Dazu wird die entsprechende Regel um eine Auslösebedingung erweitert.

```
(P Regel
    (Bedingung_B1)
    (Bedingung_B2)
    (Bedingung_B3)
    (Auslösemuster)

 -->(Aktion)
)
```

Erst wenn die Ausgabe erfolgen darf, erzeugt eine entsprechende Regel das Auslösemuster (u.U. muß gewährleistet sein, daß spätestens zu diesem Zeitpunkt die auszugebenden Daten vorliegen).

Das Auslösen einer Regelinstantiierung ist auch mit Hilfe negierter Bedingungen möglich. Das Auslösen erfolgt durch das Löschen des passenden Elementes.

```
(P Regel
    (Bedingung_B1)
    (Bedingung_B2)
    (Bedingung_B3)
    -(Auslösemuster)

--> (Aktion)
)
```

13.1.2 Sperren von Instantiierungen

Die gleichen Mechanismen, mit denen durch Erzeugen oder Löschen eines Arbeitsspeicherelementes das Instantiieren von Regeln ausgelöst werden kann, können unter einem anderen Betrachtungswinkel auch als Mechanismen zum Unterbinden von Instantiierungen verstanden werden. Wird zum Kontrollieren der Instantiierung eine nicht negierte Einzelbedingung verwandt, so kann durch Löschen des entsprechenden Elementes (bzw. aller Elemente) ein Sperren der Regel erreicht werden. Entsprechendes gilt für die Verwendung negierter Einzelbedingungen.

13.1.3 Steuerung mittels Statusattribut

Um die Instantiierung einer Regel zu steuern, ist nicht unbedingt ein spezielles Arbeitsspeicherelement notwendig. Nehmen wir in obigem Beispiel an, die Daten sollen nicht ausgegeben werden, weil sie noch nicht gültig sind. Die Datenobjekte als solche mögen zwar bereits erzeugt sein, da aber die Berechnungsphase noch nicht beendet ist, werden sie noch verändert. Eine Instantiierung der Ausgaberegel durch ungültige Daten läßt sich vermeiden, wenn die Datenelemente ein Statusattribut erhalten, das erst nach Beendigung der Berechnung auf den Wert gültig gesetzt wird.

```
(P Ausgabe
    (Bedingung_B1
        ^Datum   <Datum_1>
        ^Status gültig )
    (Bedingung_B2
        ^Datum   <Datum_2>
        ^Status gültig )
    (Bedingung_B3
        ^Datum   <Datum_3>
        ^Status gültig )

--> (WRITE <Datum_1> <Datum_2> <Datum_3> )
    )
```

Der Unterschied zwischen der Verwendung eines Statusattributes und eines
ganzen Arbeitsspeicherelementes wird vor allem dann deutlich, wenn aufgrund der
Semantik der betreffenden Regel mehrere Instantiierungen zur gleichen Zeit möglich
sein können. Mittels Statusattributen können gezielt einzelne der möglichen Instantiierungen einer Regel erzeugt oder verhindert werden (nämlich die, die unter dem
Attribut einen bestimmten Wert haben bzw. nicht haben). Geschieht die Einflußnahme
dagegen über ein Element, so werden alle prinzipiell möglichen Instantiierungen der
Regel erlaubt oder verhindert. Im betrachteten Beispiel werden bei der Verwendung
eines Statusattributes nur diejenigen Instantiierungen der Ausgaberegel zugelassen, die
auf gültigen Daten beruhen bzw. werden diejenigen verhindert, die auf ungültigen
Daten beruhen würden. Im anderen Fall werden alle Instantiierungen der Ausgaberegel solange verhindert, bis nur noch gültige Daten vorliegen. Durch abwechselndes
Erzeugen und Löschen eines Elementes können zeitliche Abschnitte gekennzeichnet
werden, in denen Regeln, die dieses Element mit einer Bedingung abtesten, feuern
bzw. nicht feuern dürfen.

Die Verwendung von Auslösemustern zur Steuerung von Regelinstantiierungen
kann innerhalb der Programmerstellung und des Programmlaufes jedoch auch zu
Schwierigkeiten führen. Werden für mehrere Regeln Auslösemuster benötigt, so ist es
nötig, eine größere (unübersichtliche) Menge von Arbeitsspeicherelementen hierfür zu
reservieren. Der Programmierer muß über diese Muster Bescheid wissen und ihre
Erzeugung und Löschung mitplanen. Während des Programmlaufes kann es zum
Beispiel durch die Erzeugung mehrerer Auslösemuster dazu kommen, daß eine Regel
mehrfach instantiiert wird, wobei sich die Instantiierungen nur durch die Auslösemuster unterscheiden. Wegen dieser und anderer Probleme mit den speziellen Auslösemustern ist es in vielen Fällen einfacher, die Regelung des Programmlaufes durch
einen zentralisierten Mechanismus vorzunehmen. Wir gehen darauf in den folgenden
Abschnitten ein.

13.2 Gliederung von Produktionensystemen

Die Gliederung eines Produktionensystems geschieht in OPS5 im wesentlichen durch
eine Partitionierung der Regelmenge in kleine Regelgruppen (Kontexte). Die Verwaltung dieser Regelgruppen wollen wir im folgenden Kontextsteuerung nennen. Weiterhin läßt sich auch der Arbeitsspeicher aufteilen.

13.2.1 Kontextsteuerung mit Hilfe der MEA-Strategie

Zur Aufteilung der Regelmenge in einzelne Regelgruppen kann in OPS5 neben der
voreingestellten LEX-Regelauswahlstrategie eine Erweiterung dieser Strategie namens
MEA eingestellt werden. (MEA steht für Means End Analysis, einem regelorientierten
Problemlösungsverfahren, das auf einer Gruppierung der Regelmenge basiert.) Die
MEA-Strategie unterscheidet sich von der LEX-Strategie dadurch, daß sie, nachdem
sie die Konfliktmenge auf alle Instantiierungen, die noch nicht gefeuert haben, einge-
schränkt hat, im weiteren nur solche Instantiierungen betrachtet, deren erstes Bedin-
gungselement sich mit dem neuesten Datum deckt, das in irgendeiner Regel an erster
Stelle vorkommt. Auf der so eingeschränkten Menge von Instantiierungen arbeitet die
MEA-Strategie weiter wie die LEX-Strategie. Für die LEX-Strategie spielt es keine
Rolle, in welcher Reihenfolge die Bedingungen in der linken Seite stehen.

Dieses Verhalten läßt sich nutzen, indem man in jede Regel als erste Einzelbedingung das Muster eines speziellen Steuerelementes (context element, control
element) aufnimmt. Regeln, die in die gleiche Regelgruppe gehören, erhalten die
gleiche Steuerbedingung. Gibt es jetzt im Arbeitsspeicher verschiedene Steuerelemente, so können nur diejenigen Regeln feuern, deren erste Bedingung sich mit dem
neuesten Steuerelement deckt, unabhänging davon, wie neu die Daten sind, durch die
die restlichen Bedingungen der Regeln erfüllt werden.

Gibt es beispielsweise in einer bislang aktiven Regelgruppe "A" keine feuerbereite Regel mehr, so werden automatisch die Regeln einer Gruppe "B" aktiviert,
deren erste Bedingungen sich mit dem nächst neuesten Steuerelement decken. Wird
nun durch eine geeignete Aktion einer Regel der Gruppe "B" dafür gesorgt, daß
wieder Regeln der Gruppe "A" instantiiert werden, so ist die Gruppe "A" sofort
wieder aktiv, da ihr Steuerelement den höchsten Zeitstempel hat.

Um diesen unkontrollierten Wechsel zwischen zwei Regelgruppen zu vermeiden,
ist eine Steuerregel nötig, die in jedem Kontext aktiv ist und explizit die Umschaltung
zwischen zwei Kontexten vornimmt. Sie löscht das neueste Steuerelement, wenn
keine Regel der zur Zeit aktivierten Regelgruppe feuern kann.

In obigem Fall genügt es also nicht mehr, daß alle problemspezifischen Bedingungen von Regeln der Gruppe "A" erfüllt sind, um diese feuern zu lassen, es muß
explizit die Regelgruppe wieder aktiviert werden, indem ein entsprechendes Steuerelement erzeugt wird.

Ein Beispiel soll diese Kontextsteuerung näher erläutern. Nehmen wir an, daß
ein Produktionensystem in verschiedene Module gegliedert ist. Jedes Modul kann in
verschiedene Aufgabenbereiche aufgeteilt werden, die ihreseits noch weiter untergliedert werden können. Dementsprechend ist folgende Elementklasse zu deklarieren:

```
(LITERALIZE Steuerelement
            Modul
            Aufgabe
            Teilaufgabe)
```

Jede Regel, die nicht der Steuerung des Systems dient, sondern ein Stück
Problemwissen darstellen soll, muß folgende Struktur haben:

```
(P Regelname
        (Steuerelement
              ^Modul              ein_Modul
              ^Aufgabe            eine_Aufgabe
              ^Teilaufgabe        eine_Teilaufgabe)
        (Bedingungselement_2)
            ...
        (Bedingungselement_n)

   --> (Aktion_1)
            ...
        (Aktion_m)
   )
```

Zum expliziten Beenden eines Kontextes, nachdem er bearbeitet ist, dient
folgende Regel:

```
(P Kontext_beenden
    { <Kontext> (Steuerelement) }

 --> (REMOVE <Kontext>)
 )
```

Nehmen wir weiterhin an, daß das Modul Dialog mit der Aufgabe Fragestellen
aktuell ist. Das Steuerelement mit dem höchsten Zeitstempel sieht also wie folgt aus:

```
(Steuerelement
      ^Modul           Dialog
      ^Aufgabe         Fragestellen
      ^Teilaufgabe     NIL)
```

Alle Regeln, die die Aufgabe Fragestellen bearbeiten bilden einen Kontext und
haben obiges Muster als erstes Bedingungselement. Wenn keine Regel dieser Gruppe
mehr feuern kann (spätestens dann, wenn die Aufgabe abgearbeitet ist), feuert die
Regel Kontext_beenden. Sie ist zwar von Anfang an instantiiert, da aber alle Regeln
des aktuellen Kontextes den Bedingungsteil der Umschaltregel als Teilmenge des
eigenen Bedingungsteiles enthalten, werden sie von der Regelauswahlstrategie gegenüber der Umschaltregel immer vorgezogen.

Besteht das Modul Dialog z.B. aus den Aufgaben Fragestellen, Antwortlesen
und Antwortauswerten, die in dieser Reihenfolge bearbeitet werden, so müssen
entsprechende Steuerelemente in umgekehrter Reihenfolge erzeugt werden.

```
(P Initialisiere_Dialog
        (Steuerelement
              ^Modul          Dialog
              ^Aufgabe        NIL)

 --> (MAKE Steuerelement
              ^Modul          Dialog
              ^Aufgabe        Antwort_auswerten)
```

```
(MAKE Steuerelement
        ^Modul        Dialog
        ^Aufgabe      Antwort_lesen)
   (MAKE Steuerelement
        ^Modul        Dialog
        ^Aufgabe      Frage_stellen)
)
```

Das Steuerelement mit der Aufgabe Fragestellen ist als letztes erzeugt worden und hat deshalb den höchsten Zeitstempel. Die Regelgruppe dieses Kontextes wird daher als erstes aktiviert.

Die Steuerelemente bestehen nur aus den Beschreibungen einer Regelgruppe. Sie enthalten keine direkte Information über die Reihenfolge, in der die Gruppen aktiviert werden sollen. Vom OPS5-System werden sie wie normale Arbeitsspeicherelemente behandelt. Durch Einstellung des Systems auf die MEA-Strategie erfolgt aber eine Verwaltung der Steuerelemente wie in einem Kellerspeicher (Stack). Die Erzeugung der Elemente entspricht dem "Push", das Bearbeiten eines Kontextes entspricht dem "Top" und das anschließende Löschen eines Elementes dem "Pop".

Diese Stackoperationen sind ständig während eines Programmlaufes möglich. So kann einerseits der Kontextstack initialisiert werden, gemäß einer groben Struktur des Programms, andererseits können dynamisch neue Kontexte erzeugt werden. Die Aufspaltung eines Kontextes in Subkontexte kann so durch eine Regel des betreffenden Kontextes vorgenommen werden und ist dadurch unabhängig vom übergeordneten Kontext. Stellt eine Regelgruppe bei der Bearbeitung einer Aufgabe fest, daß eine andere Regelgruppe eine Teilaufgabe lösen muß, bevor sie selbst weiterarbeiten kann, so erzeugt sie ein Steuerelement, das die nötige Regelgruppe beschreibt. Ihr eigenes Steuerelement wird dabei nicht gelöscht. Aufgrund der Neuheit des erzeugten Steuerelements wird aber der neue Kontext von der Regelauswahlstrategie priorisiert. Nachdem die, den neuen Kontext bearbeitende, Regelgruppe terminiert und die Umschaltregel das dazugehörende Steuerelement gelöscht hat, ist der alte Kontext automatisch wieder aktiv und kann weiter bearbeitet werden. Dieses Verhalten ist vergleichbar mit Unterprogrammaufrufen in traditionellen Programmiersprachen. Es unterscheidet sich aber insofern, als alle Arbeitsspeicherelemente globalen Variablen entsprechen. Aus diesem Grund lassen sich Kontexte zunächst auch nicht rekursiv aktivieren. Hingegen ist die Aktivierung von Kontexten durch andere beliebig schachtelbar. Parameter lassen sich leicht im Steuerelement unterbringen.

13.2.2 Kontextsteuerung mit Hilfe eines Vektorattributes

Die im vorigen Abschnitt beschriebene Kontextsteuerung basiert auf der Verwaltung von Kontexten in einem Kellerspeicher. Ein solcher Kellerspeicher besteht aus einer (theoretisch unendlich langen) Folge von Speicherzellen, bei der nur die erste Zelle zugreifbar ist. Für die Implementation eines Kellerspeichers bietet sich daher ein Vektorattribut an. Es besteht aus einer Folge von Komponenten. Über den als Vektorattribut deklarierten Attributnamen besteht Zugriff auf die erste Komponente und mit Hilfe der Substr-Funktion kann der Kellerinhalt verschoben werden, etwa, um das erste Element frei zu machen. Am Beispiel des Kontextstacks werden wir diese Art der Realisierung eines Kellerspeichers demonstrieren. Dabei verwenden wir das gesamte Arbeitsspeicherelement als Vektor. Das Element kann so natürlich keine weiteren Attribute haben.

Nehmen wir an, daß das Objekt den Klassennamen "Kontextstack" erhält. Weiterhin nehmen wir an, eine vom Produktionensystem zu lösende Aufgabe gliedere sich auf der obersten Ebene in 3 Phasen:

- Vorbereitung,
- Durchführung,
- Nachbereitung.

Eine Initialisierung des Kontextstacks könnte dann folgendermaßen erreicht werden:

```
(STARTUP
     (MAKE Kontextstack
                 Vorbereitung
                 Durchführung
                 Nachbereitung)
)
```

Die Kontexte stehen in der Reihenfolge im Element, in der sie abgearbeitet werden sollen. Die Komponente Nr. 2 entspricht dem "Top-of-Stack" und enthält den aktuellen Kontext. Die Komponente hinter der durch "Inf" bezeichneten entspricht dem Kellerboden. Jede Regel muß wieder den aktuellen Kontext mit einer Bedingung testen.

```
(P Initialisiere_das_System
     (Kontextstack Initialisieren)

--> (CALL Initialisiere_extern)
     (CALL Initialisiere_Ops)
)
```

oder

```
(LITERAL    Aktueller_Kontext = 2)

(P Initialisiere_das_System
     (Kontextstack
             ^Aktueller_Kontext Initialisieren)

--> (CALL Initialisiere_extern)
     (CALL Initialisiere_Ops)
)
```

Eine dynamische Änderung der Kontexte ist hier ebenso wie bei der vorigen Methode möglich. Der aktuelle Kontext kann durch eine Folge von Kontexten ersetzt werden, was einer Ersetzung einer Aufgabe durch ihre Teilaufgaben entspricht, oder ein neuer Kontext wird auf dem Stack abgelegt, etwa wenn die aktuelle Regelgruppe feststellt, daß eine andere Gruppe aktiv werden muß, bevor sie selbst weiterarbeiten kann.

```
(P Unteraufgaben_von_Kontext_:_Vorbereiten
     {<Kontextstack> (Kontextstack
                 ^Aktueller_Kontext   Vorbereiten )}
```

```
-->  (MODIFY <Kontextstack>
                         ^Aktueller_Kontext    Datei_öffnen
                                               Daten_lesen
                                               Datei_schließen
                              (SUBSTR <Kontextstack> 3 INF) )
)


(P Keine_Daten_im_File
     {<Kontextstack> (Kontextstack
                         ^Aktueller_Kontext    Daten_lesen ) }
               (END-OF-FILE)
               -(Daten)


-->  (MODIFY <Kontextstack>
                         ^Aktueller_Kontext    Fehlerbehandlung
                              (SUBSTR <Kontextstack> 2 INF) )
)
```

Schließlich ist noch eine Steuerregel nötig, die einen Kontext entfernt, sobald er abgearbeitet ist.

```
(P Kontext_beenden
     {<Kontextstack> (Kontextstack
                         ^Aktueller_Kontext   <> NIL )}


-->  (MODIFY <Kontextstack>
                         ^Aktueller_Kontext
                              (SUBSTR <Kontextstack> 3 INF) NIL )
)
```

Diese Methode der Kontextsteuerung hat den Vorteil, daß alle vorhandenen Kontextbeschreibungen in einem Objekt und in der richtigen Reihenfolge vereint sind. Dadurch hat man im Toplevel einen einfacheren Zugriff darauf (Fehlersuche). Ein weiterer Vorteil besteht darin, daß nur jeweils die Regeln des aktuellen Kontextes instantiiert werden können, was im allgemeinen zu effizienteren Programmen führt (siehe Abschnitt 18.4). Weiterhin ist die Methode unabhängig von der eingestellten Strategie.

Ein Nachteil ist die Begrenzung des Stacks auf maximal 127 Plätze in LISP-OPS5 bzw 382 Plätze in VAX-OPS5. Bei einem Stacküberlauf werden die untersten Einträge hinausgeschoben und gehen verloren. Um dieses zu verhindern, muß (durch Verwendung eines Kellerbodensymbols) jedesmal explizit abgefragt werden, ob noch genügend Platz im Stack ist. Gegebenenfalls müßten Teile des Stackinhaltes in anderen Elementen zwischengespeichert werden.

Eine Darstellung der Kontexte durch eine Struktur aus Kontext, Subkontext etc. ist auch bei dieser Art der Repräsentation möglich. Der Kontext müßte statt durch ein Atom, durch eine Folge von Atomen beschrieben werden. Der Zugriff auf Subkontexte kann durch entsprechende Attribute realisiert werden. Die Kapazität des Stacks wird dadurch aber stark eingeschränkt und die Übergabe von Parametern (gerade wenn nicht alle Kontexte gleichviele Parameter bekommen) gestaltet sich eher mühsam.

Diese Methode der Kontextsteuerung erscheint deshalb nur angebracht, wenn sich die Kontexte durch ein oder wenige Atome beschreiben lassen, und die Anzahl der gleichzeitig existierenden Kontextbeschreibungen die Kapazität des Stacks nicht überschreiten.

13.2.3 Merkmale der Kontextsteuerung

In den beiden vorangegangenen Abschnitten haben wir zwei Möglichkeiten beschrieben, eine Kontextsteuerung zu realisieren und diese durch Beispielregeln erläutert. Die beiden Beispiele unterscheiden sich in verschiedenen Punkten, haben aber auch Gemeinsamkeiten. In diesem Abschnitt sollen diese Kriterien, nach denen man Kontextsteuerungen unterscheiden kann, dargestellt werden.

Zunächst wollen wir jedoch noch das Aktivieren eines Kontextes genauer spezifizieren. Dabei ist zu unterscheiden zwischen dem Erzeugen eines Steuerelementes und der Auswahl eines Kontextes durch das System, um dessen Regeln auszuführen. Die Erzeugung eines Steuerelementes ermöglicht die Instantiierungen von Regeln des zugehörigen Kontextes. Entsprechend wollen wir diesen Vorgang als das Instantiieren dieses Kontextes bezeichnen. Durch das Vorhandensein mehrerer Steuerelemente können mehrere Kontexte instantiiert sein. Das Instantiieren eines Kontextes ist nicht gleichbedeutend mit dem Instantiieren von Regeln dieses Kontextes. Wie wir am Ende dieses Abschnittes sehen werden, kann ein Kontext instantiiert sein, ohne daß eine einzige seiner Regeln instantiiert wurde. Unter dem Aktivieren eines Kontextes wollen wir im weiteren die Auswahl eines instantiierten Kontextes durch den Regelinterpreter verstehen, um dessen Regeln auszuführen.

Kommen wir nun zu den Unterschieden zwischen den beiden erwähnten Beispielen. Kontextsteuerungen können danach unterschieden werden, wie sie die Beschreibung der Kontexte repräsentieren. Zum einen gibt es die Möglichkeit, dies in strukturierter Weise zu tun, also etwa durch ein Arbeitsspeicherelement mit mehreren Attributen oder durch eine zusammengehörige Folge von Atomen in einem Vektorattribut. Demgegenüber steht die Möglichkeit, die Kontexte atomar zu beschreiben, etwa durch den Wert eines Attributes oder durch ein attributloses Arbeitsspeicherelement. Bei der atomaren Darstellung ist die Einordnung eines Kontextes in die Hierarchie der Problemzerlegung höchstens implizit durch eine geeignete Konvention für die Benennung der Kontexte möglich. Hingegen kann bei einer strukturierten Repräsentation jede Zerlegungsebene durch ein Attribut dargestellt werden, so daß jede Kontextbeschreibung die Information über etwaige übergeordnete Kontexte enthält.

Letztere Darstellung geht von der nicht immer gerechtfertigten Annahme aus, daß die Problemzerlegung einen Baum von Teilproblemen ergibt. Sie ist auch noch gerechtfertigt, wenn es mehrere nebeneinander stehende Teilbäume gibt, zwischen denen nur eine geringe Wechselwirkung besteht. Sind die Teilprobleme jedoch durch eine netzartige Struktur miteinander verbunden, in der sich keine Ebenen mehr unterscheiden lassen, ist eine atomare Kontextbeschreibung angebracht, bei der alle Kontexte gleichwertig auf einer Ebene stehen.

Ein weiteres Merkmal einer Kontextsteuerung ist der Mechanismus, mit dem die, einer Problemzerlegung entsprechende, Instantiierung neuer Kontexte geschieht. Davon ausgehend, daß jedes (Teil-)Problem durch einen Kontext repräsentiert wird, kann die Zerlegung eines Problems in Teilprobleme direkt in die Ersetzung eines

Kontextes durch eine Folge von Kontexten ausgedrückt werden. [1] Dieses Vorgehen setzt aber voraus, daß das Lösen aller Teilprobleme für die Lösung des übergeordneten Problems sowohl nötig als auch hinreichend ist. Im allgemeinen verfügt man aber auch nach intensiver Problemanalyse nicht über die Kenntnis des vollständigen Problemraumes.

Flexibler ist die Vorgehensweise, Subkontexte zu instantiieren, ohne den Superkontext zu löschen. Dieser wird dann nach Abarbeitung der Subkontexte automatisch wieder aktiv und kann feststellen, ob eine gewünschte Lösung vorliegt, oder ob beispielsweise weitere Subkontexte aktiviert werden müssen. Auf dem Abstraktionsniveau der Kontexte läßt sich ein Problem nun nicht nur durch eine einfache Zerlegung in Teilprobleme beschreiben, sondern die Lösung eines Teilproblemes kann die weitere Zerlegung beeinflussen. Es läßt sich das Explorieren von Alternativen beschreiben, indem zunächst für die erste Alternative ein Subkontext instantiiert wird. Liefert die Expansion dieses Subkontextes kein zufriedenstellendes Ergebnis, wird im übergeordneten Kontext entschieden, welcher Subkontext als nächstes instantiiert wird, er entspricht der nächsten zu untersuchenden Alternative. Indem dieses Verfahren über mehrere Ebenen angewandt wird, kann für einzelne Teilprobleme durch Backtracking eine erschöpfende Suche realisiert werden. Der Fall, daß die Bearbeitung aller Subkontexte das Beenden des übergeordneten Kontextes impliziert, wird als Sonderfall mit abgedeckt.

Soll dagegen in der zuerst beschriebenen Variante, in der ein Kontext durch eine Folge von Subkontexten ersetzt wird, ein Rücksetzverfahren realisiert werden, so müßten beim ersten Erreichen eines jeden Rücksetzpunktes (entspricht einem zu ersetzenden Kontext) bereits alle möglichen Alternativen angestoßen werden. Da die Entscheidung, ob ein Subkontext noch bearbeitet werden muß, nicht mehr vom Superkontext getroffen werden kann, müßte sie in jeden Subkontext mit aufgenommen werden. Jeder Subkontext müßte also eine Bedingung enthalten, die besagt: "Wenn die Bearbeitung einer vorangegangenen Alternative bereits ein Ergebnis geliefert hat, dann beende den Kontext sofort."

Das Wesen der Kontextsteuerung beruht darauf, zu jedem Zeitpunkt nur eine kleine Menge von Regeln aktiv zu halten. Häufig ist die Reihenfolge der Regelanwendungen innerhalb einer solchen Regelmenge unbedeutend. Aufgrund der geringen Komplexität ist aber auch eine eventuell notwendige Ordnung der Regelfeuerungen durch Berücksichtigung der, in der Regelauswahlstrategie des OPS5-Systems implementierten, Heuristiken einfach zu realisieren. Ebenso kann auf der Ebene der Kontexte eine Ordnung zwischen einzelnen Gruppen von Regeln beschrieben werden.

Obwohl der OPS5-Regelinterpreter alle Regeln als gleichrangig betrachtet, und somit potentiell jede Regel als nächste zum Feuern ausgewählt werden kann, erlaubt die Kontextsteuerung eine Problembeschreibung auf unterschiedlichem Abstraktionsniveau und damit eine Problemreduzierung.

Zu einem Zeitpunkt kann nur ein Kontext aktiv sein. Dennoch kann es Regeln geben, die in mehreren Kontexten aktiv sein können, indem sie eine partielle Beschreibung der Steuerelemente enthalten.

---

[1] Es wird die Zerlegung eines Problemes in gemeinsam zu erfüllende Teilprobleme betrachtet. Diese Teilprobleme entsprechen Und-Knoten im Problemraum (siehe Abschnitt 2.8).

```
(P Evidenzwertberechnung_starten
        (Steuerelement
            ^Modul              << Diagnose Therapie >>
            ^Aufgabe            <beliebige_Aufgabe>
            ^Teilaufgabe        Evidenzwert_berechnen )
        ...
    --> ...
)
```

Obige Regel kann in zwei Modulen und dort in jeder Aufgabe, die die Teilaufgabe Evidenzwertberechnung enthält, aktiv sein. Das Einführen solcher Regeln führt dazu, daß die Kontexte nicht mehr disjunkt sind; die einzelnen Regelmengen überschneiden sich, vorausgesetzt man verlangt, daß zur Spezifizierung eines Kontextes -in diesem Beispiel- die Angabe des Moduls, der Aufgabe und der Teilaufgabe notwendig sind. Sieht man dagegen eine Teilaufgabe, wie etwa hier die Evidenzwertberechnung, als eigenständigen Kontext an, unabhängig von möglichen übergeordneten Kontexten, so stellt sich die Frage, ob dieser nicht auf der obersten Ebene, hier also der Ebene der Module darzustellen ist. Allgemeingültig läßt sich diese Frage nicht beantworten. Es ist im Gegenteil notwendig, im Einzelfall eine Problemstellung genau zu analysieren, um festzustellen, ob ein Konzept mehreren anderen untergeordnet ist, was in einer netzartigen Struktur ja durchaus der Fall sein kann, oder ob es sich um eine lockere Bindung zwischen ansonsten gleichberechtigten Kontexten handelt.

Im weiteren werden die Gemeinsamkeiten der beiden zugrundeliegenden Beispiele erläutert. Zunächst einmal wurden in beiden Fällen keine Parameter über das Steuerelement an den Kontext übergeben. Dies ist aber durchaus möglich. Eine solche Integration der Parameter in das Steuerelement kann aber unvorteilhaft sein, wenn verschiedene Kontexte unterschiedliche Parameter benötigen. Entweder müssen dann soviele unterschiedliche Parameter für das Steuerelement deklariert werden, wie insgesamt in allen Kontexten vorkommen, oder verschiedene einander ausschließende Parameter müssen unter einem gemeinsamen Attribut übergeben werden. Es ist deshalb in einem solchen Fall vorzuziehen, die Parameter in speziellen Arbeitsspeicherelementen zu übergeben, so daß deren unterschiedliche Struktur adäquat dargestellt werden kann.

Ein letztes Kriterium der Kontextsteuerungen, das hier besprochen werden soll, ist die Strategie der Kontextverwaltung. In beiden Beispielen erfolgt diese nach Art eines Kellerspeichers. Dies ist aber durchaus nicht die einzige Möglichkeit. Bei einer kellerartigen Verwaltung über die MEA-Strategie wird über die Zeitstempel eine Priorität ausgedrückt. Ein neu instantiierter Kontext hat die höchste Priorität. Werden mehrere Kontexte durch eine Regel instantiiert, kann über die Reihenfolge der Instantiierung eine Priorisierung ausgedrückt werden.

Eine Regel kann aber nach der Instantiierung neuer Kontexte das Steuerelement des aktuellen Kontextes modifizieren, wodurch dieser Priorität gegenüber den neuen Kontexten erhält. Dadurch verliert das Instantiieren und Aktivieren eines Kontextes den Charakter eines Unterprogrammaufrufes. Die Bearbeitung einer Aufgabe kann angestoßen werden, ohne daß die aktuell durchgeführte Bearbeitung unterbrochen wird. Dieses Zurückstellen von Aufgaben ist aber nur eingeschränkt möglich. Alle zurückgestellten Aufgaben werden ihrerseits wieder kellerartig verwaltet. Auch eine dynamische Änderung der Priorität einzelner Aufgaben ist nicht möglich, da kein direkter Zugriff auf die Zeitstempel besteht.

Um solche Eigenschaften zu realisieren, kann die Kontextbeschreibung um ein

Prioritätsattribut erweitert werden. Die Priorität wird durch Zahlwerte ausgedrückt. Um zu erreichen, daß die MEA-Strategie nicht mehr den Kontext bevorzugt, dessen Steuerelement am neuesten ist, sondern zusätzlich noch die Priorität berücksichtigt, wird das Steuerelement um ein Statusattribut erweitert. Jedes neu erzeugte Steuerelement erhält zunächst den Status passiv, während in der ersten Bedingung jeder Regel ein Steuerelement mit dem Status aktiv abgeprüft wird. Das Instantiieren eines Kontextes geschieht weiterhin durch Erzeugung eines Steuerelementes. Die Aktivierung eines Kontextes erfolgt nun aber nicht mehr direkt durch die Regelauswahlstrategie des OPS5-Systems, sondern durch eine selbstgeschriebene Auswahlregel.

```
(P Aktiviere_nächsten_Kontext
     {<neuer_Kontext> (Steuerelement
                          ^Priorität          <höchste_Priorität>
                          ^Status             passiv)}
                     -(Steuerelement
                          ^Priorität          > <höchste_Priorität>
                          ^Status             passiv)
                     -(Steuerelement
                          ^Status             aktiv)

--> (MODIFY <neuer_Kontext>
                          ^Status             aktiv)
)
```

Man beachte, daß die Regel Aktiviere_nächsten_Kontext als erste Bedingung ein Steuerelement mit Status passiv beschreibt. Diese Regel gehört nicht in irgendeinen Kontext, sondern dient zur Verwaltung der Kontexte. Durch ihre dritte Bedingung wird sichergestellt, daß sie nur feuern kann, wenn es keinen aktiven Kontext mehr gibt. Auch die Kontrollregel Beende_Kontext muß modifiziert werden, damit sie nur einen aktiven Kontext löschen kann.

```
(P Beende_Kontext
     { <Kontext> (Steuerelement
                       ^Status        aktiv) }

--> (REMOVE <Kontext>)
)
```

In der vorgestellten Realisierung einer prioritätsgesteuerten Kontextverwaltung wird ein aktueller Kontext stets zu Ende bearbeitet, auch wenn er dabei Kontexte instantiiert, die eine höhere Priorität haben. Dies entspricht dem Verhalten des OPS5-Regelinterpreters, der eine Regelfeuerung auch nicht abbricht, wenn währenddessen Regelinstantiierungen mit höherer Priorität erzeugt werden. Das muß nicht so sein. Statt dessen könnte jede Regel, die ein Steuerelement erzeugt, den aktuellen Kontext auf passiv setzen bzw. es könnte eine Dämonenregel geben, die dieses tut. Anschließend würde die Regel Aktiviere_nächsten_Kontext anhand der Prioritäten entscheiden, ob ein bislang aktiver Kontext fortgesetzt wird oder nicht. Dadurch ist es möglich, die Bearbeitung einer Aufgabe vorzeitig abzubrechen, um sie entweder später fortzuführen oder sie endgültig zu beenden.

Die Möglichkeiten, das Aktivieren von Kontexten zu verzögern und Kontexte durch eine (Dämonen-)Regel von außerhalb des Kontextes zu unterbrechen, macht deutlich, daß die Interpretation von Regelgruppen als Unterprogramme nur eine mögliche Verwendung darstellt. Ebenso ist ein Verhalten nach dem Coroutinen-Prinzip realisierbar.

13.2.4 Gruppierung des Arbeitsspeichers

Genauso, wie die Regelmenge des OPS5-Systems sich nicht direkt unterteilen läßt, wird der Arbeitsspeicher als Menge gleichwertiger Elemente aufgefaßt.

Nach dem gleichen Prinzip, nach dem sich der Regelspeicher durch Einführen zusätzlicher Steuerbedingungen partitionieren läßt, kann aber auch der Arbeitsspeicher in einzelne abgrenzbare Teile gegliedert werden. Dazu erhalten alle Elementklassen ein Steuerattribut, unter dem die Information abgelegt wird, zu welchem Arbeitsspeicherteil ein Element gehört.

Beispiel:

```
(Werkzeug
        ^Arbeitsspeicher       Reparaturbetrieb
        ^Name                  Hammer
        ^Funktion              Nägel_einschlagen)
```

Bei der Unterscheidung zwischen mehreren Instantiierungen einer Regelgruppe ermöglicht eine Partitionierung des Arbeitsspeichers, jeder Instantiierung einen eigenen Arbeitsspeicherteil zuzuweisen. Eine andere Möglichkeit besteht darin, eine Regelgruppe (bzw. ihre Instantiierung) nacheinander oder abwechselnd auf verschiedenen Arbeitsspeicherteilen arbeiten zu lassen. In beiden Fällen ist der Effekt, daß sich die Auswirkungen von Regeln explizit begrenzen lassen. Im ersten Fall wird das Konzept der lokalen Variablen realisiert, im zweiten Fall das Konzept von variablen Parametern. Dabei ist es durchaus nicht nötig, alle Arbeitsspeicherelemente zu kennzeichnen. Nicht gekennzeichnete Elemente sind dann für alle Instantiierungen der jeweiligen Regelgruppe sichtbar. Das Faktenwissen eines wissensbasierten Systems muß beispielsweise für alle Instantiierungen einer Regelgruppe zugreifbar sein, ohne daß es entsprechend häufig kopiert werden muß.

Zur Erläuterung des ersten Falles gehen wir von einer Kontextsteuerung durch die MEA-Strategie aus. Jedes Steuerelement, das ja die Instantiierung einer Regelmenge repräsentiert, erhält ein Namensattribut, durch das diese Instantiierung eindeutig benennbar ist. Der Name der Instantiierung wird in alle Elemente des zugehörigen Arbeitsspeichers unter das Attribut Arbeitsspeicher kopiert. Steht zur Übersetzungszeit des Programms noch nicht fest, wie oft eine Regelgruppe instantiiert wird, kommt für die Kennzeichnung nur die Funktion Genatom in Frage.

Wir hatten im Kapitel über die Kontextsteuerung festgestellt, daß Regelgruppen unter anderem wie Unterprogramme in traditionellen Programmiersprachen eingesetzt werden können. Unterscheidet man zwischen verschiedenen Instantiierungen einer Regelgruppe, so entspricht jede Regelgruppe einem Unterprogramm und jede Instantiierung einem Unterprogrammaufruf. Da nun jeder Instantiierung praktisch ein eigener Arbeitsspeicher zugewiesen werden kann, sind auch rekursive Aktivierungen von Regelgruppen möglich. Die an eine Instantiierung gebundenen Elemente kann man dabei mit lokalen Variablen eines Unterprogramms vergleichen. Nicht gekennzeichnete Elemente entsprechen den globalen Variablen.

Bei der zweiten Möglichkeit ist die Instantiierung einer Regelgruppe nicht mit der Schaffung eines zugehörigen Arbeitsspeicherteiles verbunden. Vielmehr wird bei dem

Auslösen einer Regelgruppeninstantiierung ein unabhängig davon existierender Arbeitsspeicherteil als Parameter übergeben. Die gekennzeichneten Elemente entsprechen in diesem Fall nicht lokalen Variablen, sondern bilden zusammengenommen einen Referenzparameter. Dadurch können Regelgruppen geschaffen werden, die sich auf verschiedene Arbeitsspeicherteile, die nebeneinander existieren, anwenden lassen. Die Auswirkungen der Regelmenge beschränken sich auf den jeweils ausgewählten Teil.

13.3 Spezielle Regeln

13.3.1 Dämonen

Unter einem Dämon versteht man eine Prozedur, die in einer bestimmten Situation automatisch ausgeführt wird, ohne daß ein expliziter Aufruf programmiert werden muß. Im Fall von OPS5 entspricht das einer Regel oder Regelgruppe, die beim Auftreten eines bestimmten Musters oder einer bestimmten Konstellation von Mustern im Arbeitsspeicher unverzüglich ausgeführt wird. Dämonen durchbrechen also eine vorhandene Kontextsteuerung.

Schwierigkeiten bei der Implementation eines Dämons in OPS5 gibt es, wenn eine solche Regel nur eine einzelne einfache Bedingung hat, nämlich das Muster, auf das sie reagieren soll. Wird dieses Muster nicht speziell zum Triggern des Dämons geschaffen, gibt es andere Regeln, die dieses Muster als eine ihrer Einzelbedingungen enthalten und insgesamt einen größeren Bedingungsteil haben. Dadurch wird die Dämonenregel von der Auswahlstrategie nachrangig behandelt, obwohl sie von der Idee her bevorzugt werden müßte. Dieses Problem läßt sich umgehen, indem man Dummy-Bedingungen einführt.

```
(P Dämon_1
     ( {          } )
     (Auslösemuster)
     ( {          } )
            ...
     ( {          } )

--> (Aktionsteil)
)
```

Obige Regel hat, außer dem eigentlichen Muster, auf das die Regel ansprechen soll, mehrere leere Bedingungen. Diese decken sich mit jedem, also auch dem neuesten Arbeitsspeicherelement. Dadurch bekommt die Regel praktisch die höchst mögliche Priorität für die Auswahlstrategie. Die Regel soll zwar sofort nach Erzeugung des Auslösemusters feuern, dennoch kann man nicht davon ausgehen, daß dieses Muster den höchsten Zeitstempel hat, da die Regel, die es erzeugt hat, noch weitere Elemente erzeugt haben kann. Deshalb müssen sich die Pseudobedingungen mit jedem Element decken können. Die erste Bedingung muß eine der leeren Bedingungen sein, damit die Regel unabhängig von der Strategie arbeiten kann.

Diese Regel hat in dieser Form den Nachteil, daß sie, sobald das Auslösemuster im Arbeitsspeicher vorhanden ist, ständig feuert. Das läßt sich verhindern, indem man dafür sorgt, daß sich die Regel nach erstmaligem Feuern selbst sperrt.

```
(P Dämon_2
     ( {           } )
     -(Sperrmuster )
     (Auslösemuster)
     ( {           } )
         ....
     ( {           } )

--> (MAKE Sperrmuster)
     (Aktionsteil)
)
```

Durch diese Sperre kann die Regel nur ein einziges Mal feuern. Auf weiteres Auftreten
von Auslösemustern wird nicht mehr reagiert. Geht man davon aus, daß von den
Auslösemustern nie mehrere gleichzeitig im Arbeitsspeicher sind, oder daß dies
zumindest nicht von Bedeutung ist, dann kann man mit einer zweiten Regel den
Dämon wieder aktivieren:

```
(P Reset_Dämon_2
     ( {     .     } )
     {<Sperre> (Sperrmuster)}
     ( {           } )
         ....
     ( {           } )
     -(Auslösemuster)

--> (REMOVE <Sperre>)
)
```

Das Auslösemuster muß nicht unbedingt ein einzelnes Arbeitsspeicherelement sein,
sondern der Zustand, in dem der Dämon ausgelöst werden soll, kann auch durch eine
bestimmte Kombination von Arbeitsspeicherelementen gekennzeichnet sein. Zu beachten ist dabei, daß die Resetregel in diesem Fall dann feuern muß, sobald eines der
beteiligten Muster fehlt. Im allgemeinen muß dabei für jedes Muster eine Resetregel
geschrieben werden.

Es gibt Anwendungen, bei denen der Dämon bei jedem Auftreten eines Musters
aktiv werden soll, also auch zwei gleichzeitig vorhandene Muster berücksichtigen
können muß. Hierfür läßt sich keine allgemeingültige Lösung angeben. Das ständige
Feuern der Regel Dämon_1 müßte durch Modifikation des Auslösemusters verhindert
werden. Das hat den Nachteil, daß das betreffende Objekt einen neuen Zeitstempel
bekommt, der Dämon also in den Kontrollfluß des Programms eingreift.

Durch die Verwendung der Pseudo-Elemente funktioniert eine derart erzeugte
Dämonenregel unter allen Umständen. Da aber jedes erzeugte Element sich mit den
Pseudobedingungen deckt, ist der vom OPS5-System zu treibende Aufwand beim
Mustervergleich immens; die Regel wird sehr oft instantiiert, sobald das Auslöse-
muster vorhanden ist. In der Praxis sollte die Verwendung von einem oder gar
mehreren Pseudoelementen daher vermieden und eine Lösung gesucht werden, die
den gegebenen Zusammenhang ausnutzt. Eine gute Lösung läßt sich hier am besten in
Abhängigkeit von den restlichen Regeln finden.

Nehmen wir z.B. an, daß das System eine Kontextsteuerung mit Hilfe der MEA-
Strategie enthält (siehe Abschnitt 13.2.1). Dabei haben alle Regeln als erste

Bedingung eine Bezeichnung ihrer Regelgruppe (Steuerelement). Die Dämonenregel weicht davon ab und hat als erste und einzige Bedingung das Auslösemuster. Werden die Steuerelemente immer als erstes innerhalb eines Aktionsteiles erzeugt, hat das Auslösemuster, wenn es entsteht einen höheren Zeitstempel als jedes Steuerelement. Die Dämonenregel wird deshalb durch die MEA-Strategie allen anderen Regeln vorgezogen. Sie feuert sofort bei jeder Modifikation oder Erzeugung eines Auslösemusters und jeweils genau einmal.

Dämonen sind immer dann notwendig, wenn die normale Steuerung des Systems außer Kraft gesetzt werden muß. Das kann zur Behandlung von Eingabefehlern oder entdeckten Inkonsistenzen in einer Hypothesenmenge notwendig sein. Generell hat jede Ausnahmebehandlung den Charakter eines Dämonen. Ein Beispiel für die Anwendung von Dämonen sind die Regeln, die die Kontextsteuerung realisieren. Diese Regeln sind selbst unabhängig von einem speziellen Kontext, wie etwa die Regel Beende_Kontext, die den Kontext wechselt, (genau dann) wenn er abgearbeitet ist.

Ein spezieller Dämon soll im folgenden Abschnitt erläutert werden.

13.3.2 Rien ne vas plus

Sobald keine Regel mehr instantiiert werden kann, bricht der OPS5-Interpreter den Recognize-Act Cycle ab und springt in die Toplevelroutine bzw. läßt das Programm terminieren. Will man dieses vermeiden, ist eine Regel nötig, die nur dann und immer dann feuert, wenn keine andere Regel mehr feuern kann. Eine solche Regel erhält als Bedingung ein Muster, zu dem das einzige passende Arbeitsspeicherelement beim Initialisieren des Systems erzeugt wird, also einen niedrigen Zeitstempel hat. Sie kann deswegen erst zum Feuern ausgewählt werden, wenn keine andere Regel mehr feuern kann, da alle dynamisch erzeugte Information höhere Zeitstempel hat, und Regeln, die darauf reagieren von der Auswahlstrategie bevorzugt werden. Nichtsdestotrotz ist diese Regel von Beginn an instantiiert.

```
(P Rien_ne_vas_plus
   (Starter)

--> (Ausnahmeaktion)
)
```

In dieser Form kann die Regel nur einmal feuern, da nur eine Instantiierung möglich ist. Eine erneute Instantiierung durch Modifikation des Starters zu erlauben ist nicht statthaft, da der Starter dadurch einen hohen Zeitstempel erhält. Die Regel wird deshalb wie folgt geändert:

```
(P Rien_ne_vas_plus
      (Starter)
      -(Sperre)

  --> (MAKE Sperre)
      (CBIND <Sperre>)
      (REMOVE <Sperre>)
      (Ausnahmeaktion)
   )
```

Die Regel hat eine negierte Bedingung erhalten. Sobald sie feuert, sorgt sie dafür, daß die negierte Bedingung erfüllt wird. Jetzt ist eine Instantiierung nicht möglich. Als nächstes löscht sie das soeben erzeugte Element. Die negierte Bedingung ist jetzt nicht mehr gültig, und die Regel kann mit demselben "alten" Starter neu instantiiert werden. Entscheidend für das Funktionieren dieser Regel ist die Tatsache, daß die Konfliktmenge nicht erst nach dem Feuern einer Regel aktualisiert wird, sondern nach jeder einzelnen RHS-Aktion.

Kapitel 14 Problemorientierte Datenstrukturen

OPS5 stellt als einzigen strukturierten Datentypen die Arbeitsspeicherelemente zur Verfügung, die man als eindimensionale Arrays oder als flache Records auffassen kann; die Komponenten können jeweils nur atomare Werte aufnehmen. Dieses Prinzip wird lediglich durch die Vektorattribute durchbrochen, die es erlauben, Folgen von Komponenten als zusammengehörig zu betrachten. Solche Vektoren lassen sich als Listen und mit gewissen Einschränkungen auch als Mengen interpretieren.

14.1 Listen

14.1.1 Listen mit atomaren Elementen

Die einfachste Implementation einer Liste in OPS5 ist die Verwendung eines Vektorattributes. Die Komponenten des Vektors entsprechen dabei den Listenelementen. Auf diese Weise können zunächst nur Listen mit atomaren Elementen gebildet werden. Wichtig für die Manipulation dieser Listen sind die Funktionen Substr und Litval sowie die Anweisung Bind. Mit der Substr-Funktion kann der Vektor oder ein Teil von ihm als Einheit manipuliert werden. Durch die Litval-Funktion kann festgestellt werden, bei welchem Index ein Vektor beginnt, so daß durch eine Indexberechnung und mit Hilfe der Substr-Funktion beliebige Teilstücke eines Vektors isoliert werden können.

Beispiel:

```
(LITERALIZE
    Objekt Attribut_1 Attribut_2 ... Attribut_n Liste)

(VECTOR-ATTRIBUTE Liste)

(P Löschen_des_ersten_Elementes
    { <Objekt> (Objekt) }

--> (BIND   <Liste>      (LITVAL Liste) )
    (BIND   <Liste+1>    (COMPUTE <Liste> + 1) )
    (MODIFY <Objekt>
               ^Liste (SUBSTR <Objekt> <Liste+1> INF) NIL)
)
```

In VAX-OPS5 kann eine solche Indexberechnung zur Laufzeit in einigen Fällen vermieden werden, da alle Vektorattribute auf einen konstanten Index abgebildet werden. Dadurch kann ein Attribut für die zweite, dritte oder n-te Komponente mittels Literal deklariert werden.

Beispiel:

```
(LITERALIZE
    Objekt Attribut_1 Attribut_2 ... Attribut_n Liste)

(VECTOR-ATTRIBUTE Liste)
```

```
(LITERAL Liste+1 = 257)

(P Löschen_des_ersten_Elementes
   { <Objekt> (Objekt) }

--> (MODIFY <Objekt>
              ^Liste (SUBSTR <Objekt> Liste+1 INF) NIL)
   )
```

Ein Vektorattribut kann in VAX-OPS5 bis zu 128 Werte enthalten. Sind Listen nötig, die größer sind, so kann auch das ganze Arbeitsspeicherelement als Liste aufgefaßt werden. Damit kann eine Liste maximal 382 Elemente plus einen (Klassen-) Namen enthalten. Die Deklaration des "Vektorattributes" und aller weiteren Attribute muß durch Literal geschehen und der Programmierer muß dafür sorgen, daß das "Vektorattribut" den höchsten Index innerhalb dieser Klasse erhält. Alle beschriebenen Listenoperationen funktionieren genauso auf dem Gesamtelement wie auf den letzten 128 Komponenten.

Im folgenden zeigen wir, wie die üblichen Listen-Operationen in OPS5 für Listen, die durch Vektoren dargestellt werden, realisiert werden können.

14.1.2 Listen-Operationen

Für nachfolgende Beispiele gehen wir von der einfacheren Darstellung in VAX-OPS5 aus. Wir setzen folgende Deklaration voraus

```
(VECTOR-ATTRIBUTE Liste)
(LITERAL    Liste-1 = 255
            Liste+1 = 257 )
(LITERALIZE Objekt
            Attr_1 ... Attr_n Liste-1 Liste Liste+1)
```

und nehmen an, daß gegebenenfalls im Bedingungsteil einer Regel Elemente der Klasse Objekt an die Variablen <Objekt>, <Objekt_1> bzw. <Objekt_2> gebunden wurden.

1. Erzeugen einer Liste

```
(MAKE Objekt ^Liste A B C D E)
```

2. Ein Element vorn oder hinten an die Liste anhängen (LIFO bzw. FIFO)

```
(MODIFY <Objekt>
            ^Liste F (SUBSTR <Objekt> Liste INF))
(MODIFY <Objekt>
            ^Liste (SUBSTR <Objekt> Liste INF) F)
```

3. Verknüpfen zweier Listen

```
(MAKE Objekt
        ^Liste  (SUBSTR <Objekt_1> Liste INF)
                (SUBSTR <Objekt_2> Liste INF) )
```

4. Auf das erste Element einer Liste läßt sich in der LHS zugreifen

```
(Objekt ^Liste <erstes_Element> )
```

5. Das letzte Element einer Liste läßt sich nur in der RHS binden.

```
(BIND <Letztes_Element> (SUBSTR <Objekt> INF INF))
```

Da sich die Länge der Liste dynamisch ändern kann, kann auch in VAX-OPS5 kein Attribut für das letzte Element deklariert werden.

6. Löschen der ganzen Liste

```
(REMOVE <Objekt>)
(MAKE    (SUBSTR <Objekt> 1 Liste-1))
```

Nachdem das ganze Element gelöscht ist, muß der Teil des Elementes, der nicht zum Vektorattribut gehört, wieder hergestellt werden. Statt des möglichen Modify wird ein explizites Löschen und Erzeugen vorgenommen, um das Element nicht durch die explizite Speicherung von Nil-Werten unnötig groß zu belassen, solange die Liste leer ist.

7. Löschen des ersten Elementes

```
(MODIFY <Objekt>
          ^Liste (SUBSTR <Objekt> Liste+1 INF) NIL)
```

Enthält die Liste n Elemente, so werden durch die Substr-Funktion nur die ersten n-1 Elemente aktualisiert. Damit das vormals n-te Element am Listenende nicht doppelt auftritt, muß es explizit mit Nil überschrieben werden. Allerdings wird so die Liste nicht kürzer, da das Nil mit abgespeichert wird. Ist dieses unerwünscht (z.B. wenn neue Werte wieder hinten angehängt werden), muß das Element (wie bei 6.) gelöscht und neu erzeugt werden.

```
(REMOVE <Objekt>)
(MAKE    (SUBSTR <Objekt> 1 Liste-1)
         (SUBSTR <Objekt> Liste+1 INF))
```

8. Zugriff auf andere Elemente als das erste und das letzte lassen sich nur mit Hilfe der RHS-Aktionen realisieren (siehe Abschnitt 14.3).

14.1.3 Listen mit strukturierten Elementen

Strukturierte Listenelemente lassen sich realisieren, indem jeweils mehrere Komponenten als ein Listenelement aufgefaßt werden. Dadurch wird allerdings die ohnehin beschränkte Kapazität der Liste weiter verringert. Übersteigt in so einem Fall die Anzahl der von der Liste potentiell benötigten Komponenten die Anzahl der in einem Arbeitsspeicherelement zur Verfügung stehenden Komponenten, muß jedes Listenelement durch ein separates Arbeitsspeicherelement dargestellt werden. Die Zugehörigkeit zu einer Liste und die Ordnung der Liste könnten durch ein Vektorattribut repräsentiert werden, das als Komponenten die Namen der Listenelemente enthält. Eine bessere Möglichkeit besteht darin, die Klasse der Listenelemente um ein Zeigerattribut zu erweitern, und in jedem Element einen Verweis auf das nachfolgende einzutragen.

Kennzeichnend für alle diese Repräsentationsformen ist, daß der Zugriff nur auf das erste oder andere ausgezeichnete Elemente möglich ist. Der Enthalten-in-Test ist dagegen recht aufwendig. Für die Realisierung von Kellerspeichern (LIFO) oder Warteschlangen (FIFO) ist das aber ausreichend.

14.1.4 Mehrere Listen

OPS5 unterstützt das Verwalten einer Liste pro Arbeitsspeicherelement. Es kommt aber durchaus vor, daß mehr als eine Liste in einem Element wünschenswert ist. Dies läßt sich durch Beeinflussung der Abbildung von Attributnamen auf Indizes mit Literal erreichen. Nehmen wir z.B. an, wir benötigen außer einer Hauptliste eine Hilfsliste, die beide bis zu 40 Werte aufnehmen sollen. Zusätzlich werden noch verschiedene andere Attribute benötigt. Mit Hilfe der Anweisung Literal wird eine Abbildung auf bestimmte Indizes erzwungen. Das Attribut Hilfsliste erhält den Index 48. Die folgenden 40 Komponenten bis zum Beginn der Hauptliste (bei 88) sind dann für die Werte der Hilfsliste reserviert.

```
(LITERAL Klassenname     = 1
         Attribut_1      = 2
         Attribut_2      = 3
         ...
         Attribut_max    = 47
         Hilfsliste      = 48
         Hauptliste      = 88 )
```

Die Listenoperationen sind für die Hilfsliste nur eingeschränkt verwendbar. Das liegt daran, daß für die Funktion Substr der Parameter Inf immer den Index der letzten Komponente des Arbeitsspeicherelementes bezeichnet, auf die jemals schreibend zugegriffen wurde. Operationen sind auf der Hilfsliste nur solche möglich, die nicht von einer unbekannten Länge abhängen. Sinnvoll ist diese Art der Realisierung für kleine Listen mit fester Länge.

Eine andere Möglichkeit muß benutzt werden, wenn ein Objekt benötigt wird, das mehrere vollwertige Listen enthält. Jede Liste wird in einem eigenen Arbeitsspeicherelement gehalten und im eigentlichen Objekt werden unter den Attributen Verweise auf diese Listen eingetragen.

Beispiel:

```
(LITERALIZE Rechenzentrum
            Terminalraum
            Rechennummer
            Password
            Programmiersprachen
            KI-Sprachen
            Expertensystem-Tools)

(P erzeuge_Objekt_mit_Referenz_auf_Liste
   ( ... )

--> (BIND <Listenname_1> (GENATOM) )
    (BIND <Listenname_2> (GENATOM) )
    (BIND <Listenname_3> (GENATOM) )
```

```
(MAKE <Listenname_1> OPS5 LISP PROLOG)
(MAKE <Listenname_2> PASCAL FORTRAN COBOL)
(MAKE <Listenname_3> EMYCIN EXPERT HEARSAY-III KAS )
(MAKE Rechenzentrum
           ^Terminalraum         S418
           ^Rechennummer         323373
           ^Password             QWERTY
           ^Programmiersprachen  <Listenname_2>
           ^KI-Sprachen          <Listenname_1>
           ^Expertsystem-tools   <Listenname_3> )
)
```

Der Zugriff auf die Elemente der Liste EXPERTSYSTEM-TOOLS sieht dann
wie folgt aus:

```
(P Ausgabe_aller_Expertsystem-tools
    (Rechenzentrum
           ^Expertsystem-tools <Listenname> )
    { (<Listenname>) <Liste> }

--> (WRITE Die Liste EXPERTSYSTEM-TOOLS enthält
           (SUBSTR <Liste> 2 INF) )
)
```

Das Objekt "Rechenzentrum" wird hier durch 4 Arbeitsspeicherelemente dargestellt. Die Verweise auf die verwendeten Listen sind normale symbolische Atome
und keine Adressen wie etwa Zeiger in Pascal.

14.1.5 Verwendungsarten von Listen

Kennzeichnend für Listen im Gegensatz zu Mengen ist, daß es eine Ordnung auf den
Elementen gibt. Im einfachsten Fall ist diese durch die zeitliche Reihenfolge des Einfügens der Elemente gegeben. Alle bislang betrachteten Listen basieren auf dieser
Ordnung. Andere Ordnungen lassen sich bei Darstellung der Liste durch ein Vektorattribut, zumindest mit vertretbarem Aufwand, auch nicht realisieren. Elemente lassen
sich am einfachsten am Listenanfang entnehmen und je nachdem, ob neue Elemente
am Anfang oder am Ende eingefügt werden, erhält die Liste den Charakter eines
Kellerspeichers oder einer Warteschlange.

Es ist aber auch möglich, eine Liste nach anderen Kriterien als dem Zeitpunkt des
Einfügens der Elemente zu sortieren. Dafür ist es in OPS5 notwendig, die Listenelemente durch Arbeitsspeicherelemente zu repräsentieren und den Ordnungsschlüssel
durch ein oder mehrere Attribute darzustellen. Auf diese Art erhält man einen wahlfreien Zugriff auf die Listenelemente und kann das Durchsuchen der Liste umgehen.
Das Einfügen von neuen Elementen erfolgt einfach durch Erzeugen der entsprechenden Arbeitsspeicherelemente. Die Zugehörigkeit zur Liste ist in diesem Fall durch
den Klassennamen bestimmt. Ist das unangebracht, können die Elemente um ein
entsprechendes Attribut erweitert werden. Der Zugriff auf das erste Element erfolgt
mit der Regel :

```
(P Finde_erstes_Element
   (Element
        ^Ordnungs_Attribut   <X>
        ^Name                <Name> )
   -(Element
        ^Ordnungs_Attribut  < <X> )

--> (WRITE Das erste Element ist <Name> )
)
```

Diese Methode ist einfach und elegant und nutzt die Mächtigkeit des assoziativen Zugriffes aus. Sie hat aber auch Nachteile. Die Liste ist nur partiell geordnet, wenn zwei Elemente unter dem Ordnungsattribut den gleichen Wert haben. Die Ordnung zwischen zwei solchen Elementen ist durch ihre Zeitstempel bestimmt. Das kann unerwünscht sein, zum einen, wenn die Ordnung nicht neuere, sondern ältere Elemente höher einstufen soll (etwa im Fall einer Warteschlange), zum anderen, wenn die Elemente manipuliert werden, während sie in der Liste stehen. Dies würde die absolute Ordnung ändern. Die Einführung eines Sekundärordnungsattributes verschiebt dieses Problem lediglich. Eine Möglichkeit, dieses Problem zu lösen, ist das Einführen einer Verzeigerung der Listenelemente. Jedes Listenelement erhält einen individuellen Namen (wenn es diesen noch nicht hat) und ein Attribut, unter dem der Name des Nachfolgeelementes steht.

Betrachten wir als Beispiel eine Büroumgebung, in der unter anderem verschiedene Dokumente verwaltet und bearbeitet werden müssen. Eingegangene Dokumente werden ihrer Wichtigkeit nach in unterschiedliche Ablagen sortiert. Die wichtigste Ablage muß zuerst bearbeitet werden, innerhalb einer Ablage wiederum das Dokument, das am längsten darin liegt. Zunächst deklarieren wir eine Elementklasse zur Repräsentation der Dokumente. Die Elemente haben unter anderem ein Attribut für ihre Priorität und eines für eine individuelle Benennung. Ein Statusattribut gibt den Bearbeitungszustand an. Wir wollen annehmen, es gäbe einen Status "neu", um auf den Vorgang der Erzeugung nicht näher eingehen zu müssen.

```
(P Ordne_Dokument_ein
   (Steuerelement
             ^Kontext { } )
   { <neues_Dok>   (Dokument
                        ^Identifikator   <Id_neues_Dokument>
                        ^Priorität       <Priorität>
                        ^Status          neu ) }
   { <Vorgänger>   (Dokument
                        ^Identifikator   <Id>
                        ^Priorität       >= <Priorität>
                        ^Status          eingeordnet
                        ^Nachfolger      <Nachfolger> ) }
                   (Dokument
                        ^Identifikator   <Nachfolger>
                        ^Priorität       < <Priorität>
                        ^Status          eingeordnet )
```

```
--> (MODIFY <Neues_Dok>
                         ^Nachfolger        <Nachfolger>
                         ^Status            eingeordnet )
        (MODIFY <Vorgänger>
                         ^Nachfolger        <Id_neues_Dokument> )
    )
```

Die Regel Ordne_Dokument_ein setzt voraus, daß es zwei Elemente gibt,
zwischen die das neue Dokument eingeordnet werden kann. Das Einfügen von Elementen am Anfang oder Ende der Liste kann durch zwei zusätzliche Regeln erreicht
werden. Das Einführen von Pseudoelementen am Listenanfang und -ende, die jeweils
die höchste bzw. niedrigste Priorität haben, ist zwar geeignet, diese Sonderfälle zu
vermeiden, entspricht aber nicht dem regelorientierten Ansatz, bei dem Ausnahmefälle
viel leichter berücksichtigt werden können, als in imperativen Prozeduren. Folgende
Regel veranlaßt die Bearbeitung des ersten Dokumentes :

```
(P Bearbeite_erstes_Dokument
    (Steuerelement
                       ^Kontext          Warten_auf_Arbeit )
    {<Dokument> (Dokument
                       ^Identifikator    <erstes_Element>
                       ^Status           eingeordnet ) }
     -(Dokument
                       ^Nachfolger       <erstes_Element> )

--> (MAKE Steuerelement
                       ^Kontext          Bearbeite_Dokument
                       ^Objekt           <erstes_Element> )
        (MODIFY <Dokument>
                       ^Status           in_Arbeit
                       ^Nachfolger NIL)
    )
```

Auch auf die ersten Elemente einer beliebigen Prioritätsstufe kann zugegriffen
werden. Die dazu zu formulierende Bedingung entspricht der obigen, nur daß die
vorgegebene Priorität in beiden Bedingungen für die Dokumente mit angegeben wird.
Das Herauslösen des Elementes wird in diesem Fall aufwendiger, da auch das
vorhergehende Element der Liste betroffen ist.

Die entstehende Liste von Dokumenten ist zum Teil nach einer Eigenschaft ihrer
Elemente, zum Teil nach dem Zeitpunkt des Einfügens geordnet. Je nachdem wie viele
Prioritätsstufen und wieviele Dokumente gleicher Priorität es gibt, überwiegt der
Charakter einer dieser Ordnungen. Wie am Anfang des Abschnittes bereits erwähnt,
können Warteschlangen sehr gut mittels eines Vektorattributes realisiert werden. Wir
wollen deshalb eine zweite Realisierungsmöglichkeit für Ordnungen gemäß einer
selbstdefinierten Priorität betrachten. Es wird eine zusätzliche Elementklasse Ordner
eingeführt, die unter einem Vektorattribut Inhalt die Namen von Dokumenten enthalten
kann.

```
(P Ordne_Dokument_ein
                  (Steuerelement
                         ^Kontext          <beliebiger_Kontext> )
        {<neues_Dok> (Dokument
                         ^Identifikator  <Id>
                         ^Priorität      <Prio>
                         ^Status         neu ) }
        {<Ordner>    (Ordner
                         ^Priorität      <Prio> ) }

 --> (MODIFY <Ordner>
                         ^Inhalt (Substr <Ordner> Inhalt INF) <Id>)
        (MODIFY <neues_Dok> ^Status eingeordnet )
 )
```

Um ein Dokument einzuordnen, wird sein Identifikator an das Ende des Vektors
Inhalt angehängt.

```
(P Bearbeite_nächstes_Dokument
                  (Steuerelement
                         ^Kontext      Warten_auf_Arbeit )
        {<Ordner>    (Ordner
                         ^Priorität    <höchste_Prio>
                         ^Inhalt       { <> NIL <nächstes_Dok> } ) }
                   -(Ordner
                         ^Priorität    > <höchste_Prio>
                         ^Inhalt       <> NIL)
        {<Dokument> (Dokument
                         ^Identifikator  <nächstes_Dok> ) }

 --> (MAKE Steuerelement
                         ^Kontext      Bearbeite_Dokument
                         ^Objekt       <nächstes_Dok> )
        (REMOVE <Ordner>)
        (MAKE Ordner
                         ^Priorität    <höchste_Prio>
                         ^Inhalt       (Substr <Ordner> Inhalt+1 INF) )
        (MODIFY Dokument
                         ^Status       in_Arbeit)
 )
```

Das Verkürzen der Liste Inhalt wird nicht durch Modifizieren des Vektors und
Überschreiben des letzten Elementes mit Nil erreicht, sondern durch Löschen des
Ordners und erneutes Erzeugen des relevanten Teiles, damit durch Inf die tatsächliche
Größe des Elementes erhalten wird.

Für jede mögliche Prioritätsklasse ist ein Element der Klasse Ordner notwendig.
Diese können bei der Systeminitialisierung erzeugt werden. Flexibler ist es dagegen,
wenn für jede neu auftretende Priorität ein Ordner angelegt werden kann.

```
(P Lege_neuen_Ordner_an
                    (Steuerelement
                            ^Kontext            <beliebiger_Kontext> )
     {<neues_Dok> (Dokument
                            ^Identifikator  <Id>
                            ^Priorität      <Prio>
                            ^Status         neu ) }
                  -(Ordner
                            ^Priorität      <Prio> )

  --> (MAKE    Ordner
                            ^Priorität      <Prio>
                            ^Inhalt         <Id> )
      (MODIFY <neues_Dok> ^Status          eingeordnet )
  )
```

In diesem Fall sollte es natürlich auch eine Regel geben, die leere Ordner entfernt.

Die Ordner bilden hier ebenfalls eine geordnete Liste. Da wir annehmen, es gibt keine zwei Ordner mit der gleichen Priorität, brauchen diese nicht verkettet zu werden.

Der zweite Ansatz bietet einige Vorteile. Zunächst einmal werden zwei unterschiedliche Konzepte, nämlich die Ordnung aufgrund der Priorität und die Ordnung nach der Zeit explizit repräsentiert. Die Verwaltungsinformation, die nur die Verwaltung der Liste betrifft, wird nicht mehr innerhalb der Dokumente gehalten (wie beim Attribut Nachfolger), sondern in einem anderen Element.

14.2 Mengen

Wie bei den Listen, läßt sich auch bei den Mengen zunächst dazwischen unterscheiden, ob die Elemente atomar oder strukturiert sind. Für atomare Elemente besteht die Möglichkeit, ein Vektorattribut zur Darstellung zu verwenden. Da aber ein Enthalten-in-Test nur aufwendig zu realisieren ist, ist zum einen die Implementation von Mengenoperationen, zum anderen die Gewährleistung, daß jedes Element nur einmal in einer Menge vorkommt, schwierig. Wir gehen deshalb auf diese Methode nicht weiter ein.

Im weiteren betrachten wir solche Repräsentationen, in denen jedes Element der Menge durch ein Arbeitsspeicherelement dargestellt wird. Eine Unterscheidung zwischen atomaren und strukturierten Elementen ist somit nicht mehr von Bedeutung. Für die Repräsentation solcher Mengen bieten sich drei Möglichkeiten an:

1. Ist von vornherein bekannt, in welchen Mengen ein Element auftreten kann, so kann den betroffenen Elementklassen für jede Menge ein weiteres Attribut mitgegeben werden, in dem vermerkt wird, ob das Element in dieser Menge enthalten ist oder nicht.

Beispiel:

```
(LITERALIZE Verkehrsknoten
            Name
            S-Bahnnetz
            U-Bahnnetz
```

```
                        Busnetz
                        Staßenbahnnetz
                        O-Busnetz
                        Fernbahnanschluß
                        Weitere_Attribute )
```

2. Ist zur Compilationszeit noch nicht bekannt, welche Mengen auftreten können, so kann man ein Attribut einführen, in dem vermerkt wird, zu welcher Menge ein Element gehört. Kann ein Element zu mehreren Mengen gehören, so sind mehrere Kopien des Elementes anzufertigen. Diese Redundanz kann zu Schwierigkeiten beim Aktualisieren anderer Komponenten des Elementes führen.

3. Um diese Schwierigkeit zu umgehen, kann man eine neue Elementklasse einführen, die die "Element gehört zu Menge"-Beziehung realisiert. Sie wird deklariert durch

```
(LITERALIZE Mengenbeziehung Element Menge)
```

wobei unter dem Attribut Element ein eindeutiger Bezeichner für das Element stehen muß. Entsprechendes gilt für das Attribut Menge.

Diese Darstellung hat auch den Vorteil, daß sich Mengenoperationen allgemeiner formulieren lassen. Die Regel

```
(P Finde_Umsteige-Knoten
    (Verkehrsknoten
                ^Name           <Name> )
    (Element_in_Menge
                ^Element        <Name>
                ^Menge          <Netz_1> )
    (Element_in_Menge
                ^Element        <Name>
                ^Menge          { <Netz_2> <> <Netz_1> } ) )

--> (WRITE       <Name> ist ein Umsteigeknoten
                von <Netz_1> auf <Netz_2>)
)
```

ließe sich bei der ersten Realisierung nur mit Hilfe mehrerer Regeln implementieren. Die erste Möglichkeit bietet dagegen den Vorteil, daß man die Mengen, zu denen ein Objekt gehört, nicht suchen muß, wenn man sie alle behandeln will.

```
(P Finde_alle_Anschlüsse
    (Verkehrsknoten
                ^Name                   <Name>
                ^S-Bahn_Netz            <S-Bahn>
                ^U-Bahn_Netz            <U-Bahn>
                ^Bus_Netz               <Bus>
                ^Strassenbahn_Netz      <ST-Bahn>
                ^O-Bus_Netz             <O-Bus>
                ^Fernbahnanschluß       <Fernbahn> )
```

```
--> (WRITE Der Verkehrsknoten <Name> hat folgende Anschlüsse :
          (CRLF)
          S-Bahn    : <S-Bahn>    (CRLF)
          U-Bahn    : <U-Bahn>    (CRLF)
          ST-Bahn   : <ST-Bahn>   (CRLF)
          Bus       : <Bus>       (CRLF)
          O-Bus     : <O-Bus>     (CRLF)
          Fernbahn  : <Fernbahn>  (CRLF)  )
)
```

Nachteilig ist dagegen, daß zur Darstellung einer Menge so viele Arbeitsspeicherelemente notwendig sind, wie die Menge Elemente hat. Insbesondere, wenn Elemente
in mehreren Mengen vorkommen, werden sehr viel mehr Arbeitsspeicherelemente für
die Darstellung der Mengen als für die Darstellung ihrer Elemente benötigt. Wird die
Mengenzugehörigkeit durch ein Attribut realisiert, so ist zur Darstellung einer Menge
kein zusätzliches Arbeitsspeicherelement nötig.

14.3 Felder

Die Folgen von Attribut-Wert-Paaren, aus denen ein Arbeitsspeicherelement besteht,
sind durch Felder (Arrays) implementiert. Es ist deshalb naheliegend, die Elemente
auch als Felder zu benutzen. Kennzeichnend für Felder ist der wahlfreie Zugriff auf
die Komponenten über einen Index und die Berechenbarkeit dieses Indexes. Zweiteres
ist nur im Aktionsteil möglich, wo als Argument des Attributoperators auch Variablen
zulässig sind.

Felder sind also weniger zum Formulieren von Bedingungen als zum Speichern
von Daten geeignet. Eine mögliche Anwendung ist die Darstellung einer Tabelle mit
häufig benötigten Funktionswerten, deren Berechnung eine aufwendige externe
Funktion benötigt. Denken wir beispielsweise an ein Produktionensystem zur Term-
ersetzung, das die Binominalkoeffizienten zu einer natürlichen Zahl n benötigt.

Dabei wollen wir annehmen, daß n < 28 bleibt. Die erforderliche Tabelle läßt sich
wie folgt darstellen :

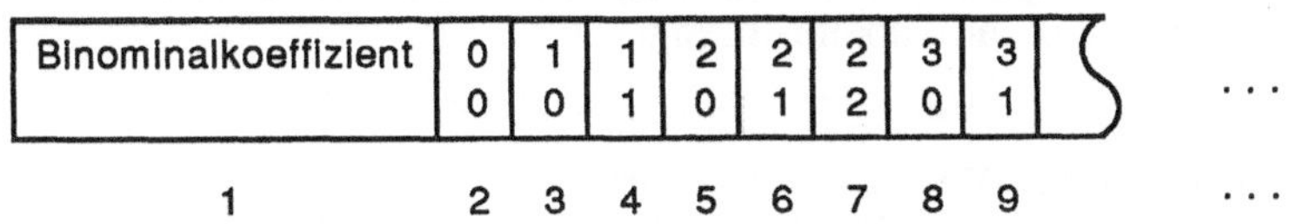

Bild 14-1: Arbeitsspeicherelement zur Darstellung einer Tabelle

Im Prinzip benötigen wir ein zweidimensionales Feld. Dieses muß mit Hilfe
eines eindimensionalen Feldes dargestellt werden. Es muß also aus den zwei Indizes
ein neuer berechnet werden. Da aber nur eine "dreieckige" Hälfte des Feldes sinnvolle
Werte beinhaltet, ändern wir die ohnehin nötige Berechnung, so daß wir das gesamte
Arbeitsspeicherelement ausnutzen können. Bei oben angegebenem Format berechnet
sich der Versatz auf die Komponente (n, k) als (n*(n+1)/2)+k, der zur ersten
Komponente (hier 2) hinzuaddiert werden muß. Dadurch kann n Werte bis

einschließlich 27 annehmen (in VAX-OPS5).

Eine Regelgruppe unseres Termersetzungsprogramms, die einen bestimmten Binominalkoeffizienten benötigt, kann nicht direkt den gesuchten Wert in einem Bedingungselement binden (da hinter dem Attributoperator kein variabler Term stehen kann), sondern muß ein Anfrageobjekt erzeugen, etwa wie folgt:

```
(MAKE Wertanforderung
          ^Funktion    Binominalkoeffizient
          ^1.Index     n
          ^2.Index     k
          ^Status      Anfrage
          ^Wert        NIL )
```

Eine Ausleseregel reagiert auf eine solche Wertanforderung, indem sie den Wert aus der Tabelle ausliest und ihn in das Anforderungselement einträgt.

```
(P Auslese_Regel
   { <Anforderung> (Wertanforderung
                  ^Funktion    Binominalkoeffizient
                  ^1.Index     { <n> >= 0 < 28 }
                  ^2.Index     { <k> >= 0 <= <n> }
                  ^Wert        NIL
                  ^Status      Anfrage ) }
   { <Tabelle> (Binominalkoeffizient) }

--> (BIND   <Index> (COMPUTE (<n> * (<n> + 1)) // 2 + <k> + 2) )
    (MODIFY <Anforderung>
                  ^Wert    (SUBSTR <Tabelle> <Index> <Index> )
                  ^Status beantwortet )
)
```

Eine solche Tabelle kann bei der Programminitialisierung eingelesen werden. Sie könnte aber auch dynamisch zur Laufzeit erzeugt werden. Sie hätte dann am Anfang unter allen Indizes den Wert Nil und bestünde nur aus ihrem Klassennamen "Binominalkoeffizient". Die Ausleseregel würde beim ersten Auslesen eines Wertes den Wert Nil liefern. Darauf reagiert eine zweite Regel, die den Wert explizit berechnet und ihn für weitere Aufrufe in die Tabelle einträgt.

```
(P Berechne_Wert
   { <Anforderung> (Wertanforderung
                  ^Funktion Binominalkoeffizient
                  ^1.Index    { <n> >= 0 < 28 }
                  ^2.Index    { <k> >= 0 <= <n> }
                  ^Wert    NIL
                  ^Status beantwortet ) }
   { <Tabelle>     (Binominalkoeffizient) }

--> (BIND   <Ergebnis>  (Binominalkoeffizient <n> <k> )
    (BIND   <Index> (COMPUTE (<n> * (<n> + 1)) // 2 + <k> + 2) )
    (MODIFY <Anforderung>
                  ^Wert <Ergebnis> )
```

```
      (BIND    <Index> (COMPUTE (<n> * (<n> + 1)) // 2 + <k> + 2) )
      (MODIFY <Tabelle>   ^<Index> <Ergebnis> )
)
      ;Binominalkoeffizient ist eine externe Funktion.
```

Soll ein Feld in einem Arbeitsspeicherelement untergebracht werden, so ist die Größe (in VAX-OPS5) auf 383 Komponenten beschränkt (in LISP sogar auf 127). Es ist aber ohne weiteres möglich, Felder durch mehrere Elemente darzustellen. Ein zweidimensionales Feld der Größe 100*100 läßt sich beispielsweise realisieren, indem jeweils eine Zeile des Feldes durch ein Arbeitsspeicherelement repräsentiert wird. Ein Zugriff erfolgt durch eine Regel

```
(P Tabellenzugriff
    { <Anforderung> (Wertanforderung
                        ^Quelle Tabelle
                        ^Zeile  { <x> >= 0 }
                        ^Spalte { <y> >= 0 }
                        ^Wert   NIL
                        ^Status Anfrage ) }
    { <Zeile>       (Tabelle    <x> ) }

--> (BIND   <Index> (COMPUTE <y> + 2) )
    (MODIFY <Anforderung>
                        ^Wert   (SUBSTR <Zeile> <Index> <Index> )
                        ^Status beantwortet )
)
```

Hierbei fällt auf, daß für den Zugriff auf einen Wert der n-ten Zeile nur das Element, das diese Zeile repräsentiert, benötigt wird. Zeilen, die keine sinnvollen Werte enthalten, brauchen also gar nicht dargestellt zu werden, wobei im Gegensatz zu Feldern in traditionellen Programmiersprachen das Feld dann aus mehreren nicht zusammenhängenden Bereichen bestehen kann.

Benötigt man ein großes Feld, in dem es nur wenig sinnvolle Einträge gibt, die zudem noch zu umfangreich sind, als daß sie mit einem Atom darstellbar wären, kann man dieses Prinzip konsequent fortführen und nur noch die Feldkomponenten explizit darstellen, die einen sinnvollen Wert beinhalten. Werden die benötigten Komponenten erst zur Laufzeit bekannt, benötigt man jeweils zwei Lese- und Schreibregeln, je eine für den Fall, daß die Komponente schon existiert und eine für den Fall, daß sie erzeugt werden muß (beim Schreiben) oder daß der Default-Wert Nil geliefert werden muß (beim Lesen).

14.4 Netze und Bäume

Im Zusammenhang mit verketteten Listen ist bereits die Möglichkeit angesprochen worden, durch Verweise Strukturen aufzubauen, die aus mehreren Arbeitsspeicherelementen bestehen. Darauf soll hier noch einmal genauer eingegangen werden. Um solche zusammengesetzten Strukturen aufzubauen, ist es notwendig, alle beteiligten Arbeitsspeicherelemente individuell zu kennzeichnen. Eine solche Unterscheidung besteht zwar im Prinzip schon durch die Zeitstempel, darauf hat ein Programmierer jedoch keinen expliziten Zugriff. Wir führen deshalb für alle an einer Struktur

beteiligten Elementklassen Attribute wie "Identifikator" oder "Name" ein. Die Werte
für diese Attribute werden jeweils durch die Genatom-Funktion erzeugt. Weiterhin
erhalten die Elemente Zeigerattribute, unter denen die Namen der Elemente eingetragen
werden, auf die verwiesen wird.

Ein Beispiel für eine hierarchische Struktur, die in OPS5 ohne weiteres behandelt
werden kann, sind aussagenlogische Ausdrücke.

```
(LITERALIZE Zusammengesetzter_Ausdruck
            Name
            Funktion
            Operand_1
            Operand_2
            Wert)


(LITERALIZE Atomarer_Ausdruck
            Name
            Wert)
```

Durch die Objekte

```
(Zusammengesetzter_Ausdruck
            ^Name       Implikation_1
            ^Funktion   Implikation
            ^1.Operand  Konjunktion_1
            ^2.Operand  X)

(Zusammengesetzter_Ausdruck
            ^Name       Konjunktion_1
            ^Funktion   Konjunktion
            ^1.Operand  X
            ^2.Operand  Y)

(Atomarer_Ausdruck
            ^Name       X)

(Atomarer_Ausdruck
            ^Name       Y)
```

wird der Ausdruck (X & Y) => X dargestellt.

Durch eine derartige Verzeigerung lassen sich beliebige komplexe Strukturen
aufbauen. Das können Listen oder Bäume sein, aber auch alle anderen Arten von
Graphen. Diese Art von Datenstrukturierung kann als Grundlage für die Implementation von Rücksetzverfahren als Problemlösungsstrategie und semantischen Netzen
zur Wissensrepräsentation dienen.

Die Art der Verzeigerung darf nicht verwechselt werden, mit den Zeigern in
anderen Programmiersprachen, wie etwa Pascal oder LISP. Während in diesen
Sprachen die Zeiger absolute oder relative Speicheradressen sind, liegen in OPS5
symbolische Zeiger vor. Die Zeigerwerte werden wie jedes andere symbolische Atom
behandelt, und es können keine Zugriffsfehler auftreten. Die Elemente sind wie jedes
andere Arbeitsspeicherelement durch Beschreibung ihrer Attribute in einer Regel

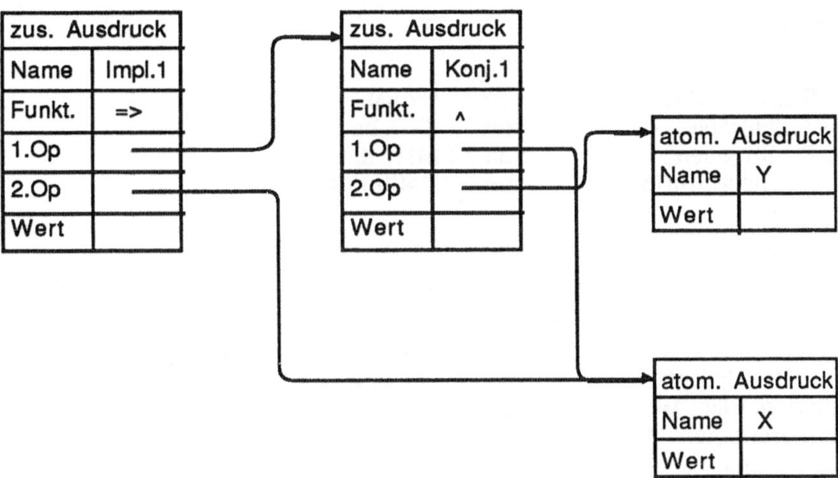

Bild 14-2: Schematische Darstellung einer Netzstruktur aus Arbeitsspeicherelementen

zugreifbar und nicht nur über die Verzeigerung, wie das in Pascal der Fall ist. Einerseits bleibt dadurch ein Zugriff auf ein Element erhalten, wenn der Verweis darauf gelöscht wird. Andererseits hat man dadurch bei einem auf diese Weise repräsentierten Graphen beliebige Einstiegspunkte in die Struktur und muß sich nicht von einer Wurzel über die einzelnen Knoten zum Ziel durcharbeiten. Dies wird durch den assoziativen Zugriff der Regeln auf den Arbeitsspeicher ermöglicht.

Es soll aber an dieser Stelle bereits darauf hingewiesen werden, daß das Durchsuchen des Graphen nicht explizit programmiert, der nötige Aufwand aber dennoch vom System betrieben werden muß. Wir werden darauf näher im Kapitel über die Implementation von OPS5 eingehen. Das "Durchhangeln" durch einen Graphen ist also durch den wahlfreien Zugriff auf die Elemente zu umgehen. Tatsächlich ist das Durchhangeln aber auch in OPS5 nur mit sehr großem Aufwand möglich. Ist es beispielsweise notwendig festzustellen, ob ein Knoten von einer bestimmten Wurzel aus erreichbar ist, so sollte das explizit in ihm vermerkt werden. (Das entspricht der Darstellung einer Menge.)

14.5 Relationen zwischen symbolischen Werten

Auf der Menge der symbolischen Atome ist keine Ordnung definiert oder definierbar. Nur zwischen numerischen Atomen ist die Abfrage auf "Größer" bzw. "Kleiner" erlaubt. Soll eine Rangfolge zwischen verschiedenen Attributwerten gebildet werden, so müssen diese in Zahlen codiert werden. Dieses erleichtert nicht die Lesbarkeit der Regeln, wenn die natürliche Darstellung auf symbolischen Werten beruht (z.B. gut, besser, schlecht oder angenehm, ertragbar, unangenehm). Bei der Umsetzung des Problemwissens in spezielle Regeln, muß eine Tabelle benutzt werden, um die korrekte Umsetzung zu gewährleisten. Dieses ist um so aufwendiger und fehleranfälliger, je mehr verschiedene Eigenschaften mit ursprünglich unterschiedlichen Bewertungen in den gleichen Zahlenbereich abgebildet werden.

Beispiel:

Es soll ein Monitor dargestellt werden, der

- eine Bildwiederholfrequenz   von 71 Hz hat,
- eine Zeilenfrequenz   von 36 KHz hat,
- eine Pixelfrequenz   von 32 MHz hat,
- eine mögliche Auflösung   von 640*400 Punkten hat.

Weiterhin soll

- die Auflösung   als hoch,
- die Bilddarstellung   als außerordentlich flimmerarm und sehr scharf

bezeichnet werden. Es soll an dieser Stelle nicht interessieren, ob und wie die Bewertung aus den ersten Daten inferiert, oder ob sie direkt in die Wissensbasis eingegeben wird. Es sollen lediglich sowohl die Bewertung, als auch die technischen Daten repräsentiert werden. Weiterhin soll ein Vergleich der Bewertungen möglich sein, um "den flimmerärmsten" Monitor zu finden, oder einen Monitor, der eine "ziemlich hohe" Auflösung und eine "sehr flimmerarme" Darstellung hat.

Mit einer Codierung der Eigenschaften in den Zahlenbereich 1 bis 7 könnte die Darstellung wie folgt aussehen:

```
(Monitor
    ^Typ                        |SM 124 |
    ^Bildwiederholfrequenz      71       ; Hz
    ^Zeilenfrequenz             36       ; KHz
    ^Pixelfrequenz              32       ; MHz
    ^Horizontale_Auflösung      640      ; Pixel
    ^Vertikale_Auflösung        400      ; Pixel
    ^Auflösung                  6        ; hoch
    ^Bildschärfe                7        ; sehr scharf
    ^Flimmerfreiheit            7        ; sehr flimmerfrei
)
```

- Bei einer Vielzahl von Objekten mit den unterschiedlichsten Eigenschaften ist eine solche Beschreibung nur mit einer Übersetzung der Werte im Kommentar lesbar.

- Soll der Wertebereich geändert werden (erweiterte oder detailliertere Bewertung), müssen alle Regeln entsprechend geändert werden, wenn nicht zu Anfang Lücken in der Abbildung gelassen worden sind.

- Die Übersetzung im Kommentar steht nur in der Regel und nicht in den Objekten.

Folgende Darstellung ist lesbarer:

```
(Monitor
     ^Typ                           |SM 124 |
     ^Bildwiederholfrequenz    71           ; Hz
     ^Zeilenfrequenz           36           ; KHz
     ^Pixelfrequenz            32           ; MHz
     ^Horizontale_Auflösung    640          ; Pixel
     ^Vertikale_Auflösung      400          ; Pixel
     ^Auflösung                hoch
     ^Bildschärfe              sehr_gut
     ^Flimmerfreiheit          sehr_gut
)
```

Ein Monitor, der mindestens eine gute Flimmerfreiheit hat, läßt sich wie folgt
finden:

```
(P Finde_guten_Monitor
     (Monitor
          ^Typ                    <Typ>
          ^Flimmerfreiheit        << gut sehr_gut >> )

--> (WRITE Ein möglicher Monitor ist <Typ> )
)
```

Dieses Verfahren hat aber den Nachteil, daß die Anforderung direkt in die Regel
codiert werden muß und nicht variabel gehalten werden kann, wodurch die Regelzahl
sehr erhöht wird. Eine variable Gestaltung der Anforderung benötigt Vergleichsoperationen zwischen den symbolischen Bewertungen. Diese werden dadurch ermöglicht,
daß die gewünschte Ordnung als Relation explizit dargestellt wird.

In der Initialisierungsphase des Systems werden Objekte der folgenden Art
erzeugt:

```
(Relation    sehr_gut    ist_besser_als    gut)
(Relation    gut         ist_besser_als    eher_gut)
...
(Relation    schlecht    ist_besser_als    sehr_schlecht)
```

Für jedes benutzte Bewertungsschema werden entsprechende Tupel erzeugt. Mittels
einer Regel wird zu der so dargestellten Relation die transitive Hülle gebildet.

```
(P Bilde_transitive_Hülle
     (Relation  <Wert_1>   <steht_in_Relation_zu>   <Wert_2>)
     (Relation  <Wert_2>   <steht_in_Relation_zu>   <Wert_3>)
    -(Relation  <Wert_1>   <steht_in_Relation_zu>   <Wert_3>)

--> (MAKE Relation  <Wert_1> <steht_in_Relation_zu> <Wert_3>)
)
```

Diese Regel in obiger Form feuert einmal für jedes zu erzeugende Objekt und
benötigt keine Steuerbedingung. Wird im verwendeten Regelformat allerdings eine
Kontextbedingung verwendet, sollte auch in dieser Regel ein (Initialisierungs-)
Kontext aufgenommen werden.

Ein Monitor, der eine Flimmerfreiheit hat, welche gleich oder besser einer Anforderung ist, läßt sich nun wie folgt finden:

```
(P Finde_geeigneten_Monitor
    (Monitor
        ^Typ                    <Typ>
        ^Flimmerfreiheit        <Flimmer> )
    (Anforderung
        ^Gerät                  Monitor
        ^Flimmerfreiheit        <mindest_Flimmer>)
   -(Relation  <mindest_Flimmer> ist_besser_als <Flimmer>)

 --> (WRITE Ein möglicher Monitor ist <Typ> )
 )
```

Diese Methode benötigt zwar eine u. U. große Zahl von Arbeitsspeicherelementen, vermeidet aber die Nachteile der erstgenannten Darstellung.

- Regeln werden lesbarer.
- Objekte sind auch im Arbeitsspeicher relativ leicht lesbar (Fehlersuche).
- Das Bewertungssystem kann erweitert werden, in dem die Beschreibung der Relation erweitert wird.

Das Schema

     ("gut", "mittel", schlecht")

kann z.B. durch

     ("gut", "eher_gut", "mittel", "eher_schlecht", "schlecht")

ersetzt werden, ohne daß Regeln, die das alte Schema benutzen, falsch werden.

Kapitel 15 Wissensrepräsentation

Beim Aufbau eines wissensbasierten Systems stellt sich naturgemäß die Frage nach einer geeigneten Repräsentation des Wissens. Geeignet soll dabei einerseits bedeuten, daß inhärente Strukturen des Wissens sich auch in der Repräsentation wiederfinden und andererseits, daß sich geplante Zugriffe auf das Wissen effizient durchführen lassen. Um diese Frage beantworten zu können, muß zunächst einmal geklärt werden, welche Art von Wissen es zu repräsentieren gilt. Je nach Betrachtungsweise läßt sich Wissen unterschiedlich klassifizieren.

15.1 Klassifizierungen von Wissen

15.1.1 Klassifizierungen auf problemorientierter Seite

Bei einem Menschen läßt sich, bezogen auf sein Problemlösungsverhalten, zwischen Faktenwissen und Methodenwissen unterscheiden. Unter dem Faktenwissen eines Menschen wollen wir seine Kenntnisse über die Eigenschaften von abstrakten oder konkreten Objekten verstehen. Das kann z.B. die Kenntnis der Zusammensetzung eines Medikamentes sein, aber auch das Wissen des voraussichtlichen Zeitpunktes der Geburt eines Babys. Charakteristisch für Faktenwissen ist, daß im wesentlichen statische Aspekte eines betrachteten Konzeptes relevant sind, also z.B.:

- Boxazin S enthält Acetylsalizylsäure und Ascorbinsäure.
- Eine Schwangerschaft dauert 263 bis 270 Tage.

Unter dem Methodenwissen sollen dagegen Kenntnisse über kausale oder zeitliche Beziehungen zwischen Objekten verstanden werden, beispielsweise das Verständnis darum, wie eine chemische Substanz auf bestimmte Krankheitserreger im Körper wirkt oder das Wissen darüber, wie man den Tag der Geburt errechnet. Es werden also Zusammenhänge zwischen Konzepten dargestellt und vor allem dynamische Aspekte eines Konzeptes betont, z.B.:

- Der Tag der voraussichtlichen Geburt läßt sich bestimmen, indem zum ersten Tag der letzten normalen Menstruation sieben Tage hinzu gezählt werden und die Zahl des Monates um drei vermindert wird (Naegelsche Regel).

Das Methodenwissen eines Menschen besteht zu einem beträchtlichen Teil aus Heuristiken und häufig hat es einen regelhaften Charakter. Darüber hinaus ist der Mensch in der Lage, sein eigenes Wissen zum Gegenstand seiner Betrachtung zu machen; er verfügt über Metawissen ("Ich weiß, das ich nichts weiß"). Dieses Metawissen ist typischerweise ein Teilbereich des Methodenwissens, beispielsweise Wissen über den zweckmäßigen Einsatz verschiedener Methoden oder darüber, warum eine Methode funktioniert.

- **Wenn** um jeden Preis alle möglichen Lösungen eines Problemes gefunden werden müssen, unabhängig vom dazu nötigen Aufwand,
  dann verwende eine Problemlösungsstrategie, die eine erschöpfende Suche durchführt.

- **Wenn** der Problemraum unendlich ist,
  dann ist eine erschöpfende Suche in endlicher Zeit nicht möglich.

Aber auch Faktenwissen kann den Charakter von Metawissen haben, etwa die qualitative Beurteilung einer Methode.

- Das Rücksetzverfahren erlaubt eine erschöpfende Suche.
- Das Graphsuchverfahren erlaubt eine erschöpfende Suche.

Weiterhin kann das Wissen eines Menschen danach klassifiziert werden, ob es sich um allgemein anerkannte Tatsachen handelt, oder um Sachverhalte, die mit einer gewissen Unsicherheit behaftet sind. Dabei ist eine Zuordnung in diese beiden Klassen nicht allgemeingültig, sondern die Notwendigkeit, sogenanntes unscharfes Wissen als solches darzustellen, hängt vom betrachteten Problembereich ab.

Speziell bei Experten für einen bestimmten Problembereich kann deren Fachwissen in öffentliches und privates Wissen unterteilt werden /Hayes-Roth 83/. Während öffentliches Wissen allgemein zugänglich ist, etwa durch die Fachliteratur, befindet sich das private Wissen nur im Kopf des Experten und beruht auf dessen persönlicher Erfahrung.

15.1.2 Klassifizierungen auf systemorientierter Seite

Bei einem wissensbasierten System läßt sich zwischen Problemlösungswissen, Kontrollwissen und Datenwissen unterscheiden /Brownston 85/. Unter dem Problemlösungswissen soll dasjenige Wissen eines Systems verstanden werden, das spezifisch für das Bearbeiten von Aufgaben aus dem Problembereich ist, für den das System konzipiert ist. Es handelt sich dabei im wesentlichen um methodisches Wissen eines Experten.

Das Kontrollwissen dient der Steuerung des Systems. Es enthält allgemeingültiges Methodenwissen, d.h. solches, das unabhängig von einem speziellen Problembereich ist. Ein Beispiel dafür wäre die Faustregel, die wichtigsten Aufgaben zuerst zu bearbeiten. Andererseits gibt es aber auch problemspezifisches Methodenwissen, etwa das Wissen, in welcher Reihenfolge eine Menge von Teilaufgaben am zweckmäßigsten zu lösen ist. Schließlich enthält das Kontrollwissen in einem OPS5-Produktionensystem noch implementationsbedingtes Wissen, zu dem es keine Entsprechung im Wissen eines Experten gibt. Typisch für Kontrollwissen ist, daß es sich um eine Form von Metawissen handelt.

Das Datenwissen eines Systems schließlich umfaßt im wesentlichen das Faktenwissen eines Experten. Das können spezifische Daten aus dem Problembereich sein, wie beispielsweise die Öffnungszeiten einer Apotheke, aber auch allgemeingültige Daten. Außerdem gehören in diesen Bereich auch Daten, die im Laufe einer Inferenzkette als (Zwischen-)Ergebnis entstehen. Mit einigen Einschränkungen läßt sich also eine gewisse Dualität zwischen dem Faktenwissen, dem Methodenwissen und dem Metawissen auf der problemorientierten Seite und dem Datenwissen, dem Problemlösungswissen und dem Kontrollwissen auf der systemorientierten Seite feststellen.

Bezogen auf die Repräsentation von Wissen kann zwischen einer prozeduralen und einer deklarativen Darstellung unterschieden werden. Eine deklarative Darstellung stellt Sachverhalte in einer beschreibenden Weise durch Daten dar. Ein Sachverhalt wird direkt in Form von Fakten dargestellt. Eine prozedurale Darstellung liegt dagegen immer in einer vom System ausführbaren Form vor, d.h. als Programmcode. Ein darzustellender Wert wird nicht direkt dargestellt, sondern in Form einer Anweisung, wie dieser Wert zu erhalten ist. Nehmen wir an, es soll das Wissen "Kanarienvögel sind gelb, klein und können fliegen." repräsentiert werden. Eine deklarative Darstellung wäre der Record, der durch folgende Anweisung entsteht:

```
WITH Tier DO
    BEGIN
        Art              := Kanarienvogel;
        Farbe            := gelb;
        Größe            := klein;
        kann_fliegen     := TRUE;
    END;
```

Dagegen ist folgende Funktion eine prozedurale Darstellung des gleichen Sachverhaltes.

```
FUNCTION Kanarienvogel (Individuum : Tier) : BOOLEAN;
    BEGIN
        WITH Individuum DO
        IF   (Farbe = gelb) AND
             (Größe = klein) AND
             (kann_fliegen = TRUE)
        THEN Kanarienvogel := TRUE
        ELSE Kanarienvogel := FALSE;
    END;
```

Bei der prozeduralen Darstellung handelt es sich um eine Funktion, die als Aufrufparameter ein Tier erhält, und als Ergebnis liefert, ob das Tier ein Kanarienvogel ist oder nicht. Das Wissen, wie man diese Entscheidung trifft, steckt in den Anweisungen des Funktionskörpers. Die deklarative Darstellung besteht aus einem Record, in dem die Eigenschaften eines Kanarienvogels und die Tatsache, daß es die Eigenschaften eines Kanarienvogels sind, explizit festgehalten werden.

Typisch für eine prozedurale Darstellung ist, daß sie auf eine bestimmte geplante Anwendung hin ausgerichtet ist. Die Funktion Kanarienvogel erlaubt zwar eine Überprüfung, ob ein Tier ein Kanarienvogel ist, mit ihr können aber gegebenenfalls die Unterschiede zu einem Kanarienvogel nicht festgestellt werden. Dazu müßte -in prozeduraler Darstellung- das gleiche Wissen redundant in einer anderen Funktion ausgedrückt werden. Bei der deklarativen Darstellung wird nur ein Record für den Kanarienvogel benötigt, auf den verschiedene Funktionen zugreifen können. Die prozedurale Form hat Vorteile, wenn Tätigkeiten dargestellt werden, die das System durchführen soll, oder wenn eine Menge von darzustellenden Objekten in kein Beschreibungsschema paßt.

Zur Darstellung wurde in den beiden Beispielen die Sprache Pascal benutzt, nicht, weil sie dazu besonders gut geeignet ist, denn das ist sie sicherlich nicht, sondern um die unterschiedlichen Konzepte unabhängig von OPS5 oder einer anderen Wissensrepräsentationssprache zu verdeutlichen.

Hat es in den siebziger Jahren kontroverse Meinungen über den Sinn und Zweck der deklarativen und prozeduralen Darstellungsform gegeben, so gilt heute doch als allgemein anerkannt, daß nicht eine von beiden Darstellungen a priori die bessere ist, sondern daß die Eignung vom zu repräsentierenden Wissen abhängt, so daß im allgemeinen eine Kombination von beiden eingesetzt wird.

Eine andere Einteilung des in einem System dargestellten Wissens unterscheidet zwischen dem Teil, der vom Problembereich abhängig ist und dem davon unabhängigen Teil. Ersterer wird häufig als die eigentliche Wissensbasis des Systems bezeichnet, vor allem, wenn als Implementationswerkzeug eine leere Expertensystemhülle verwendet wurde. Zweiterer umfaßt die Inferenzmaschine im weitesten Sinne, also genau den Teil, welcher von einem leeren Expertensytem zur Verfügung gestellt wird.

15.2 Wissensrepräsentation in OPS5

Zur Repräsentation von Wissen bieten sich in OPS5 zwei Möglichkeiten an, die Verwendung des Regelspeichers und die des Arbeitsspeichers. Das Ausdrücken eines Wissensinhaltes mittels Regeln entspricht der prozeduralen Darstellung, eine Beschreibung durch Arbeitsspeicherelemente der deklarativen Darstellung.

Als dritte Möglichkeit gibt es schließlich noch die Repräsentation außerhalb von OPS5 durch die Verwendung externer Routinen. Eine solche Darstellung kann dann sowohl deklarativ sein, etwa bei Zugriff auf eine Datenbank, als auch prozedural, bei Verwendung externer Berechnungsroutinen. In jedem Fall aber muß durch eine geeignete Transformation das Wissen in Arbeitsspeicherelemente gewandelt werden, damit es vom OPS5-System benutzt werden kann.

15.2.1 Repräsentation von Faktenwissen

Das Faktenwissen eines Menschen entspricht dem Datenwissen des Systems. Für das Datenwissen eines Systems erscheint eine deklarative Darstellung angemessen, in OPS5 also die Arbeitsspeicherelemente. Nehmen wir als Beispiel noch einmal das Faktum: "Kanarienvögel sind gelb, klein und können fliegen." Eine mögliche Darstellung in OPS5 wäre also

```
(Lebewesen
     ^Art            Kanarienvogel
     ^Farbe          gelb
     ^Größe          klein
     ^kann_fliegen   ja)
```

Dieses Arbeitsspeicherelement beschreibt das Konzept eines Kanarienvogels. Mit der gleichen Elementklasse können auch die Konzepte anderer Tierarten beschrieben werden, gegebenenfalls unter Erweiterung der Attributmenge.

Aber auch folgende Darstellung ist möglich

```
(Kanarienvogel
     ^Name           Tweety
     ^Farbe          gelb
     ^Größe          klein
     ^kann_fliegen   ja)
```

Auch dieses Arbeitsspeicherelement beschreibt die Eigenschaften eines Kanarienvogels. In diesem Fall wird aber ein individuelles Exemplar der Klasse der Kanarienvögel dargestellt, quasi eine Instantiierung des Konzeptes Kanarienvogel. Es hat die allgemeingültigen Eigenschaften eines jeden Kanarienvogels (klein, gelb, kann fliegen) und zusätzlich einige individuelle Merkmale (Name). Mit der verwendeten Elementklasse können weitere Exemplare dargestellt werden, aber keine anderen Tierarten. Bei einzelnen Exemplaren können einige der allgemeingültigen Eigenschaften auch geändert werden, ohne daß die restlichen repräsentierten Kanarienvögel davon betroffen sind.

Wenn auch die deklarative Repräsentation von Faktenwissen in OPS5 die übliche und in der Regel auch die adäquatere ist, so ist es dennoch möglich, Faktenwissen bzw. Datenwissen prozedural darzustellen.

```
(P Kanarienvögel_sind_gelb
    {<Vogel> (Lebewesen
                    ^Art      Kanarienvogel
                    ^Farbe   NIL) }

--> (MODIFY <Vogel>
                 ^Farbe    gelb)
)
;Die Regeln Kanarienvögel_sind_klein und
;Kanarienvögel_können_fliegen sind analog aufgebaut.
```

Bei dieser Darstellung werden statt eines Arbeitsspeicherelementes mehrere Regeln benötigt. Eine dynamische Änderung des Wissens ist dabei nur sehr aufwendig darzustellen. Allerdings ist so etwas auch untypisch für Faktenwissen, das in der Regel fester Bestandteil der Wissensbasis ist und nur im Rahmen der Systemwartung geändert wird. Dies mag sich in Zukunft möglicherweise ändern, wenn Systeme in der Lage sein sollen, aus bislang durchgeführten Problemlösungen für zukünftige Aufgaben zu lernen. Die Anwendung dieser Art dargestellten Wissens ist eingeschränkt.

Eine denkbare Anwendung wäre die Realisierung von Default-Werten. Wird etwa ein Element der Klasse Lebewesen erzeugt, das einen Kanarienvogel darstellen soll, werden alle Eigenschaften des Kanarienvogels, die noch nicht explizit angegeben sind, mit Default-Werten belegt. (Dies ist der Grund dafür, daß wir die Eigenschaften des Kanarienvogels nicht in einer Regel beschrieben haben.) Vorteile gegenüber der deklarativen Darstellung der Eigenschaften eines Tieres und einer allgemeingültigen Regel, die die Default-Werte aufgrund dieser Darstellung einträgt, könnten sich ergeben, wenn sehr viele Objekte (wie in diesem Fall die Lebewesen) repräsentiert werden müssen, aber zu einer Zeit nur eine kleine Auswahl tatsächlich benötigt wird.

15.2.2 Repräsentation von Methodenwissen

Das Methodenwissen eines Experten bildet das Problemlösungswissen eines Systems, es steckt zum Teil aber auch im Kontrollwissen. In dieser Art von Wissen wird im wesentlichen dargestellt, *wie* etwas zu erreichen ist, und somit scheint die prozedurale Repräsentation die angebrachte Darstellungsform zu sein. Nehmen wir als Beispiel das Problem eines nicht anspringenden Autos. Zu dem Methodenwissen eines Autofahrers gehört im allgemeinen soviel Verständnis für die Funktionsweise eines Autos, daß er die Zusammenhänge zwischen dem Verhalten des Motors und einem leeren Benzintank bzw. einer schwachen Batterie kennt. Er weiß,

Wenn   der Benzintank leer ist,
dann   springt der Motor nicht an.

und er weiß weiterhin,

Wenn   die Batterie schwach ist,
dann   springt der Motor nicht an.

Aus diesem Wissen über die Funktionsweise des Motors kann er die Faustregel ableiten

Wenn   der Motor nicht anspringt,
dann   ist möglicherweise der Tank leer, oder es ist möglicherweise die Batterie zu schwach.

Diese Faustregel entspricht einem rückwärtsgerichteten Anwenden der zuvor genannten Regeln. OPS5 kann seine Produktionen nur in eine Richtung ausführen, dennoch können natürlich beide Lesarten dieses Sachverhaltes durch Produktionen ausgedrückt werden.

```
(P Motor_springt_nicht_an
    (Problem
              ^Identifikator    <id>
              ^Symptom          Motor_springt_nicht_an )


--> (MAKE Hypothese
              ^Ursache          nicht_trivialer_Defekt
              ^für_Problem      <id> )
    (MAKE Hypothese
              ^Ursache          Batterie_ist_schwach
              ^für_Problem      <id> )
    (MAKE Hypothese
              ^Ursache          Tank_ist_leer
              ^für_Problem      <id> )
)
```

Diese Produktion, mit der das System ein Diagnoseproblem bearbeiten könnte, stellt genau die Faustregel dar, mit der unser Autofahrer auf eine mögliche Ursache schließt.

Eine andere Möglichkeit wäre, das dieser Faustregel zugrundeliegende Wissen darzustellen.

```
(P kein_Benzin_im_Tank
    (Auto
              ^Tank     leer)


--> (BIND    <Name>   (GENATOM) )
    (MAKE    Problem
              ^Name             <Name>
              ^Symptom          Motor_springt_nicht_an
    (MAKE Hypothese
              ^Ursache          Tank_ist_leer
              ^für_Problem      <Name> )
)
```

In dieser Darstellung wird nicht von den Symptomen eines Problemes auf mögliche Ursachen geschlossen, die dann durch nähere Betrachtungen des zu untersuchenden Systems (in diesem Fall: das Auto) überprüft werden müssen. Statt dessen wird, ausgehend vom Zustand (leerer Tank), auf das Auftreten eines bestimmten Problemes geschlossen.

Das gleiche Problemlösungswissen kann aber auch deklarativ dargestellt werden. Dazu werden Arbeitsspeicherelemente erzeugt, die beispielsweise ein Problem und dessen mögliche Ursachen oder einen Zustand und daraus resultierende Probleme beschreiben. Eine Menge solcher Arbeitsspeicherelemente stellt eine Tabelle dar.

```
(Tabelle
        ^Problem        Motor_springt_nicht_an
        ^Ursache        nicht_trivialer_Defekt)
(Tabelle
        ^Problem        Motor_springt_nicht_an
        ^Ursache        Batterie_ist_schwach)
(Tabelle
        ^Problem        Motor_springt_nicht_an
        ^Ursache        Tank_ist_leer)
```

Ein Merkmal der deklarativen Darstellung ist, daß es sich nicht um ausführbaren Code handelt. Mit anderen Worten, es ist noch eine Regel notwendig, die dieses Wissen interpretiert.

```
(P analysiere_Problem
    (Problem
            ^Symptom        <ein_Symptom>
            ^Identifikator  <id>)
    (Tabelle
            ^Problem        <ein_Symptom>
            ^Ursache        <eine_Ursache>)

--> (MAKE Hypothese
            ^Ursache        <eine_Ursache>
            ^für_Problem     <id>)
)
```

Bei dieser deklarativen Darstellung des Wissens über Motoren gehen wir von der gleichen Beschreibung eines Problemes aus und gelangen zur gleichen Beschreibung von möglichen Ursachen wie bei der prozeduralen Darstellung. Der Nachteil dieser Darstellung ist aber, daß die repräsentierte Faustregel nicht mehr direkt vom OPS5-System in Form einer Produktion ausgeführt wird, sondern ein Umweg über die Interpretation einer Tabelle genommen wird. Verallgemeinert liegt das Problem darin, daß eine Regel durch ein Arbeitsspeicherelement dargestellt wird und der zugehörige Regelinterpreter durch eine OPS5-Produktion. Ein solches zweistufiges Produktionensystem ermöglicht zwar eine größere Flexibilität, geht aber sehr zu Lasten des Laufzeitverhaltens. Eine genauere Erläuterung befindet sich im Kapitel über die Implementation von OPS5.

15.2.3 Repräsentation von Metawissen

Das Metawissen eines Experten besteht im wesentlichen aus dem Teil des Wissens, der Wissen über die Verwendung der eigenen Methoden enthält. Dabei kann es sich sowohl um Faktenwissen als auch um Methodenwissen handeln. Diesen Teil des Wissens wollen wir deswegen nicht dem Daten- bzw. Problemlösungswissen zurechnen, sondern ihn zusammenfassend als Teil des Kontrollwissens betrachten. Er enthält sowohl problembereichsabhängiges als auch allgemeingültiges Wissen.

Da das Kontrollwissen der Steuerung des Systems dient, wäre es angebracht, dieses Wissen in die OPS5-Inferenzmaschine zu integrieren, also in den Regelinterpreter bzw. dessen Regelauswahlstrategie. In der Tat handelt es sich bei den Heuristiken, die OPS5 zur Konfliktlösung bei der Regelauswahl verwendet, um Metawissen. Weiteres Metawissen, insbesondere problembereichsabhängiges, läßt sich aufgrund der Architektur von OPS5 dem Regelinterpreter nicht hinzufügen. Es muß deshalb in dem jeweiligen Anwendungssystem mit untergebracht werden. Im Übersichtskapitel dieses Teils haben wir bereits auf die Notwendigkeit einer problemorientierten Inferenzmaschine hingewiesen.

Bei der Darstellung von Metawissen läßt sich nicht so klar zwischen der Möglichkeit einer deklarativen und einer prozeduralen Darstellung unterscheiden. Das liegt natürlich zum Teil daran, daß sowohl Fakten- als auch Methodenwissen dargestellt werden müssen. Ein anderer Grund ist aber auch die Tatsache, daß die Klassifikation von Wissen als Metawissen nicht immer eindeutig ist. Betrachten wir dazu folgende Regel zur Regelauswahlstrategie.

Wenn   mehrere Regeln zur Auswahl stehen,
dann   bevorzuge solche Regeln, die von den kompetentesten Personen
          geschrieben sind.

Die Aussage

    "Die Regel Nr. 27 ist von einer
    studentischen Hilfskraft geschrieben."

ist bezogen auf den Problembereich Metawissen, denn es wird eine Aussage über das Problemlösungswissen gemacht. Bezogen auf das Problem der Regelauswahlstrategie ist die Aussage dagegen kein Metawissen mehr.

Wegen seines vielschichtigen Charakters tritt Metawissen an verschiedenen Stellen in einem OPS5-Produktionensystem auf. So stellen alle Produktionen und Arbeitsspeicherelemente der Kontextsteuerung bezogen auf den Problembereich Metawissen dar. Die Kontextsteuerung bildet einen wesentlichen Teil des Kontrollwissens. Sie enthält einerseits Produktionen, die ein Stück der Problemlösungsstrategie eines Experten darstellen, etwa die Produktion "Aktiviere_nächsten_Kontext", die dafür sorgt, daß die wichtigste Aufgabe zuerst bearbeitet wird. Des weiteren gehören zur Kontextsteuerung aber auch implementationsbedingte Produktionen, wie etwa "Beende_Kontext", die keine Entsprechung im Metawissen eines Experten haben.

Ein Teil des Kontrollwissens steckt häufig auch in den Produktionen, die primär zum Problemlösungswissen gehören. Kommen wir dazu noch einmal auf das Beispiel des nicht anspringenden Autos zurück und nehmen an, unser Autofahrer verfügt über folgendes Wissen.

- **Wenn**   der Tank leer ist,
  dann   läßt sich das Problem einfach mittels des gefüllten Reservekanisters
          lösen.

- **Wenn**   die Batterie schwach ist,
  dann   ist dagegen die Hilfe einer anderen Person nötig, die das Auto anschieben oder Starthilfe geben kann.

- **Wenn** schließlich ein ernster Defekt vorliegt,
  dann ist die (kostenverursachende) Hilfe einer Werkstatt notwendig.

Es soll nun folgendes Metawissen repräsentiert werden.

- **Wenn** die Überprüfung einer möglichen Ursache des Problems oder gegebenenfalls deren Beseitigung mit hohen Kosten verbunden ist,
  dann soll diese erst in Betracht gezogen werden, wenn alle anderen Ursachen, die mit weniger Kosten verbunden sind, auszuschließen sind.

Dieses Wissen wurde direkt in die Regel "Motor_springt_nicht_an" mit aufgenommen, indem die Hypothesen in umgekehrter Reihenfolge erzeugt worden sind, in der sie überprüft werden sollen. Dies widerspricht der im zweiten Kapitel geforderten Explizitheit der Wissensdarstellung.

Metawissen kann, soweit es sich um Methodenwissen handelt, prozedural dargestellt werden, wie etwa die Regel Aktiviere_nächsten_Kontext. Bei der Darstellung der Wichtigkeit einer Teilaufgabe mittels des Zeitstempels oder des Prioritätsattributes eines Steuerelementes handelt es sich dagegen um eine deklarative Darstellung von Metawissen. Das Metawissen unseres Autofahrers, die Ursache, die mit dem wenigsten Aufwand verbunden ist, zuerst zu untersuchen, ist dagegen nur implizit in der Wissensbasis vorhanden. Es steckt einerseits in der Regel Motor_springt_nicht_an, in der die Hypothesenelemente in entsprechender Reihenfolge erzeugt werden. Es steckt aber auch in den Regeln, die diese Hypothesen weiter bearbeiten, denn diese sind so geschrieben, daß sie die Hypothese mit dem neuesten Zeitstempel bevorzugen.

Ein Handikap von OPS5 im Zusammenhang mit der Repräsentation von Metawissen ist der Umstand, daß die Produktionen nur auf Arbeitsspeicherelemente zugreifen können, nicht aber auf Produktionen. Das wiederum bedeutet, daß Methoden, auf die explizit durch Metaregeln Einfluß genommen werden soll, deklarativ dargestellt werden müssen. Ob letztendlich die Nachteile durch die deklarative Darstellung von Regeln überwiegen, oder diejenigen, welche durch die implizite Darstellung von Metawissen entstehen, kann nur im Einzelfall entschieden werden.

15.2.4 Zusammenfassung

Bei einer Repräsentation des Fachwissens eines Experten in einem OPS5-Produktionensystem läßt sich im allgemeinen das Faktenwissen des Experten durch das Datenwissen des Systems in deklarativer Form durch die Arbeitsspeicherelemente darstellen. Allerdings sollte bei großen Datenmengen keine relationale Datenbank in OPS5 simuliert, sondern eine externe Datenbank verwendet werden, von deren Inhalt nur ein relevanter Ausschnitt im Arbeitsspeicher gehalten wird.

Das Methodenwissen des Experten entspricht dem Problemlösungswissen des Systems und wird im allgemeinen prozedural mittels Produktionen dargestellt.

Bei der Darstellung von Metawissen in OPS5 tritt das Problem auf, daß die Produktionen compiliert werden und deswegen kein beliebiger Zugriff mehr darauf besteht. Dieses Problem kann relativ einfach umgangen werden, indem Metawissen implizit in den Produktionen mit ausgedrückt wird. Eine explizite Darstellung von Metawissen ist aber durchaus über den Umweg einer deklarativen Darstellung von Methodenwissen möglich. Diese Möglichkeiten entsprechen aber wohl dem Stand der Kunst. Weit darüber hinausgehende Formen gibt es auch in anderen erhältlichen Wissensrepräsentationssprachen nicht. In "Reasoning about reasoning" /Lenat 83/ wird festgestellt, daß die meisten bis dato entwickelten Expertensysteme kein oder nur

wenig Metawissen enthalten, wobei Enthaltensein noch nichts über die Darstellungsform aussagt. Die im oben erwähnten Text gemachten Vorschläge für die Verwendung
von Metawissen werden als "langfristige Forschungsziele" angegeben.

Die Schwierigkeiten bei der Darstellung von Metawissen hängen auch mit einem
grundsätzlichen Problem von OPS5 zusammen. Das OPS5-System besteht aus dem
nicht zugänglichen Regelinterpreter, dem Arbeitsspeicher und der Regelmenge. Es
wird keine Möglichkeit unterstützt, Metawissen von elementarem Wissen oder problembereichsabhängiges von davon unabhängigem Wissen zu trennen. Die MEA-
Strategie erlaubt zwar eine Gliederung der Regelmenge in beliebig viele oder beliebig
kleine Regelgruppen, wodurch jede gewünschte Modularisierung möglich ist, dennoch findet in jeder einzelnen Regelgruppe noch eine Vermischung von problemspezifischen Wissen und Kontrollwissen statt. Produktionen enthalten sowohl
Steuerbedingungen als auch problemspezifische Bedingungen, Arbeitsspeicherelemente, die ein Objekt des Problembereiches darstellen, enthalten häufig noch
Steuerattribute mit Statuswerten, die lediglich der Verwaltung dienen. Diese Einschränkungen sind ein Zugeständnis an die erreichbare Geschwindigkeit des Systems.

15.3 Modellierung

Die Formulierung einer Produktion in OPS5 hängt im wesentlichen davon ab, welches
Wissen damit ausgedrückt werden soll und wie die Arbeitsspeicherelemente gestaltet
sind, auf die die Produktion ansprechen soll. Bei der Strukturierung der Arbeitsspeicherelemente gibt es dagegen verschiedene Möglichkeiten, ein Objekt zu beschreiben.
Die zu wählende Strukturierung hängt einerseits von den darzustellenden Objekten ab,
aber auch von der gewünschten Sichtweise bzw. den als relevant eingestuften Aspek-
ten. Andererseits muß berücksichtigt werden, in welcher Weise Regeln auf diese Objekte zugreifen sollen. Im Kapitel über problemorientierte Datenstrukturen wurden
verschiedene Möglichkeiten gezeigt, die Arbeitsspeicherelemente zu interpretieren. Im
folgenden soll verdeutlicht werden, wie sich schon bei einfachen Objekten Entwurfs-
entscheidungen auf den möglichen Zugriff durch Produktionen auswirken können.

Bei der Modellierung von darzustellenden Objekten mit Hilfe von Arbeitsspeicherelementen gibt es zwei Extrema.

1. Man benutzt die Möglichkeit von OPS5, Attribute zu definieren und repräsentiert jedes reale Objekt genau durch ein Arbeitsspeicherelement, wobei dann jeder
Eigenschaft des Objektes ein Attribut entspricht. Eine braune Holzkiste mit Vorhänge-
schloß und den Maßen 100 * 20 * 50 läßt sich folgendermaßen darstellen:

```
(Kiste
        ^Name           Kiste_1
        ^Farbe          braun
        ^Material       Holz
        ^Verschluß      Vorhängeschloß
        ^Höhe           100
        ^Breite         20
        ^Tiefe          50)
```

Diese Methode geht äußerst sparsam mit dem vorhandenen Speicherplatz um und
erlaubt es, eine große Anzahl von Daten in einer Regel auf der linken Seite zu binden
und zu vergleichen.

2. Die Objekte werden durch Objekt/Attribut/Wert-Tripel dargestellt. Die obige Kiste läßt sich dann folgendermaßen repräsentieren:

```
(Kiste_1      Klasse        Kiste)
(Kiste_1      Farbe         braun)
(Kiste_1      Material      Holz)
     ...
(Kiste_1      Tiefe         50)
```

Bei dieser Art der Darstellung wird der Attributname als Wert in die Liste eingetragen. Dadurch hat man den Vorteil, diesen an Variablen binden zu können und die Regeln können flexibler gestaltet werden. Es wird aber pro Attribut ein Arbeitsspeicherelement benötigt, in das nur drei Werte eingetragen werden. Dennoch gibt es Fälle, in denen diese Darstellung ihre Berechtigung hat. Sollen z.B. vorhandene Kisten ineinandergeschachtelt werden, wobei die Orientierung der Kisten irrelevant ist, so kann die Regel

```
(P Staue_Kiste
      (<Kiste_1> Klasse          Kiste)
      (<Kiste_1> Höhe                                            <Höhe_1> )
      (<Kiste_1> Tiefe                                           <Tiefe_1> )
      (<Kiste_1> Breite                                          <Breite_1> )
      ({<Kiste_2> <> <Kiste_1> } Klasse     Kiste)
      (<Kiste_2> {<< Höhe Tiefe Breite >> <Dim_1>} < <Höhe_1>)
      (<Kiste_2> {<< Höhe Tiefe Breite >> <Dim_2>
                 <> <Dim_1>                        } < <Tiefe_1>)
      (<Kiste_2> {<< Höhe Tiefe Breite >> <Dim_3>
                 <> <Dim_1> <> <Dim_2>             } < <Breite_1>)

  --> (WRITE     Die Kiste <Kiste_2> kann in die Kiste <Kiste_1>
                 gepackt werden.)
)
```

alle Kisten finden, die in irgendeiner Weise ineinandergepackt werden können.

Wurden bei der ersten Möglichkeit nur Werte unter den Attributen abgelegt, so kann man sagen, daß im zweiten Fall unter dem Attribut "Attribut" Attributnamen abgelegt wurden, wenn man von folgender Interpretation der Arbeitsspeicherelemente ausgeht:

Objekt	Attribut	Wert
1	2	3

Bild 15-1: Arbeitsspeicherelement als Objekt/Attribut/Wert-Tripel

Die Elemente werden als Vektor ohne weitere Attribute aufgefaßt, da ohnehin alle drei Werte immer im Zusammenhang benutzt werden. Die Deklaration eines zusätzlichen Klassennamens ist zu empfehlen, wenn es außer den Tripeln noch andere Elemente im Arbeitsspeicher gibt.

Kapitel 16 Beispielprogramm

Anhand eines Beispielprogramms sollen verschiedene im Text angesprochene Techniken erläutern werden.

- Benutzung der Regelauswahlstrategie,
- Darstellung komplexer Datenstrukturen,
- leicht erweiterbarer Ansatz (schrittweiser Ausbau),
- Einbindung externer Routinen (Pascal).

Die Struktur der im folgenden beschriebenen Version des Programms ist so einfach, daß auf eine Kontextsteuerung verzichtet werden konnte. Sie wird aber bei einem weiteren Ausbau des Systems notwendig. Im Anhang A befindet sich der vollständige Quellcode einer erweiterten Version. Die Erweiterungen werden in Abschnitt 16.5 erläutert.

16.1 Problembeschreibung

Die Aufgabe besteht in der Vereinfachung arithmetischer Ausdrücke. Als Operatoren sind (zunächst) +, -, *, / und die Vorzeichen .+ und .- erlaubt. Als Operanden treten entweder atomare Ausdrücke auf, die aus Zahlen oder Variablen bestehen können, oder aber zusammengesetzte Ausdrücke. Derartige Ausdrücke lassen sich als Baum darstellen.

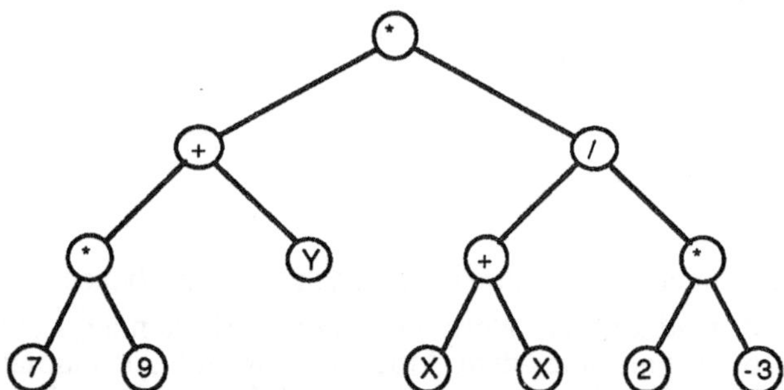

Bild 16-1: Darstellung eines Ausdruckes als Baum

Der gesamte Ausdruck soll vereinfacht werden, indem bekannte Eigenschaften der Operationen ausgenutzt werden. Dabei soll die Striktheit aller Operationen berücksichtigt werden. Als Striktheit einer Operation wird die Eigenschaft bezeichnet, daß das Ergebnis der Operation undefiniert ist, wenn eines der Argumente undefiniert war.

Der gewählte Ansatz soll für beliebige Erweiterungen offenstehen. Es sollen sowohl weitere Operationen in den Ausdrücken zugelassen werden, als auch die Regeln für die Reduktion darstellbarer Ausdrücke erweiterbar sein. Dieses Problem kann beispielsweise im Zusammenhang mit symbolischer Integration auftreten.

Folgende Vereinfachungsregeln sollen berücksichtigt werden. Sie stellen das problembereichsspezifische Methodenwissen eines "Vereinfachungsexperten" dar.

1. Operationen mit konkreten Werten lassen sich berechnen (2+7=9).

2. Operationen mit dem neutralen Element haben den anderen Operanden als Ergebnis (1*X=X, 0+Y=Y).

3. Die Multiplikation und Division mit Null als ersten Operanden bzw. die Multiplikation mit Null als zweiten Operanden ergibt Null als Ergebnis (0*X=0). Division durch Null ist nicht definiert (X/0=undefined).

4. Die Subtraktion zweier gleicher Werte voneinander ergibt Null (X-X=0).

5. Die Division zweier gleicher Werte ungleich Null ergibt Eins (X/X=1).

6. Ein negatives Vorzeichen des zweiten Operanden kann mit einer Addition oder Subtraktion zusammengefaßt werden (X+(-Y)=X-Y).

7. Eine doppelte Negation kann unberücksichtigt bleiben (-(-X)=X).

8. Ein positives Vorzeichen kann unberücksichtigt bleiben.

16.2 Entwurf

16.2.1 Datenwissen des Systems

Um die oben genannten Vereinfachungsregeln anzuwenden, müssen geeignete Teilstrukturen im Ausdruck erkannt werden. Die interne Repräsentation der Ausdrücke muß einerseits erlauben, eine Teilstruktur als geeignet für eine Reduktion zu identifizieren, andererseits müssen alle reduzierbaren Teilausdrücke zu finden sein. Wir wollen deshalb einen wahlfreien Zugriff auf beliebige Teilstrukturen ermöglichen und die Suche nach geeigneten Teilausdrücken dem System überlassen, anstatt sie explizit zu programmieren. Der gesamte Ausdruck kann deswegen nicht in einem Arbeitsspeicherelement dargestellt werden, sondern muß aus mehreren elementaren Objekten bestehen.

Im vorigen Abschnitt wurde gezeigt, daß komplexe arithmetische Ausdrücke als Bäume dargestellt werden können. Als Knoten können atomare Ausdrücke (Konstanten oder Variablen) und einfach strukturierte Ausdrücke (Operationen mit einem oder zwei Operanden) auftreten. Zur internen Repräsentation der Ausdrücke wählen wir deswegen ebenfalls eine Baumstruktur aus Arbeitsspeicherelementen. Für die Darstellung der Knoten wird folgende Elementklasse deklariert.

```
(LITERALIZE Ausdruck
              Name Funktion 1.Operand 2.Operand )
```

Unter dem Attribut Name erhält jeder Knoten einen identifizierenden Wert. Das Attribut Funktion kann als Wert die binären Operationen +, -, *, / sowie die unären Operationen .+, .- und Nop annehmen. Die beiden Attribute 1.Operand und 2.Operand enthalten die Operanden der Operation. Bei zusammengesetzten Teilausdrücken steht dort der Name des Knotens, der die Wurzel des Teilbaumes bildet, der den Operanden darstellt. Für atomare Operanden gibt es keine eigene Klasse von Knoten, da sie aus nichts weiterem als ihrem Namen oder Wert bestehen. Sie werden deshalb direkt in die Operandenfelder eines Ausdruckes eingetragen.

Bei unären Operatoren steht der Operand unter dem Attribut 1.Operand und der Wert unter dem Attribut 2.Operand sollte Nil sein.

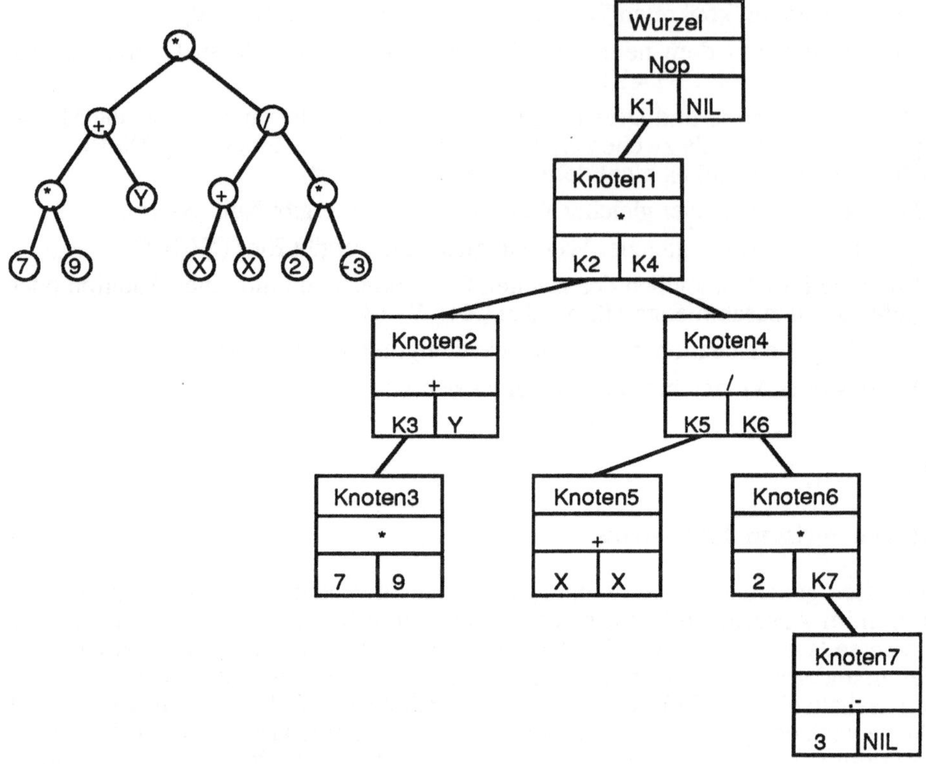

Bild 16-2: Vergleich der inhärenten Baumstruktur eines Ausdruckes mit der Baumstruktur der internen Repräsentation.

Die Knoten des internen Baumes entsprechen den Knoten des ursprünglichen Baumes, die einen Operator darstellen; das sind dort gerade die inneren Knoten. Die Blattknoten des ursprünglichen Baumes sind dagegen im internen Baum in ihren Vorgängerknoten integriert. Außerdem wird ein neuer Wurzelknoten eingeführt, so daß die ursprüngliche Wurzel zu einem inneren Knoten wird und keine Sonderbehandlung benötigt.

Unter den unären Operatoren gibt es neben den Vorzeichen noch den Operator Nop (No operation), der nichts bewirkt. Seine mathematische Definition unterscheidet sich in keiner Weise von der des unären .+ oder der Identität. Seine Einführung hat rein technische Gründe, die später einsichtig werden.

Diese interne Darstellung der Ausdrücke ist unabhängig von einer externen Darstellung in Präfix-, Infix- oder Postfixnotation.

16.2.2 Problemlösungswissen des Systems

Die grundlegende Idee dieses Programms ist, daß die verschiedenen Vereinfachungsregeln so in OPS5-Produktionen ausgedrückt werden, daß sie an jeder geeigneten Stelle innerhalb des Ausdruckes die entsprechende Vereinfachung vornehmen. Die

Realisierung einer Vereinfachungsregel sollte unabhängig von anderen Vereinfachungen sein. Je mehr Vereinfachungsregeln umgesetzt sind, desto erfolgreicher wird
ein Ausdruck reduziert. Nicht jede der angegebenen Vereinfachungsregeln läßt sich
durch eine einzelne Produktionsregel ausdrücken, da häufig unterschiedliche Fälle
berücksichtigt werden müssen. Jede Produktion stellt aber einen gültigen Vereinfa-
chungsschritt dar, so daß der Ausdruck immer in einem konsistenten Zustand bleibt.
Diese Unabhängigkeit der Produktionen bewirkt, daß die Regelauswahlstrategie in
bezug auf die Reduktionsregeln (zunächst) unberücksichtigt bleiben kann.

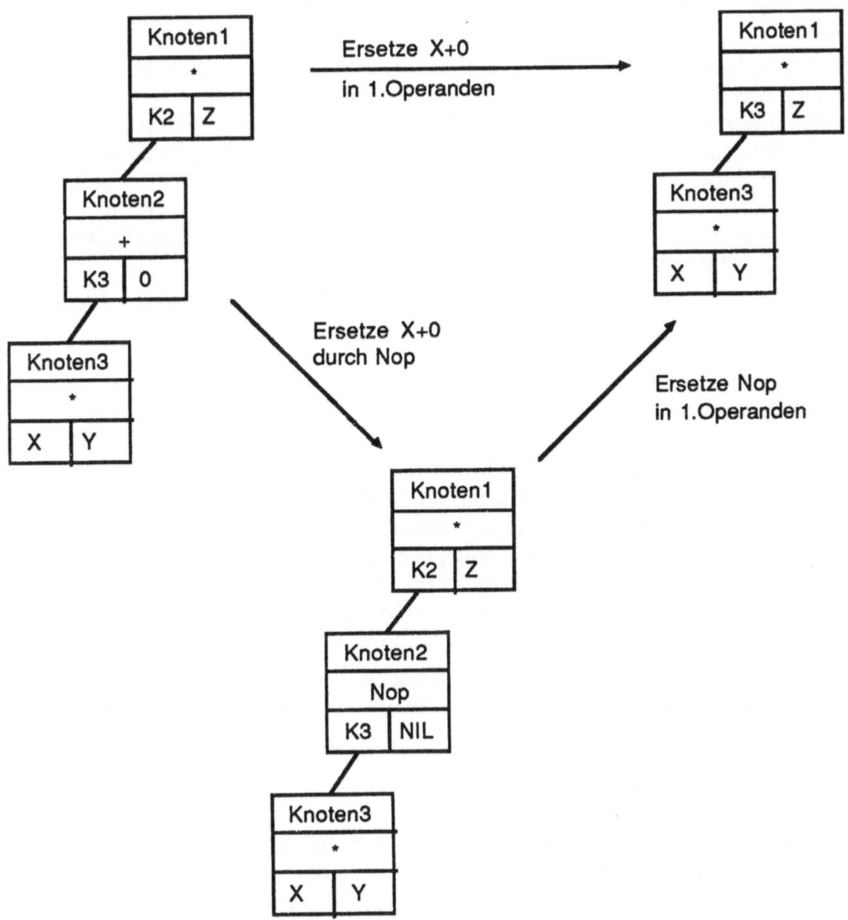

Bild 16-3: Anwendung der Vereinfachungsregel X + 0 = X mit und ohne
Verwendung der Nop-Operation.

Das Programm nutzt den assoziativen Zugriff aus, den die Produktionen auf den
Arbeitsspeicher haben. Dadurch ist es nicht notwendig, ein explizites Durchsuchen der
Baumstruktur zu programmieren, um solche Teilausdrücke zu finden, die sich vereinfachen lassen. Die Knoten des Baumes werden nicht in einer bestimmten Reihenfolge abgearbeitet, sondern es werden in unbestimmter Reihenfolge die Knoten

bearbeitet, an denen sich eine Vereinfachung durchführen läßt. Dieses Prinzip ließe sich auch weiterhin anwenden, wenn Vereinfachungsregeln berücksichtigt werden sollen, die die Betrachtung größerer Teilausdrücke einschließt.

Durch die Forderung der Striktheit der Operationen gilt die Unabhängigkeit der Vereinfachungsregeln nicht mehr uneingeschränkt. Es dürfen keine Teilausdrücke durch Reduktion entfernt werden, wenn sie eine unerlaubte Operation enthalten. Eine Kontextsteuerung, die dafür sorgt, daß zunächst alle unerlaubten Operationen entdeckt werden, bevor mit der Reduktion begonnen wird, hilft an dieser Stelle nicht weiter, da im Laufe der Vereinfachung neue undefinierte Operationen sichtbar werden können. Dieses Problem werden wir zunächst einmal zurückstellen und in Abschnitt 16.4.2 weiter betrachten.

Die unäre Operation Nop ist eingeführt worden, um die Anzahl der notwendigen Produktionen und die Komplexität der Bedingungsteile der Produktionen gering zu halten. Nehmen wir beispielsweise die zweite Vereinfachungsregel und betrachten den Fall X+0=X. Mit Hilfe der Operation Nop läßt sich die Vereinfachung lokal an einem Knoten durchführen, indem die Operation des Knotens von Addition in Nop geändert wird. Ohne die Operation Nop müßte jeder Zeiger auf den Knoten (X+0) durch den Zeiger auf X ersetzt werden. Da der Knoten einen ersten oder einen zweiten Operanden darstellen kann, müßten dabei zwei Fälle unterschieden werden.

Durch die Einführung der Nop-Knoten sind lediglich zwei zusätzliche Produktionen erforderlich, die entstandene Nop-Knoten überbrücken.

16.2.3 Ein- und Ausgabe

Die zeichenweise Verarbeitung einer Eingabe in Produktionsregeln auszudrücken, ist zum einen mühsam und zum anderen unübersichtlich. Für die Eingabe eines Ausdruckes wird deshalb eine einfache Pascal-Prozedur verwendet. Diese enthält im wesentlichen eine rekursive Funktionsprozedur, die mit Hilfe zweier weiterer Prozeduren die Eingabe liest, und die Arbeitsspeicherlemente, welche die Knoten des Baumes darstellen, erzeugt. Der gesamte Baum wird also durch die externe Routine aufgebaut. Die Routine erwartet die Eingabe in Präfixnotation.

Die Ausgabe des reduzierten Ausdruckes erfolgt mittels OPS5-Produktionen. Sie kann in Präfix- oder Infixnotation erfolgen. Zur Ausgabe eines Ausdruckes wird eine weitere Elementklasse deklariert.

```
(LITERALIZE Ausgabe Notation Inhalt)
```

Der Wert unter dem Attribut Notation gibt an, ob die Ausgabe in Präfix- oder Infixnotation erfolgen soll. Unter dem Attribut Inhalt steht der Name eines zusammengesetzten Ausdruckes oder der Wert eines atomaren Ausdruckes, der ausgegeben werden soll. Außerdem können dort auszugebende Atome, wie etwa Klammern, stehen. Atomare Ausdrücke werden direkt in eine Write-Anweisung umgesetzt. Die Ausgabe eines zusammengesetzten Ausdruckes erfolgt durch die Ausgabe seiner Teilausdrücke unter Berücksichtigung der gewünschten Notation. Ein Ausgabeobjekt, das den zusammengesetzten Ausdruck repräsentiert, wird durch zwei (oder mehr) entsprechende Objekte für die Teilausdrücke ersetzt.

Damit die Ausgabe in der richtigen Reihenfolge bearbeitet wird, ist die Regelauswahlstrategie des OPS5-Systems ausgenutzt worden. Die Baumstruktur, die den Ausdruck repräsentiert, wird bei der Ausgabe nicht manipuliert. Die Zeitstempel der

betreffenden Arbeitsspeicherelemente werden deswegen nicht erhöht. Die Ausgabe-
regeln werden nur durch die Zeitstempel der Ausgabeobjekte gesteuert. Jede
Ausgaberegel, die ein Ausgabeobjekt eines zusammengesetzten Ausdruckes durch
Ausgabeobjekte für die Teilausdrücke ersetzt, erzeugt diese Objekte in umgekehrter
Reihenfolge, in der sie ausgegeben werden sollen. Der Teilausdruck, der als erstes
ausgegeben werden soll, hat so das neueste Ausgabeobjekt und wird als erster weiter
bearbeitet. Die Ausgabe des Baumes folgt also einer depth-first Strategie.

16.3 Implementation

16.3.1 Verwaltung des internen Baumes

Bevor wir mit der Darstellung der Vereinfachungsregeln beginnen, sollen zunächst
einige Produktionen zur Verwaltung der Baumstruktur erläutert werden. Dazu gehören
zwei Produktionen, die die Nop-Knoten überbrücken. Zwei Produktionen sind deswegen notwendig, da der Nop-Knoten als erster oder zweiter Operand auftreten kann.

```
(P Überbrücke_Nop_im_ersten_Operanden
   { <Ausdruck>  (Ausdruck
                      ^1.Operand      <Name> ) }
                 (Ausdruck
                      ^Name           <Name>
                      ^Funktion       Nop
                      ^1.Operand      <Operand>)

   --> (MODIFY <Ausdruck>
                      ^1.Operand      <Operand>)
)
```

Die Regel bewirkt, daß der Operand des Nop-Knotens direkt als Operand des übergeordneten Knotens eingetragen wird. Der Nop-Knoten wird nicht gelöscht.

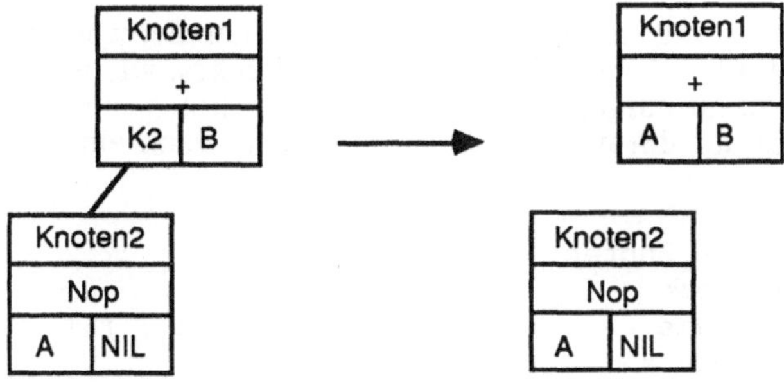

Bild 16-4: Wirkung der Regel Überbrücke_Nop_im_ersten_Operanden.

Zwei weitere Regeln sind nötig, um einen undefinierten Operanden zu behandeln. Wir betrachten wieder nur den Fall, daß der erste Operand undefiniert ist.

```
(P Undefined_im_ersten_Operanden
   { <Ausdruck>  (Ausdruck
                      ^Funktion         <> Nop
                      ^1.Operand        Undefined ) }

   --> (MODIFY <Ausdruck>
                      ^Funktion         Nop
                      ^2.Operand        Nil)
)
```

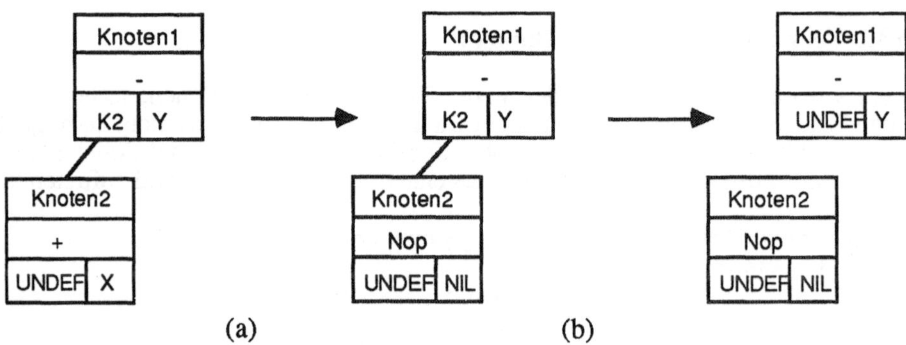

Bild 16-5: Wirkung der Regel Undefined_im_ersten_Operanden und Überbrücke_Nop_im_ersten_Operanden (b).

In Verbindung mit den Regeln zum Überbrücken eines Nop-Knotens wird ein "Undefined" durch abwechselndes Feuern dieser Regeln im Baum weiter bis zur Wurzel gereicht. Da die Regelauswahlstrategie Instantiierungen bevorzugt, die auf den neuesten Daten beruhen, wird ein neu entstandenes Nop sofort überbrückt. Das gleiche gilt für ein neu entstandenes "Undefined". Durch diesen Fokusierungseffekt wird eine einmal entdeckte undefinierte Operation sofort bis zur Wurzel weitergereicht. (Wenn es, wie in diesem Fall, nur eine mögliche Wurzel gibt, könnte das explizite Weiterreichen natürlich übersprungen werden.)

Eine letzte Regel zum Verwalten des Baumes ist schließlich die, welche nicht erreichbare Knoten löscht. Da bei der Bearbeitung des Ausdruckes, wie wir später sehen werden, die Baumstruktur aufgegeben wird, darf ein Knoten nur gelöscht werden, wenn kein Verweis auf ihn mehr besteht (und nicht, wenn ein Verweis gelöscht wird).

```
(P Lösche_unerreichbare_Knoten
   { <Ausdruck>  (Ausdruck
                      ^Name             { <Name> <> Wurzel } ) }
                 -(Ausdruck
                      ^1.Operand        <Name> )
                 -(Ausdruck
                      ^2.Operand        <Name> )

   --> (REMOVE <Ausdruck>)
)
```

16.3.2 Repräsentation der Vereinfachungsregeln

Die erste der angegebenen Vereinfachungsregeln besagt, daß Operationen mit konkreten Werten ausgeführt werden sollen. Das betrifft die vier binären Operationen und das Vorzeichenminus im Zusammenhang mit einer Konstanten. Da die Compute-Funktion des OPS5-Systems keine variablen Operatoren erlaubt, sind vier verschiedene Produktionen notwendig. (Wem das zuviel ist, kann eine externe Compute-Routine mit variablen Operatoren schreiben.)

Für den Fall der Addition sieht die Regel folgendermaßen aus:

```
(P Addition_Zweier_Zahlen
   { <Ausdruck> (Ausdruck
                      ^Funktion       +
                      ^1.Operand      { <Wert_1> <=> 1 }
                      ^2.Operand      { <Wert_2> <=> 1 } ) }

   --> (MODIFY <Ausdruck>
                      ^Funktion       Nop
                      ^1.Operand      (COMPUTE <Wert_1> + <Wert_2> )
                      ^2.Operand      Nil )
)
```

Drei weitere Regeln unterscheiden sich von dieser nur in dem Attribut Funktion und der in (Compute ...) benutzten Operation. Ein Vorzeichenminus vor einer Konstanten wird durch folgende Produktion behandelt.

```
(P Negatives_Vorzeichen_einer_Zahl
   { <Ausdruck> (Ausdruck
                      ^Funktion       .-
                      ^1.Operand      { <Wert> <=> 1 } ) }

   --> (MODIFY <Ausdruck>
                      ^Funktion       Nop
                      ^1.Operand      (COMPUTE 0 - <Wert>) )
)
```

Die zweite Vereinfachungsregel betrifft das Ingnorieren von Operationen mit dem neutralen Element. Auch für diese Regel bedarf es mehrerer Produktionen. Es gibt vier Fälle zu unterscheiden, gemäß den vier möglichen Operationen. In zwei Fällen muß noch einmal unterschieden werden, ob das neutrale Element links oder rechts vorkommt (+, *). Die Operationen - und / haben kein linksneutrales Element. Jedoch läßt sich auch der Fall (0-X) betrachten, der sich zu (-X) vereinfachen läßt. Von den sich ergebenden 7 Produktionen lassen sich zweimal zwei zu jeweils einer Produktion zusammenfassen. Zwei Produktionen sind im folgenden angegeben.

```
(P Addition_und_Subtraktion_2.Operand_Null
   { <Ausdruck> (Ausdruck
                      ^Funktion       << + - >>
                      ^2.Operand      0 ) }
```

```
        --> (MODIFY <Ausdruck>
                        ^Funktion       Nop
                        ^2.Operand      Nil )
    )

(P Subtraktion_1.Operand_Null
    { <Ausdruck> (Ausdruck
                        ^Funktion       -
                        ^1.Operand      0
                        ^2.Operand      <Operand> ) }

        -->     (MODIFY <Ausdruck>
                        ^Funktion       .-
                        ^1.Operand      <Operand>
                        ^2.Operand      Nil )
    )
```

Die dritte Vereinfachungsregel besagt, daß bei der Multiplikation und der Division mit Null auch das Ergebnis Null ist. Eine Ausnahme bildet aber die Division durch Null, welche nicht definiert ist. Es sind drei Produktionen zur Implementation dieser Regel nötig, da die Null an erster oder zweiter Stelle auftreten kann und bei der Division die Ausnahme berücksichtigt werden muß. Andererseits können die beiden Regeln, die den Fall behandeln, daß der erste Operand 0 ist, zusammengefaßt werden.

```
(P Division_und_Multiplikation_1.Operand_Null
    { <Ausdruck> (Ausdruck
                        ^Funktion       << * / >>
                        ^1.Operand      0
                        ^2.Operand      { <> 0 <> Undefined } ) }

        --> (MODIFY <Ausdruck>
                        ^Funktion       Nop
                        ^1.Operand      0
                        ^2.Operand      Nil )
    )

(P Division_durch_Null
    { <Ausdruck> (Ausdruck
                        ^Funktion       /
                        ^2.Operand      0 ) }

        --> (MODIFY <Ausdruck>
                        ^Funktion       Nop
                        ^1.Operand      Undefined
                        ^2.Operand      Nil )
    )
```

Die nächste Regel besagt, daß die Subtraktion zweier gleicher Werte voneinander Null ergibt. Diese Regel läßt sich direkt in eine OPS5-Produktion umsetzen:

```
(P Subtraktion_gleicher_Werte
   { <Ausdruck> (Ausdruck
                 ^Funktion       -
                 ^1.Operand      { <Wert> <> Undefined }
                 ^2.Operand      <Wert> ) }

    --> (MODIFY <Ausdruck>
                 ^Funktion       Nop
                 ^1.Operand      0
                 ^2.Operand      Nil )
)
```

Analog läßt sich die Tatsache ausdrücken, daß die Division eines Wertes durch sich selbst Eins ergibt.

Sind die letzten beiden Regeln unmittelbar einleuchtend, so bergen sie doch die Schwierigkeit, die Gleichheit zweier Teilausdrücke zu erkennen. Da alle zusammengesetzten Ausdrücke individuelle Namen haben, kann eine Gleichheit direkt nur auf der Ebene der atomaren Ausdrücke festgestellt werden.

Zwei zusammengesetzte Ausdrücke sind gleich, wenn ihre Operationen und ihre Operanden gleich sind, wobei die Gleichheit von Operanden über die Gleichheit von Ausdrücken gezeigt wird. Diese rekursive Definition der Gleichheit wird durch die Iteration mit folgender Regel festgestellt.

```
(P Gleichheit_zweier_Ausdrücke
   { <Ausdruck> (Ausdruck
                 ^Name           <Name_1>
                 ^Funktion       <Funktion>
                 ^1.Operand      <Wert_1>
                 ^2.Operand      <Wert_2> ) }
                (Ausdruck
                 ^Name           { <Name_2> <> <Name_1> }
                 ^Funktion       <Funktion>
                 ^1.Operand      <Wert_1>
                 ^2.Operand      <Wert_2> )

    --> (MODIFY  <Ausdruck>
                 ^Funktion       Nop
                 ^1.Operand      <Name_2>
                 ^2.Operand      Nil )
)
```

Bild 16-6 illustriert die Wirkung dieser Regel. Sie stellt zunächst den Baum für folgenden Ausdruck dar:

+ X - * 2 + A B * 2 + A B,   (X+((2*(A+B))-(2*(A+B))))

und zeigt die Auswirkung der Produktion Gleichheit_zweier_Ausdrücke. Damit die Gleichheit zweier Ausdrücke explizit wird, müssen die zunächst entstehenden Operationen Nop überbrückt werden.

Jeder der in Bild 16-6 dargestellten Schritte besteht aus einer Anwendung der Regel Gleichheit_zweier_Ausdrücke und der darauf folgenden Anwendung der Regel Überbrücke_Nop_im_2.Operanden. Zu beachten ist, daß die Produktion Gleichheit-

_zweier_Ausdrücke dazu führt, daß der Graph kein Baum mehr bleibt, sondern nur noch ein zyklenfreies Netz ist.

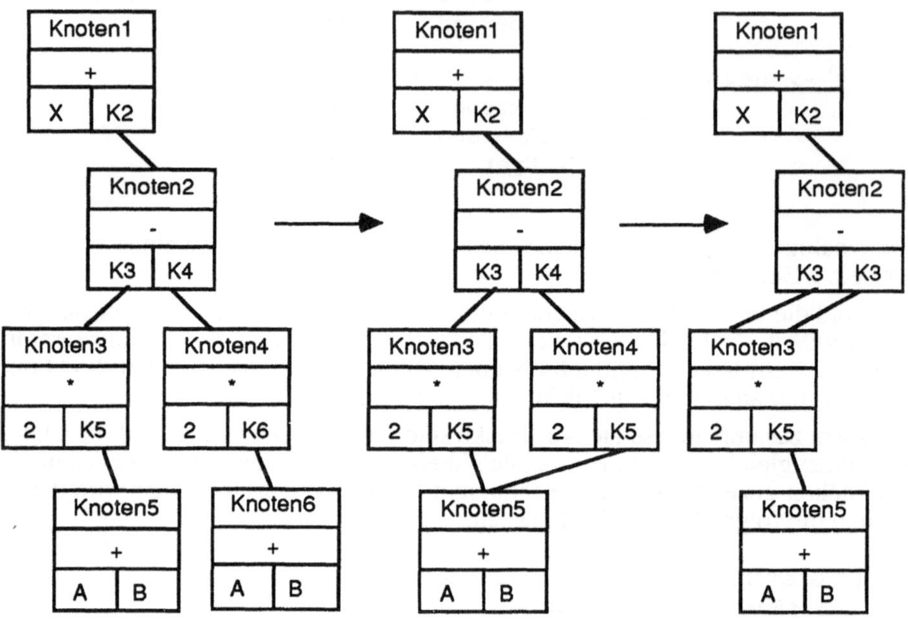

Bild 16-6: Feststellung der Gleichheit zweier Ausdrücke

Eine weitere Vereinfachung ist möglich, wenn bei einer Addition oder Subtraktion der zweite Operand negiert ist. Das Vorzeichen kann dann mit dem binären Operator zusammengefaßt werden. Es ist eine Produktion für jede Operation notwendig.

```
(P Addition_zweiter_Operand_negiert
    { <Ausdruck> (Ausdruck
                  ^Funktion      +
                  ^2.Operand     <Name> ) }
                 (Ausdruck
                  ^Name          <Name>
                  ^Funktion      .-
                  ^1.Operand     <Wert> )

    --> (MODIFY  <Ausdruck>
                  ^Funktion      -
                  ^2.Operand     <Wert> )
)
```

Obwohl die beiden Produktionen sich nur in den Werten unter dem Attribut Funktion unterscheiden, und dazu noch in einer symmetrischen Art und Weise, können sie nicht zusammengefaßt werden. Dazu wäre eine bedingte Anweisung notwendig, oder eine Funktion, die ein + in ein - verwandelt und umgekehrt.

Die siebente angegebene Vereinfachungsregel betrifft das Aufheben der doppelten Negation.

```
(P Doppelte_Negation_beseitigen
   { <Ausdruck> (Ausdruck
                    ^Funktion      .-
                    ^1.Operand     <Name> ) }
                 (Ausdruck
                    ^Name          <Name>
                    ^Funktion      .-
                    ^1.Operand     <Wert> )

   --> (MODIFY <Ausdruck>
                    ^Funktion      Nop
                    ^1.Operand     <Wert> )
)
```

Die achte und letzte Vereinfachungsregel besagt schließlich, daß ein positives Vorzeichen unberücksichtigt bleiben kann.

```
(P Positives_Vorzeichen
   { <Ausdruck> (Ausdruck
                    ^Funktion        .+ ) }

   --> (MODIFY <Ausdruck>
                    ^Funktion        Nop)
)
```

16.3.3 Regeln für die Ausgabe

Die Ausgabe eines Ausdruckes wird mit Hilfe von Elementen der Klasse Ausgabe durchgeführt, die jeweils einen Knoten des (ursprünglichen) Baumes beschreiben. Die Ausgabe kann in Präfix und Infixnotation erfolgen. Sie erfolgt nach folgender Strategie.

Es wird unterschieden zwischen der Ausgabe von atomaren und zusammengesetzten Ausdrücken. Zur Ausgabe eines atomaren Ausdruckes reicht eine direkte Umsetzung in eine Write-Anweisung.

```
(P Ausgabe_Symbol_oder_Zahl
   { <Aufgabe>  (Ausgabe
                    ^Inhalt <Inhalt> ) }

   --> (WRITE    <Inhalt>)
       (REMOVE   <Aufgabe>)
)
```

Die auszugebenden Atome können nicht nur Konstanten oder Variablen sein, sondern auch Klammer- und Operatorsymbole.

Damit die Ausgabe kompatibel mit der Eingabe ist, werden negative Konstanten gesondert behandelt. Die Produktion Ausgabe_negative_Zahl gibt eine solche Konstante als Vorzeichenminus und positive Zahl aus.

```
(P Ausgabe_negative_Zahl
   { <Aufgabe> (Ausgabe
                     ^Inhalt          { < 0 <Wert> } ) }
   --> (WRITE .- (COMPUTE 0 - <WERT>) )
       (REMOVE <Aufgabe>)
)
```

Die Aufgabe, einen zusammengesetzten Ausdruck auszugeben, wird aufgespalten in die Aufgaben, die Operanden, den Operator und bei der Infixnotation eine umfassende Klammerung auszugeben. Dazu wird das Ausgabeobjekt des Knotens durch Ausgabeobjekte der auszugebenden Bestandteile ersetzt. Betrachten wir die Regel am Beispiel der Infixnotation.

```
(P Ausgabe_Zusammengesetzter_Ausdruck_binär_infix
   { <Aufgabe> (Ausgabe
                     ^Notation       infix
                     ^Inhalt         <Name> ) }
             .
               (Ausdruck
                     ^Name           <Name>
                     ^Funktion       { <Funktion> << + - * / >> }
                     ^1.Operand      <1.Operand>
                     ^2.Operand      <2.Operand> )

   -->    (MAKE Ausgabe
                     ^Inhalt         |)| )
          (MAKE Ausgabe
                     ^Notation       infix
                     ^Inhalt         <2.Operand> )
          (MAKE Ausgabe
                     ^Inhalt         <Funktion> )
          (MAKE Ausgabe
                     ^Notation       infix
                     ^Inhalt         <1.Operand> )
          (WRITE |(| )
          (REMOVE <Aufgabe>)
)
```

Die Ausgabeobjekte für die Bestandteile werden in umgekehrter Reihenfolge erzeugt, in der sie ausgegeben werden müssen. Durch die Regelauswahlstrategie wird dann das Ausgabeobjekt als erstes behandelt, das den als erstes auszugebenden Bestandteil enthält. In dieser Regel ist das die öffnende Klammer. Da diese Klammer in dieser Situation tatsächlich das nächste auszugebende Zeichen ist, wird kein Ausgabeobjekt erzeugt, sondern eine explizite Write-Anweisung benutzt. Das neueste Ausgabeobjekt ist also das für den ersten Operanden. Für den Fall, daß dieser Operand atomar ist, gibt es die Regel Ausgabe_Symbol_oder_Zahl. Ist der Operand dagegen der Name eines weiteren Knotens, so kommt es zu einer erneuten Instantiierung der Regel Ausgabe_zusammengesetzter_Ausdruck_binär_infix. Aufgrund der Neuheit des Ausgabeobjektes wird diese Instantiierung auch sofort ausgeführt. Erst wenn der gesamte Teilausdruck, der den ersten Operanden bildet, ausgegeben ist, wird das Ausgabeobjekt für den Operator bearbeitet. Die dazu notwendige Regel zur Ausgabe von Symbolen oder Zahlen ist zwar bereits die ganze Zeit während der Ausgabe des ersten Operanden instantiiert, aber alle zwischenzeitlich erzeugten Ausgabeobjekte, die zur Ausgabe des ersten Operanden erforderlich waren und durch wiederholte Aktivierung der genannten Regel erzeugt wurden, sind neuer gewesen und wurden somit vorrangig bearbeitet. Nachdem der Operator ausgegeben ist erfolgt die Ausgabe des zweiten Operanden analog zur Ausgabe des ersten. Schließlich wird die Ausgabe der schließenden Klammer bearbeitet.

Die Regel für die Ausgabe zusammengesetzter Ausdrücke mit binären Operationen und Präfixnotation arbeiten nach dem gleichen Prinzip. Es werden weniger Ausgabeobjekte erzeugt, da keine Klammern nötig sind und der Operator jeweils direkt ausgegeben werden kann. Für die Ausgabe zusammengesetzter Ausdrücke mit unären Operatoren ist nur eine Regel notwendig, da bei der Ausgabe unärer Operationen in Infixnotation die Präfixnotation benutzt wird.

Ausgelöst wird die Ausgabe eines Ausdruckes, indem ein Element der Klasse Ausgabe für den Wurzelknoten des auszugebenden Ausdruckes erzeugt wird. In der beschriebenen Version des Programms ist das auch immer die Wurzel des ganzen Baumes. Da der gesamte Baum, der einen Ausdruck repräsentiert, an einen Nop-Knoten mit Namen Wurzel hängt, der aber nicht mit ausgegeben werden soll, gibt es eine spezielle Produktion zum Starten der Ausgabe.

```
(P Ausgabe_der_Wurzel
   { <Aufgabe> (Ausgabe
                    ^Notation        { << infix präfix >> <Art> }
                    ^Inhalt          Wurzel ) }
               (Ausdruck
                    ^Name            Wurzel
                    ^Funktion        Nop
                    ^1.Operand       <Operand>
                    ^2.Operand       Nil )

   -->     (WRITE (CRLF))
           (MAKE Ausgabe
                    ^Notation        <Art>
                    ^Inhalt          <Operand> )
           (REMOVE <Aufgabe>)
)
```

Sie ersetzt das Ausgabeobjekt für die Wurzel durch ein Ausgabeobjekt für den obersten auszugebenden Knoten, ohne den Nop-Operator auszugeben. Sie wird der Regel zur Ausgabe zusammengesetzter Ausdrücke mit unärem Operator vorgezogen. Beide Regeln werden zwar durch den Wurzelknoten instantiiert, aber die Regel Ausgabe_der_Wurzel enthält mehr Tests im Bedingungsteil und ist somit spezieller.

In diesem Zusammenhang sei auch erwähnt, daß die Produktion zur Ausgabe von Zahlen oder Symbolen durch jedes Ausgabeobjekt instantiiert wird. Die Produktionen zur Ausgabe von zusammengesetzten Ausdrücken enthalten aber zusätzliche Bedingungen und werden deshalb von der Regelauswahlstrategie bevorzugt, so daß es nicht passieren kann, daß der interne Name eines Knotens als atomarer Ausdruck ausgegeben wird.

16.3.4 Die externe Routine

Die Eingabeprozedur ist in VAX-Pascal von DEC geschrieben. Dabei sind einige darin enthaltene Erweiterungen zur Stringbehandlung benutzt worden. Der Typ Varying entspricht einem variabellangen Array. Auf seine interne Struktur (Record aus der aktuellen Länge und einem Packed Array fester Länge) läßt sich durch die Selektoren Length bzw. Body zugreifen. Die Worte %immed, %ref, [external] und [global] sind ebenfalls implementationsspezifisch und regeln die Übergabemechanismen für die Parameter und die Sichtbarkeit von Namen für das Binden.

Der Pascalteil stellt kein lauffähiges Programm dar, sondern nur eine Sammlung von Routinen und wird deshalb mit "Module" statt "Program" bezeichnet. Die Prozedur Erzeuge erzeugt Arbeitsspeicherelemente der Klasse Ausdruck und schreibt diese in den Arbeitsspeicher. Die nötigen Parameter werden durch die Funktion Ausdruck beschafft. Die Funktion OPS_Intern ist eine Vereinfachung der Routine OPS$Intern, die variabellange Strings akzeptiert und gegebenenfalls eine Wandlung in Großbuchstaben vornimmt. Das Einlesen eines Ausdruckes und Aufbauen des Baumes im Arbeitsspeicher geschieht durch einmaliges Aufrufen der Prozedur Ausdruck_einlesen, die ihrerseits die rekursive Funktion Ausdruck aufruft.

16.4 Erweiterungen des Systems

In der beschriebenen Version des Vereinfachungsprogrammes tauchen zwei Probleme auf, die im folgenden erörtert werden sollen, und für die eine Lösung zu entwickeln ist.

16.4.1 Darstellung negativer Zahlen

Bei Eingabe der zu reduzierenden Ausdrücke mit den angegebenen Pascalroutinen müssen negative Zahlen durch ihren Betrag und das unäre Vorzeichenminus (.-) angegeben werden. Die beschriebenen Produktionen zur Eleminierung einer doppelten Negation bzw. der Zusammenfassung eines negativen Vorzeichens mit den Operatoren für Addition und Multiplikation bauen auf dieser Darstellung auf. Während des Vereinfachens können durch Ausführen von Berechnungen dennoch "echte" negative Zahlen entstehen. Diese negativen Zahlen werden bei der Ausgabe zwar als ".- |Wert|" ausgegeben, jedoch wird dieses Vorzeichen nicht explizit intern repräsentiert. Eine naheliegende Lösung wäre es, eine auftretende negative Zahl in die entsprechende positive Zahl und das Vorzeichenminus zu wandeln.

```
(P Wandele_negative_Zahl_in_2.Operand
   { <Ausdruck> (Ausdruck
                  ^2.Operand    { < 0 <neg_Zahl> })}
   --> (BIND <Neuer_Knoten> (GENATOM))
       (MAKE Ausdruck
                  ^Name         <Neuer_Knoten>
                  ^Funktion     .-
                  ^2.Operand    (COMPUTE 0 - <neg_Zahl>))
       (MODIFY <Ausdruck>
                  ^2.Operand    <Neuer_Knoten>)
   )
```

Eine zweite Produktion müßte das Auftreten einer negativen Zahl im ersten Operanden behandeln.

Wie in Bild 16-7 verdeutlicht, vergrößert diese Produktion den internen Baum um einen Knoten. Alle anderen Produktionen lassen die Knotenzahl dagegen konstant oder verringern sie. Der Nachweis, daß das Reduktionsprogramm terminiert, läßt sich in diesem Fall führen, indem man eine geeignete Ordnung über dem internen Baum definiert, die keine unendlich langen abfallenden Ketten zuläßt und so gewählt ist, daß jede Produktion den Baum gemäß dieser Ordnung verkleinert. Eine solche Ordnung kann z.B. die Knoten mit binären Funktionen höher bewerten als solche Knoten, die eine unäre Funktion darstellen, und solche wiederum höher als Nop-Knoten. Kann für jede neu in das System aufgenommene Produktion nachgewiesen werden, daß sie den Baum gemäß der definierten Ordnung verkleinert, ist damit gewährleistet, daß das System terminiert.

Ein anderer Weg des Beweises führt über die Betrachtung der Interaktionen der Produktionen. Soll das System nun um die beiden Produktionen Wandele_negative-_Zahl_in_1/2_Operand erweitert werden, muß für diese Regeln explizit nachgewiesen werden, daß sie eine Terminierung nicht verhindern. Dazu müssen alle möglichen direkten und indirekten Interaktionen mit schon vorhandenen Produktionen überprüft werden. Wir hatten bereits eine Regel definiert, die ein unäres Minus und eine Konstante zusammenfaßt. Diese Regel verkleinert den Baum gemäß der oben angegebenen Ordnung. Zusammen mit der neuen Regel gerät das System jedoch in eine Endlosschleife.

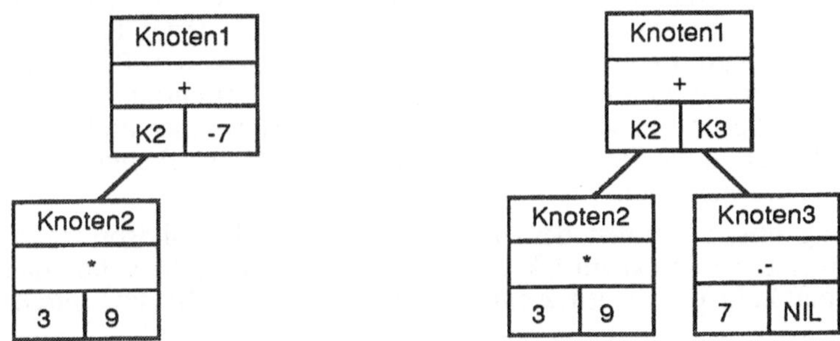

Bild 16-7: Wirkung der Regel Wandele_negative_Zahl_im_2.Operanden

Eine bessere Lösung ist es deshalb, negative Konstanten zuzulassen und diejenigen Vereinfachungsregeln, die auf einem unären Minus aufbauen, doppelt zu schreiben, so daß beide Darstellungen vereinfacht werden können. Dadurch würden alle Reduktionsregeln den Baum verkleinern und die Terminierung des Reduktionsprozesses wäre garantiert. Wird vergessen, eine oder mehrere Regeln für die zweite Art der Darstellung zu verdoppeln, würde der Ausdruck u.U. weniger stark vereinfacht werden, es würde aber keine falsche Lösung entstehen. Die doppelte Darstellung betrifft folgende Produktionen: Addition_2.Operand_negiert und Subtraktion_2.Operand_negiert. Als Beispiel soll uns erstere dienen.

```
(P Addition_2.Operand_negiert_::_Konstante
   { <Ausdruck> (Ausdruck
                 ^Funktion         +
                 ^2.Operand        { < 0     <neg_Zahl> } ) )

--> (MODIFY <Ausdruck>
                 ^Funktion         -
                 ^2.Operand        (COMPUTE 0 - <neg_Zahl>))
   )
```

Damit bei der Reduktion ein eindeutiges Ergebnis entsteht, werden Konstanten mit dem Vorzeichenminus zusammengefaßt. Dazu gibt es die bereits erläuterte Produktion Negatives_Vorzeichen_einer_Zahl.

16.4.2 Striktheit der Operationen

Eine Anforderung an das System war, daß die Striktheit der Operationen beachtet wird. Diese Anforderung wird von der vorliegenden Version nur ungenügend erfüllt. Die Striktheit wird verletzt, wenn eine Vereinfachungsregel einen Ast des Baumes "abschneidet", in dem sich eine undefinierte Operation befindet. Die einzige dargestellte undefinierte Operation ist die Division durch Null. Diejenigen Vereinfachungsregeln, die die Multiplikation und die legale Division mit Null sowie diejenigen, die die Subtraktion und die Division zweier gleicher Werte behandeln, können nicht nur einzelne Knoten aus dem Baum entfernen, sondern ganze Folgen von Knoten (Äste).

Ein erster Lösungsansatz wäre, durch Einführen einer Kontextsteuerung eine Unterteilung der Reduktion in zwei Phasen zu realisieren. In der ersten Phase werden alle Divisionen durch Null als undefiniert markiert. In der zweiten Phase werden Vereinfachungen nur vorgenommen, wenn zuvor keine undefinierten Operationen entdeckt wurden. In dieser Weise funktioniert dieser Ansatz aber nicht, da eine Division durch Null nicht unbedingt von vornherein als solche zu erkennen ist, wenn sich der zweite Operand erst durch Vereinfachungen zu Null ergibt.

Die Einführung eines Dämonen, der auf eine später entdeckte Divison durch Null reagiert und in den ersten Kontext zurückschaltet, hilft ebenfalls nicht weiter, da nicht gewährleistet ist, daß kein Teilausdruck entfernt wird, bevor die Division durch Null explizit wird.

Letztendlich ist es gar nicht die Regel Division_durch_Null, die die Schwierigkeiten verursacht, sondern diejenigen Regeln, die in ungerechtfertigter Weise einen Teilausdruck entfernen, also beispielsweise Multiplikation_2.Operand_Null. In dieser Regel darf der erste Operand nur dann durch Null ersetzt werden, wenn der Teilausdruck, der diesen Operanden darstellt, keine undefinierte Operation enthält.

Wir schlagen folgende Lösung vor: Es wird eine Kontextsteuerung eingeführt, die zwischen einfachem Reduzieren und Reduzieren mit Überprüfen unterscheidet. Alle Regeln, die nur einzelne Knoten aus dem Baum entfernen können, kommen in den Kontext Einfaches_Reduzieren. Regeln, die dagegen einen Ast aus mehreren Knoten aus dem Baum herausschneiden können, kommen in den Kontext Reduzieren_mit_Überprüfen. Diese Vereinfachungsregeln werden so modifiziert, daß sie nur noch solche Teilbäume herausschneiden können, die vollständig reduziert sind und keine undefinierten Operationen mehr enthalten. Die dazu notwendige Prüfregel gehört ebenfalls in diesen Kontext und soll als nächstes beschrieben werden.

Das Prüfen beginnt bei den Blättern des Baumes und setzt sich in Richtung auf die Wurzel fort.

```
(P Knoten_Prüfen
                (Steuerelement
                        ^Kontext        Reduktion_mit_Prüfen)
   { <Knoten>    (Ausdruck
                        ^1.Operand      <1.Operand>
                        ^2.Operand      <2.Operand>
                        ^Status         <> geprüft )
                 -(Ausdruck
                        ^Name           <1.Operand>
                        ^Status         <> geprüft )
                 -(Ausdruck
                        ^Name           <2.Operand>
                        ^Status         <> geprüft )

   --> (MODIFY <Ausdruck>
                        ^Status         geprüft )
   )
```

Diese Regel scheint nicht zu prüfen, ob sich der Teilbaum weiter reduzieren läßt. Es werden aber alle weiteren Regeln dieses Kontextes so geschrieben, daß sie spezieller als die Regel Knoten_prüfen sind. Dadurch wird diese Regel tatsächlich nur dann ausgeführt, wenn sich der Baum an diesem Knoten mit keiner anderen Regel bearbeiten läßt.

Formal erhält ein Knoten den Wert "geprüft", wenn keiner seiner Operanden durch einen ungeprüften Knoten dargestellt wird. (Die Deklaration der Elementklasse Ausdruck muß natürlich um das Attribut Status erweitert werden.) Diese Prüfregel drückt damit folgendes Problemlösungswissen aus:

Wenn   alle Operanden eines Knotens definiert und irreduzibel sind, und die Operation, die durch den Knoten dargestellt wird, definiert ist, und keine Vereinfachungsregel auf diesen Knoten angewandt werden kann,

dann   ist auch das Ergebnis dieser Operation definiert und irreduzibel.

Bevor wir die Funktionsweise dieser Produktion an einem Beispiel erläutern, wollen wir zunächst zeigen, wie die erwähnten Vereinfachungsregeln modifiziert werden müssen. Wir zeigen die Modifikation am Beispiel der Produktion Multiplikation_2.Operand_Null.

```
(P Multiplikation_2.Operand_Null_:_Ast
                (Steuerelement
                        ^Kontext        Reduktion_mit_Prüfen)
   { <Produkt> (Ausdruck
                        ^Funktion       *
                        ^1.Operand      <1.Operand>
                        ^2.Operand      0 ) }
                (Ausdruck
                        ^Name           <1.Operand>
                        ^Status         geprüft)
```

```
--> (MAKE Steuerelement
                    ^Kontext        Einfache_Reduktion )
    (MODIFY <Produkt>
                    ^Funktion       Nop
                    ^1.Operand      0
                    ^2.Operand      Nil )
)
```

Diese Regel kann nur auf einen Ausdruck (X * 0) angewandt werden, wenn X
ein zusammengesetzter Ausdruck ist, der den Status geprüft hat. (Auf die Erzeugung
des Steuerelementes gehen wir im weiteren noch ein.) Der Fall, daß der Ausdruck X
atomar ist, wird im Kontext Einfache_Reduktion mitbearbeitet, da in diesem Fall kein
Ast, sondern nur ein Knoten abgeschnitten wird. Dafür benutzen wir folgende
Produktion:

```
(P Multiplikation_2.Operand_Null_:_Knoten
                (Steuerelement
                    ^Kontext        einfache_Reduktion)
  { <Produkt> (Ausdruck
                    ^Funktion       *
                    ^1.Operand      {<atomarer_Operand> <>
                                                  Undefined}
                    ^2.Operand      0 ) }
              -(Ausdruck
                    ^Name           <atomarer_Operand> )

--> (MODIFY <Produkt>
                    ^Funktion       Nop
                    ^1.Operand      0
                    ^2.Operand      Nil )
)
```

Die ursprüngliche Produktion Multiplikation_2.Operand_Null wird also durch zwei
speziellere Produktionen ersetzt.

16.4.3 Einführung einer Kontextsteuerung

Die Einführung der Kontextsteuerung bedingt, daß auch die Systeminitialisierung
angepaßt werden muß. Wir benutzen eine Produktion Warmstart und das Startup wie
folgt:

```
(STARTUP   (STRATEGY MEA)
           (WATCH 0)
           (MAKE Start)
           (RUN)
)
```

```
(P Warmstart
   { <Start> (Start) }

--> (REMOVE <Start>)
    (MAKE Start)
    (CALL Ausdruck_einlesesn)
    (MAKE Steuerelement
              ^Kontext          Garbage_Collection)
    (MAKE Steuerelement
              ^Kontext          Warten)
    (MAKE Steuerelement
              ^Kontext          Ausgabe_des_Ausdrucks)
    (MAKE Steuerelement
              ^Kontext          Reduktion_mit_Prüfen)
    (MAKE Steuerelement
              ^Kontext          einfache_Reduktion)
    (MAKE Steuerelement
              ^Kontext          Ausgabe_des_Ausdrucks)
)
```

Die Regel Warmstart feuert immer dann, wenn keine andere Regel mehr feuern kann. Sie wird durch das Element (Start) instantiiert, das sie in ihrem Aktionsteil löscht und neu erzeugt, so daß sie, nachdem alle von ihr instantiierten Kontexte abgearbeitet sind, erneut feuern kann.

Auf die Kontexte Garbage_Collection und Warten wird im folgenden nicht weiter eingegangen. Warten bewirkt lediglich, daß nach der Ausgabe des Ergebnisses ein Tastendruck abgewartet wird, bis der Bildschirm für eine neue Eingabe gelöscht wird, Garbage_Collection löscht den alten Ausdruck.

Der erste zu bearbeitende Kontext ist Ausgabe_des_Ausdrucks. In ihm wird der gerade eingelesene und zu vereinfachende Ausdruck ausgegeben. (Die Eingaberoutine wird von der Regel Warmstart aufgerufen.)

Im nächsten Kontext (Einfache_Reduktion) werden solche Vereinfachungsregeln angewandt, die sich nur auf einen Knoten auswirken. Weiterhin werden alle offensichtlich undefinierten Operationen erkannt.

Ist mit diesen Regeln der Ausdruck nicht weiter zu reduzieren, wird der Kontext Reduktion_mit_Prüfen aktiv. In diesem Kontext werden, beginnend bei den Blättern, Teilbäume identifiziert, die auch mit den Vereinfachungsregeln dieses Kontextes nicht weiter zu reduzieren sind. Die Knoten solcher Bäume werden durch den Status geprüft markiert. Das Markieren von Knoten durch die Regel Prüfe_Knoten in Richtung auf die Wurzel wird solange fortgesetzt, bis eine Vereinfachungsregel dieses Kontextes feuern kann. Wie bereits erläutert, können diese nur Teilbäume entfernen, die als geprüft markiert sind. Da die Vereinfachungsregeln in diesem Kontext außer dem Knoten, der die zu vereinfachende Operation darstellt, auch einen Nachfolgeknoten im Bedingungsteil binden, werden sie gegenüber der Prüfregel von der Regelauswahlstrategie bevorzugt. Mit anderen Worten, wenn gleichzeitig die Möglichkeit besteht, einen Knoten als geprüft zu markieren oder eine Vereinfachung an ihm durchzuführen, wird die Vereinfachung gewählt.

Die Ausführung einer Vereinfachungsregel bewirkt, daß der Kontext Einfache_Reduktion erneut instantiiert wird, indem ein entsprechendes Steuerelement erzeugt wird. In diesem Kontext wird überprüft, ob die soeben vorgenommene

Reduktion weitere Reduktionen möglich gemacht hat, oder ob nun undefinierte Operationen offensichtlich geworden sind. Ist dies nicht der Fall bzw. nachdem diese bearbeitet sind, wird das aktuelle Kontextelement gelöscht und das System befindet sich wieder im Kontext Reduktion_mit_Prüfen. Der Wechsel zwischen diesen beiden Kontexten wird solange durchgeführt, bis der Wurzelknoten als geprüft markiert ist. Dann wird in den durch die Regel Warmstart instantiierten Kontext Ausgabe_des_- Ausdrucks gewechselt und der vereinfachte Ausdruck ausgegeben. Danach werden im Kontext Garbage_Collection alle Knoten des Baumes gelöscht. Der Arbeitsspeicher enthält dann nur noch das Element Start und die Regel Warmstart feuert erneut.

Betrachten wir ein Beispiel: Dazu wollen wir annehmen, daß das System soeben erstmalig in den Kontext Reduktion_mit_Prüfen gewechselt hat, und daß der Ausdruck durch einen Baum gemäß Bild 16-8 dargestellt ist.

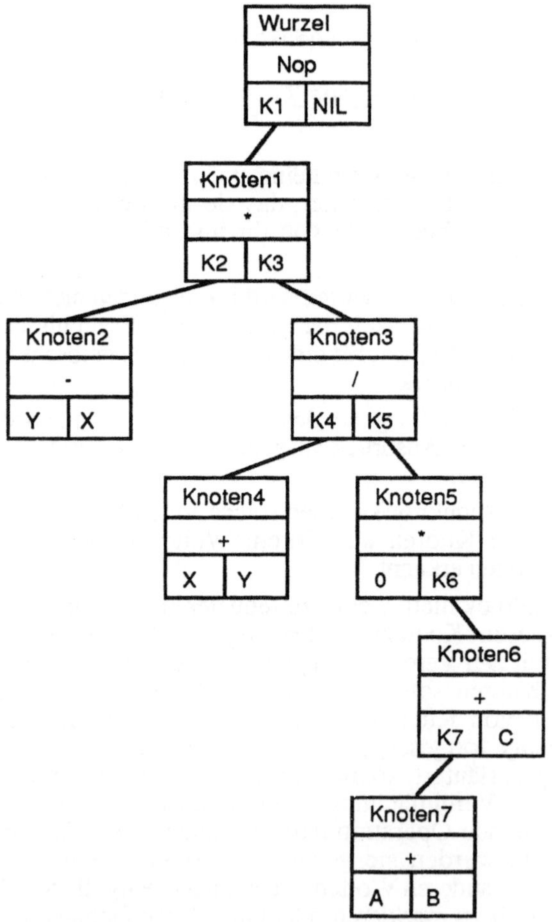

Bild 16-8: Im Kontext Einfache_Reduktion reduzierter Ausdruck

Die Prüfregel besagt, daß aus einer definierten Operation mit definierten irreduziblen Operatoren ein ebensolches Ergebnis entsteht. Die entsprechende Eigenschaft wird durch den Status geprüft ausgedrückt. Atomare Operatoren gelten in diesem Kontext implizit als geprüft. Hätten sie die notwendigen Eigenschaften dafür nicht (definiert und irreduzibel), wäre das in dem Kontext Einfache_Reduktion bearbeitet worden. Nehmen wir weiterhin an, bedingt durch die Entstehungsgeschichte des Baumes, setzt die Prüfregel an Knoten7 an. Da keiner der Operanden durch einen ungeprüften Knoten dargestellt wird, erhält Knoten7 den Status geprüft. Aus den gleichen Überlegungen heraus erhält als nächstes Knoten6 den Status geprüft. Danach wäre die Voraussetzung dafür geschaffen, Knoten5 den Status geprüft zu geben. Es ist jetzt aber auch die Vereinfachungsregel Multiplikation_1.Operand_Null_:_Ast instantiiert worden, die nun mit der Prüfregel konkurriert. Aufgrund der zweiten Filterstufe der Regelauswahlstrategie (Neuheit) wird in dieser Situation stets die Vereinfachungsregel vorgezogen. (Knoten6 ist das neueste Arbeitsspeicherelement und wird nur von der Reduktionsregel, nicht aber von der Prüfregel, gebunden.) Die Vereinfachungsregel macht aus Knoten5 einen Nop-Knoten mit dem Operand 0 und instantiiert erneut den Kontext Einfache_Reduktion. In diesem Kontext kann nun festgestellt werden, daß Knoten3 eine Division durch Null darstellt. Dieser Knoten wird als undefiniert gekennzeichnet und diese Kennzeichnung wandert bis zur Wurzel. Dann wird das Steuerelement gelöscht und der Kontext Reduktion_mit-_Prüfen ist wieder aktiv. Da nun keine Vereinfachungen mehr möglich sind, werden alle Knoten bis zur Wurzel als geprüft gekennzeichnet und danach der Kontext beendet. Jetzt ist der Kontext Ausgabe_des_Ausdrucks aktiv und gibt in diesem Beispiel "undefined" aus.

Kapitel 17 Fehlerquellen

17.1 Universalität von Attributen und Werten

Im Gegensatz zu Pascal-ähnlichen Sprachen gibt es in OPS5 keine Typprüfung. Unter dem Typ eines Objektes verstehen wir dabei die Art und Weise, wie sein Speicherbereich interpretiert wird. So kann ein Maschinenwort z.B. als Integer oder als Character aufgefaßt werden. Ein Objekt kann nur einen Typ haben; jede Operation verlangt Operanden eines bestimmten Typs. Die Typprüfung wird vom Compiler zur Übersetzungszeit vorgenommen. Diese Möglichkeit, die in vielen Fällen eine Hilfe (zur Programmstrukturierung, Fehlersuche) darstellt, bietet OPS5 nicht. [1]

In VAX-OPS5 wird beispielsweise ein Maschinenwort des Arbeitsspeichers immer als Atom interpretiert. Bestimmte Folgen von bis zu 383 Atomen werden als ein Element aufgefaßt. Die Unterscheidung zwischen numerischen und symbolischen Atomen entspricht nicht einer Unterscheidung zwischen verschiedenen Typen, da im jeweiligen Maschinenwort angegeben ist (durch das niederwertigste Bit), um was für ein Atom es sich handelt.

Es ist nicht möglich, die Menge der Atome, die man unter einem Attribut ablegen kann, in irgendeiner Weise einzugrenzen. Unter jedem Attribut sind beliebige numerische und symbolische Atome zulässig. Sollen unter einem Attribut nur bestimmte Werte zulässig sein, so kann dies nur durch die Disziplin des Programmierers erreicht werden.

Mit einem deklarierten Attribut kann man auf jede Objektklasse zugreifen, nicht nur auf die, für die es deklariert worden ist. Dadurch ist es möglich, Komponenten eines Arbeitsspeicherelementes unter mehreren Attributen anzusprechen, denn der Compiler sorgt für eine konfliktfreie Abbildung zwischen Attributnamen und Indizes nur in dem Rahmen, in dem die Attribute deklariert sind.

Daraus ergeben sich zwei wesentliche Konsequenzen. Wird ein Wert unter einem bestimmten Attribut abgespeichert, so kann dadurch ein Wert, der unter einem anderen Attribut abgespeichert wurde, überschrieben werden, wenn beide Attribute auf denselben Index abgebildet werden. Um diesen Fehler zu vermeiden, ist es erforderlich, ein Attribut nicht nur einmal zu deklarieren, sondern für jede Objektklasse, in der es verwendet wird.

Die zweite Konsequenz ist ein Fehlertyp, der etwas schwieriger zu erkennen ist. Dieser Fehler läßt sich am besten an einem Beispiel erläutern.

```
(LITERALIZE
    Fahrzeug Typ Geschwindigkeit PS)

(LITERALIZE
    Flugzeug Typ Geschwindigkeit PS Flughöhe)

(LITERALIZE
    Transportgut Höhe Breite Tiefe)
```

---

[1]Mit dieser Eigenschaft steht OPS5 aber durchaus nicht allein da. Sie gilt auch für verschiedene andere Sprachen, wie etwa LISP und Smalltalk.

```
(STARTUP     (MAKE Transportgut
                   ^Höhe                    100
                   ^Breite                  200
                   ^Tiefe                   200)
             (MAKE Fahrzeug
                   ^Typ                     LKW
                   ^Geschwindigkeit         120
                   ^PS                      200)
)

(P Welches_Transportmittel
       (<Trsp_Mittel>
              ^Geschwindigkeit     >     100
              ^PS                  >     180
              ^Typ                       <Typ>)

-->  (WRITE  |Geeignetes Transportmittel ist ein|
             <Trsp_Mittel> |vom Typ| <Typ> (CRLF) )
)
```

Werden die Attribute Höhe, Breite und Tiefe auf die gleichen Indizes abgebildet
wie Typ, Geschwindigkeit und PS, so wird der Bedingungsteil der Regel Welches_-
Transportmittel nicht nur durch das Element der Klasse Fahrzeug, sondern auch durch
das Element der Klasse Transportgut erfüllt. Ergebnis des obigen Regelsystems wäre
somit folgende Ausgabe auf das Terminal:

```
Geeignetes Transportmittel ist ein FAHRZEUG vom Typ LKW
Geeignetes Transportmittel ist ein TRANSPORTGUT vom Typ 100
```

Einem Arbeitsspeicherelement ist nicht anzusehen, unter welchen Attributen seine
Werte eingetragen wurden, da in der Regel auf jeden Index mehrere Attribute abgebildet werden. Enthält ein Muster keine Angaben zum Klassennamen, so kann es
daher zu ungewollten Übereinstimmungen zwischen Muster und Arbeitsspeicherelementen kommen. Durch Spezifikation des Klassennamens im Muster ist es
möglich, oben erläuterte Mehrdeutigkeiten zu vermeiden.

17.2 Tippfehler

Da es keine Typprüfung gibt, sind OPS5-Programme sehr anfällig für Tippfehler.
Diese erzeugen häufig weder Compilations- noch Laufzeitfehler, sondern nur ein
unerwünschtes Verhalten des Produktionensystems. Da meistens auch nur ein Zeichen
fehlt oder verkehrt ist, sind sie schwer zu finden.

- Ein vergessener Hochpfeil bewirkt, daß keine Positionierung im Resultatelement vorgenommen wird und der angegebene Attributname als Wert aufgefaßt
  wird.

```
(MAKE Kiste ^Farbe grün)
```

erzeugt z.B.

```
(Kiste NIL NIL grün) ,
```

während bei Weglassen des Hochpfeils

    (Kiste Farbe grün)

in den Arbeitsspeicher eingefügt wird.

- Tippfehler in Atomen bewirken, daß die Muster sich nicht mehr in gewünschter Weise decken. Das Atom "Heibelderg" deckt sich nie mit dem Namen einer deutschen Stadt, wie umfangreich die verwendete Datenbasis auch immer sein mag.

- In Variablen bewirken Tippfehler häufig eher das Gegenteil. Muster decken sich ungewollt mit Arbeitsspeicherelementen, da Einschränkungen, die durch die Verwendung von gebundenen Variablen gemacht werden sollen, nicht greifen können, wenn die Variable falsch geschrieben ist und beliebig neu gebunden werden kann. Nur wenn eine ungebundene Variable im Anweisungsteil einer Regel verwendet wird, gibt der Compiler eine Fehlermeldung aus.

- Selbst Tippfehler in Attributnamen werden vom OPS5-Compiler nicht erkannt. Erst zur Laufzeit wird eine Fehlermeldung ausgegeben, wenn versucht wird, mit einem undefinierten Attributnamen zu positionieren.

17.3 Syntaxfehler

Entdeckt der Compiler einen Syntaxfehler in einer Regel, so wird die Regel von der Übersetzung ausgenommen und eine Fehlermeldung ("Warning") ausgegeben. Alle anderen Regeln werden davon unberührt übersetzt. Ist eine schließende Klammer einer Regel vergessen worden, so wird die nachfolgende Regel ebenfalls nicht übersetzt, da der Compiler den Anfang der Regel nicht als solchen erkennt.

Zu den Fehlern, die der Compiler (leider) nicht anzeigt, gehören auch folgende: Direkt vor und hinter den Disjunktionsklammern benötigt der Compiler ein Leerzeichen. Fehlt eines, so werden die Klammern nicht als solche erkannt, sondern dem entsprechenden Atom zugeschlagen.

Beispiel:

Die Einschränkung

    <<ATOM_1 ATOM_2>>

deckt sich mit

    "<<ATOM_1" gefolgt von "ATOM_2>>".

Etwas Ähnliches passiert, wenn man versucht, Atom-Variablen in einer Disjunktion unterzubringen. Da die Disjunktionsklammern quotierend wirken, wird die Variable nicht evaluiert.

Beispiel :

    << <VAR> ATOM >>

deckt sich mit

    "<VAR>" oder "ATOM".

17.4 Verweise auf Arbeitsspeicherelemente

Vom Aktionsteil einer Regel aus können Arbeitsspeicherelemente, welche sich mit den
Bedingungen des Bedingungsteiles decken, modifiziert oder gelöscht werden. Dazu
ist es nötig, vom Aktionsteil aus auf die jeweiligen Elemente zugreifen zu können. Es
gibt in OPS5 zwei Möglichkeiten.

1. Man verwendet als Referenz eine ganze Zahl (n). Diese bezeichnet das
Arbeitsspeicherelement, welches sich mit der n-ten nicht negierten Bedingung deckt.

Beispiel:

```
(P Hole_Zange
      (Kiste
                ^Art            Werkzeugkiste
                ^Name           <WK>)
        -(Seitenschneider
                ^ist_in         <WK> )
        (Kneifzange
                ^ist_in         <WK> )

--> (MODIFY 2
                ^ist_in Gebrauch)
)
```

Die Regel bewirkt, daß eine Kneifzange, die in einer Werkzeugkiste liegt, in der sich
kein Seitenschneider befindet, aus der Kiste entfernt wird. Diese Methode hat zwar
den Vorteil der einfacheren Schreibweise, ist aber sowohl fehleranfällig (bei größeren
Regeln kann man sich leicht verzählen, indem man negierte Bedingungen mitzählt),
als auch änderungsunfreundlich (beim Einfügen, Entfernen oder Umsortieren von
Bedingungen müssen die Zahlen korrigiert werden).

2. Bei der zweiten Methode werden die Arbeitsspeicherelemente, auf die vom
Aktionsteil zugegriffen werden soll, an Element-Variablen gebunden. Das bedingt nur
geringfügig mehr Schreibaufwand, vermeidet aber die obengenannten Nachteile und
erhöht die Leserlichkeit der Programme.

Beispiel:

```
(P Hole_Werkzeug
           (Kiste
                    ^Art            Werkzeugkiste
                    ^Name           <WK> )
            -(Seitenschneider
                    ^ist_in         <WK> )
        {<Zange> (Kneifzange
                    ^ist_in         <WK> ) }
    --> (MODIFY <Zange>
                    ^ist_in Gebrauch)
)
```

Es empfiehlt sich aus den genannten Gründen ausschließlich die zweite Methode
zu verwenden, auch wenn in den Beispielen im User's Manual die erste Methode
verwendet wird.

17.5 Endlosschleifen

Ein weiterer leicht zu vermeidender Fehler sind Endlosschleifen, die aus einer Regel
bestehen.

Beispiel:

```
(P Menschen_sind_sterblich
   {<X> (Objekt
            ^Art          Mensch)}

   --> (MODIFY <X>
            ^Sterblich  ja)
)
```

In allen Objekten der Art "Mensch" soll die Regel vermerken, daß diese die
Eigenschaft "sterblich" haben. Sobald diese Regel feuert, gerät das System in eine
Endlosschleife. Um das einzusehen, erinnere man sich an die exakte Sprechweise: Es
wird nicht diese Regel zum Feuern ausgewählt, sondern eine ihrer Instantiierungen.
Durch die Modifikation erhalten die Objekte aber neue Zeitstempel. Nachdem die
Regel in einer Instantiierung gefeuert hat und dem ersten Menschen die Eigenschaft
"sterblich" gegeben hat, wird die Regel mit genau diesem Objekt wieder instantiiert
und aufgrund des hohen Zeitstempels sofort wieder zum Feuern ausgewählt.

Vermeiden läßt sich dieses Verhalten, indem man in diesem Fall die Eigenschaft
"sterblich" nur dann einträgt, wenn sie nicht schon eingetragen worden ist. Allgemein:
Eine Modifikation wird nur ermöglicht, wenn dadurch das jeweilige Objekt tatsächlich
geändert wird. Auf die Änderung wird im Bedingungsteil getestet, so daß die beschriebene Reinstantiierung vermieden wird. Die Beispielregel sieht dann wie folgt
aus:

```
(P Menschen_sind_sterblich
   {<X> (Objekt
            ^Art          Mensch
            ^Sterblich  <> ja)

   --> (MODIFY <X>
            ^Sterblich  ja)
)
```

Die oben beschriebene Änderung, die ja im Grunde nur den Inhalt der Regel
präziser ausdrückt, führt nicht in jedem Fall zum gewünschten Erfolg. Sie ist genau
dann nicht anwendbar, wenn die vorzunehmende Modifikation auf der linken Seite der
Regel nicht bekannt ist. Das ist häufig der Fall, wenn sie durch die Funktion Compute
oder eine externe Funktion berechnet wird. In diesem Fall müssen die betroffenen
Objekte um spezielle Steuerattribute erweitert werden.

Beispiel:

```
(P Zählen
    (Werkzeug)
    { (Werkzeugzähler
          ^Zahl    <Zahl> )      <Zähler> }
--> (MODIFY <Zähler>
          ^Zahl (COMPUTE <Zahl> + 1))
)
```

Die Regel soll Werkzeuge zählen. Sie wird zunächst mit jedem Element der Klasse "Werkzeug" und dem Zähler instantiiert. Nachdem die erste Instantiierung gefeuert hat, hat der Zähler durch die Modifikation einen neuen Zeitstempel. Dadurch kann die Regel für den nächsten Durchlauf des Recognize-Act Cycles wieder mit allen Werkzeugen instantiiert werden. Es wird also immer dasselbe Werkzeug unendlich oft gezählt. Ein Steuerattribut schafft Abhilfe.

```
(P Zählen
    { (Werkzeug
             ^Merker        <> gezählt ) <WZ> }
    { (Werkzeugzähler
             ^Zahl          <Zahl> ) <Zähler> }

    --> (MODIFY  <Zähler>
             ^Zahl          (COMPUTE <Zahl> + 1))
        (MODIFY <WZ>
             ^Merker        gezählt )
)
```

Durch das Attribut "Merker" kann jedes Werkzeug nur einmal gezählt werden. Diese Art von Fehlverhalten eines Regelsystems - Endlosschleifen aus einer einzelnen Regel - lassen sich einfach erkennen und vermeiden, da sie immer nach demselben Schema ablaufen. Schwieriger zu behandeln ist das Fehlverhalten, wenn eine Endlosschleife durch eine Gruppe von Regeln verursacht wird, oder allgemeiner, wenn Regeln nicht in der Reihenfolge feuern, wie es vom Benutzer geplant wurde.

Kapitel 18   Implementation von OPS5

18.1 Vorüberlegung

Der Kern des OPS5-Systems besteht aus einem Regelinterpreter, der sehr schnell feststellen kann, bei welchen Regeln der Bedingungsteil erfüllt ist. Dies wird durch einen quasi assoziativen Zugriff auf den Arbeitsspeicher ermöglicht.

Der Recognize-Act Cycle wurde eingangs als eine Schleife beschrieben, die aus den Schritten Mustervergleich, Regelauswahl und Regelausführung besteht. In der Tat ist es möglich, ihn auf diese Weise zu realisieren. Ein solch naiver Ansatz der Implementation beinhaltet aber, daß bei jedem Durchlauf des Recognize-Act Cycles alle Elemente des Arbeitsspeichers mit den Bedingungsteilen aller Regeln verglichen werden müssen. Bedenkt man, daß der Arbeitsspeicher in VAX-OPS5 8191 Elemente enthalten kann, in LISP-OPS5 die Anzahl sogar unbegrenzt ist, und daß das in OPS5 geschriebene System XCON mittlerweile über 5000 Regeln enthält, wird klar, daß eine solche Implementation ein völlig indiskutables Laufzeitverhalten aufweisen würde. Deutlich wird auch, daß der Hauptanteil des Aufwandes, der für den Recognize-Act Cycle notwendig ist, auf den Mustervergleich fällt.

18.1.1 Einschränkung der zu überprüfenden Elemente

Typischerweise wird bei der Ausführung der Regeln nur ein sehr kleiner Teil des Arbeitsspeichers verändert. Es werden eines oder wenige Elemente modifiziert, gelöscht oder neu erzeugt, während u.U. einige tausend Elemente unverändert bleiben. Werden diese unveränderten Elemente erneut mit den Mustern in den Bedingungsteilen der Regeln verglichen, so ist nicht zu erwarten, daß sich irgendetwas an dem Ergebnis verändert hat. Nur aus dem Vergleich der seit dem letzten Zyklus neu erzeugten, modifizierten oder gelöschten Elemente kann sich neue Information ergeben, wobei neue Information für den Recognize-Act Cycle bedeutet, daß entweder eine Regel neu instantiiert werden kann, oder daß eine bestehende Instantiierung aufgehoben werden muß, weil sich die jeweils notwendigen Voraussetzungen geändert haben.

Eine Möglichkeit, den ersten Ansatz zur Implementation der Mustervergleichsphase zu verbessern, besteht also darin, die unnötigen Vergleiche zu vermeiden, indem das Ergebnis einer Vergleichsphase gespeichert wird. Beim nächsten Durchlauf des Recognize-Act Cycle kann es dann weiterverwendet werden, so daß nur die Änderungen des Arbeitsspeichers daraufhin überprüft werden müssen, ob sie eine Änderung der Konfliktmenge bedingen.

18.1.2 Einschränkung der zu überprüfenden Bedingungen

Im allgemeinen sind die Bedingungsteile der verschiedenen Produktionen nicht völlig verschieden voneinander. Es tauchen beispielsweise dieselben Einzelbedingungen in verschiedenen Regeln auf, oder es werden in verschiedenen Einzelbedingungen dieselben Einschränkungen für ein Attribut formuliert. Auch hier ist es möglich, den für den Mustervergleich nötigen Aufwand zu reduzieren, indem gleichartige Tests, die mehrfach notwendig sind, nur einmal durchgeführt werden. Dazu ist eine geeignete

Repräsentation der Regeln notwendig, in der gleichartige Teile verschiedener
Bedingungen zusammengefaßt werden.

18.2 Der Rete-Match Algorithmus

Der Rete-Match Algorithmus übernimmt die Mustervergleichsphase des Recognize-
Act Cycles. Er erhält alle Änderungen des Arbeitsspeichers als Eingabe und liefert als
Ausgabe die sich daraus ergebenden Änderungen der Konfliktmenge. Die Produktionsregeln werden dafür nicht direkt interpretiert, sondern vorher übersetzt. Bedin-
gungs- und Aktionsteile werden dabei getrennt betrachtet. Bei der Übersetzung wird
ein Netz aus Code-Stücken erzeugt, die die Bedingungen repräsentieren, und die
Verweise in einen zweiten Code-Teil enthalten, der den Aktionsteilen entspricht. (Rete
bedeutet im Lateinischen soviel wie Netz.)

18.2.1 Einer- und Zweierknoten

Das Netz, das die linken Seiten der Regeln repräsentiert, besteht im wesentlichen aus
zwei Sorten von Knoten, den Einerknoten (one-input node) und den Zweierknoten
(two-input node). Die Einerknoten dienen zur Darstellung von Eigenschaften, die nur
ein Element betreffen (intra-element feature); die Zweierknoten stellen dagegen die
Beziehungen zwischen den Einzelbedingungen eines Bedingungsteiles dar (inter-
element feature). Jede Einzelbedingung wird in eine Folge von Einerknoten übersetzt, wobei jeder Knoten eine Einschränkung für ein Attribut darstellt. Die Einzelbedingung

```
(Pyramide    ^Farbe       << Gelb Weiß >>
             ^steht_auf   <Quader_1>
             ^Gewicht     <> schwer)
```

wird in folgende Einerknoten übersetzt:

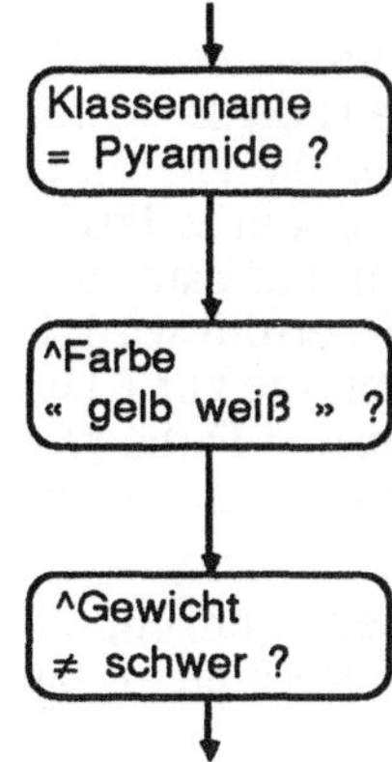

Bild 18-1: Ausschnitt eines Netzes, der einer Einzelbedingung entspricht

Jeder Knoten wird durch eine Prozedur realisiert, die die Einschränkung für ein bestimmtes Attribut überprüft. Der zweite Knoten in obigem Beispiel testet, ob unter dem Attribut Farbe der Wert gelb oder weiß steht. (Die Zugriffe auf die Komponenten werden hier nur der Anschaulichkeit halber mittels der Attributnamen vorgenommen, tatsächlich werden in den Knoten nur Indizes verwandt, die Attributnamen sind in den Knoten unbekannt.) Für Variablenbindungen gibt es keine Knoten, da sie keine Einschränkung darstellen, solange die Einzelbedingung isoliert betrachtet wird. Wenn dieselbe Variable ein zweites Mal innerhalb einer Einzelbedingung auftaucht, wird für diesen Test ein entsprechender Knoten erzeugt. Betrachten wir dazu folgende Einzelbedingung

```
(Tonne ^Material Holz ^Höhe <X> ^Durchmesser >= <X>)   ,
```

die in folgende Knoten übersetzt werden kann:

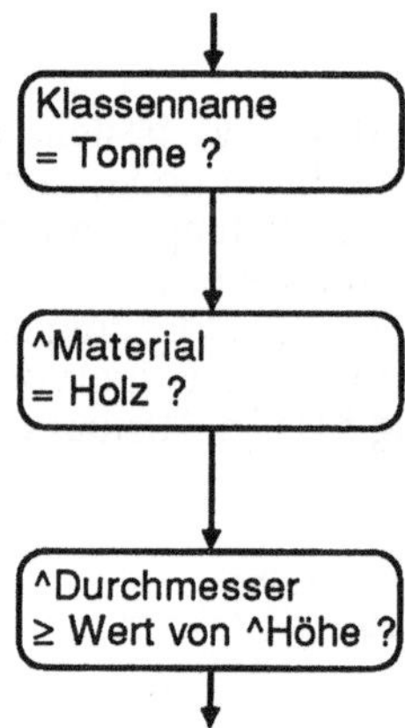

Bild 18-2; Netz, das eine Einzelbedingung darstellt, in dem ein intra-elementarer Variablenvergleich auftritt

Als Eingabe erhält eine solche Folge von Einerknoten Arbeitsspeicherelemente, repräsentiert durch Token, die im wesentlichen aus der Beschreibung der Werte, dem Zeitstempel und einer Markierung bestehen, welche angibt, ob das Token ein neu erzeugtes Arbeitsspeicherelement darstellt (+) oder ein zu löschendes (-). Ein Knoten gibt einen Token, den er als Eingabe erhalten hat, nur dann an den Nachfolgeknoten weiter, wenn die Einschränkung, die er überprüft, erfüllt wird. Der zweite Knoten im ersten Beispiel gibt also nur solche Token weiter, die zur Klasse Pyramide gehören (andere erhält er gar nicht) und die unter dem Attribut Farbe den Wert weiß oder gelb haben. Als Ausgabe liefert die Folge von Einerknoten schließlich nur die Token, die allen überprüften Einschränkungen genügen.

Enthält ein Bedingungsteil mehrere Einzelbedingungen, so werden entsprechend mehrere Folgen von Einerknoten gebildet. Zur Verbindung zweier solcher Folgen wird ein Zweierknoten benötigt.

Nehmen wir an, eine Regel beinhalte zwei Einzelbedingungen:

```
(Quader
     ^Name          <Quader_1>
     ^steht_auf  Boden)
(Würfel
     ^Gewicht       schwer)
```

Diese werden in zwei Folgen von Einerknoten übersetzt, die über einen Zweierknoten verknüpft sind.

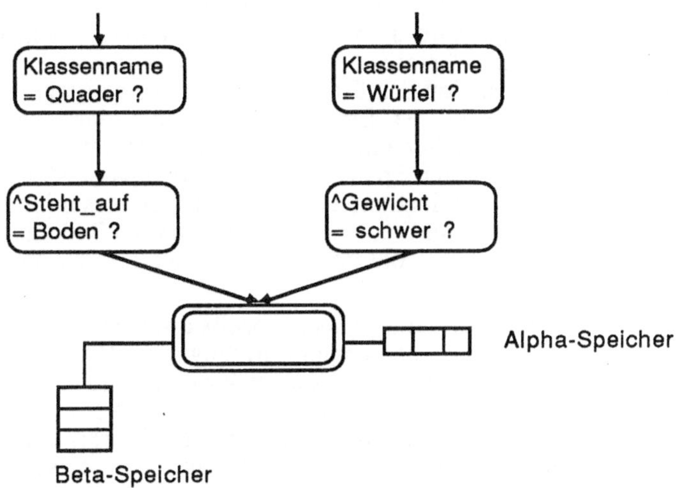

Bild 18-3: Verbindung zweier Folgen von Einerknoten in einem Zweierknoten

Ein Zweierknoten hat zwei Eingänge. Im Beispiel erhält er als Eingabe die Ausgaben der beiden Einerknoten-Folgen. Enthält der Bedingungsteil einer Regel mehr als zwei Bedingungen, so werden diese mit den ersten Bedingungen verbunden, indem weitere Zweierknoten gebildet werden. Diese erhalten als Eingabe die Ausgabe eines vorhergehenden Zweierknotens und die Ausgabe einer weiteren Folge von Einerknoten.

Zweierknoten verwalten zwei Listen in denen Token gespeichert werden können. Sie werden Alpha- und Betaspeicher genannt (alpha memory und beta memory). In diesen beiden Speichern werden die Ausgaben der beiden Vorgängerknoten abgespeichert. Ist einer der beiden Vorgängerknoten ein Zweierknoten, so wird dessen Ausgabe in dem Betaspeicher abgelegt. Die Ausgabe eines Zweierknotens besteht in der Menge aller Kombinationen von Token seiner beiden Speicher, die gemeinsam auf die Einzelbedingungen zutreffen. Die Ausgabe besteht somit in Tupeln von Token, so daß die Betaspeicher auch solche Tupel erfassen müssen. Wird in der Einzelbedingung, die in den Alphaspeicher mündet, keine Variable benutzt, die auch in einer der Einzelbedingungen vorkommt, die in den Betaspeicher münden, so ist die Ausgabe des Knotens das Kreuzprodukt seiner Speicherinhalte. Werden in den Einzelbedingungen Variablen verwendet, so können dadurch Abhängigkeiten zwischen den

Bedingungen entstehen. Diese Einschänkungen können jedoch noch nicht mit den Einerknoten abgeprüft werden, deshalb übernimmt diese Aufgabe der Zweierknoten.

Der Zweierknoten muß also überprüfen, welche Arbeitsspeicherelemente seines Alphaspeichers mit welchen Elementen seines Betaspeichers zusammenpassen, in der Art, daß gleiche Variablen gleiche Werte haben. Dabei werden wieder keine Variablen gebunden oder überprüft, sondern der Knoten greift explizit auf die Arbeitsspeicherelemente zu und vergleicht die Werte direkt miteinander. Dabei kommt dem Knoten zugute, daß beim ersten Auftreten einer Variablen in einer linken Seite ein Gleichheitstest vorgenommen werden muß. Dadurch ist der Wert der Variablen mit dem Wert eines bestimmten Attributes eines Arbeitsspeicherelementes des Betaspeichers identisch.

Die Ausgabe des letzten Zweierknotens, der zu einer Regel gehört, stellt die Änderungen der Konfliktmenge dar. Wird also ein Arbeitsspeicherelement dem Arbeitsspeicher hinzugefügt, so "wandert" dieses (bzw. ein Token der dieses Element darstellt) durch die Knoten des Netzes. Von den Einerknoten wird es weitergereicht, wenn die entsprechende Bedingung erfüllt ist. Erreicht das Element einen Zweierknoten, so wird der Alpha- bzw. Betaspeicher aktualisiert. Der Knoten vergleicht das Element nun mit den Elementen des anderen Speichers (hinsichtlich passender Variablenbindungen) und gibt mögliche Kombinationen des neuen Elementes mit diesen Elementen weiter. Da es möglich ist, daß ein Element sich mit mehreren Bedingungen einer Regel deckt, kann ein Element auch sowohl im Alpha- als auch im Betaspeicher eines Zweierknotens vorkommen.

Bis auf die erste Einzelbedingung darf jede weitere Einzelbedingung negiert sein. Ein Zweierknoten kann deshalb Token, die eine negierte Bedingung erfüllen, nur als Eingabe in seinen Alphaspeicher bekommen. Ein solcher Zweierknoten verwaltet einen Zähler für jede Komponente seines Betaspeichers. In diesen Zählern wird mitgezählt, mit wievielen Einträgen des Alphaspeichers der jeweilige Eintrag des Betaspeichers in bezug auf gemeinsame Variablen konsistent ist. Nur wenn dieser Wert Null ist, wird dieser Eintrag als Ausgabe dieses Zweierknotens weitergegeben.

Erweitern wir unser Beispiel zu folgender Regel,

```
(P Suche_Pyramide
   (Quader
        ^Name          <Quader_1>
        ^steht_auf   Boden )
   (Würfel
        ^Gewicht       schwer)
   (Pyramide
        ^Farbe         << Gelb Weiß >>
        ^steht_auf   <Quader_1>
        ^Gewicht       <> schwer)

--> (Aktionsteil)
)
```

entsteht bei der Übersetzung dieser Regel ein Netz wie in Bild 18-4.

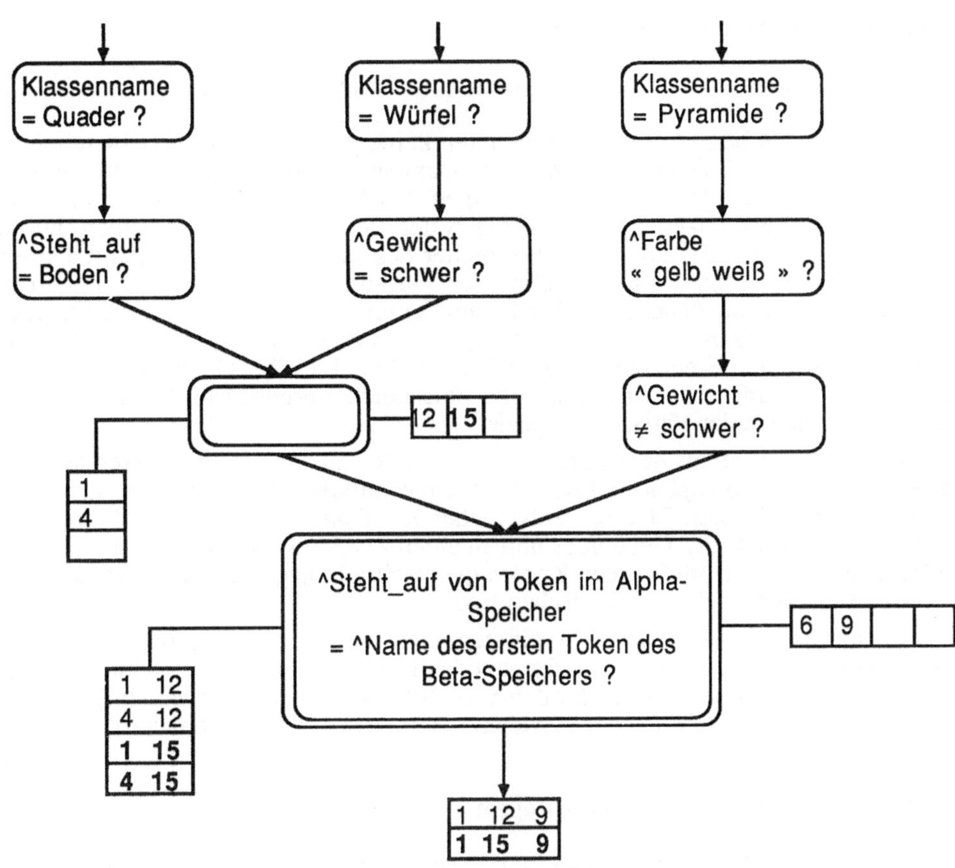

Bild 18-4: Netz der Produktion "Suche_Pyramide"

Bei der Darstellung dieses Netzes wollen wir annehmen, daß bereits folgende
Elemente in den Arbeitsspeicher eingetragen wurden, und daß eine entsprechende
Bearbeitung durch das Netz stattfand.

Zeitst.	Klasse	Name	Farbe	Gewicht	Steht_auf
1	Quader	Q1	Blau	Schwer	Boden
4	Quader	Q2	Rot	Leicht	Boden
6	Pyramide	P1	Gelb	Leicht	Boden
9	Pyramide	P2	Weiß	NIL	Q1
12	Würfel	W1	Blau	Schwer	Boden

In den Alpha- und Betaspeichern sind die Token (dargestellt durch die Zeitstempel)
gemäß diesem Arbeitsspeicherinhalt eingetragen. Die fettgedruckten Einträge entsprechen den Änderungen der Alpha- und Betaspeicher, nachdem folgendes Element

dem Arbeitsspeicher zugefügt wurde.

15 | Würfel | W2 | Blau | Schwer | NIL

Da die ersten beiden Einzelbedingungen keine gemeinsamen Variablen haben, liefert der erste Zweierknoten das Kreuzprodukt seines Alphaspeichers mit seinem Betaspeicher als Ausgabe. Nach Hinzufügen des Elementes 15 werden also alle Kombinationen des Token 15 mit Einträgen des Betaspeichers ausgegeben. Diese Ausgabe ist die Eingabe für den Betaspeicher des zweiten Zweierknotens. Dieser nimmt die Konsistenzprüfung bezüglich der Variablen <Quader_1> vor, indem er direkt die Komponente ^Name und ^Steht_auf der entsprechenden Token miteinander vergleicht. Er hat als Ausgabe nur die Folge von Token (1 12 9), bzw. nach Hinzufügen des erwähnten Elementes zusätzlich die Folge (1 15 9). Alle anderen Kombinationen von Einträgen seiner Alpha- und Betaspeicher ergeben Inkonsistenzen der Variablenbindungen der Variablen <Quader_1>.

Soll ein Element aus dem Arbeitsspeicher gelöscht werden, so müssen alle zugehörigen Einträge in Alpha- und Betaspeichern ebenfalls gelöscht werden. Um diese zu finden, wird ein dem Element entsprechendes Token mit einer (-) Markierung durch das Netz geschickt. Gelangt es nun an einen Zweierknoten, so wird der Eintrag gelöscht und an die nachfolgenden Knoten die Nachricht gegeben, daß entsprechende Einträge in den Betaspeichern zu löschen sind.

Entspricht eine Folge von Einerknoten einer negierten Bedingung, so löst ein (-)Token im anschließenden Zweierknoten das Dekrementieren der entsprechenden Zähler aus. Erreicht dabei ein Zähler den Wert Null, so kann dabei auch ein (+)Token entstehen, das an die nachfolgenden Zweierknoten weitergereicht werden muß.

18.2.2 Zusammenfassung mehrerer Regeln

Das Netz, das aus der Übersetzung einer Regeln entsteht, hat gemäß der gegebenen Beschreibung so viele Eingänge, wie die Regel Einzelbedingungen enthalten hat und einen Ausgang, der die Instantiierungen der Regel liefert. Die Übersetzung aller Regeln läßt sich zunächst so vorstellen, daß viele solcher Netze nebeneinander liegen und gemeinsam das Gesamtnetz der Bedingungsteile bilden.

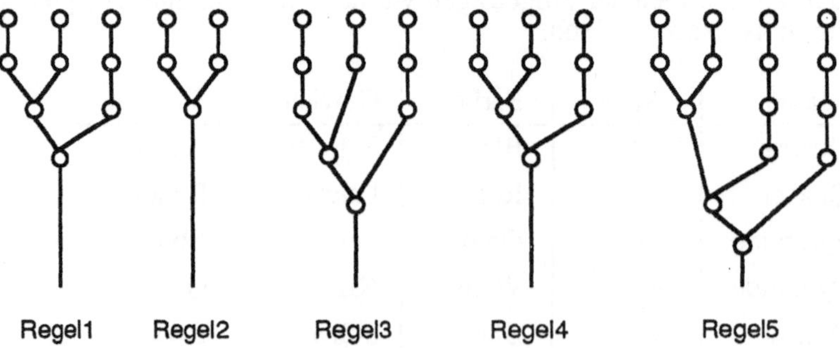

Bild 18-5: Netze mehrerer Produktionen (schematisch)

Das Netz wird um so "breiter", je mehr Regeln es umfaßt und je mehr Einzelbedingungen in einem Bedingungsteil enthalten sind, und es wird um so "tiefer", je
komplexer die Bedingungen sind, d.h. je mehr Einschränkungen durch eine Einzelbedingung ausgedrückt werden. Wird der Arbeitsspeicher geändert, so wird an jeden
Eingang des Netzes ein Token, das diese Änderung beschreibt, gegeben. Die Token
wandern jeweils so weit durch das Netz, bis sie an einen Knoten gelangen, dessen
Einschränkungen sie nicht erfüllen (typischerweise bleiben sie in den meisten Fällen
schon am Eingang hängen, weil der Klassenname nicht übereinstimmt). Alle Token,
die in irgendeinem Einerknoten stecken bleiben, werden gelöscht, denn das entsprechende Arbeitsspeicherelement kann die Einzelbedingung, die durch die betreffende
Einerknotenfolge dargestellt wird, nie erfüllen. Erreicht ein Token (mit + Markierung)
jedoch einen Zweierknoten, so wird er dort im Alphaspeicher abgelegt. Er hat eine
ganze Einzelbedingung erfüllt. Es mag insgesamt nicht zu einer Instantiierung der
Regel kommen, weil weitere Einzelbedingungen nicht erfüllt sind, ist dies jedoch zu
einem späteren Zeitpunkt der Fall, so braucht nicht jede Einzelbedingung erneut überprüft zu werden, weil anhand der Alphaspeicher zu jeder Zeit festgestellt werden
kann, ob und von welchen Elementen eine Einzelbedingung erfüllt ist.

Ein so realisierter Algorithmus erzielt seine Effizienz aus der Tatsache, daß jedes
Element nur einmal mit den Regeln verglichen wird, indem nur die Arbeitsspeicher-
veränderungen betrachtet werden.

Als zweite Möglichkeit, den Aufwand des Mustervergleichs zu reduzieren, war
die Zusammenfassung gleicher Teile der Bedingungen genannt worden. Das wird
beim Rete-Match Algorithmus dadurch erreicht, daß die einzelnen Netze, die sich aus
je einem Bedingungsteil ergeben, nicht, wie vereinfacht angenommen, lose nebeneinander liegen, sondern derart miteinander verknüpft sind, daß gleiche Anfangsstücke miteinander verschmolzen sind.

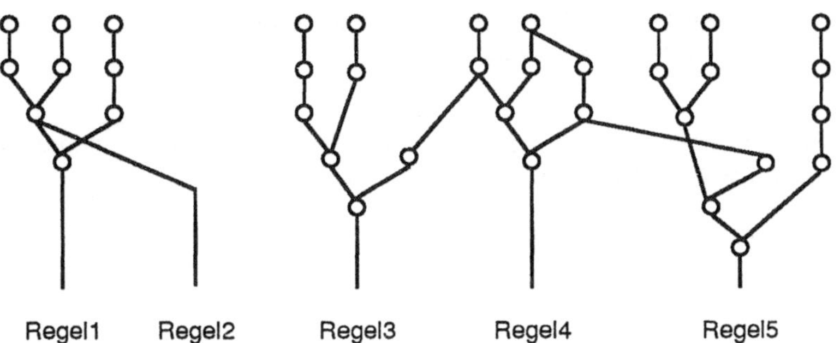

Bild 18-6: Zusammenfassung der Netze (schematisch)

"Gleiche Anfangsstücke" bezieht sich hierbei zunächst auf die Folgen von Einerknoten. Beginnen beispielsweise zwei Einzelbedingungen mit einem Test auf den
Klassennamen Quader, so lassen sich beide Tests durch denselben Einerknoten
realisieren. Werden in den anschließenden Tests unterschiedliche Attribute oder Werte
überprüft, so mündet der erste Einerknoten in zwei verschiedene weitere Einerknoten,
so daß er quasi mehrere Ausgänge hat, die aber alle die gleiche Ausgabe liefern. Die
gesamte Ausgabe eines Einerknotens besteht also aus einer oder mehrerer Kopien des
geprüften Tokens, wenn dieser die Prüfung bestanden hat.

Durch die Verschmelzung gleicher Anfangsstücke gibt es für jeden in einer Bedingung vorkommenden Klassennamen nur einen Zugang zum Netz. Dadurch ist es möglich, eine schnelle Zuordnung von Token zu den richtigen Netzeingängen zu realisieren. Es können nur gleiche Netzanfangsstücke miteinander verschmolzen werden, nicht jedoch gleiche Mittelstücke. Damit eine Verschmelzung möglich ist, müssen also Einzelbedingungen ganz oder in ihren ersten Einschränkungen übereinstimmen. Dies wird als strukturelle Ähnlichkeit bezeichnet.

Beispiel:

```
(P Regenwarnung
     (Wettervorhersage
               ^Status        aktuell
               ^Quelle        Rundfunknachrichten
               ^Wetter        Regen)
     (Beobachtung
               ^Art           Dunkle_Wolken)
 --> (WRITE   |Es wird wohl Regen geben.| (CRLF)
               |Ich empfehle, einen Schirm mitzunehmen|)
 )


(P Ausflugsempfehlung
     (Wettervorhersage
               ^Status        aktuell
               ^Quelle        Bauernregel
               ^Wetter        Sonnenschein)
     (Datum
               ^Wochentag  Freitag
               ^Monat         << Juni Juli August September >> )
 --> (WRITE   |Das Wetter wird prima.| (CRLF)
               |Ich empfehle, dieses Wochenende| (CRLF)
               |ans Meer zu fahren.|)
 )
```

Diese beiden Regeln können für den Anfang ihrer ersten Bedingung ein gemeinsames Netzstück benutzen, wie es in Bild 18-7 dargestellt ist.

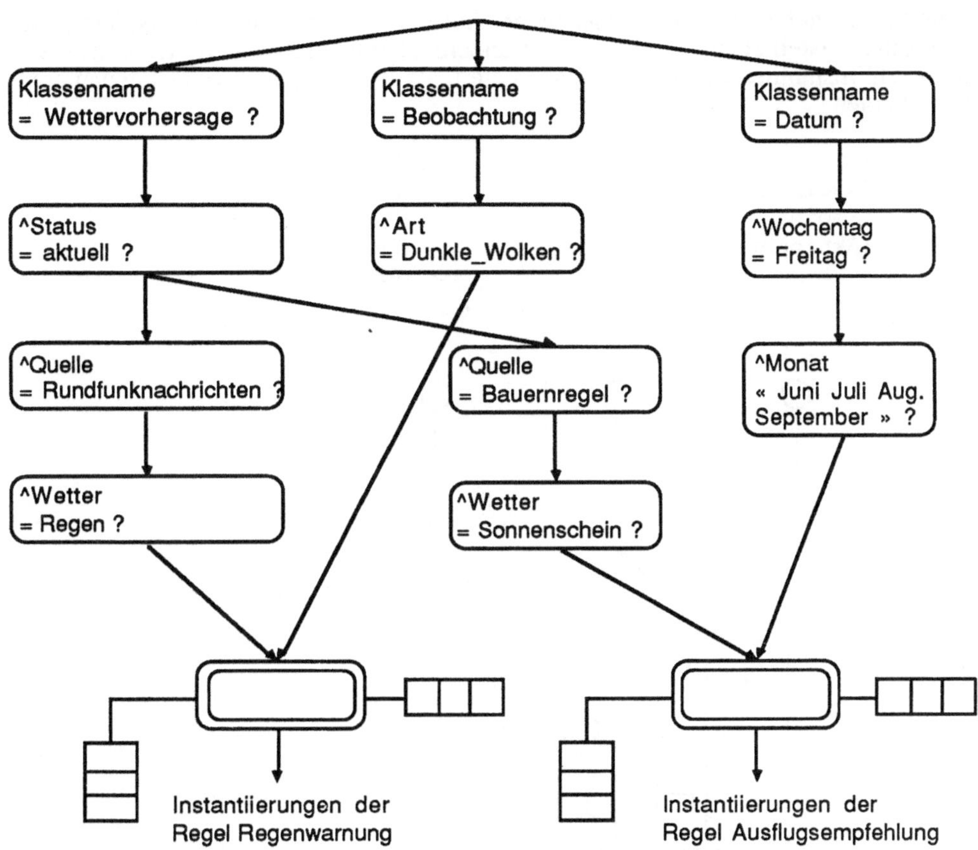

Bild 18-7: Einerknoten mit mehreren Ausgängen

Zu bemerken ist noch, daß bei der Übersetzung die Bedingungen nicht umgeordnet werden. Eine inhaltliche Ähnlichkeit ist also für eine Verschmelzung nicht ausreichend. Bei den Einzelbedingungen

```
(Kiste ^Farbe blau      ^Material Holz ^Größe <= 100 )
(Kiste ^Material Holz   ^Farbe blau      ^Größe <= 100 )
```

beschränkt sich die strukturelle Ähnlichkeit nur auf den Klassennamen, obwohl die beiden Bedingungen inhaltlich völlig gleich sind. Die Namen von verwendeten Variablen spielen für die strukturelle Ähnlichkeit keine Rolle, solange Variablen gleichen Namens jeweils gleichartig verwendet werden. Folgende Einzelbedingungen werden also auf eine Knotenfolge abgebildet:

```
(Kiste ^Höhe <H>    ^Breite >= <H>    ^Material Holz)
(Kiste ^Höhe <Höhe> ^Breite >= <Höhe> ^Material Holz)
```

Wenn, wie in diesem Beispiel, Einzelbedingungen völlig identisch sind, werden auch die nachfolgenden Zweierknoten miteinander verschmolzen. Es kann also auch

Zweierknoten geben, die zwei (oder mehr) Ausgänge haben. Umfaßt beispielsweise
der Bedingungsteil einer Regel den einer anderen, kann ein Zweierknoten entstehen,
der sowohl Instantiierungen als Ausgabe liefert, als auch Eingaben zu einem weiteren
Zweierknoten.

```
(REGEL1                        |    (REGEL2
     (Bedingung_1)             |         (Bedingung_1)
     (Bedingung_2)             |         (Bedingung_2)
--> (Aktionsteil)             |         (Bedingung_3)
)                              |    --> (Aktionsteil)
                               |    )
```

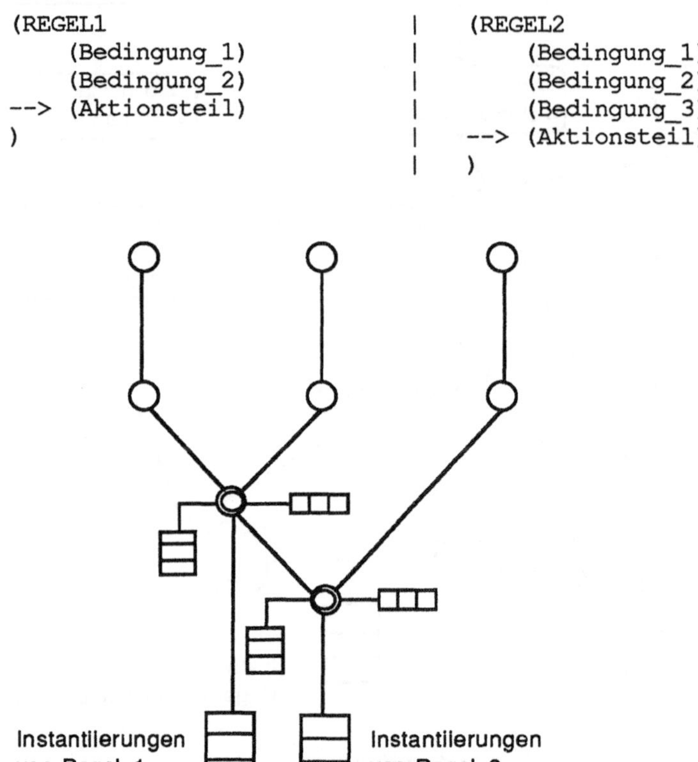

Bild 18-8: Zweierknoten mit mehreren Ausgängen

18.3 Auswirkungen des Rete-Match Algorithmus auf die Sprache

Die Verwendung des Rete-Match Algorithmus zur Implementation der Mustervergleichsphase des Recognize-Act Cycles wirkt sich auf verschiedene Eigenschaften der
Sprache aus.

Am deutlichsten sind diese Auswirkungen im Zusammenhang mit Änderungen
des Arbeitsspeichers zu bemerken. So ist das Erzeugen eines Arbeitsspeicherelementes nicht nur das einfache Eintragen von Werten in bestimmte Speicherplätze, sondern
damit verbunden sind relativ komplexe Operationen zum Aktualisieren der Konfliktmenge. Das gleiche gilt für das Löschen eines Arbeitsspeicherelementes, das mit dem
gleichen Aufwand verbunden ist. Das Ändern eines bestehenden Elementes, bei dem
das Element ja einen neuen Zeitstempel bekommt, ist nicht nur der Anschaulichkeit
halber als Zusammensetzung einer Erzeuge- und einer Löschoperation beschrieben

worden, sondern wird tatsächlich so realisiert. Das Ändern eines Elementes ist also doppelt so aufwendig, wie ein Erzeugen oder Löschen. Es wird für jede Änderung ein (+)Token und ein (-)Token durch das Netz geschickt, die dem geänderten bzw. dem ursprünglichen Element entsprechen. In diesem Zusammenhang wird auch deutlich, warum eine doppelte Modify-Anweisung ein Element nicht einfach nur ändert, sondern für jede Änderung eine Kopie erzeugt.

Zur Laufzeit in das System eingebrachte Produktionen können nur auf solche Elemente reagieren, die nach ihrer Erzeugung in den Arbeitsspeicher eingetragen werden. Das liegt daran, daß bei Erweiterungen des Netzes durch neue Produktionen für die schon vorhandenen Arbeitsspeicherelemente nicht erneut (+)Token durch das Netz geschickt werden. Ist das erforderlich, muß es explizit programmiert werden.

Die Kenntnis des Rete-Match Algorithmus ermöglicht es uns, den Recognize-Act Cycle genauer zu beschreiben. Er besteht nicht, wie vereinfacht dargestellt, aus den drei Schritten Mustervergleich, Regelauswahl und Regelanwendung, sondern die Schritte Mustervergleich und Regelanwendung sind miteinander verquickt. Die Konfliktmenge wird also nicht nach Beendigung der Regelausführung aktualisiert, sondern jede Anweisung, die den Arbeitsspeicher ändert (Make, Modify, Remove und gegebenenfalls Call), bewirkt eine gleichzeitige Aktualisierung der Konfliktmenge bzw. der Alpha- und Betaspeicher.

Im VAX-OPS5 läßt sich das bei der Einstellung (Watch 3) beobachten. Nach jeder Änderung des Arbeitsspeichers wird die daraus resultierende Änderung der Konfliktmenge angezeigt.

```
...
7:  Regel_a  1 2 3
=>WM   Element_v
=>CS   Regel_b
CS<=   Regel_c                    Wirkung von Regel_a
8:  Regel_b  3 4
=>WM   Element_w
=>CS   Regel_c
=>WM   Element_x
<=WM   Element_y
<=WM   Element_z                  Wirkung von Regel_b
...
```

In diesem Zusammenhang ist es notwendig, den Begriff "leere Konfliktmenge" näher zu erläutern. Gemäß der Regelauswahlstrategie ist die Konfliktmenge die Menge aller möglichen Instantiierungen, d.h. aller Regeln, zu deren Bedingungsteil es passende Arbeitsspeicherelemente gibt. Die erste Filterstufe der Regelauswahlstrategie filtert die Instantiierungen heraus, die bereits gefeuert haben.

Der Regelinterpreter muß also das Durchlaufen des Recognize-Act Cycle beenden, wenn keine Instantiierung oder nur solche in der Konfliktmenge sind, die schon gefeuert haben. Diese Situation wird aber (etwas ungenau) als leere Konfliktmenge bezeichnet. Das Kommando CS, das den Inhalt der aktuellen Konfliktmenge anzeigt, liefert nur solche Instantiierungen, die noch nicht gefeuert haben.

In der Tat sind auf Implementationsebene auch keine weiteren Instantiierungen in der Konfliktmenge enthalten. Die erste Filterstufe wird dadurch realisiert, daß eine Instantiierung aus der Konfliktmenge entfernt wird, nachdem sie gefeuert hat. Eine

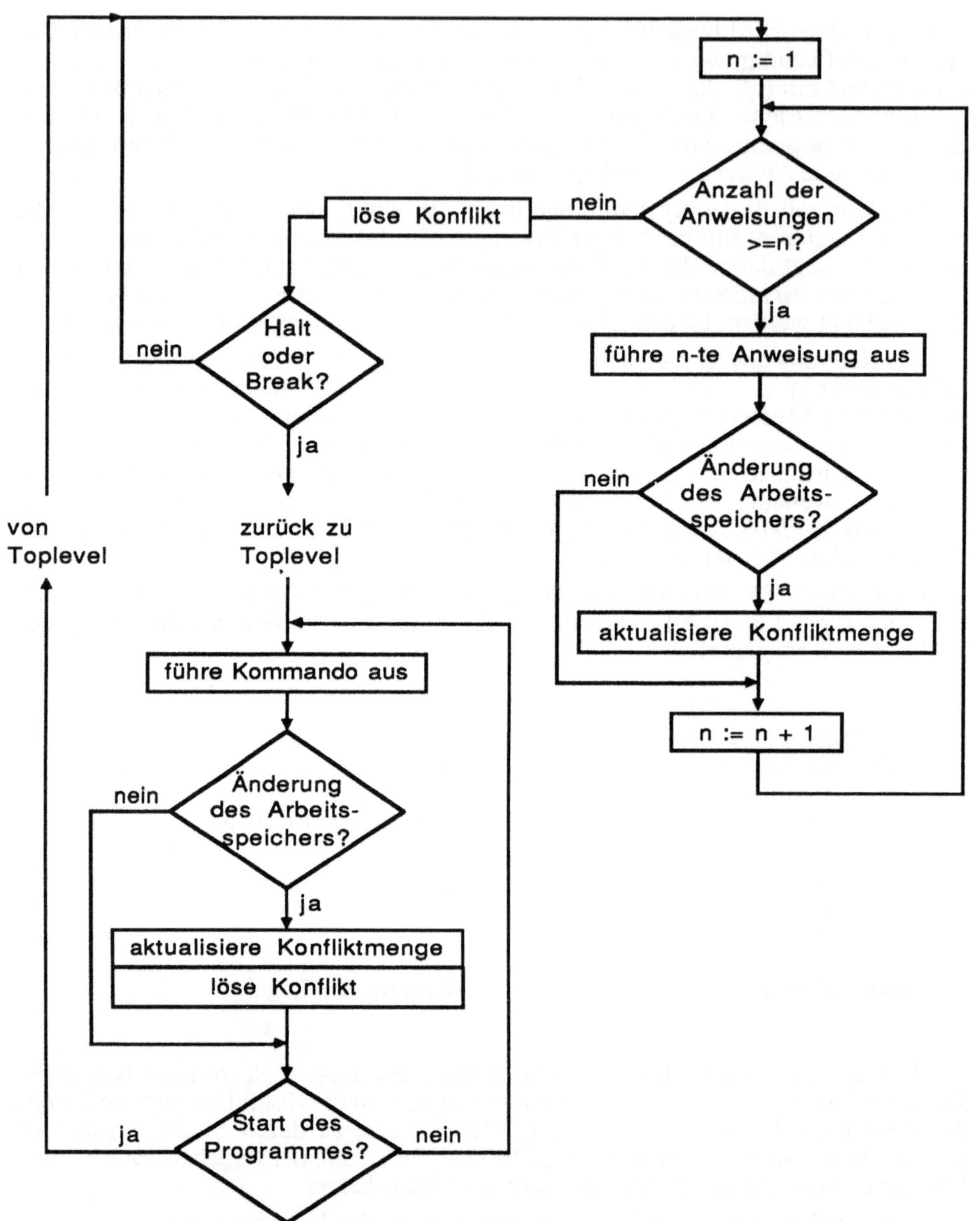

Bild 18-9: Recognize-Act Cycle

Regel kann nur dadurch mehrfach feuern, daß (durch geeignete Manipulation des Arbeitsspeichers und daraus resultierende Token, die durch das Netz wandern) effektiv neue Instantiierungen erzeugt werden.

Die unterschiedlichen Ergebnisse der Befehle CS und Matches werden hierdurch verständlich. Während CS nur die Instantiierungen ausgibt, die noch nicht gefeuert haben, werden bei Matches die Inhalte der Alpha- und Betaspeicher ausgegeben. Es wird nicht zwischen verschiedenen Instantiierungen unterschieden, sondern für jede Einzelbedingung werden alle passenden Elemente, die sich zur Zeit im Arbeitsspeicher befinden, angegeben, unabhängig, ob die Einzelbedingung negiert ist oder nicht (Ausgabe der Alphaspeicher). Weiterhin werden für Folgen von Einzelbedingungen konsistente Kombinationen von gebundenen Elementen angegeben (Ausgabe der Betaspeicher).

Die Beschränkung auf 32 nicht negierte Einzelbedingungen in VAX-OPS5 ist eine Konsequenz einer Größenbeschränkung der Betaspeicher. Sie können nur Tupel mit bis zu 32 Token aufnehmen. Die Anzahl der negierten Einzelbedingungen ist dagegen nicht beschränkt, da sie durch einen Zähler für jedes Token im Betaspeicher eines Zweierknotens dargestellt werden.

Eine detailliertere Darstellung des Recognize-Act Cycle als in Bild 8-1 gezeigt, ist in Bild 18-9 angegeben.

Die Spezifität eines Bedingungsteiles wurde gemessen in der Anzahl der Tests, die mit Konstanten oder Variablen durchgeführt werden. Dabei zählt eine Konstantenauswahl als ein Test, unabhängig wieviele Konstanten daran beteiligt sind; eine Konjunktion zählt dagegen um so mehr, je mehr Bedingungen konjungiert sind. Die Spezifität einer Regel entspricht der Anzahl der Einerknoten des entsprechenden Teilnetzes, wobei mehrfach genutzte Knoten auch mehrfach gezählt werden. Die Einschränkung << 6 7 8 >> wird durch einen Knoten dargestellt, die Einschränkung { > 5 < 9 } wird dagegen durch zwei Knoten realisiert.

An der Verwendung des Rete-Algorithmus liegt es, daß Variablen nicht in einer Disjunktion auftauchen dürfen, und daß beim ersten Auftreten einer Variablen nur ein Test auf Gleichheit möglich ist. Durch diese Einschränkung erhält ein Zweierknoten niemals eine ungebundene Variable in seinen Betaspeicher und gibt niemals freie Variablen weiter.

18.4 Konsequenzen für die effiziente Programmierung

Die in OPS5 implementierten Produktionensysteme werden effizienter, wenn bei ihrer Entwicklung die Funktionsweise des Rete-Match Algorithmus berücksichtigt wird. Dadurch kann erreicht werden, daß

- das gesamte Netz möglichst klein wird,
- eine Änderung eines Arbeitsspeicherelementes von möglichst wenigen Knoten bearbeitet werden muß,
- der Aufwand innerhalb eines Zweierknotens möglichst gering gehalten wird.

18.4.1 Wenige Knoten bearbeiten eine Arbeitsspeicheränderung

Ein Zyklus des Recognize-Act Cycles läßt sich schneller durchlaufen, wenn die dabei auftretenden Änderungen nur von wenigen Knoten bearbeitet werden müssen. Bildlich gesprochen, soll ein Token, der an den Eingang des Netzes gegeben wird, nur wenige verschiedene Pfade durchlaufen und einen (erfolglosen) Pfad möglichst frühzeitig abbrechen. Erfolglos ist ein Pfad, wenn der Token keinen Zweierknoten erreicht, d.h. wenn keine Deckung zwischen dem zugehörigen Element und der betreffenden Einzelbedingung möglich ist. Damit dies erreicht werden kann, sollten innerhalb einer Einzelbedingung solche Tests am Anfang stehen, die eine hohe Selektivität haben. Dazu gehört beispielsweise der Test eines Statusattributes, das eine Menge von Elementen in wenige aktive und viele passive unterscheidet.

Die Anzahl der Pfade im Netz, die ein Token durchlaufen muß, entspricht -vereinfacht- der Anzahl verschiedener Bedingungen, die auf das Element passen. Indem Bedingungen, die eine ähnliche Bedeutung haben, so geschrieben werden, daß sie strukturell ähnlich sind, wird durch Verschmelzen der Netze erreicht, daß eine Folge von Knoten für mehrere Bedingungen arbeitet. Dazu müssen gleichartige Tests in verschiedenen Einzelbedingungen bzw. gleichartige Einzelbedingungen in verschiedenen Bedingungsteilen in jeweils der gleichen Reihenfolge stehen.

Schließlich läßt sich die Anzahl der Knoten, die eine Eingabe bearbeiten, dadurch vermindern, daß die Anzahl der beteiligten Zweierknoten verringert wird. Jeder Token, der erfolgreich eine Folge von Einerknoten durchlaufen hat und im Alphaspeicher eines Zweierknotens landet, bewirkt, daß der Zweierknoten das Kreuzprodukt dieses Token mit dem Inhalt seines Betaspeichers bildet und daraus seine Ausgabe an den nächsten Zweierknoten generiert. Auch in allen weiteren Zweierknoten ist die Bearbeitung der Eingabe jeweils mit einer Kreuzproduktbildung verbunden. Einzelbedingungen, die sich mit häufig modifizierten Elementen decken, sollten deshalb möglichst weit hinten im Bedingungsteil stehen.

Die Anzahl der beteiligten Zweierknoten läßt sich weiterhin vermindern, indem der erste Zweierknoten einer Produktion blockiert wird. Er entspricht der Verbindung zwischen den ersten beiden Einzelbedingungen. Ist sein Alpha- oder Betaspeicher leer, so kann er auch keine Ausgabe erzeugen. Entsprechendes gilt für die Folge weiterer Zweierknoten bis zum Terminalknoten. Erfüllt ein Element irgendeine der weiteren Einzelbedingungen dieser Produktion, so wandert ein entsprechender Knoten nur durch die Folge von Einerknoten, bis er in einem Alphaspeicher landet.

Bei einer Kontextsteuerung mit Hilfe der MEA-Strategie und einer kellerartigen Verwaltung der Kontexte durch das System gibt es in der Regel mehrere Kontextelemente im Speicher. Regeln eines nicht aktuellen Kontextes werden trotzdem bei jeder Änderung des Arbeitsspeichers berücksichtigt. Es entstehen entsprechend "unnötige" Instantiierungen. Führt man in das Kontextelement ein Statusattribut ein und markiert nur den aktuellen Kontext als aktiv, können Regeln, die nicht zum aktuellen Kontext gehören, nicht instantiiert werden. Der Betaspeicher des ersten Zweierknotens ist leer, wenn in der ersten Bedingung ein Kontext abgeprüft wird, der nicht aktiv ist. Entsprechend sind alle Betaspeicher der nachfolgenden Zweierknoten leer und diese Knoten werden solange nicht aktiviert, bis der zugehörige Kontext aktiv wird. Die Kontextelemente mit dem Status passiv blockieren also den ersten und damit alle weiteren Zweierknoten derjenigen Produktionen, die nicht zum aktuellen Kontext gehören.

Bei dieser Technik ist zu berücksichtigen, daß in dem Moment, wo ein Kontext aktiviert bzw. deaktiviert wird, die Betaspeicher des gesamten, zum Kontext gehörenden Netzes aufgebaut (bzw. abgebaut) werden müssen. Hat man also einen Kontext, der häufig benutzt wird und im Falle einer Aktivierung nur wenige Instantiierungen von Regeln ausführt (beispielsweise ein Dialogmodul oder eine Datenbankschnittstelle), sollte man den Vorgänger dieses Kontextes nicht deaktivieren.

18.4.2 Weniger Aufwand innerhalb eines Knotens

Ein wichtiger Punkt bei der Effizienzbetrachtung von OPS5-Produktionensystemen ist
der Aufwand, der von einem Zweierknoten zu leisten ist. Zweierknoten berechnen
konsistente Folgen von Arbeitsspeicherelementen für einen Bedingungsteil. Wie
bereits erläutert, ist diese Berechnung mit einer Kreuzproduktbildung der Inhalte vom
Alpha- und Betaspeicher verbunden. Um diese Kreuzprodukte klein zu halten, müssen die Alpha- und Betaspeicher möglichst gering gefüllt sein. Der Inhalt eines Alphaspeichers ist bestimmt durch die Anzahl von Elementen, die die zugehörige Einzelbedingung erfüllen.

Die Zahl kann vermindert werden, wenn möglichst spezialisierte Regeln statt
allgemein formulierter verwendet werden. Deshalb sollte alles Wissen über einen
Sachverhalt explizit in den Regeln ausgedrückt werden, auch wenn das von der
Semantik nicht notwendig ist. Betrachten wir dazu folgende Produktion, die zu allen
Personen in der Datenbasis den Ort des Arbeitsplatzes ausgeben soll.

```
(P Ort_des_Arbeitsplatzes
        (Steuerelement
                ^Kontext            Anfrage
                ^Status             aktiv)
        (Person
                ^Name               <Name>
                ^beschäftigt_bei    <Arbeitgeber>)
        (Firma
                ^Name               <Arbeitgeber>
                ^Ort                <gesuchter_Ort>)

--> (WRITE <Name> |arbeitet in| <gesuchter_Ort>)
)
```

Gibt es nun viele Personen in der Datenbasis, enthält der Alphaspeicher des
ersten Zweierknotens dieser Regel entsprechend viele Einträge, auch wenn es zu
diesen Personenelementen keine konsistenten Firmenelemente gibt. Wenn wir nun
zusätzlich wissen, daß Personen unter 16 und über 65 Jahre sowie Schüler und
Studenten keinen Arbeitsplatz haben (oder einen, der uns nicht interessiert), so
können wir dieses zusätzliche Wissen in der Produktion zum Ausdruck bringen.

```
(P Ort_des_Arbeitsplatzes
        (Steuerelement
                ^Kontext            Anfrage
                ^Status             aktiv)
        (Person
                ^Name               <Name>
                ^Alter              { >= 16 <= 65 }
                ^Beruf              { <> Schüler <> Student }
                ^beschäftigt_bei    <Arbeitgeber>)
        (Firma
                ^Name               <Arbeitgeber>
                ^Ort                <gesuchter_Ort>)

--> (WRITE <Name> |arbeitet in| <gesuchter_Ort>)
)
```

Bei dieser Produktion deckt sich die zweite Einzelbedingung mit weniger Elementen.

Speziellere Bedingungsteile lassen sich außer durch umfangreichere Tests der Elemente auch durch Verwendung möglichst vieler Elementklassen bei der Modellierung eines Konzeptes erreichen. Die Benutzung von Objekt/Attribut/Wert-Tripeln sollte vermieden werden, wann immer es möglich ist.

Unter bestimmten Umständen kann aber auch die Zusammenfassung bestimmter Elementklassen zu einer einzigen einen Effizienzgewinn bringen, etwa wenn ein zu modellierendes Objekt mit Hilfe mehrerer Elementklassen dargestellt wird, deren Elemente miteinander verzeigert sind. Wenn bei jedem Zugriff auf das Objekt eine konsistente Kombination dieser Elemente gesucht werden muß, ist das mit großen Kreuzprodukten verbunden. Es ist deshalb zu überlegen, ob nicht weniger Elementklassen mit mehreren Attributen benutzt werden können.

In dem Beispielprogramm in Kapitel 16 wird u.a. die Baumstruktur eines Ausdruckes dargestellt. Für die Blattknoten des Baumes, die sich von den inneren Knoten unterscheiden, gibt es keine eigene Elementklasse, sondern alle Attribute des Blattknotens (in diesem Falle eines) sind in den übergeordneten Knoten integriert.

Generell haben verzeigerte Strukturen den Nachteil, daß sie das Laufzeitverhalten von OPS5 sehr belasten, weil es für Regeln, die auf solchen Strukturen arbeiten, immer sehr viele passende Elemente gibt. Andererseits ermöglichen sie aber häufig eine knappe und elegante Formulierung der Regeln, indem ein großer Teil des zu bewältigenden Aufwandes dem OPS5-System überlassen wird.

Der Inhalt eines Betaspeichers läßt sich vermindern, indem der davorliegende Zweierknoten nur eine Teilmenge des Kreuzproduktes, das er bildet, als konsistent weitergibt. Dies soll anhand eines Beispieles näher erläutert werden. Dazu nehmen wir an, wir hätten eine Regel mit folgendem Bedingungsteil:

```
(Bedingung_A <var_1>)
(Bedingung_B <var_2>)
(Bedingung_C <var_3>)
(Bedingung_D <var_1> <var_2> <var_3>)
```

Damit wir uns auf das Wesentliche konzentrieren können, ist der Bedingungsteil sehr allgemein gehalten, ohne einen Bezug zu einem speziellen Problem. Er besteht aus vier Einzelbedingungen A bis D. In den ersten drei wird je eine Atom-Variable gebunden. Jede dieser Variablen taucht in der vierten Einzelbedingung ein zweites Mal auf. Weitere Variablen kommen nicht vor. Die ersten drei Bedingungen sind voneinander unabhängig, in dem Sinne, daß sie sich nicht gegenseitig einschränken. Dagegen existiert eine Abhängigkeit zwischen der vierten Bedingung und den drei ersten.

Wie wollen weiterhin annehmen, daß es zu jeder der ersten drei Bedingungen zehn passende Elemente im Arbeitsspeicher gibt. Wir werden sie im weiteren mit A1 bis C10 bezeichnen. Außerdem soll es zehn Elemente D1 bis D10 geben, die sich mit der vierten Bedingung decken. Diese Elemente seien so gewählt, daß durch die erwähnte Abhängigkeit jedes dieser Elemente sich mit jeweils genau einem A-Element, B-Element bzw. C-Element kombinieren läßt. Es sind also mit den beschriebenen 40 Arbeitsspeicherelementen insgesamt zehn verschiedene Instantiierungen dieser Produktion möglich.

Die Übersetzung dieses Bedingungsteiles liefert etwa ein Netz wie in Bild 18-10. Die Folgen von Einerknoten sind durch die Buchstaben A bis D abgekürzt. Bei dem

angenommenen Arbeitsspeicherinhalt enthält der Betaspeicher des Zweierknotens Z1
10 Token, die den Elementen A1 bis A10 entsprechen. Die Alphaspeicher der drei
Zweierknoten Z1, Z2 und Z3 enthalten ebenfalls 10 Token, entsprechend den
Elementen B1 bis D10.

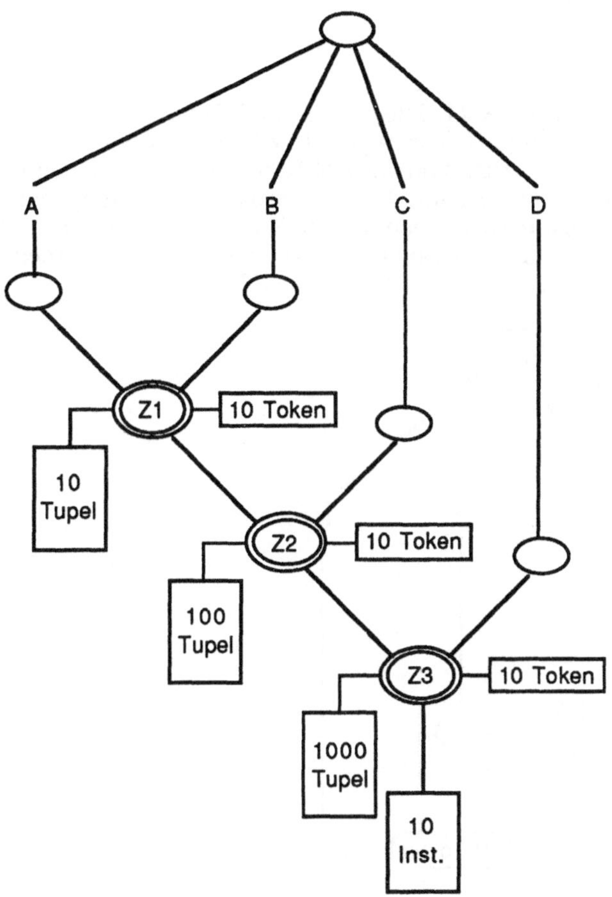

Bild 18-10: Zweierknoten mit sehr vollen Beta-Speichern

Da es zwischen den Bedingungen A und B keine Abhängigkeiten gibt, liefert der
Knoten Z1 das gesamte Kreuzprodukt seiner beiden Speicher als Eingabe für den
Betaspeicher von Z2. Dieser erhält somit 100 Paare von Token. Die gleiche Über-
legung zeigt, daß der Betaspeicher von Z3 1000 Tripel von Token enthält. Durch die
10 Token im Alphaspeicher von Z3 muß der Knoten Z3 also ein Kreuzprodukt mit
10.000 Elementen bilden. Aufgrund der Abhängigkeit der vierten Bedingung von den
vorhergehenden muß jedes dieser 10.000 Elemente einer Konsistenzprüfung unter-
zogen werden. Wir haben bereits gesehen, daß unter den beschriebenen Umständen
nur 10 Instantiierungen möglich sind. Das Kreuzprodukt von Z3 enthält also fast
ausschließlich inkonsistente Kombinationen.

Eine bloße Umstellung der Einzelbedingungen innerhalb des Bedingungsteiles kann den Aufwand, der von den drei Zweierknoten insgesamt geleistet werden muß, beträchtlich verringern. Betrachten wir dazu eine modifizierte Form, bei der die Bedingung D an erster Stelle steht:

```
(Bedingung_D <var_1> <var_2> <var_3>)
(Bedingung_A <var_1>)
(Bedingung_B <var_2>)
(Bedingung_C <var_3>)
```

Dazu gehört ein Netz wie in Bild 18-11. Die Alpha- und Betaspeicher des ersten Zweierknotens Z1' sind wieder mit je 10 Token gefüllt. Z1' bildet somit ebenfalls ein Kreuzprodukt mit 100 Elementen. Aufgrund der Abhängigkeit zwischen den Bedingungen D und A werden hiervon aber nur 10 als konsistent weitergegeben. Das Kreuzprodukt im Knoten Z2' hat deshalb auch nur die Kardinalität 100. Die Abhängigkeit zwischen D und B bewirkt, daß davon nur 10 weitergegeben werden. Das gleiche gilt schließlich auch für den letzten Zweierknoten Z3'.

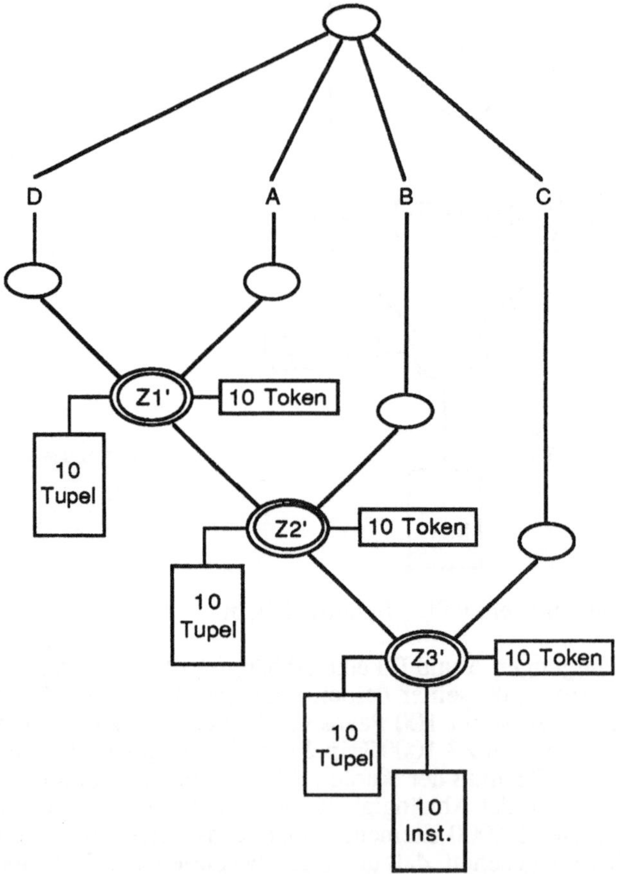

Bild 18-11: Zweierknoten mit gering gefüllten Beta-Speichern

Vergleicht man die beiden Versionen des Bedingungsteiles, könnte man zunächst auf die Idee kommen, die erstere von beiden würde effizienter arbeiten, weil nur ein Zweierknoten die Kreuzproduktbildung mit einer Konsistensprüfung kombinieren muß, während in der zweiten Version jeder Zweierknoten prüfen muß. Tatsächlich muß der Knoten Z3 der ersten Version ein Kreuzprodukt mit 10.000 Elementen überprüfen, während in der zweiten Version jeder Zweierknoten nur jeweils 100 Elemente überprüft.

Diese Aufwandsreduzierung kommt zustande, weil Einschränkungen, die durch die Verwendung von gemeinsamen Variablen in den verschiedenen Bedingungen ausgedrückt werden, möglichst früh ausgewertet werden.

18.4.3 Zusammenfassung

Die Konsequenzen des Rete-Match Algorithmus auf die Entwicklung von Produktionensystemen mit OPS5 lassen sich mit folgenden Faustregeln beschreiben:

1. Es sollten Regeln vermieden werden, deren Bedingungsteile sich mit einer Vielzahl von Elementen decken.

2. Einzelbedingungen, die sich mit häufig ändernden Elementen decken, sollten möglichst weit hinten in einem Bedingungsteil stehen.

3. Innerhalb einer Einzelbedingung sollten die Tests am Anfang stehen, die eine hohe Selektivität haben.

4. Innerhalb eines Bedingungsteiles sollten die Einzelbedingungen am Anfang stehen, die eine hohe Selektivität haben.

5. Einzelbedingungen und Bedingungsteile mit ähnlichen bzw. teilweise identischen Bedeutungen, sollten so geschrieben sein, daß eine möglichst große strukturelle Ähnlichkeit erreicht wird.

6. Steuerelemente von zur Zeit nicht aktiven Regelgruppen sollten als passiv gekennzeichnet sein.

7. Viele spezielle Regeln sind wenigen allgemeinen Regeln vorzuziehen. Statt einer Regel mit vielen (einfachen) Einzelbedingungen ist es besser, mehrere Regeln mit weniger Einzelbedingungen bzw. eine Regel mit wenigen komplexen Bedingungen zu verwenden.

8. Es sollte möglichst viel Wissen in den Regeln explizit gemacht werden.

9. Nicht mehr benötigte Arbeitsspeicherelemente sollten nicht per se gelöscht werden, sondern nur, wenn der belegte Speicherplatz anderweitig benötigt wird oder dadurch im weiteren unnötige Instantiierungen verhindert werden können.

Obige Regeln sollten beim Entwickeln eines Produktionensystems mit OPS5 nur dann angewandt werden, wenn ihre Berücksichtigung nicht dazu führt, daß eine durch das betrachtete Problem induzierte Programmstruktur verlorengeht. Es muß deshalb gegebenenfalls ein Kompromiß zwischen einer effizienten Implementation und einer adäquaten Wissensrepräsentation gefunden werden.

Kapitel 19 Übungen zum Teil 3

19.1 Aufgaben

Aufgabe 14

In der Aufgabe 8 sollten Sie eine Regel schreiben, die Ihnen alle Obstangebote ausgibt. Wenn Sie die angegebene Lösung inzwischen ausprobiert haben, wird Ihnen aufgefallen sein, daß die Elemente nach ihren Zeitstempeln geordnet ausgegeben wurden. Schreiben Sie ein Programm, das die Angebote geordnet nach den Sorten und innerhalb einer Sorte geordnet nach den Preisen ausgibt.

Aufgabe 15

In Kapitel 7.4 wurde eine externe Funktion benötigt, die testet, ob ein Atom in einer Folge von Atomen vorkommt. Der Wert, den die Funktion abhängig vom Testergebnis zurückliefert, sollte als Parameter angegeben werden. Ein Aufruf der gewünschten Funktion hatte somit folgende Struktur:

```
(MEMBER Testwert Ja_Antwort Nein_Antwort Wert_1 Wert_2 ...)
```

Schreiben Sie eine solche Funktion.

Aufgabe 16

Das Beispielprogramm zum Vereinfachen arithmetischer Ausdrücke in Kapitel 16 berücksichtigt nur ganze Zahlen. Die angegebene Lösung zu Aufgabe 14 berücksichtigt als Werte für das Attribut Preis nur reelle Zahlen. Wie kann man diese Programme ändern, so daß die Verarbeitung beliebiger Zahlen möglich ist, und welche Schwierigkeiten treten dabei u.U. auf?

Aufgabe 17

Sie wollen auf einer Messe ausstellen. Für ein neues Produkt muß jeden Tag (Montag bis Samstag) ein Experte zur Verfügung stehen. Sie haben 6 Mitarbeiter, die für diese Aufgabe geeignet sind, die aber auch andere Verpflichtungen zu erfüllen haben. Das sind im einzelnen:

- Herr Müller,
- Frau Meier,
- Herr Lehmann,
- Frau Bauer,
- Herr Petersen und
- Frau Schulz.

Bei Ihrer Planung haben Sie folgende Einschränkungen zu berücksichtigen:

- Sie wollen jeden der Mitarbeiter nur einen Tag in der Woche dem Messestreß aussetzen.
- Frau Schulz hat Urlaub und kommt erst am Freitag wieder.
- Herr Lehmann kann nur am Dienstag oder am Donnerstag zur Messe fahren.
- Herr Petersen muß auf jeden Fall vor Herrn Lehmann dagewesen sein.

Schreiben Sie ein Regelsystem, dem Sie Ihre Planung für die Woche eingeben, und das Ihnen sagt, ob eine der Bedingungen verletzt ist und wenn ja, welche.

Aufgabe 18

In LISP-OPS5 können Produktionen vom Toplevel aus mit dem Kommando P eingegeben werden. Dadurch ist es möglich, nach Start eines Programmes interaktiv
noch weitere Produktionen einzugeben. Zusammen mit dem Excise-Kommando ist so
ein schnelles Ändern und Testen von Regelgruppen möglich. In VAX-OPS5 ist es
dagegen erforderlich, geänderte Regelgruppen erneut zu übersetzen und das Programm neu zu binden und zu starten. Schreiben Sie eine Regel, die eine dem
P-Kommando entsprechende Funktion in VAX-OPS5 realisiert.

Aufgabe 19

Das Reduktionsproduktionensystem aus Kapitel 16 enthält unter anderem folgende
Regel

```
(P Überbrücke_Nop_im_ersten_Operanden
   { <Ausdruck> (Ausdruck
                 ^1.Operand      <Name> ) }
                (Ausdruck
                 ^Name           <Name>
                 ^Funktion       Nop
                 ^1.Operand      <Operand>)

   --> (MODIFY  <Ausdruck>
                 ^1.Operand      <Operand> )
)
```

Beurteilen Sie diese Regel bezüglich ihres zu erwartenden Laufzeitverhaltens.

19.2 Lösungen

Lösung 14

Zur eigentlichen Aufgabe, die Obstangebote auszugeben, kommt die zusätzliche
Aufgabe, die zeitliche Reihenfolge zu steuern. Dies ist eine typische Problemstellung
für die Kontextsteuerung.

In der Initialisierung werden drei Steuerelemente erzeugt und die Strategie MEA
eingestellt. Der neueste Kontext dient lediglich der Ausgabe einer Kopfzeile, der
zweitneueste beschreibt die eigentliche Ausgabe und im letzten werden bei der Ausgabe notwendige Hilfselemente gelöscht. Im Kontext Obst_ausgeben wird für jede
vorhandene Obstsorte ein Subkontext instantiiert. Da jede Obstsorte mehrfach vorkommen kann, wird zusätzlich ein Element erzeugt, welches kennzeichnet, daß eine
Sorte erfaßt ist. Aufgrund seiner Neuheit wird ein solcher Subkontext sofort aktiviert.
Er wird erst wieder gelöscht, wenn alle Elemente dieser Sorte ausgegeben sind,
wodurch die gewünschte Sortierung nach der Sorte erreicht wird.

Innerhalb eines Subkontextes wird das Obst beginnend mit dem niedrigsten Preis
ausgegeben. Um dies zu erreichen, gibt es ein zusätzliches Arbeitsspeicherelement der
Klasse Aktueller_Preis, das bei Erzeugung des neuen Kontextes mit 0 initialisiert
wird. Diese wird bei jeder Ausgabe auf den jeweils ausgegebenen Preis aktualisiert,
und es wird jeweils das Angebot ausgegeben, das den nächsthöheren Preis bezüglich
dieses Parameters hat. Nachdem alle Obstsorten ausgegeben sind, wird der aktuelle
Kontext gelöscht. Im letzten Kontext werden die Hilfselemente der Klasse

Ausgegebenes_Obst wieder entfernt.

```
(LITERALIZE Obst
            Sorte Form Farbe Grösse Preis_pro_kg Qualität)

(LITERALIZE Steuerelement
            Kontext Subkontext)

(LITERALIZE Ausgegebenes_Obst
            Sorte)

(LITERALIZE Aktueller_Preis
            Preis)
;_____________________________________________________________

(STARTUP (STRATEGY MEA)
         (WATCH 0)
         (MAKE Steuerelement
               ^Kontext       Hilfselemente_loeschen)
         (MAKE Steuerelement
               ^Kontext       Obst_ausgeben)
         (MAKE Steuerelement
               ^Kontext       Ausgabe_Beginn)
         (MAKE Aktueller_Preis)
         (@ Obst.Dat)
         (RUN)
)
;_____________________________________________________________

(P Beende_Kontext
   {<Steuer> (Steuerelement)}

--> (REMOVE <Steuer>)
)
;_____________________________________________________________

(P Beginne_Ausgabe
         (Steuerelement
               ^Kontext       Ausgabe_Beginn
               ^Subkontext    NIL)

--> (WRITE Sorte (TABTO 20) Form (TABTO 35) Farbe (TABTO 45)
           Größe (TABTO 55) Preis (TABTO 65) Qualität (CRLF) )
    (WRITE =============================================
           =========================================== (CRLF))
)
;_____________________________________________________________

(P Welches_Obst_ausgeben
         (Steuerelement
               ^Kontext       Obst_ausgeben
               ^Subkontext    NIL)
```

```
{<Aktuell> (Aktueller_Preis)}
        (Obst
                ^Sorte          <Sorte>)
       -(Ausgegebenes_Obst
                ^Sorte          <Sorte>)

--> (MAKE Steuerelement
                ^Kontext        Obst_ausgeben
                ^Subkontext  <Sorte>)
    (MAKE Ausgegebenes_Obst
                ^Sorte          <Sorte>)
    (MODIFY <Aktuell>
                ^Preis          0.0)
)
;________________________________________________________


(P Eine_Sorte_nach_Preis_sortiert_ausgeben
        (Steuerelement
                ^Kontext        Obst_ausgeben
                ^Subkontext  <Sorte>)
{<Aktuell> (Aktueller_Preis
                ^Preis          <Aktueller_Preis>)}
        (Obst
                ^Sorte          <Sorte>
                ^Form           <Form>
                ^Farbe          <Farbe>
                ^Größe          <Größe>
                ^Preis_pro_kg { <Preis> > <aktueller_Preis> }
                ^Qualität    <Qualität>)
       -(Obst
                ^Sorte          <Sorte>
                ^Preis          {> <Aktueller_Preis> < <Preis>})

--> (WRITE <Sorte> (TABTO 20) <Form> (TABTO 35) <Farbe>
    (TABTO 45) <Größe> (TABTO 55) <Preis> (TABTO 65)
    <Qualität> (CRLF))
    (MODIFY <Aktuell>
                ^Preis          <Preis>)
)
;________________________________________________________


(P Alle_Hilfselemente_löschen
        (Steuerelement
                ^Kontext        Hilfselemente_löschen)
{<Hilf>  (<< Ausgegebenes_Obst Aktueller_Preis >>) }
--> (REMOVE <Hilf>)
)
;________________________________________________________
```

Im Startup wird mit der @-Anweisung eine Datei eingelesen, die den Arbeitsspeicher mit einer Anzahl von Obst-Elementen initialisiert. Die Datei könnte etwa wie folgt aussehen:

```
(MAKE Obst
        ^Sorte          Apfel
        ^Form           Rund
        ^Farbe          Grün
        ^Größe          Groß
        ^Preis_pro_Kg   5.0
        ^Qualität       Frisch)

(MAKE Obst
        ^Sorte          Apfel
        ^Form           Rund
        ^Farbe          Rot
        ^Größe          Mittel
        ^Preis_pro_Kg   4.5
        ^Qualität       Schrumpelig)

(MAKE Obst
        ^Sorte          Banane
        ^Form           Länglich
        ^Farbe          Gelb
        ^Größe          Groß
        ^Preis_pro_Kg   4.0
        ^Qualität       Frisch)

        ...
```

Lösung 15

In LISP ist diese Aufgabe sehr leicht mit Hilfe der LISP-Grundfunktion Member zu
lösen. Damit diese Grundfunktion jedoch nicht überschrieben wird, muß die neue
Funktion einen anderen Namen erhalten. Wir nennen sie OPS_Member.

```
(defun ops_member fexpr (argumente)
   (cond ((member ($VARBIND (car argumente))
                  (mapcar '$VARBIND (cdddr argumente)))
                     (ops$value ($VARBIND (cadr argumente))) )
         ( t         (ops$value ($VARBIND (caddr argumente))) )
   )
)
```

In Pascal ist eine so einfache Lösung nicht möglich. Das liegt daran, daß es in
Pascal im allgemeinen nicht möglich ist, Funktionen mit einer variablen Anzahl von
Parametern zu versehen. Der einfachste Weg, dieses Problem zu umgehen, ist in
diesem Fall, statt einer Funktion eine Prozedur zu verwenden. Deren Parameterzahl
kann variabel sein, da die Parameter über das Resultatelement übergeben werden.

```
PROCEDURE Member;
VAR Zähler, Max_Arg, Test_Wert,
    Ja_Wert, Nein_Wert                  : INTEGER;
    Gleichheit                          : BOOLEAN;
```

```
BEGIN
    Max_Arg  := OPS$PARAMETERCOUNT;
    IF   Max_Arg >= 4
    THEN BEGIN
            Zähler := 4;
            Test_Wert := OPS$PARAMETER(1);
            Ja_Wert := OPS$PARAMETER(2);
            Nein_Wert := OPS$PARAMETER(3);
            REPEAT
               Gleichheit := (OPS$EQL(Test_Wert,
                                        OPS$PARAMETER(Zähler));
               Zähler := Zähler + 1;
            UNTIL Gleichheit OR (Zähler > Max_Arg);
            OPS$RESET;
            IF   Gleichheit
            THEN OPS$VALUE(Ja_Wert)
            ELSE OPS$VALUE(Nein_Wert);
            OPS$ASSERT;
        END;
    END;
```

Diese Prozedur liefert keinen Wert zurück, sondern schreibt das Ergebnis in den Arbeitsspeicher, wo es mit der Anweisung Cbind gebunden werden kann. Die Regel Welches_hätten_Sie denn_gerne::2 in Abschnitt 7.4 muß deshalb wie folgt geändert werden. Statt

```
(BIND <Index> (Member <Index> <Index> 4 1 2 3))
```

muß stehen

```
(CALL Member <Index> <Index> 4 1 2 3)
(CBIND <neues_Element>)
(BIND <Index> (SUBTSR <neues_Element> 1 1)
(REMOVE <Neues_Element>)
```

Da innerhalb der Pascalroutine nur Atome miteinander verglichen werden, und nur eines der übergebenen Atome als Ergebnis zurückgeschrieben wird, kann die Routine mit der OPS-internen Darstellung der Atome arbeiten. Es ist also keine Konvertierung notwendig.

Lösung 16

Die Ursache für dieses Problem liegt darin begründet, daß Integer und Floating Points nicht typäquivalent sind. Das bedeutet, daß für zwei numerische Atome, von denen eines ein Integer und das andere ein Floating Point ist, immer das Prädikat Ungleich gilt, aber niemals die Prädikate Gleich, Größer oder Kleiner, unabhängig vom Wert der Atome.

Bei der angegebenen Lösung zu Aufgabe 14 macht dieser Umstand wenig Probleme. Da für die Angabe eines Preises nichtganzzahlige Werte üblich sind, werden diese durch Floating Points dargestellt. Um Datenelemente mit berücksichtigen zu können, bei denen der Preis davon abweichend durch einen Integer-Wert angegeben

ist, kann man eine Regel schreiben, die einen solchen Wert in einen Floating Point
Wert wandelt.

```
(P Wandele_Integer_in_FloatingPoint
   {<Obst> (Obst
             ^Preis-pro-Kg        { <=> 1  <Integer> } )

   --> (MODIFY <Obst>
             ^Preis-per-Kg        (COMPUTE <Integer> * 1.0) )
)
```

Mit dieser Methode kann natürlich nur eine ganze Zahl in eine reelle Zahl gewandelt
werden, und nicht umgekehrt.

Bei dem Vereinfachungsprogramm kann ein ähnlicher Weg beschritten werden.
Dazu ist es zunächst einmal notwendig, die Pascal-Routine dahingehend zu erweitern,
daß sie auch Werte des Typs Real einlesen kann und daraus entsprechende Atome
erzeugt. Entsprechend der obigen Regel werden nun alle Integer in Floating Points
gewandelt. Die Produktionen, die mit Konstanten arbeiten (das sind diejenigen, die
die erste Vereinfachungsregel realisieren und die Produktion zur Ausgabe einer
negativen Zahl) müssen dahingehend geändert werden, daß sie die Typgleichheit zu
Floating Point abprüfen.

Eine andere Methode wäre es, diese Produktionen doppelt zu schreiben und
zusätzlich zwei weitere Produktionen, die Operationen bearbeiten, bei denen ein
Operand eine Integer und der andere Operand ein Floating Point ist. Der Integer-Wert
wird dabei jeweils in einen Floating Point gewandelt. Anschließend könnten die
Produktionen zum Zusammenfassen von Floating Points diese Operation ausführen.

Dadurch könnten Integer zunächst mit Integern zusammengefaßt werden und
würden nur dann gewandelt werden, wenn es zum weiteren Vereinfachen notwendig
ist.

Es tritt aber bei beiden Ansätzen das Problem auf, daß Berechnungen mit
Floating Point-Werten mit einer prinzipiellen Ungenauigkeit behaftet sind. Dies macht
vor allem bei der Darstellung der Null Probleme, so daß eventuelle undefinierte
Operationen aufgrund von Rechenungenauigkeiten nicht erkannt werden können.

Lösung 17

Das folgende OPS5-Programm stellt eine einfache Lösung für die gestellte Aufgabe
dar. Bis auf eine Eingabe- und eine Ausgaberegel sowie zwei Initialisierungsregeln
enthält die Regelmenge nur noch solche Regeln, die eine der zu berücksichtigenden
Einschränkungen ausdrückt.

```
(LITERALIZE Plan               ;Die Elemente der Klasse
            Mitarbeiter        ;Plan enthalten ein Feld für
            Tag )              ;den Mitarbeiter und ein
                               ;Feld für den Tag, an dem der
                               ;Mitarbeiter die Messe besuchen soll.
;________________________________________________________________

(STARTUP   (MAKE Plan
             ^Tag   Samstag)
```

```
        (MAKE Plan
                ^Tag     Freitag)
        (MAKE Plan
                ^Tag     Donnerstag)
        (MAKE Plan
                ^Tag     Mittwoch)
        (MAKE Plan
                ^Tag     Dienstag)
        (MAKE Plan
                ^Tag     Montag)

;Im Startup wird für jeden Tag ein Element der Klasse Plan
;erzeugt. Die Einleseregel modifiziert diese Elemente nur.
;Dadurch ist gewährleistet,daß für jeden Tag ein
;Mitarbeiter eingeplant wird, und daß kein Tag mehrfach
;verplant werden kann.

        (MAKE Relation Montag     liegt_vor Dienstag)
        (MAKE Relation Dienstag   liegt_vor Mittwoch)
        (MAKE Relation Mittwoch   liegt_vor Donnerstag)
        (MAKE Relation Donnerstag liegt_vor Freitag)
        (MAKE Relation Freitag    liegt_vor Samstag)

;Die Relationselemente sind nötig, um die Reihenfolge der Tage
;zu beschreiben, ohne sie durch Zahlen codieren zu müssen.
;(Die Grösser-und Kleiner-Relation ist nur auf numerische und
;nicht auf symbolische Atome definiert.)

        (WATCH 0)          ;Schaltet die Trace-Ausgabe ab
        (RUN)              ;startet das Programm
)
;________________________________________________________________


(P Bilde_transitive_Hülle_der_"liegt_vor"_Relation
          (Relation <Tag_1> liegt_vor <Tag_2> )
          (Relation <Tag_2> liegt_vor <Tag_3> )
        - (Relation <Tag_1> liegt_vor <Tag_3> )
   --> (MAKE  Relation <Tag_1> liegt_vor <Tag_3> )
)

;Die im Startup erzeugten Relationselemente beschreiben nur die
;Beziehung von benachbarten Tagen. Diese Regel erzeugt die
;fehlenden Elemente, um die Beziehung zwischen allen Tagen
;der Woche zu beschreiben.
;________________________________________________________________


(P Tabelle_ausgeben
        (Plan
            ^Tag              Montag
            ^Mitarbeiter      <Montags_Mitarbeiter> )
```

```
        (Plan
             ^Tag               Dienstag
             ^Mitarbeiter       <Dienstags_Mitarbeiter> )
        (Plan
             ^Tag               Mittwoch
             ^Mitarbeiter       <Mittwochs_Mitarbeiter> )
        (Plan
             ^Tag               Donnerstag
             ^Mitarbeiter       <Donnerstags_Mitarbeiter> )
        (Plan
             ^Tag               Freitag
             ^Mitarbeiter       <Freitags_Mitarbeiter> )
        (Plan
             ^Tag               Samstag
             ^Mitarbeiter       <Samstags_Mitarbeiter> )

--> (WRITE
|==================================================================|
        (CRLF)  |EINSATZPLANUNG FÜR DIE MESSE!|  (CRLF)
|==================================================================|
        (CRLF)
        (TABTO 10)  |Montag    | (TABTO 25)  (RJUST 20)
                                            <Montags_Mitarbeiter>
        (TABTO 10)  |Dienstag  | (TABTO 25)  (RJUST 20)
                                            <Dienstags_Mitarbeiter>
        (TABTO 10)  |Mittwoch  | (TABTO 25)  (RJUST 20)
                                            <Mittwochs_Mitarbeiter>
        (TABTO 10)  |Donnerstag| (TABTO 25)  (RJUST 20)
                                            <Donnerstags_Mitarbeiter>
        (TABTO 10)  |Freitag   | (TABTO 25)  (RJUST 20)
                                            <Freitags_Mitarbeiter>
        (TABTO 10)  |Samstag   | (TABTO 25)  (RJUST 20)
                                            <Samstags_Mitarbeiter>
        (CRLF)
        (CRLF) )
)

;Diese Regel gibt den momentanen Zustand der Planung aus. Sie
;schreibt eine Tabelle auf den Bildschirm, die für jeden Tag
;angibt, wer für diesen Tag eingeplant ist. Die Regel wird
;immer dann instantiiert, wenn der Plan geändert wurde, d.h.
;wenn eines der Planelemente modifiziert wurde.
;________________________________________________________________


(P Einlesen_der_geplanten_Einsätze
   { <Plan> (Plan
             ^Tag               <Tag>
             ^Mitarbeiter       NIL ) }
```

```
    --> (WRITE |Welcher Mitarbeiter soll am| <Tag>
              |zur Messe?| (CRLF) )
        (MODIFY <Plan>
                ^Mitarbeiter    (ACCEPT) )
)
;Diese Regel stellt fest, für welche Tage noch niemand
;eingeplant ist. Aufgrund der Reihenfolge bei der Erzeugung der
;Planelemente im Startup wird immer nach dem frühesten Tag der
;Woche gefragt, für den noch niemand eingeplant ist.
;Nichtsdestoweniger ist die Regel aber immer mit allen
;unbesetzten Tagen instantiiert.
;Die Funktion Accept liest den Namen von der Tastatur und trägt
;ihren Wert in das Element Plan ein, das zu dem Tag gehört,
;der gerade bearbeitet wird.
;_________________________________________________________________


(P Alle_ungeeigneten_Mitarbeiter_aus_dem_Plan_entfernen

   { <Plan> (Plan
                ^Mitarbeiter    { <> NIL <> Müller <> Meier
                                  <> Lehmann <> Bauer
                                  <> Petersen <> Schulz
                                           <Mitarbeiter> }
                ^Tag            <Tag> )  }

                        ;Wenn es einen Plan gibt, in dem ein
                        ;anderer Mitarbeiter als einer der
                        ;sechs in der Aufgabenstellung
                        ;erwähnten für den Einsatz auf der
                        ;Messe vorgesehen ist, .....

   --> (WRITE |Der für| <Tag> |eingeplante Mitarbeiter|
           <Mitarbeiter> (CRLF)
           |kann für diese Aufgabe nicht eingesetzt werden|
           (CRLF) )
       (MODIFY <Plan>
                ^Mitarbeiter    NIL)
)
                        ;... dann wird dieser Plan verworfen.
                        ;In das entsprechende Plan-Element
                        ;wird Nil als Mitarbeiter eingetragen
                        ;und es wird eine Meldung auf den
                        ;Bildschirm geschrieben.
;_________________________________________________________________


(P Jeder_Mitarbeiter_nur_einen_Tag
   { <Plan_1> (Plan
                ^Mitarbeiter    { <Mitarbeiter> <> NIL }
                ^Tag            <Tag_1> ) }
   { <Plan_2> (Plan
                ^Mitarbeiter    <Mitarbeiter>
                ^Tag            { <> <Tag_1>   <Tag_2> } ) ) }
```

```
                    (Relation <Tag_2> liegt_vor <Tag_1> )

                             ;Wenn es zwei Pläne gibt, die
                             ;denselben Mitarbeiter an zwei
                             ;verschiedenen Tagen einsetzen,...

    --> (WRITE |Sie haben den Mitarbeiter| <Mitarbeiter>
                |sowohl| (CRLF) |am| <Tag_1> |als auch am| <Tag_2>
                |eingeplant.| (CRLF)
                |Das ist nicht möglich| (CRLF) )
        (MODIFY <Plan_1>
                ^Mitarbeiter    NIL )
        (MODIFY <Plan_2>
                ^Mitarbeiter    NIL )
)
                             ;...dann werden diese Pläne gelöscht,
                             ;indem der Wert NIL als Mitarbeiter
                             ;eingetragen wird. Damit nach dem in
                             ;der Woche früher liegenden Tag als
                             ;erstes gefragt wird, wird dieser als
                             ;zweites modifiziert.
;_____________________________________________________________________


(P Frau_Schulz_kann_erst_am_Freitag
   { <Plan> (Plan
                ^Mitarbeiter    Schulz
                ^Tag            <Tag> ) }
           (Relation <Tag> liegt_vor Freitag )

                             ;Wenn Frau Schulz für einen früheren
                             ;Tag als Freitag eingeplant wird,...

    --> (WRITE |Frau Schulz ist in Urlaub und kommt erst am| (CRLF)
                |Freitag wieder. Sie haben sie jedoch schon für den|
                <Tag> (CRLF) |eingeplant. Diese Planung lösche ich|
                |wieder.| (CRLF) )
        (MODIFY <Plan>
                ^Mitarbeiter    NIL )
)
                             ;...dann wird dieser Plan gelöscht.
;_____________________________________________________________________


(P Herr_Lehmann_kann_nur_am_Dienstag_oder_Donnerstag
   { <Plan> (Plan
                ^Mitarbeiter Lehmann
                ^Tag         {<< Montag Mittwoch Freitag Samstag >>
                                             <Tag> } ) }

                             ;Wenn Herr Lehmann für einen anderen
                             ;Tag als Dienstag oder Donnerstag
                             ;eingeplant wird,...
```

```
    --> (WRITE |Herr Lehmann kann nur dienstags oder donnerstags|
               (CRLF)
               |zur Messe fahren. Sie haben ihn jedoch für den|
               <Tag> (CRLF) |eingeplant. Diese Planung lösche|
               |ich wieder.| (CRLF)   )
        (MODIFY <Plan>
                ^Mitarbeiter    NIL )
)

                            ;...dann wird dieser Plan gelöscht.
;_____________________________________________________________________


(P Dienstag_und_Donnerstag_besetzt
   { <Plan_1> (Plan
                      ^Mitarbeiter    { <> Lehmann <> NIL
                                        <Mitarbeiter_1> }
                      ^Tag            Dienstag ) }
   { <Plan_2> (Plan
                      ^Mitarbeiter    { <> Lehmann <> NIL
                                        <Mitarbeiter_2> }
                      ^Tag            Donnerstag ) }

                            ;Wenn sowohl für den Dienstag als auch
                            ;für den Donnerstag eine andere Person
                            ;als Herr Lehmann eingeplant ist,...

    -->(WRITE |Herr Lehmann kann nur am Dienstag oder Donnerstag|
              (CRLF) |zur Messe fahren. Sie haben aber für den|
              |Dienstag den| (CRLF) |Mitarbeiter|
              <Mitarbeiter_1>
              |eingeplant und für den Donnerstag| (CRLF)
              |den Mitarbeiter| <Mitarbeiter_2>
              |. Diese Planung lösche ich.| (CRLF) )
        (MODIFY <Plan_2>
                ^Mitarbeiter    NIL )
        (MODIFY <Plan_1>
                ^Mitarbeiter    NIL )
)
                            ;...dann werden diese Planungen wieder
                            ;gelöscht, weil an einem der beiden
                            ;Tage Herr Lehmann eingesetzt werden
                            ;muss. Damit zuerst der freigewordene
                            ;Dienstag bearbeitet wird, wird
                            ;<Plan_1> als zweites gelöscht.
;_____________________________________________________________________


(P Herr_Petersen_muß_vor_Herrn_Lehmann_zur_Messe
   { <Plan_1> (Plan
                      ^Mitarbeiter    Petersen
                      ^Tag            <Tag_1> ) }
   { <Plan_2> (Plan
                      ^Mitarbeiter    Lehmann
                      ^Tag            <Tag_2> ) }
```

```
        (Relation <Tag_2> liegt_vor <Tag_1> )

                          ;Wenn Herr Lehmann und Herr Petersen
                          ;beide schon eingeplant sind, und wenn
                          ;Herr Lehmann für einen früheren Tag
                          ;als Herr Lehmann eingeplant ist,...

   -->  (WRITE |Herr Petersen muß vor Herrn Lehmann auf der|
              |Messe| (CRLF)
              |gewesen sein. Sie haben aber Herrn Lehmann für|
              |den| (CRLF) <Tag_2>
              |eingeplant und Hernn Petersen für den| <Tag_1>
              (CRLF) |Diese Planung lösche ich wieder.| (CRLF) )
        (MODIFY <Plan_1>
                  ^Mitarbeiter        NIL)
        (MODIFY <Plan_2>
                  ^Mitarbeiter        NIL)
   )
                          ;...dann werden diese beiden Pläne gelöscht.
   ;________________________________________________________________
```

Für diese Regelgruppe wird nur die Objektklasse Plan deklariert. Für jeden zu
verplanenden Tag wird im Startup ein Element dieser Klasse erzeugt. In diesen
Elementen wird dabei auch gleich der Tag eingetragen, für den dieses Element steht.

Die weiteren Regeln modifizieren diese Planelemente nur noch. Sie können
weder neue Planelemente erzeugen, noch können sie welche löschen. Dadurch wird
auf einfache Weise gewährleistet, daß jeder gewünschte Tag bei der Planung berücksichtigt wird (am Ende darf es kein Element Plan geben, bei dem noch kein Mitarbeiter eingetragen ist), und kein Tag verplant wird, der gar nicht vorgesehen war.

Um die Reihenfolge der Wochentage berücksichtigen zu können, ohne diese
durch Zahlen codieren zu müssen, werden im Startup Objekte der Klasse Relation
erzeugt, die keine Attribute haben (also auch nicht deklariert werden müssen), sondern
aus einer dreielementigen Liste bestehen, die jeweils die "liegt vor"-Beziehung be-
nachbarter Wochentage beschreibt. Um diese Beziehung zwischen beliebigen
Wochentagen zu kennen, bildet eine Regel die transitive Hülle der "liegt vor"-
Relation.

Eine Ausgaberegel gibt nach jeder Änderung der Planung den aktuellen Zustand
der Planung aus. Bei den Änderungen werden sowohl solche berücksichtigt, die
durch eine Benutzereingabe entstehen, als auch solche, die durch die Regeln des
Systems hervorgerufen werden.

Jede in der Aufgabenstellung erwähnte Einschränkung wird durch eine oder
mehrere Regeln überwacht, die solche Planungen, welche die Einschränkungen ver-
letzen, wieder löschen. Durch diese Modifikation eines Planelementes kann die
Einleseregel wieder instantiiert werden. Das Programm läuft solange, wie es Planelemente gibt, in denen noch kein Mitarbeiter eingetragen ist.

Dieses Regelsystem funktioniert unabhängig von der eingestellten Strategie. Es
ist weder eine explizite Kontextsteuerung vorhanden, noch werden irgendwelche
Objekte oder Attribute nur zur Steuerung benutzt.

Daß eine solche Lösung möglich ist, liegt an der einfachen Aufgabenstellung.

- Es werden nur die Tage einer Woche berücksichtigt, nicht etwa die Tage zweier halber Wochen (z.B. Donnerstag bis Mittwoch).
- Das Regelsystem löst nur diese spezielle Planung. Sollen andere Mitarbeiter mit anderen Einschränkungen berücksichtigt werden, müssen die meisten Regeln neu geschrieben werden.

Lösung 18

Das Einfügen neuer Regeln in den Regelspeicher zur Laufzeit ist in VAX-OPS5 (wie auch in LISP-OPS5) mit der Anweisung Build möglich. Diese kann jedoch nur im Aktionsteil einer Regel vorkommen. Bei einen OPS5-Programm lassen sich zur Laufzeit weitere Regeln eingeben, wenn es zuvor um folgende Deklarationen und um folgende Regel erweitert wird:

```
(LITERALIZE P)
(LITERAL Regelname = 2)

(P Toplevel-Kommando-"P"
   { <Eingabe> (P
                  ^Regelname    <> NIL) }

   --> (BUILD \\ (SUBSTR <Eingabe> Regelname INF) )
)
```

Das Eingeben einer neuen Regel vom Toplevel geschieht dann unter Verwendung des Kommandos Make, etwa wie in folgendem Beispiel:

```
(MAKE P Toplevel-Kommando-"P"
        { <Eingabe> (P
                       ^Regelname    <> NIL) }

        --> (BUILD \\ (SUBSTR <Eingabe> Regelname INF) )
) )
```

Das Kommando Make erhält als Parameter die einzufügende Regel ohne die äußeren Klammern. Die Elementklasse P dient zur Identifizierung von Arbeitsspeicherelementen als zu übersetzende Regeln. Alle nachfolgenden Atome bilden einen Vektor und werden mittels der Substr-Funktion zu Parametern für die Build-Anweisung ausgewertet. Da Nil als Regelname nicht erlaubt ist, darf der erste Parameter von Build nicht Nil sein.

Nachdem auf diese Weise ein Element der Klasse P erzeugt ist, hat es den höchsten Zeitstempel. Ein anschließendes Starten des Recognize-Act Zyklus mit dem Kommando Run bewirkt, daß, unabhängig von der eingestellten Strategie, die Build-Regel als nächstes ausgeführt wird. Deshalb sollten nach Eingabe einer Regel zunächst keine weiteren Elemente erzeugt werden, bevor nicht (gegebenenfalls auf einen Durchlauf begrenzt) der Recognize-Act Zyklus einmal durchlaufen worden ist. Weiterhin sollte es natürlich keine anderen Regeln geben, die auf die Elementklasse P reagieren.

Das obige Beispiel einer Eingabe würde die Erzeugung der zuvor beschriebenen Regel bewirken. Daraus läßt sich allerdings nicht schließen, daß sich diese Regel (ohne erneutes Übersetzen) auch in Programme einfügen läßt, in denen sie nicht schon vorhanden ist.

Schließlich ist noch zu beachten, daß neu erzeugte Regeln nicht auf im Arbeitsspeicher bereits vorhandene Elemente reagieren können (siehe Abschnitt 5.2.7.6). Dieses Problem läßt sich (in VAX-OPS5) durch ein Sichern und erneutes Einlesen des Arbeitsspeicherinhaltes mit Savestate und Addstate lösen, wodurch alle Elemente neu in das Netz für den Rete-Match Algorithmus eingetragen werden.

Lösung 19

Die erste Einzelbedingung prüft Elemente lediglich auf den Klassennamen hin. Da der Arbeitsspeicher bei dem zugrundeliegenden Programm sehr viele Elemente der Klasse Ausdruck enthält, hat diese Bedingung also eine geringe Selektivität. Die beiden Bedingungen dieser Regel sollten deshalb in ihrer Reihenfolge vertauscht werden.

Innerhalb der zweiten Bedingung werden (außer dem Klassennamen) eine Konstante und eine Variable getestet sowie eine Variable gebunden. Zwar hat der Konstantentest die höchste Selektivität, da aber der inter-elementäre Variablentest erst im Zweierknoten durchgeführt wird, bringt eine Umstellung der Tests innerhalb der Einzelbedingung in diesem Fall keine Vorteile.

Wie an diesem Beispiel zu sehen, ist es relativ einfach, einzelne Regeln in Hinblick auf ein besseres Laufzeitverhalten umzuschreiben, so daß zunächst beim Schreiben der Regeln der logische Inhalt im Vordergrund stehen kann. Dennoch sollten beim Gesamtentwurf eines Produktionensystems Effizienzbetrachtungen nicht völlig unterlassen werden.

Anhang

Anhang A

Vollständiger Quellcode des Vereinfachungsprogrammes

```
;     !-----------------------------------------------------------!
;     ! Produktionensystem zum Vereinfachen                       !
;     ! arithmetischer Ausdrücke                                  !
;     ! Autoren : Carola Eschenbach                               !
;     !           Reinhard Krickhahn                              !
;     ! Version : 28. Juli 1986                                   !
;     !-----------------------------------------------------------!


;     !-----------------------------------------------------------!
;     ! Deklarationsteil                                          !
;     ! Anzahl externe Routinen : 1                               !
;     ! Anzahl Elementklassen   : 3                               !
;     !-----------------------------------------------------------!

(EXTERNAL Ausdruck_einlesen)

(LITERALIZE Ausdruck
            Name              ;individuelles Kennzeichen
            Funktion          ;binär: |+|  |-|  |*|  |/|
                              ;unär: nop |.+|  |.-|
            1.Operand         ;Name bzw. Wert
            2.Operand         ;  -"-
            Status            ;geprüft bzw. NIL
            )

(LITERALIZE Ausgabe           ;Hilfselemente zur Ausgabe eines
                              ;Ausdruckes
            Notation          ;Präfix- oder Infixnotation
            Inhalt
            )

(LITERALIZE Steuerelement
            Kontext
            )
;_________________________________________________________________


;     !-----------------------------------------------------------!
;     ! Steuerung des Systems                                     !
;     ! Kontexte                  : Warten, beliebig              !
;     ! Anzahl OPS5-Produktionen : 4                              !
;     !-----------------------------------------------------------!
  (STARTUP (WATCH 0)
           (STRATEGY MEA)
           (MAKE Start)
           (RUN)
  )
;_________________________________________________________________
```

```
(P WarmStart
      {<Start> (Start)}

  --> (REMOVE <Start>)
      (MAKE Start)
      (CALL Ausdruck_einlesen)
      (MAKE Steuerelement
                    ^Kontext      Garbage_collection)
      (MAKE Steuerelement
                    ^Kontext      Warten)
      (MAKE Steuerelement
                    ^Kontext      Ausgabe_des_Ausdrucks)
      (MAKE Steuerelement
                    ^Kontext      Reduktion_mit_Prüfen)
      (MAKE Steuerelement
                    ^Kontext      Einfache_Reduktion)
      (MAKE Steuerelement
                    ^Kontext      Ausgabe_des_Ausdrucks)
)
; Die Regel WarmStart feuert immer dann, wenn keine andere mehr
; instantiiert ist. Sie initialisiert das System vor jedem
; Vereinfachungsdurchlauf. Dazu verwendet sie das Element Start,
; das immer das älteste Element im Speicher ist. Vergleiche mit
; der Regel Rien_ne_vas_plus in Abschnitt 13.3.2
;______________________________________________________________


(P Warteregel
                (Steuerelement
                    ^Kontext         Warten)

    --> (WRITE (CRLF))
        (WRITE |Weiter mit <Return>| (CRLF))
        (BIND <Weiter> (ACCEPTLINE))
)
; Die Bind-Anweisung dient lediglich dazu, auf ein Return von
; der Tastatur zu warten. Die dabei gebundene Variable wird
; nicht weiter benötigt.
;______________________________________________________________


(P Beende_Kontext
      {<steuer> (Steuerelement)}

    --> (REMOVE <steuer>)
)
;______________________________________________________________
```

```
;    !----------------------------------------------------------------!
;    ! Regeln zum Verwalten des internen Baumes.                      !
;    ! Kontext                    : Einfache_Reduktion                !
;    !                            : Reduktion_mit_Prüfen              !
;    ! Anzahl OPS5-Produktionen : 6                                   !
;    !----------------------------------------------------------------!


(P Überbrücke_nop_im_ersten_Operanden
                   (Steuerelement
                           ^Kontext          Einfache_Reduktion)
   { <Ausdruck> (Ausdruck
                           ^1.Operand        <Name>     ) }
                   (Ausdruck
                           ^Name             <Name>
                           ^Funktion         nop
                           ^1.Operand        <Operand> )

    --> (MODIFY <Ausdruck>
                           ^1.Operand        <Operand> )
)
;_______________________________________________________________________


(P Überbrücke_nop_im_zweiten_Operanden
                   (Steuerelement
                           ^Kontext          Einfache_Reduktion)
   { <Ausdruck> (Ausdruck
                           ^2.Operand        <Name>     ) }
                   (Ausdruck
                           ^Name             <Name>
                           ^Funktion         nop
                           ^1.Operand        <Operand> )

    --> (MODIFY <Ausdruck>
                           ^2.Operand        <Operand> )
)
;_______________________________________________________________________


(P Undefined_im_ersten_Operanden
                   (Steuerelement
                           ^Kontext          Einfache_Reduktion)
   { <Ausdruck> (Ausdruck
                           ^Funktion         <> nop
                           ^1.Operand        undefined ) }

    --> (MODIFY <Ausdruck>
                           ^Funktion         nop
                           ^2.Operand        NIL )
)
;_______________________________________________________________________
```

```
(P Undefined_im_zweiten_Operanden
                (Steuerelement
                        ^Kontext        Einfache_Reduktion)
   { <Ausdruck> (Ausdruck
                        ^2.Operand      undefined ) }
    --> (MODIFY <Ausdruck>
                        ^Funktion       nop
                        ^1.Operand      undefined
                        ^2.Operand      NIL          )
)
;________________________________________________________


(P Gleichheit_zweier_Ausdrücke
                (Steuerelement
                        ^Kontext        Einfache_Reduktion)
   {<Ausdruck> (Ausdruck
                        ^Name           <Name>
                        ^Funktion       { <Funktion> <> nop }
                        ^1.Operand      <1.Operand>
                        ^2.Operand      <2.Operand> ) }
                (Ausdruck
                        ^Name           { <> <Name> <Name_2> }
                        ^Funktion       <Funktion>
                        ^1.Operand      <1.Operand>
                        ^2.Operand      <2.Operand> )

    --> (MODIFY <Ausdruck>
                        ^Funktion       nop
                        ^1.Operand      <Name_2>
                        ^2.Operand      NIL )
)
; Das Erkennen der Gleichheit zweier Ausdrücke ist notwendig
; für die vierte und fünfte Vereinfachungsregel.
;________________________________________________________


(P Knoten_prüfen
                (Steuerelement
                        ^Kontext        Reduktion_mit_Prüfen)
   {<Knoten> (Ausdruck
                        ^1.Operand      <1.Operand>
                        ^2.Operand      <2.Operand>
                        ^Status     <> geprüft)}
        - (Ausdruck
                        ^Name           <1.Operand>
                        ^Status     <> geprüft)
        - (Ausdruck
                        ^Name           <2.Operand>
                        ^Status     <> geprüft)
    --> (MODIFY <Knoten>
                        ^Status         geprüft)
)
;________________________________________________________
```

```
;    !-------------------------------------------------------!
;    ! Erste Vereinfachungsregel :                           !
;    ! "Operationen mit konkreten Werten lassen sich berechnen."!
;    ! Kontext                  : Einfache_Reduktion          !
;    ! Anzahl OPS5-Produktionen : 5                           !
;    !-------------------------------------------------------!


(P Addition_zweier_Zahlen
            (Steuerelement
                     ^Kontext           Einfache_Reduktion)
   {<summe> (Ausdruck
            ^Funktion          |+|
            ^1.Operand          { <=> 1 <wert_1> }
            ^2.Operand          { <=> 1 <wert_2> } ) }

   --> (MODIFY <summe>
            ^Funktion           nop
            ^1.Operand          (COMPUTE <wert_1> + <wert_2> )
            ^2.Operand          NIL )
)
;__________________________________________________________________


(P Subtraktion_zweier_Zahlen
            (Steuerelement
                     ^Kontext           Einfache_Reduktion)
   {<differenz> (Ausdruck
            ^Funktion          |-|
            ^1.Operand          { <=> 1 <wert_1> }
            ^2.Operand          { <=> 1 <wert_2> } ) }

   --> (MODIFY <differenz>
            ^Funktion           nop
            ^1.Operand          (COMPUTE <wert_1> - <wert_2>)
            ^2.Operand          NIL )
)
;__________________________________________________________________

(P Multiplikation_zweier_Zahlen
            (Steuerelement
                     ^Kontext           Einfache_Reduktion)
   {<produkt>  (Ausdruck
            ^Funktion          |*|
            ^1.Operand          { <=> 1 <wert_1> }
            ^2.Operand          { <=> 1 <wert_2> } ) }

   --> (MODIFY <produkt>
            ^Funktion           nop
            ^1.Operand          (COMPUTE <wert_1> * <wert_2> )
            ^2.Operand          NIL          )
)
;__________________________________________________________________
```

```
(P Division_zweier_Zahlen
                (Steuerelement
                        ^Kontext        Einfache_Reduktion)
   {<quotient> (Ausdruck
                        ^Funktion       |/|
                        ^1.Operand      { <=> 1 <wert_1> }
                        ^2.Operand      { <> 0 <=> 1 <wert_2> } ) }

   --> (MODIFY <quotient>
                        ^Funktion       nop
                        ^1.Operand      (COMPUTE <wert_1> // <wert_2>)
                        ^2.Operand      NIL         )
)
;_______________________________________________________________


(P Negatives_Vorzeichen_einer_Zahl
                (Steuerelement
                        ^Kontext        Einfache_Reduktion)
   {<Ausdruck> (Ausdruck
                        ^Funktion       |.-|
                        ^1.Operand      { <=> 1 <wert> }   ) }

   --> (MODIFY <Ausdruck>
                        ^Funktion       nop
                        ^1.Operand      (COMPUTE 0 - <wert>) )
)
;_______________________________________________________________
```

```
;      !-------------------------------------------------------------!
;      ! Zweite Vereinfachungsregel :                                !
;      ! "Operationen mit dem neutralen Element haben den anderen !
;      !  Operanden als Ergebnis."                                   !
;      ! Kontext                    : Einfache_Reduktion             !
;      ! Anzahl OPS5-Produktionen : 5                                !
;      !-------------------------------------------------------------!


(P Addition_erster_Operand_Null
              (Steuerelement
                    ^Kontext           Einfache_Reduktion)
      {<summe> (Ausdruck
                    ^Funktion          |+|
                    ^1.Operand         0
                    ^2.Operand         <Operand> ) }

   --> (MODIFY <summe>
                    ^Funktion          nop
                    ^1.Operand         <Operand>
                    ^2.Operand         NIL         )
)
;__________________________________________________________________


(P Subtraktion_erster_Operand_Null
              (Steuerelement
                    ^Kontext           Einfache_Reduktion)
      {<differenz> (Ausdruck
                    ^Funktion          |-|
                    ^1.Operand         0
                    ^2.Operand         <Operand> ) }

   --> (MODIFY <differenz>
                    ^Funktion          |.-|
                    ^1.Operand         <Operand>
                    ^2.Operand         NIL )
)
;__________________________________________________________________


(P Addition_und_Subtraktion_zweiter_Operand_Null
              (Steuerelement
                    ^Kontext           Einfache_Reduktion)
      {<Ausdruck> (Ausdruck
                    ^Funktion          << |+|  |-| >>
                    ^2.Operand         0             ) }.

   --> (MODIFY <Ausdruck>
                    ^Funktion          nop
                    ^2.Operand         NIL         )
)
;__________________________________________________________________
```

```
(P Multiplikation_erster_Operand_eins
                (Steuerelement
                        ^Kontext          Einfache_Reduktion)
     {<produkt> (Ausdruck
                        ^Funktion         |*|
                        ^1.Operand        1
                        ^2.Operand        <wert> ) }

     --> (MODIFY <produkt>
                        ^Funktion         nop
                        ^1.Operand        <wert>
                        ^2.Operand        NIL          )
)
;_______________________________________________________________________


(P Multiplikation_und_Division_zweiter_Operand_eins
                (Steuerelement
                        ^Kontext          Einfache_Reduktion)
     {<Ausdruck> (Ausdruck
                        ^Funktion         << |*|  |/| >>
                        ^2.Operand        1 ) }

     --> (MODIFY <Ausdruck>
                        ^Funktion         nop
                        ^2.Operand        NIL )
)
;_______________________________________________________________________
```

```
;      !-----------------------------------------------------------!
;      ! Dritte Vereinfachungsregel :                              !
;      ! -Teil 1-                                                  !
;      ! "Multiplikation und Division mit Null als einen           !
;      !  Operanden haben Null als Ergebnis. Division durch        !
;      !  Null ist nicht definiert."                               !
;      ! Kontext                  : Einfache_Reduktion             !
;      ! Anzahl OPS5-Produktionen : 3                              !
;      !-----------------------------------------------------------!


(P Multiplikation_und_Division_erster_Operand_Null_::_Knoten
                (Steuerelement
                        ^Kontext          Einfache_Reduktion)
   {<Ausdruck> (Ausdruck
                        ^Funktion         <<|*|  |//|  >>
                        ^1.Operand        0
                        ^2.Operand        { <atomarer_Operand>
                                            <> 0  <> undefined } ) }
            - (Ausdruck
                        ^Name             <atomarer_Operand>)

   --> (MODIFY <Ausdruck>
                        ^Funktion         nop
                        ^2.Operand        NIL )
)
;________________________________________________________________________


(P Multiplikation_zweiter_Operand_Null_::_Knoten
                (Steuerelement
                        ^Kontext          Einfache_Reduktion)
   {<produkt>   (Ausdruck
                        ^Funktion         |*|
                        ^1.Operand        { <atomarer_Operand>
                                            <> undefined }
                        ^2.Operand        0 ) }
              - (Ausdruck
                        ^Name             <atomarer_Operand>)

   --> (MODIFY <produkt>
                        ^Funktion         nop
                        ^1.Operand        0
                        ^2.Operand        NIL)
)
;________________________________________________________________________


(P Division_durch_Null
                (Steuerelement
                        ^Kontext          Einfache_Reduktion)
   {<quotient> (Ausdruck
                        ^Funktion         |//|
                        ^2.Operand        0 ) }
```

```
    --> (MODIFY   <quotient>
                        ^Funktion        nop
                        ^1.Operand       undefined
                        ^2.Operand       NIL )
)
;____________________________________________________________________


;    !-----------------------------------------------------------!
;    ! Dritte Vereinfachungsregel :                              !
;    ! -Teil 2-                                                  !
;    ! "Multiplikation und Division mit Null als einen           !
;    !  Operanden haben Null als Ergebnis."                      !
;    ! Kontext                    : Reduktion_mit_Prüfen         !
;    ! Anzahl OPS5-Produktionen : 2                              !
;    !-----------------------------------------------------------!

(P Multiplikation_und_Division_erster_Operand_Null_::_Ast
                (Steuerelement
                        ^Kontext      Reduktion_mit_Prüfen)
    {<Ausdruck> (Ausdruck
                        ^Funktion        << |*| |//| >>
                        ^1.Operand       0
                        ^2.Operand       <2.Operand>) }
                (Ausdruck
                        ^Name            <2.Operand>
                        ^Status          geprüft)
    --> (MODIFY <Ausdruck>
                        ^Funktion        nop
                        ^2.Operand       NIL )
        (MAKE Steuerelement
                        ^Kontext         Einfache_Reduktion)
)
;____________________________________________________________________

(P Multiplikation_zweiter_Operand_Null_::_Ast
                (Steuerelement
                        ^Kontext      Reduktion_mit_Prüfen)
    {<produkt> (Ausdruck
                        ^Funktion        |*|
                        ^1.Operand       <1.Operand>
                        ^2.Operand       0 ) }
                (Ausdruck
                        ^Name            <1.Operand>
                        ^Status          geprüft)
    --> (MODIFY <produkt>
                        ^Funktion        nop
                        ^1.Operand       0
                        ^2.Operand       NIL )
        (MAKE Steuerelement
                        ^Kontext         Einfaches_Reduktion)
)
;____________________________________________________________________
```

```
;    !----------------------------------------------------------!
;    ! Vierte Vereinfachungsregel :                             !
;    ! -Teil 1-                                                 !
;    ! "Die Subtraktion zweier gleicher Werte voneinander       !
;    !  ergibt Null."                                           !
;    ! Kontext                     : Einfache_Reduktion         !
;    ! Anzahl OPS5-Produktionen : 1                             !
;    !----------------------------------------------------------!

(P Subtraktion_gleicher_Werte _::_Knoten
                (Steuerelement
                        ^Kontext         Einfache_Reduktion)
   {<differenz> (Ausdruck
                        ^Funktion        |-|
                        ^1.Operand       {<atomarer_Operand>
                                                <> undefined }
                        ^2.Operand       <atomarer_Operand> ) }
               -(Ausdruck
                        ^Name            <atomarer_Operand>)

   --> (MODIFY <differenz>
                        ^Funktion        nop
                        ^1.Operand       0
                        ^2.Operand       NIL )
)
;________________________________________________________________


;    !----------------------------------------------------------!
;    ! Vierte Vereinfachungsregel :                             !
;    ! -Teil 2-                                                 !
;    ! "Die Subtraktion zweier gleicher Werte voneinander       !
;    !  ergibt Null."                                           !
;    ! Kontext                     : Reduktion_mit_Prüfen       !
;    ! Anzahl OPS5-Produktionen : 1                             !
;    !----------------------------------------------------------!

(P Subtraktion_gleicher_Werte_::_Ast
                (Steuerelement
                        ^Kontext         Reduktion_mit_Prüfen )
   {<differenz> (Ausdruck
                        ^Funktion        |-|
                        ^1.Operand       <Operand>
                        ^2.Operand       <Operand> )
                (Ausdruck
                        ^Name            <Operand>
                        ^Status          geprüft)
   --> (MODIFY <differenz>
                        ^Funktion        nop
                        ^1.Operand       0
                        ^2.Operand       NIL )
)
;________________________________________________________________
```

```
;      !--------------------------------------------------------!
;      ! Fünfte Vereinfachungsregel                             !
;      ! -Teil 1-                                               !
;      ! "Die Division zweier gleicher Werte ungleich Null      !
;      !  ergibt Eins."                                         !
;      ! Kontext                    : Einfache_Reduktion        !
;      ! Anzahl OPS5-Produktionen : 1                           !
;      !--------------------------------------------------------!

(P Division_gleicher_Werte _::_Knoten
               (Steuerelement
                     ^Kontext          Einfache_Reduktion)
    {<quotient> (Ausdruck
                     ^Funktion          |//|
                     ^1.Operand         { <atomarer_Operand>
                                              <> undefined <> 0 }
                     ^2.Operand         <atomarer_Operand> ) }
                -(Ausdruck
                     ^Name              <atomarer_Operand>)

    --> (MODIFY <quotient>
                     ^Funktion      nop
                     ^1.Operand     1
                     ^2.Operand     NIL )
)
;____________________________________________________________________


;      !--------------------------------------------------------!
;      ! Fünfte Vereinfachungsregel                             !
;      ! -Teil 2-                                               !
;      ! "Die Division zweier gleicher Werte ungleich Null      !
;      !  ergibt Eins."                                         !
;      ! Kontext                    : Reduktion_mit_Prüfen      !
;      ! Anzahl OPS5-Produktionen : 1                           !
;      !--------------------------------------------------------!

(P Division_gleicher_Werte_::_Ast
               (Steuerelement
                     ^Kontext          Reduktion_mit_Prüfen )
    {<quotient> (Ausdruck
                     ^Funktion          |//|
                     ^1.Operand         <Operand>
                     ^2.Operand         <Operand> ) }
                 (Ausdruck
                     ^Name              <Operand>
                     ^Status            geprüft)
    --> (MODIFY <quotient>
                     ^Funktion      nop
                     ^1.Operand     1
                     ^2.Operand     NIL )
)
;____________________________________________________________________
```

```
;     !-------------------------------------------------------------!
;     ! Sechste Vereinfachungsregel :                               !
;     ! "Ein negatives Vorzeichen des zweiten Operanden kann        !
;     !  mit einer Addition oder Subtraktion zusammengefaßt         !
;     !  werden."                                                   !
;     ! Kontext                    : Einfache_Reduktion             !
;     ! Anzahl OPS5-Produktionen : 4                                !
;     !-------------------------------------------------------------!

(P Addition_2.Operand_negiert_::_Konstante
             (Steuerelement
                   ^Kontext        Einfache_Reduktion)
  {<Ausdruck> (Ausdruck
                   ^Funktion       |+|
                   ^2.Operand      { < 0 <neg_Zahl>}) ) }

     --> (MODIFY <Ausdruck>
                   ^Funktion       |-|
                   ^2.Operand      (COMPUTE 0 - <neg_Zahl>) )
)
;_______________________________________________________________


(P Addition_2.Operand_negiert_::_Variable
             (Steuerelement
                   ^Kontext        Einfache_Reduktion)
  {<Ausdruck> (Ausdruck
                   ^Funktion       |+|
                   ^2.Operand      <Name>     ) }
             (Ausdruck
                   ^Name           <Name>
                   ^Funktion       |.-|
                   ^1.Operand      <Operand> )

     --> (MODIFY <Ausdruck>
                   ^Funktion       |-|
                   ^2.Operand      <Operand> )
)
;_______________________________________________________________


(P Subtraktion_2.Operand_negiert_::_Konstante
             (Steuerelement
                   ^Kontext        Einfache_Reduktion)
  {<Ausdruck> (Ausdruck
                   ^Funktion       |-|
                   ^2.Operand      { < 0 <neg_Zahl>}) ) }

     --> (MODIFY <Ausdruck>
                   ^Funktion       |+|
                   ^2.Operand      (COMPUTE 0 - <neg_Zahl>) )
)
;_______________________________________________________________
```

```
(P Subtraktion_2.Operand_negiert_::_Variable
                (Steuerelement
                        ^Kontext         Einfache_Reduktion)
   {<Ausdruck> (Ausdruck
                        ^Funktion        |-|
                        ^2.Operand       <Name> ) }
                (Ausdruck
                        ^Name            <Name>
                        ^Funktion        |.-|
                        ^1.Operand       <Operand> )

   --> (MODIFY <Ausdruck>
                        ^Funktion        |+|
                        ^2.Operand       <Operand> )
)
;______________________________________________________________
```

```
;      !-------------------------------------------------------------!
;      ! Siebente Vereinfachungsregel :                              !
;      ! "Eine doppelte Negation kann unberücksichtigt bleiben."     !
;      ! Kontext                    : Einfache_Reduktion             !
;      ! Anzahl der OPS5-Produktionen : 1                            !
;      !-------------------------------------------------------------!

(P Doppelte_Negation
                (Steuerelement
                        ^Kontext          Einfache_Reduktion)
   {<Ausdruck> (Ausdruck
                        ^Funktion         |.-|
                        ^1.Operand        <Name> ) }
                (Ausdruck
                        ^Name             <Name>
                        ^Funktion         |.-|
                        ^1.Operand        <Operand> )

   --> (MODIFY <Ausdruck>
                        ^Funktion         nop
                        ^1.Operand        <Operand>
                        ^2.Operand        NIL )
)
;________________________________________________________________________
```

```
;      !-------------------------------------------------------------!
;      ! Achte Vereinfachungsregel :                                 !
;      ! "Ein positives Vorzeichen kann unberücksichtigt             !
;      !  bleiben."                                                  !
;      ! Kontext                    : Einache_Reduktion              !
;      ! Anzahl OPS5-Produktionen : 1                                !
;      !-------------------------------------------------------------!

(P Positives_Vorzeichen
                (Steuerelement
                        ^Kontext          Einfache_Reduktion)
   {<Ausdruck> (Ausdruck
                        ^Funktion         |.+| ) }

   --> (MODIFY <Ausdruck>
                        ^Funktion         nop)
)
;________________________________________________________________________
```

```
;     !---------------------------------------------------------!
;     ! Regeln für die Ausgabe von Ausdrücken :                 !
;     ! -Teil 1-                                                !
;     ! Initialisieren der Ausgabe                             !
;     ! Kontexte                  : Ausgabe_des_Ausdrucks       !
;     ! Anzahl OPS5-Produktionen : 2                            !
;     !---------------------------------------------------------!

(P Initialisiere_Ausgabe
             (Steuerelement
                  ^Kontext       Ausgabe_des_Ausdrucks)

   --> (MAKE   Ausgabe
                  ^Inhalt       (CRLF)
                  ^Notation     Infix)
       (WRITE   |Ausgabe in Infix- oder Präfixform?   | )
       (MAKE    Ausgabe
                  ^Inhalt       Wurzel
                  ^Notation     (ACCEPT)) )
)
; Die Ausgabeinitialisierungsproduktion fragt nach der Ausgabe-
; notation und erzeugt ein Ausgabeobjekt für einen Zeilen-
; vorschub.
;_______________________________________________________________


(P Default_Ausgabe
             (Steuerelement
                  ^Kontext       Ausgabe_des_Ausdrucks)
   {<Ausgabe> (Ausgabe
                  ^Notation     { <> infix <> präfix <> NIL}
                  ^Inhalt       Wurzel) }

   --> (MODIFY <Ausgabe>
                  ^Notation     Infix)
)
; Wenn es eine Ausgabe für die Wurzel mit ungültiger Notation
; gibt, wird als Default-Notation Infix angenommen.
;_______________________________________________________________
```

```
;    !-------------------------------------------------------!
;    ! Regeln für die Ausgabe von Ausdrücken :               !
;    ! -Teil 2-                                              !
;    ! Ausgabe einzelner Einheiten                           !
;    ! Kontext                  : Ausgabe_des_Ausdrucks      !
;    ! Anzahl OPS5-Produktionen : 6                          !
;    !-------------------------------------------------------!

(P Ausgabe_Symbol_oder_Zahl
              (Steuerelement
                     ^Kontext      Ausgabe_des_Ausdrucks)
   {<Aufgabe> (Ausgabe
                     ^Inhalt       <Name>     ) }

   --> (WRITE <Name>)
       (REMOVE <Aufgabe>)
)


;________________________________________________________________


(P Ausgabe_negative_Zahl
              (Steuerelement
                     ^Kontext      Ausgabe_des_Ausdrucks)
   {<Aufgabe> (Ausgabe
                     ^Inhalt       { <wert> < 0 } ) }
                     ^Notation     << infix präfix >>

   --> (WRITE |.-| (COMPUTE 0 - <wert>) )
       (REMOVE <Aufgabe>)
)
;________________________________________________________________

(P Ausgabe_der_Wurzel
              (Steuerelement
                     ^Kontext      Ausgabe_des_Ausdrucks)
   {<Aufgabe> (Ausgabe
                     ^Notation     { << infix präfix >>
                                        <Notation> }
                     ^Inhalt       wurzel ) }
              (Ausdruck
                     ^Name         wurzel
                     ^Funktion     nop
                     ^1.Operand    <Operand>
                     ^2.Operand    NIL        )

   --> (WRITE (crlf))
       (MODIFY <Aufgabe>
                     ^inhalt <Operand> )
)
; Die vorhergehende Regel ist spezieller als die folgende und wird
; ausgeführt wenn beide möglich sind
;________________________________________________________________
```

```
(P Ausgabe_Ausdruck_unär_präfix
                (Steuerelement
                        ^Kontext        Ausgabe_des_Ausdrucks)
    {<Aufgabe> (Ausgabe
                        ^Notation       { << präfix infix >>
                                                <Notation> }
                        ^Inhalt         <Name> ) }
                (Ausdruck
                        ^Name           <Name>
                        ^Funktion       { <Funktion> << |.+| |.-| nop >> }
                        ^1.Operand      <Operand> )

    --> (MODIFY <Aufgabe>
                        ^Inhalt         <Operand> )
        (WRITE <Funktion> )
)
;________________________________________________________________


(P Ausgabe_Ausdruck_binär_präfix
                (Steuerelement
                        ^Kontext        Ausgabe_des_Ausdrucks)
    {<Aufgabe> (Ausgabe
                        ^Notation       präfix
                        ^Inhalt         <Name>      ) }
                (Ausdruck
                        ^Name           <Name>
                        ^Funktion       { <Funktion>
                                            << |+| |-| |*| |/| >> }
                        ^1.Operand      <1.Operand>
                        ^2.Operand      <2.Operand> )

    --> (MODIFY <Aufgabe>
                        ^Inhalt         <2.Operand> )
        (MODIFY <Aufgabe>
                        ^Inhalt         <1.Operand> )
        (WRITE <Funktion> )
)
;________________________________________________________________
```

```
(P Ausgabe_Ausdruck_binär_infix
              (Steuerelement
                    ^Kontext        Ausgabe_des_Ausdrucks)
   {<Aufgabe> (Ausgabe
                    ^Notation       infix
                    ^Inhalt         <Name> ) }
              (Ausdruck
                    ^Name           <Name>
                    ^Funktion       { <Funktion>
                                        << |+| |-| |*| |/| >> }
                    ^1.Operand      <1.Operand>
                    ^2.Operand      <2.Operand> )

   --> (MAKE Ausgabe   ^Inhalt      |)| )
       (MODIFY <Aufgabe>
                    ^Inhalt         <2.Operand> )
       (MAKE Ausgabe   ^Inhalt      <Funktion>  )
       (MODIFY <Aufgabe>
                    ^Inhalt         <1.Operand> )
       (WRITE |(| )
)


;_________________________________________________________________



;    !--------------------------------------------------------------!
;    ! Regel zum Aufräumen des Arbeitsspeichers :                   !
;    ! Kontext                 : Garbage_Collection                 !
;    ! Anzahl OPS5-Produktionen : 1                                 !
;    !--------------------------------------------------------------!

(P Lösche_alle_Knoten
              (Steuerelement
                    ^Kontext        Garbage_Collection)
   {<Ausdruck> (Ausdruck) }

   --> (REMOVE <Ausdruck>)
)
;_________________________________________________________________
```

```
MODULE Eingabe (INPUT,OUTPUT);

{ Version vom 14. Oktober 1985   }
{ Autor : Carola Eschenbach      }

CONST Max_Anzahl_Char = 64;

TYPE Atom       = INTEGER;
     String     = VARYING[Max_Anzahl_Char] OF CHAR;
     Fix_String = PACKED ARRAY[1..Max_Anzahl_Char] OF CHAR;

VAR  Ende : BOOLEAN;

[EXTERNAL] PROCEDURE OPS$RESET; EXTERN;
[EXTERNAL] PROCEDURE OPS$TAB (%IMMED Position : Atom); EXTERN;
[EXTERNAL] PROCEDURE OPS$VALUE (%IMMED Ein_Atom : Atom); EXTERN;
[EXTERNAL] PROCEDURE OPS$ASSERT; EXTERN;
[EXTERNAL] PROCEDURE OPS$HALT; EXTERN;
[EXTERNAL] FUNCTION  OPS$INTERN (%REF Wort : Fix_String;
                        %IMMED Länge : INTEGER) : Atom; EXTERN;
[EXTERNAL] FUNCTION  OPS$CVNA (%IMMED Zahl : INTEGER) : Atom;
                                                        EXTERN;
[EXTERNAL] FUNCTION  OPS$ATOM : Atom; EXTERN;


FUNCTION  OPS_Intern (Wort : String) : Atom;
CONST Abstand = ORD('a') - ORD('A');
VAR   i : INTEGER;
BEGIN
   FOR i := 1 TO Wort.Length DO
       IF   Wort[i] IN ['a'..'z']
       THEN Wort[i] := CHR( ORD(Wort[i]) - Abstand );
   OPS_Intern := OPS$INTERN (Wort.Body, Wort.Length);
END;


PROCEDURE Erzeuge (Name : Atom; Op : String;
                                Operand_1, Operand_2 : Atom);
BEGIN
   OPS$RESET;
   OPS$VALUE (OPS_Intern ('Ausdruck') ) ;
   OPS$TAB   (OPS_Intern ('NAME') );
   OPS$VALUE (Name);
   OPS$TAB   (OPS_Intern ('FUNKTION') );
   OPS$VALUE (OPS_Intern (Op) );
   OPS$TAB   (OPS_Intern ('1.OPERAND') );
   OPS$VALUE (Operand_1);
   OPS$TAB   (OPS_Intern ('2.OPERAND') );
   OPS$VALUE (Operand_2);
   OPS$ASSERT;
END;
```

```
FUNCTION Ausdruck : Atom;
VAR    Ch          : CHAR;
       Op,
       Symbol      : String;
       Operand_1,
       Operand_2,
       Name        : Atom;
       Zahl        : INTEGER;

       PROCEDURE Warnung (Zeichen : CHAR);
       BEGIN
          WRITELN ('Unerwartetes Zeichen "', Zeichen, '"');
       END;  { of Warnung }

       FUNCTION ReadCh : CHAR;
       VAR  Ch : CHAR;
       BEGIN
          REPEAT
                Ch := ' ';
                IF    EOF
                THEN Ende := TRUE
                ELSE IF    EOLN
                      THEN READLN
                      ELSE READ (Ch);
          UNTIL Ch >= ' ';
          ReadCh := CH;
       END; { of ReadCh }


BEGIN { of Ausdruck }
   Ausdruck := OPS_Intern ('UNDEFINED');
   REPEAT
        Ch := ReadCh;
   UNTIL (Ch <> ' ') OR Ende;

   IF    NOT Ende
   THEN IF   Ch = '.'
        THEN BEGIN
             Ch := ReadCh;
             IF    NOT (Ch IN ['+', '-'])
             THEN Warnung(CH)
             ELSE BEGIN
                  Op := '.' + CH;
                  Name := OPS$ATOM;
                  Erzeuge(Name, Op, Ausdruck, OPS_Intern('NIL') );
                  Ausdruck := Name;
                  END
             END
        ELSE IF   Ch IN ['+', '-', '*', '/']
             THEN BEGIN
                  Op := CH;
                  Name := OPS$ATOM;
```

```
                    Ausdruck := Name;
                    Operand_1 := Ausdruck;
                    Operand_2 := Ausdruck;
                    Erzeuge (Name, Op, Operand_1, Operand_2);
                    END
          ELSE IF   Ch IN ['a'..'z', 'A'..'Z']
               THEN BEGIN
                    Symbol := '';
                    REPEAT
                         Symbol := Symbol + CH;
                         Ch := ReadCh;
                    UNTIL NOT (Ch IN ['a'..'z', 'A'..'Z',
                                                     '0'..'9']);
                    IF   Ch <> ' '
                    THEN Warnung (CH)
                    ELSE Ausdruck := OPS_Intern (Symbol);
                    END
          ELSE IF   Ch IN ['0'..'9']
               THEN BEGIN
                    Zahl := 0;
                    REPEAT
                         Zahl := 10 * Zahl + ORD(CH)
                                                 - ORD('0');
                         Ch := ReadCh;
                    UNTIL NOT (Ch IN ['0'..'9']);
                    IF   Ch <> ' '
                    THEN Warnung (CH)
                    ELSE Ausdruck := OPS$CVNA (Zahl);
                    END
               ELSE Warnung(CH);
END; { of Ausdruck }


[GLOBAL] PROCEDURE Ausdruck_Einlesen;
BEGIN

   Ende := FALSE;
   RESET (INPUT);

   WRITELN;
   WRITE ('Bitte geben Sie einen Ausdruck in Präfixnotation, ');
   WRITELN ('ohne Klammerung ein.');
   WRITE('Erlaubte zweistellige Operationen sind Addition (+), ');
   WRITELN ('Subtraktion (-), ');
   WRITE ('Multiplikation (*) und Division (/); ');
   WRITELN ('Unäre Operationen sind die Vorzeichen,');
   WRITELN ('die durch .+ und .- notiert werden.');
   WRITE ('Jede Zahl und jede Variable muss ');
   WRITELN ('durch ein Leerzeichen');
   WRITELN ('oder Return abgeschlossen sein.');
   WRITE ('Ist ein vollständiger Ausdruck eingegeben,');
   WRITELN ('so antworte ich mit Ok.');
```

```
WRITE ('Passiert dieses nicht, so fehlt ');
WRITELN ('wohl noch ein Teilausdruck.');
WRITE ('Variablen beginnen mit einem Buchstaben und ');
WRITELN ('dürfen auch Ziffern enthalten.');
WRITE ('Zwischen Gross- und Kleinschreibung wird nicht ');
WRITELN ('unterschieden. Zahlen dürfen');
WRITE ('nur als positive ganze Zahlen eingegeben werden. ');
WRITELN ('Die Division wird');
WRITELN ('gegebenenfalls als Ganzzahldivision ausgeführt.');
WRITELN;
WRITE ('Wird die Eingabe durch CTRL/Z beendet, so befindet ');
WRITELN ('man sich anschliessend auf');
WRITE ('dem Toplevel des OPS5-Systems. Ein nochmaliges ');
WRITELN ('CTRL/Z bewirkt eine Rückkehr');
WRITELN ('zur Betriebssystemebene.');
WRITELN;

Erzeuge (OPS_Intern ('WURZEL'), 'NOP', Ausdruck,
                                OPS_Intern('NIL') );

WRITELN ('Ok.');
WRITELN;

IF   Ende
THEN OPS$HALT;

END;  { of Ausdruck_Einlesen }

END.  { of module }
```

Anhang B

Syntaxdiagramme

Auf den folgenden Seiten ist die Syntax von OPS5 in Form von Syntaxdiagrammen angegeben. Syntaxdiagramme sind eine graphische Umsetzung der Backus-Naur Form zur Beschreibung der Grammatik einer kontextfreien Sprache.

Die Diagramme sind wie folgt zu lesen. Jedes Diagramm hat einen Namen und besteht aus mehreren Kästen, die durch Pfeile miteinander verbunden sind. Die runden Kästen stellen die Terminalsymbole der Sprache dar, das sind diejenigen Zeichen, aus denen die Sprache aufgebaut ist, also die Buchstaben, Ziffern und verschiedene Sonderzeichen.

Die eckigen Kästen stellen dagegen Hilfssymbole dar, die nicht direkt in der Sprache enthalten sind, sogenannte nonterminale Symbole. Zu jedem nonterminalen Symbol gehört ein Diagramm, das angibt, durch welche Symbole dieses Hilfssymbol ersetzt werden darf. Sind in dieser Ersetzung wiederum Nonterminale enthalten, ist mit ihnen analog zu verfahren.

Jedes Diagramm darf nur entlang der angegebenen Pfeile durchlaufen werden. Das Startsymbol ist das Nonterminal Produktionensystem. Trifft man beim Verfolgen der Pfeile auf ein Nonterminal, so ist das quasi als "Unterprogrammsprung" in das entsprechende Diagramm aufzufassen. Alle Symbolfolgen, die durch sukzessives Ersetzen der Nonterminale entstanden sind und nur noch aus Terminalen bestehen, entsprechen einem syntaktisch korrekten Programm, vorausgesetzt, man hat mit dem Symbol Produktionensystem begonnen und alle "Unterprogrammaufrufe" durch Beenden der entsprechenden Diagramme abgeschlossen.

Alle diejenigen Diagramme oder Teile von Diagrammen, die grau unterlegt sind, gelten nicht für alle OPS5-Versionen, sondern stellen die Erweiterungen von VAX-OPS5 dar. Alle anderen Diagramme entsprechen der OPS5-Syntax gemäß dem User's Manual /Forgy 81/.

OPS5-Produktionensystem

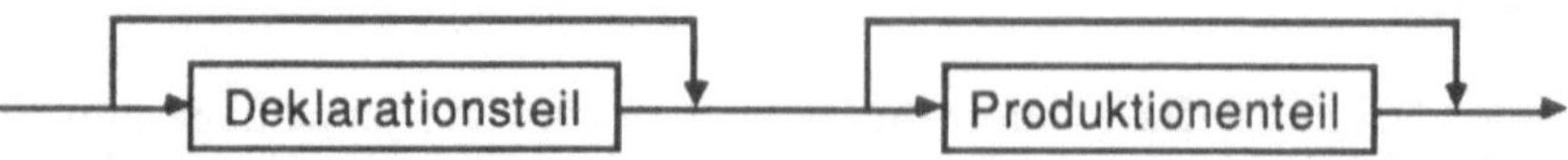

Deklarationsteil

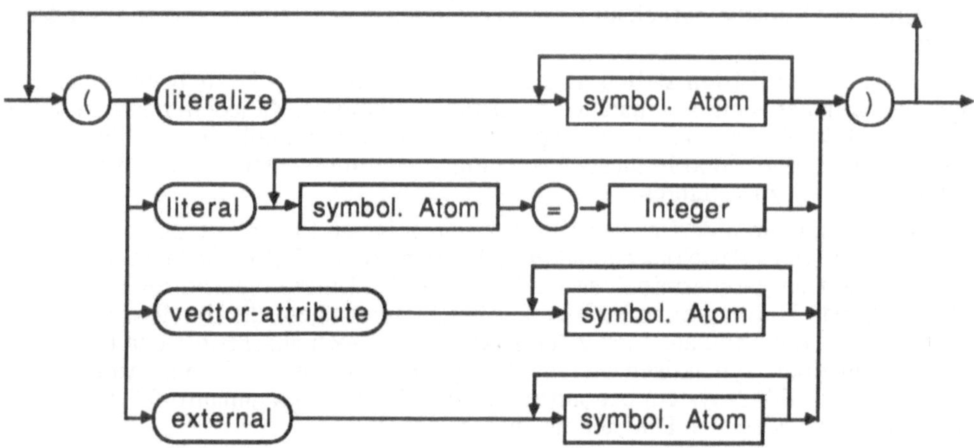

Produktionenteil

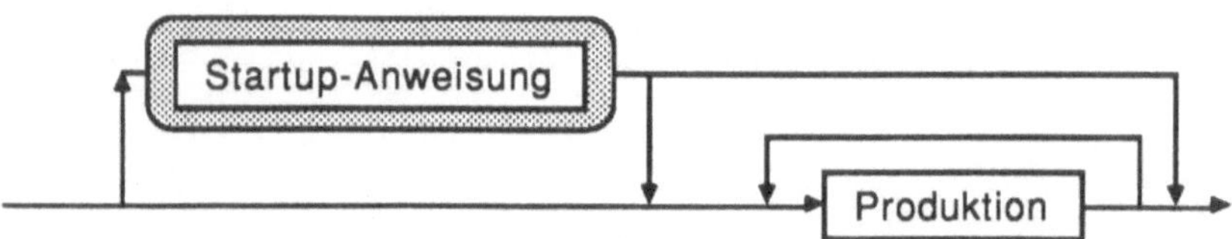

Produktion

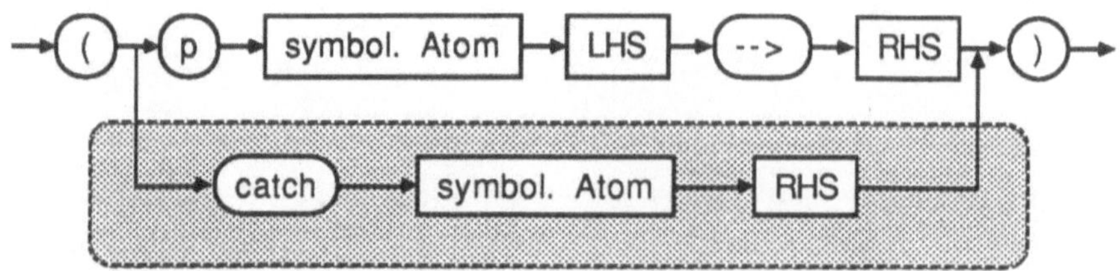

LHS

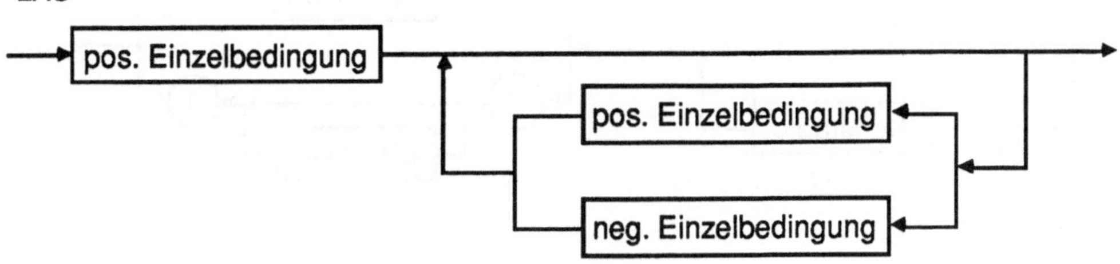

positive Einzelbedingung

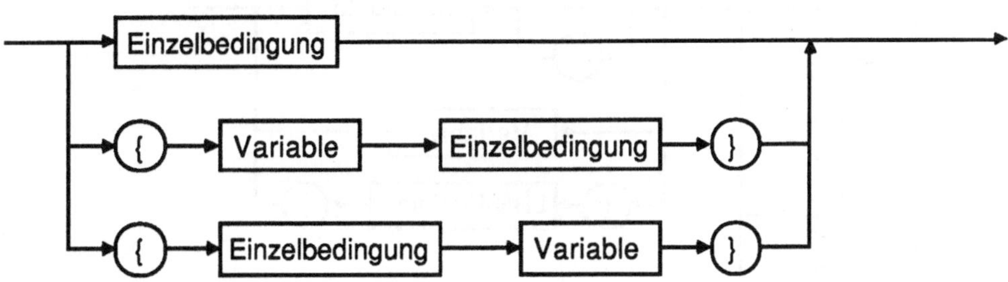

negierte Einzelbedingung

Einzelbedingung

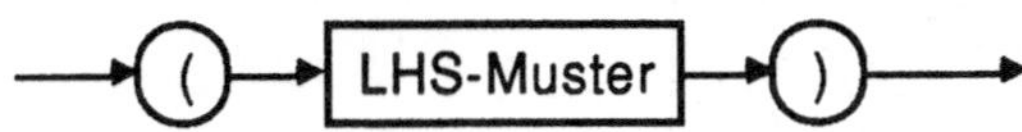

LHS-Muster

LHS-Term

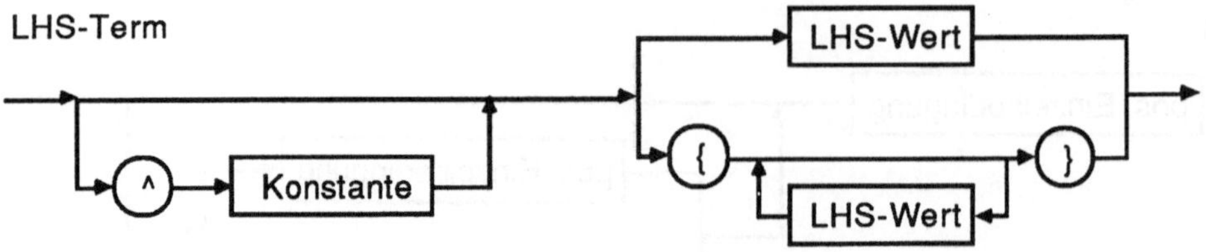

LHS-Wert

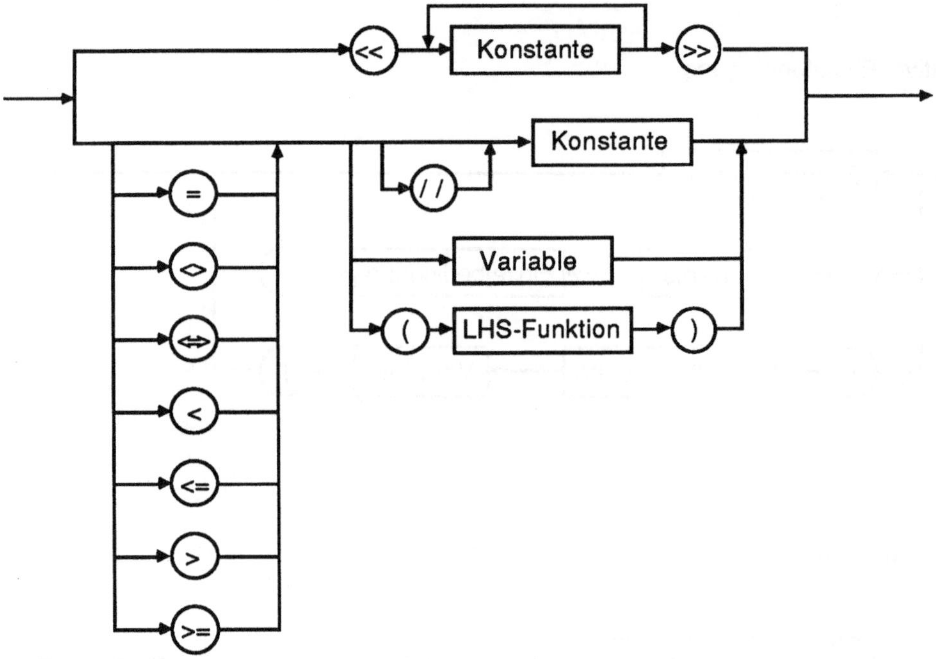

LHS-Funktion

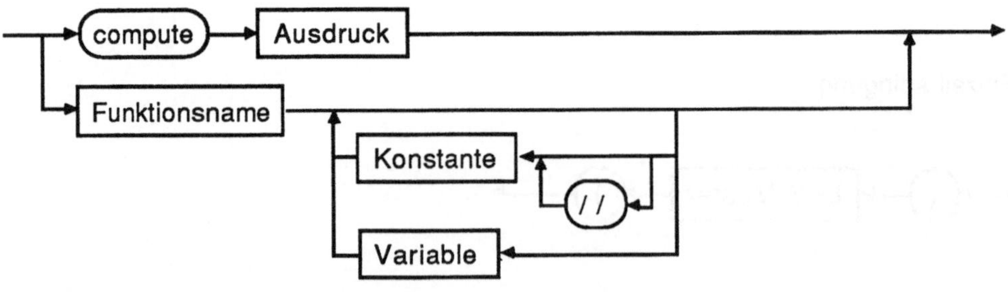

RHS

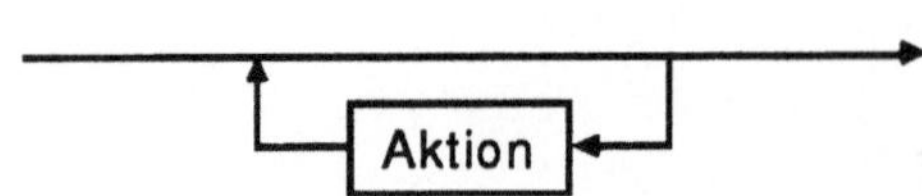

Aktion

(
make RHS-Muster
modify Elementdesignator RHS-Muster
remove Elementdesignator
halt
bind Variable RHS-Muster
cbind Variable
call symbol. Atom RHS-Muster
write RHS-Muster
openfile Dateiname Dateispez. in out
closefile Dateiname
default Dateiname accept trace write
build quotiertes Muster
addstate Dateispezifikation
savestate Dateispezifikation
restorestate Dateispezifikation
after num. Atom symbol. Atom
)

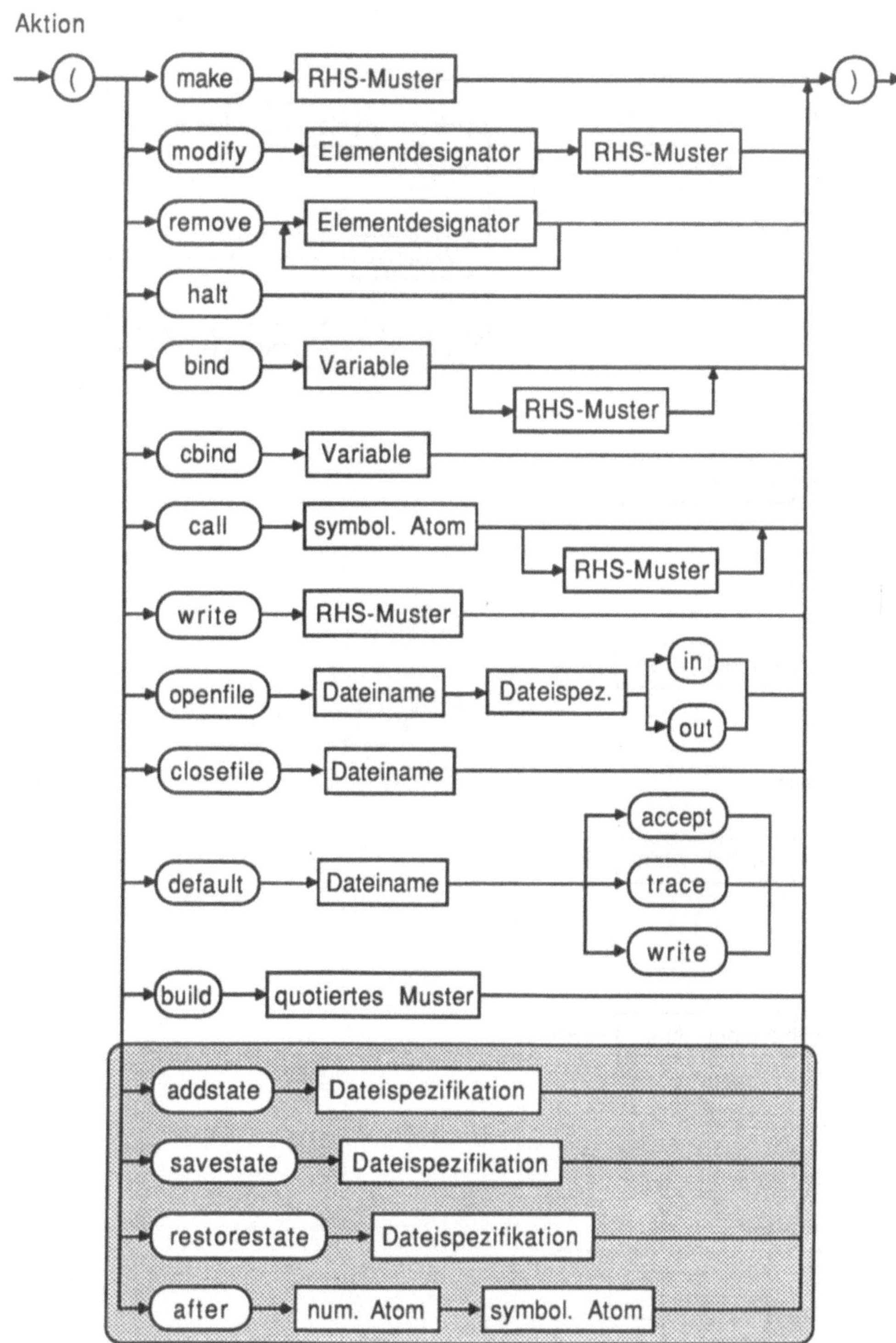

RHS-Muster

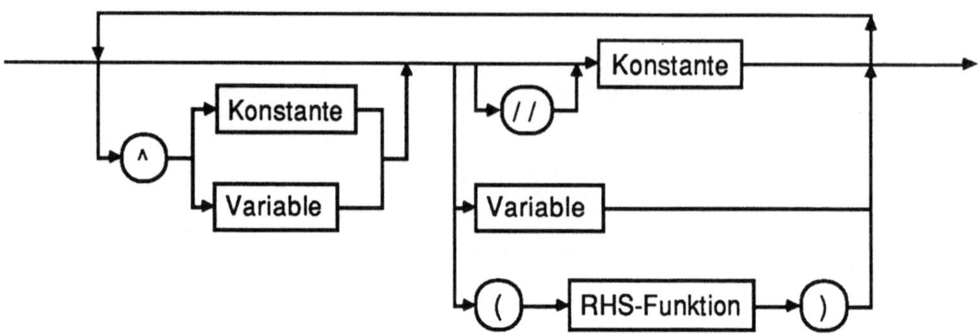

Dateispezifikation

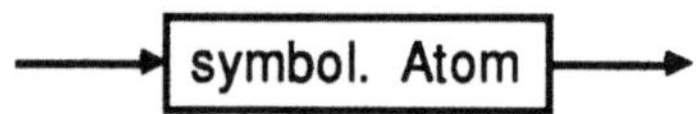

Regelname

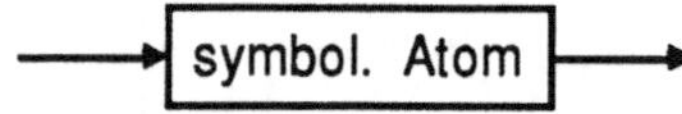

Funktionsname

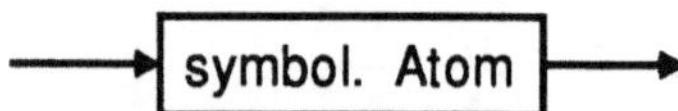

Dateiname

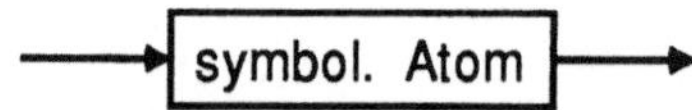

Elementdesignator

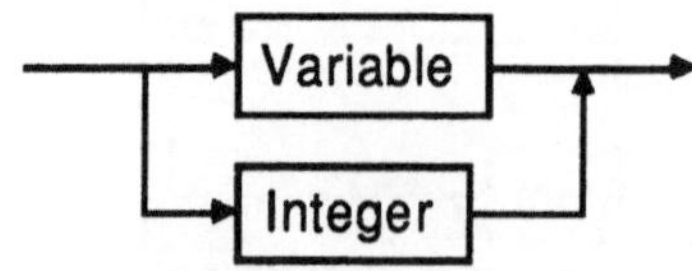

RHS-Funktion

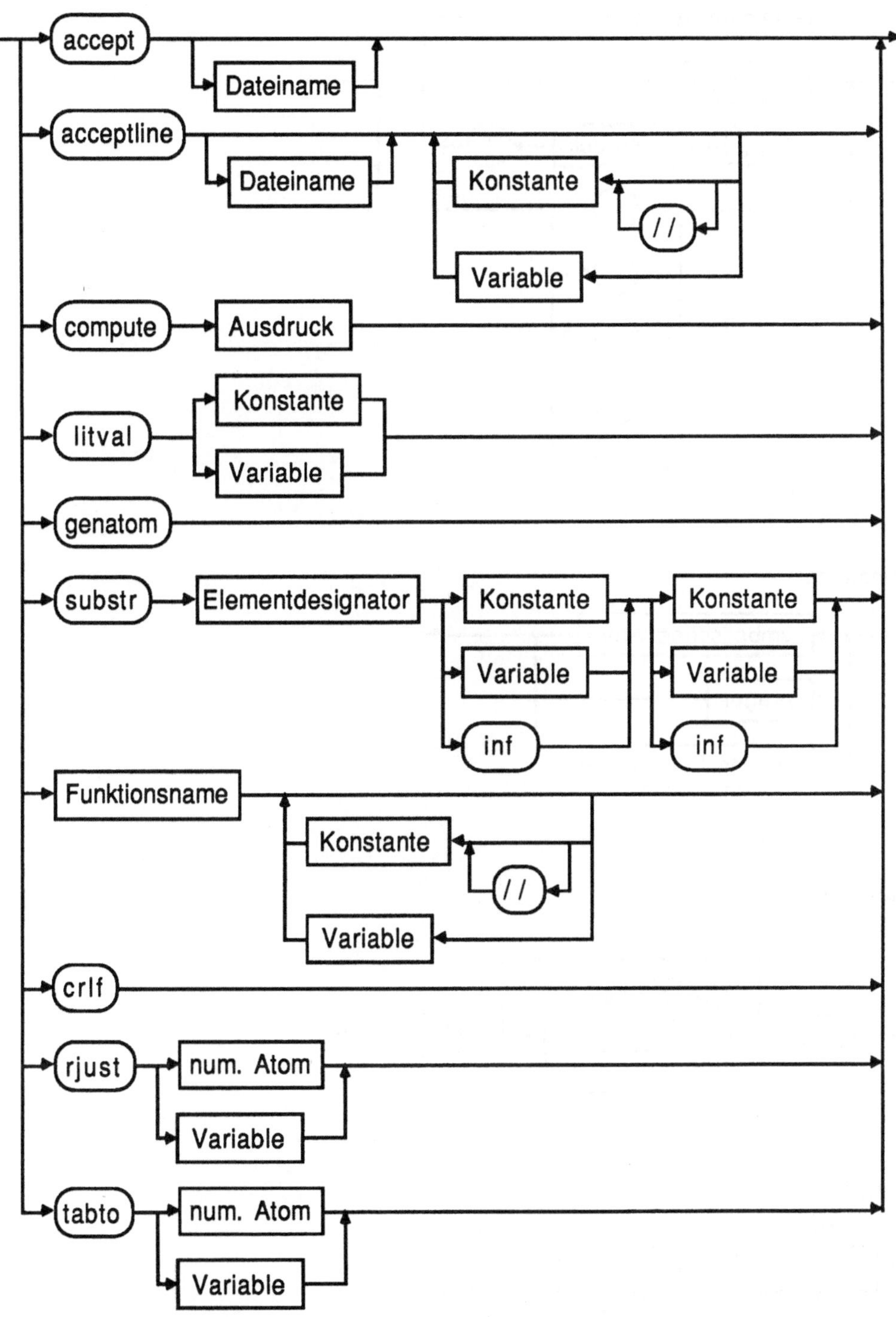

Ausdruck

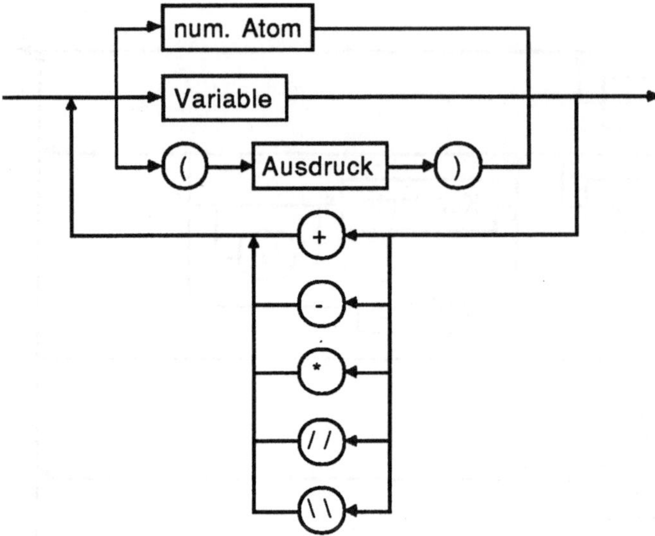

Konstante

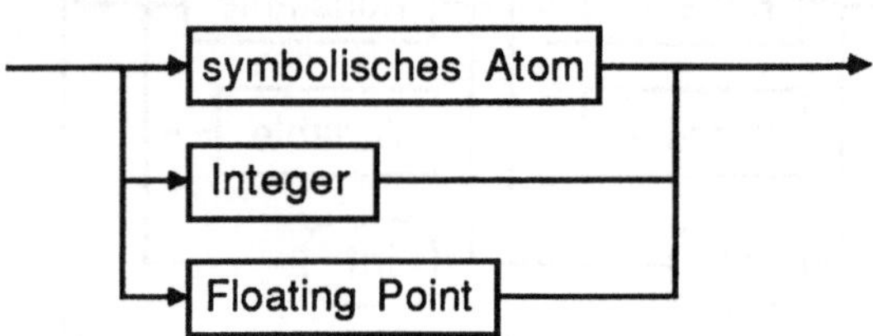

Variable

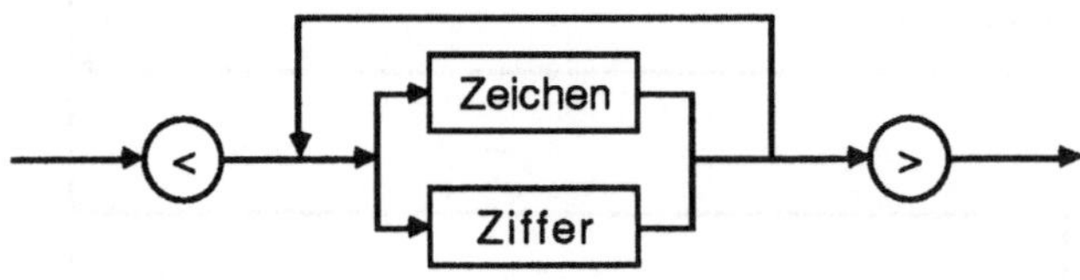

Integer

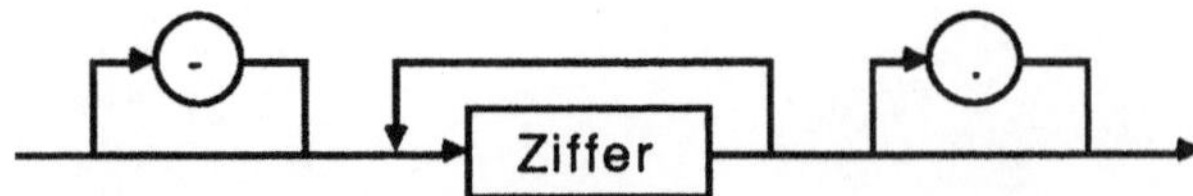

Floating Point

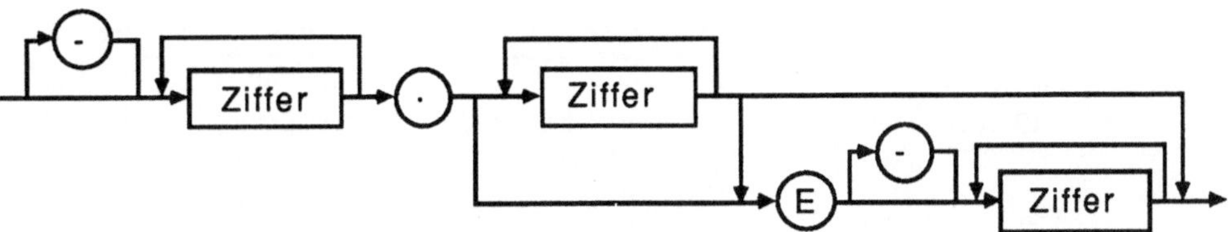

Symbolisches Atom

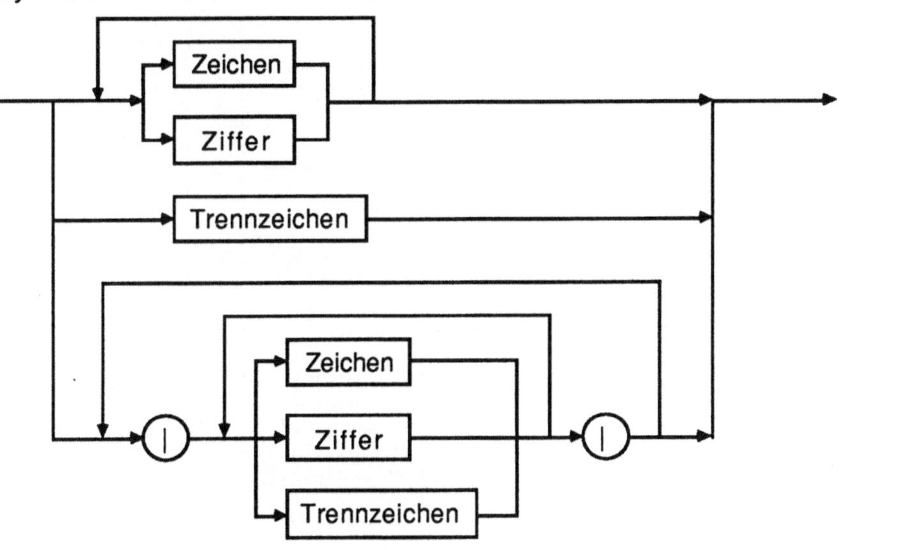

Ziffer

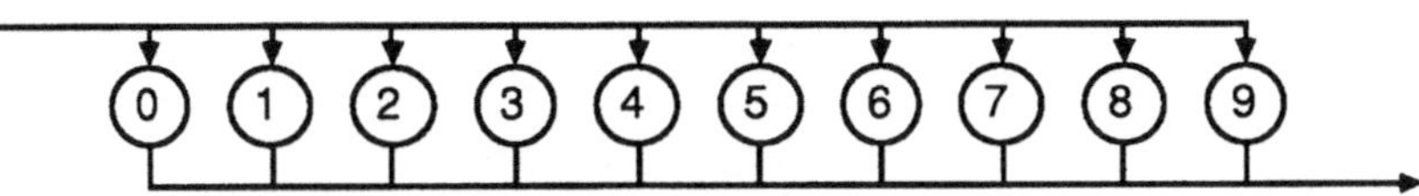

Zeichen

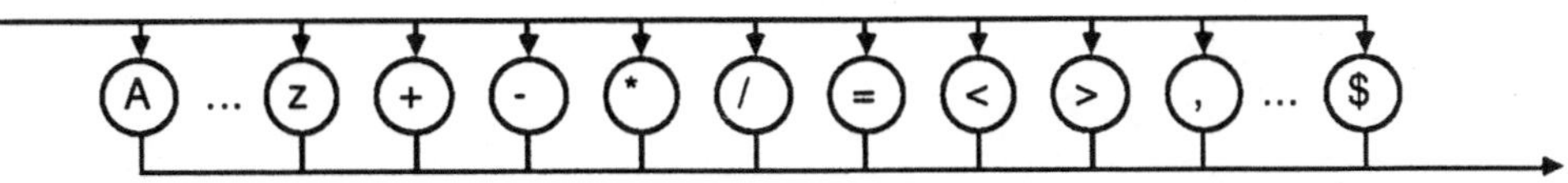

Trennzeichen

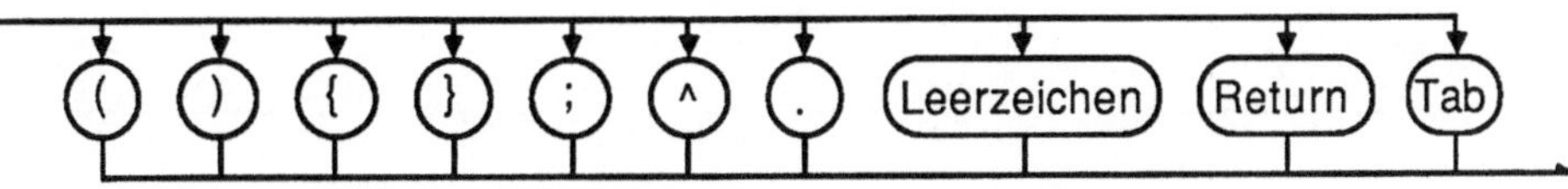

Startup-Anweisung

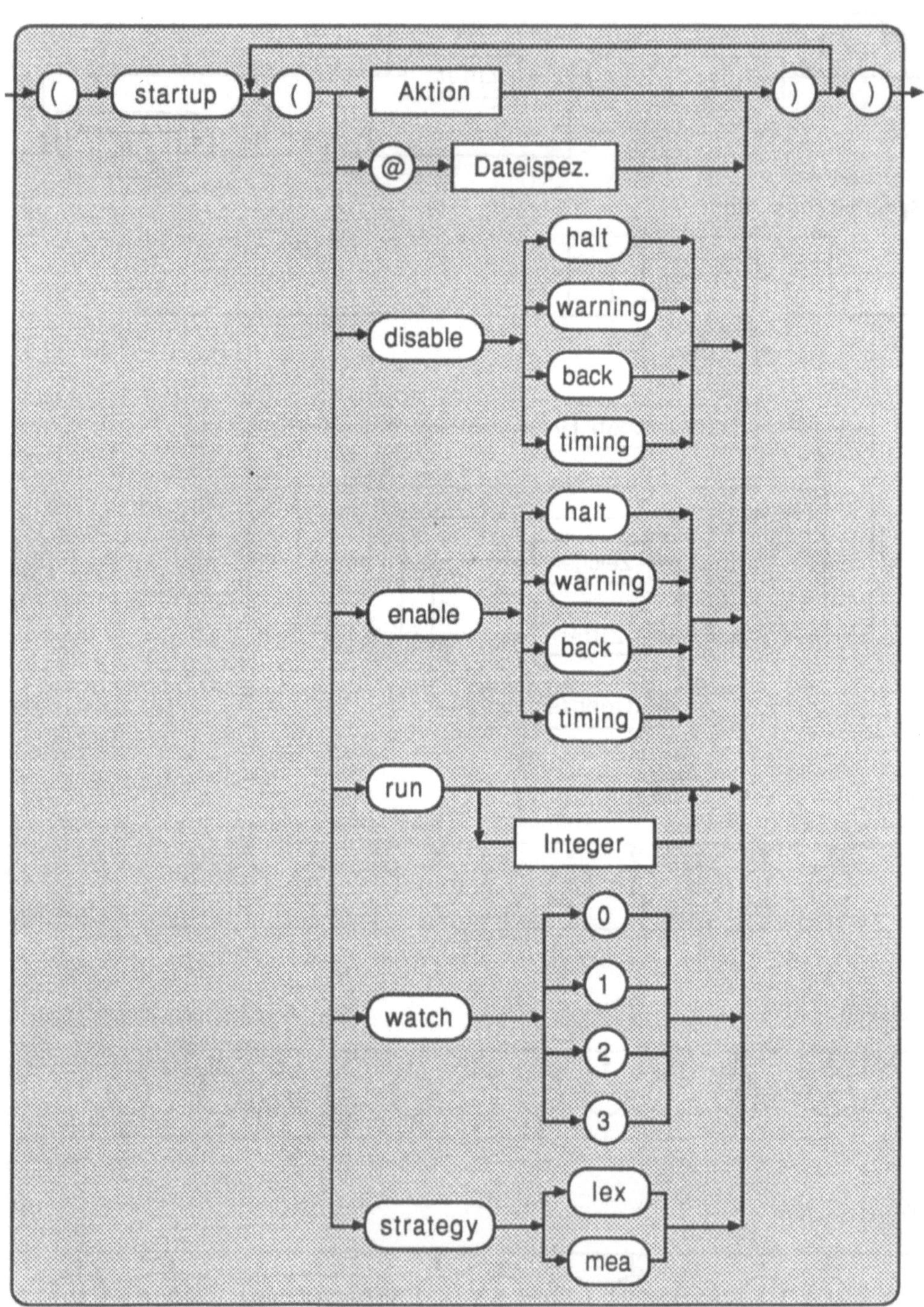

Glossar

Aktionsteil (action part, right-hand side, RHS). Bezeichnung für den Konsequenzteil einer OPS5-Regel.

Antezedens (antecedent). Die Voraussetzung (Prämisse) eines Schlusses (Implikation). In Produktionensystemen der Teil einer Produktionsregel, der die Vorbedingungen für die Anwendung oder Ausführung des Konsequenzteils der Regel beschreibt.

Arbeitsspeicher (working memory). Globale Datenbasis des OPS5-Systems.

Arbeitsspeicherelemente (working memory elements). Datenstrukturen, die im Arbeitsspeicher des OPS5-Systems gespeichert werden und auf denen die Regeln arbeiten.

Atom. Kleinste Dateneinheit im OPS5-System. Man unterscheidet zwischen symbolischen und numerischen Atomen.

Atomvariable. Eine der beiden in OPS5 möglichen Variablen. An eine Atomvariable kann ein symbolisches oder numerisches Atom gebunden werden.

Attribut (attribute). Eigenschaft eines Objektes, unter der es einen bestimmten, aber durchaus veränderlichen Wert besitzt. In OPS5 ist ein Attribut eine Komponente einer Arbeitsspeicherelementklasse mit dem zugehörigen Namen.

Attributname. Frei wählbarer Name für eine Komponente einer Klasse von Arbeitsspeicherelementen, über den lesend und schreibend auf die Komponente zugegriffen werden kann.

Attributoperator. Zur Auswahl einer durch einen Namen oder eine Nummer gekennzeichneten Komponente eines Arbeitsspeicherelementes oder des Resultatelementes dient der Attributoperator (^) gefolgt von der entsprechenden Nummer oder dem entsprechenden Attribut.

Attribut-Wert-Paar (attribute-value element). Datenstrukturen, um Objekte durch Angabe ihrer Eigenschaften zu beschreiben. OPS5-Arbeitsspeicherelemente sind Mengen von Attribut-Wert-Paaren.

Auswertungsoperator (unquote). Soll die Evaluierung einer Funktion oder Variablen bewirkt werden, wenn die Auswertung nicht vorgesehen ist (in OPS5 tritt dies nur bei der Anweisung Build auf), so geschieht dieses durch den Auswertungsoperator (in OPS5 \\).

Bedingungsteil (condition part, left hand side, LHS). Bezeichnung für den Antezedensteil einer OPS5-Regel.

Build. Mit der OPS5-Anweisung Build ist es möglich, den Regelspeicher zur Laufzeit des Programmes zu erweitern.

Case folding. Die Umwandlung aller Kleinbuchstaben innerhalb von (nicht durch "|" quotierten) Atomen in Großbuchstaben, wird als case folding bezeichnet.

Dämon (demon). Regelgruppen oder Prozeduren, die auf eine bestimmte Situation reagieren und unmittelbar aktiviert werden, ohne daß dieser Aufruf explizit programmiert wird, werden Dämonen genannt. In OPS5 sind dies Regeln, die unabhängig vom Kontext auf bestimmte Daten oder Datenkombinationen reagieren.

Datengesteuert (data driven). Regelsysteme, in denen die Aktivierung von Regeln durch das Vorhandensein bzw. Nichtvorhandensein von Daten geregelt wird, werden als datengesteuert bezeichnet.

Deduktion. Logische Ableitung von Aussagen mit Hilfe von Schlußregeln. Deduktive Verfahren garantieren, daß gefundene Lösungen korrekt sind und daß alle ableitbaren Aussagen (in endlicher Zeit) gefunden werden. Sie garantieren dagegen keine Antwort in endlicher Zeit, wenn ein gestelltes Problem keine Lösung hat.

Default (Voreinstellung). Die Default-Einstellung eines Systems ist derjenige Zustand, in dem sich das System befindet, wenn nicht vom Benutzer abweichende Einstellungen vorgenommen werden. Entsprechend sind Default-Werte (Vorbesetzungswerte) einer Variablen solche Werte, die die Variable annimmt, solange ihr nicht explizit ein Wert zugewiesen wird. Durch Default-Einstellungen werden undefinierte Zustände vermieden.

Einerknoten (one input node). Ein Knoten innerhalb des Netzes, das für den Rete-Match Algorithmus benutzt wird.

Einzelbedingung (condition element). Der Bedingungsteil einer OPS5-Regel besteht aus einer oder mehreren Einzelbedingungen, die jeweils aus einer (partiellen) Beschreibung eines Arbeitsspeicherelementes bestehen (Muster).

Elementvariable (element variable). Variablen, an die ein Arbeitsspeicherelement gebunden werden kann, um im Aktionsteil darauf zuzugreifen. Die Bindung erfolgt entweder im Bedingungsteil oder im Aktionsteil mit dem Befehl Cbind.

Evaluierung. Das Auswerten eines Ausdruckes oder einer Funktion zu einem konkreten Wert (s. dazu auch "Quotierung").

Feuern einer Regel (rule firering). Anwenden einer Regel. In OPS5 das Ausführen der im Konsequenzteil beschriebenen Anweisungen.

Heuristik. Nichtmathematische Methode (Faustregel) zum Finden von Erkenntnissen. Im Gegensatz zur Deduktion garantieren Heuristiken weder das Finden einer Problemlösung noch, daß ein gefundenes Ergebnis korrekt ist.

Inferenzmaschine (inference engine). Der Teil eines wissensbasierten Systems, der durch Anwendung einzelner Wissensquellen neues Wissen erschließt. Im Falle von Produktionensystemen der Teil des Systems, der die Auswahl und Anwendung von Regeln vornimmt.

Instantiierung (instantiation). Die Instantiierung einer Formel ist eine Formel, die aus der ersten Formel durch die Ersetzung der Variablen durch konkrete Werte entsteht. In

OPS5 wird als Instantiierung einer Regel die Zusammenfassung von geeigneten Arbeitsspeicherelementen (für jede Einzelbedingung der Regel eines) mit der Regel bezeichnet. Dadurch erhalten alle im Bedingungsteil auftretenden Variablen konkrete Werte.

Kombinatorische Explosion bezeichnet den Effekt, daß das vollständige Auskombinieren aller Möglichkeiten in einer Situation exponentiell mit der Anzahl der beteiligten Parameter (und der Anzahl der möglichen Werte, die diese annehmen können) wächst. Auch wenn das vollständige Auskombinieren prinzipiell zu einer Lösung führt, ist der Rechenaufwand praktisch immer zu hoch.

Konfliktlösung (conflict resolution). Stehen in einem Produktionensystem mehrere Regeln zum Feuern bereit, kann aber immer nur eine Regel zur Zeit feuern, so muß die Kontrolleinheit des Systems eine Regel auswählen. Zur Lösung dieses Konfliktes sind verschiedene Strategien gebräuchlich.

Konfliktmenge (conflict set). Im OPS5-System die Menge aller zu einer Zeit möglichen Instantiierungen der Regeln.

Konsequenz (consequent). Die aus einer Voraussetzung mögliche Schlußfolgerung. In Produktionensystemen der Effekt einer Regel, wenn sie bei erfülltem Antezedensteil ausgeführt wird.

Kontext (context). Zustand eines Produktionensystems, der durch die Bearbeitung einer bestimmten Teilaufgabe gekennzeichnet ist.

Kontextelement (context element). In OPS5 ein Arbeitsspeicherelement, das einen Kontext eines Produktionensystems realisiert und damit der Steuerung des Systems dient.

Numerisches Atom (nummeric atom). Einer der beiden primitiven Datentypen. Zusätzlich zu den bei symbolischen Atomen möglichen Operationen sind mit ihnen noch arithmetische Berechnungen möglich, sowie die Vergleiche $<$, $>$, ...

Printname. Zeichenkette, die der eindeutigen Identifikation eines symbolischen Atoms dient.

Produktion (production). Regel.

Produktionensystem (production system). Eine Systemarchitektur, die eine Menge von Regeln, eine endliche Kontrolleinheit und eine oder mehrere Datenbasen, auf der die Regeln arbeiten, umfaßt. Kennzeichnend für den damit verbundenen regelorientierten Programmierstil ist die Festlegung des Programmablaufs durch die Kontrolleinheit statt eines vorprogrammierten Ablaufs. (Der Ausdruck Produktionssysteme sollte für Fabrikanlagen und ähnliches vorbehalten sein.)

Quotierung. Die Quotierung eines Ausdruckes verhindert seine Evaluierung. Beispielsweise wird eine Variable im Aktionsteil einer Regel zu dem an sie gebundenen Wert evaluiert. Ist sie jedoch quotiert, wird der Variablenname als symbolisches Atom aufgefaßt.

Recognize-Act Cycle. Der Recognize-Act Cycle stellt eine Art Urschleife des OPS5-Systems dar, die ständig vom Regelinterpreter durchlaufen wird. Er besteht im Prinzip aus drei Phasen, in denen der Reihe nach die Bedingungsteile der Produktionen überprüft werden, eine Produktion ausgewählt und deren Aktionsteil ausgeführt wird.

Refraktärität bezeichnet den Effekt, daß eine Nervenzelle, nachdem sie durch einen Impuls erregt wurde, für kurze Zeit (Refraktärphase) gegenüber weiteren Impulsen unempfindlich ist.

Regel (rule). Ein Beschreibungsformalismus für das Verhältnis zwischen Voraussetzung (Antezedens) und daraus möglichen Folgerung (Konsequenz). Regeln werden häufig auch Produktionen oder Produktionsregeln genannt.

Regelauswahlstrategie (conflict resolution strategy). Algorithmus, der bestimmt, welche Regel ausgewählt wird, wenn bei mehreren gleichzeitig der Bedingungsteil erfüllt ist.

Regelinterpreter (rule interpreter). Die Inferenzmaschine des OPS5-Systems.

Resultatelement (result element). Eine spezielle Datenstruktur im OPS5-System, die zur Auswertung der im Konsequenzteil enthaltenen Anweisungen und Funktionen dient. Es hat die Struktur eines Arbeitsspeicherelements, ist aber nicht Bestandteil des Arbeitsspeichers.

Rete-Match Algorithmus. Durch Verwendung des Rete-Match Algorithmus kann bei einem Produktionensystem sehr schnell berechnet werden, bei welchen Produktionsregeln die Bedingungsteile aufgrund des augenblicklichen Zustandes der globalen Datenbasis erfüllt sind.

Rücksetzverfahren (backtracking). Problemlösungsverfahren, das es erlaubt, einmal gemachte Entscheidungen rückgängig zu machen, wenn sie sich als falsch erweisen.

Rückwärtsverkettung (backward chaining). Regelanwendungsmechanismus, bei dem die Regeln durch Vorgabe einer gewünschten Konsequenz aktiviert werden.

Spezifität (specificity). Eine Regelauswahlstrategie, die auf der Heuristik beruht, daß Regeln mit einem spezielleren Bedingungsteil ein besseres Ergebnis liefern und deshalb vorgezogen werden sollen.

Symbolisches Atom (symbolic atom). Einer der beiden primitiven Datentypen des OPS5-Systems. Sie bestehen lediglich aus einem Namen.

Toplevel (Kommandoebene). Zustand des OPS5- bzw. LISP-Systems, in dem nicht ein (vom Benutzer geschriebenes) Programm ausgeführt wird, sondern eine Art Urschleife des Systems Benutzerkommandos einliest und ausführt.

Unterstützungsroutinen (support routines). Prozeduren und Funktionen, die zum Anbinden externer Routinen an OPS5-Programme nötig sind. Sie dienen dem Datenaustausch und der Datenkonvertierung.

Vektorattribut (vector-attribute). Jede Klasse von Arbeitsspeicherelementen in OPS5 kann ein Attribut haben, unter dem nicht nur ein skalarer Wert eingetragen werden kann, sondern ein ganze Folge solcher Werte.

Vorwärtsverkettung (forward chaining). Regelanwendungsmechanismus, bei dem die Aktivierung der Regeln durch die Erfüllung der Bedingungsteile erfolgt.

Zeitstempel (time tag). In OPS5 unterscheiden sich alle Objekte des Arbeitsspeichers durch ihren Zeitstempel, der ihnen bei der Erzeugung und bei jeder Modifikation aufgedrückt wir. Durch ihn wird die Neuheit der Objekte bestimmt.

Zielgesteuert (goal driven). Regelsysteme in denen die Aktivierung von Regeln durch das Aufsetzen von Zielen geregelt wird, werden als zielgesteuert bezeichnet.

Zweierknoten (two input node). Ein Knoten innerhalb des Netzes, das für den Rete-Match Algorithmus benutzt wird, der die Verbindungen zwischen Einzelbedingungen realisiert.

Literatur

/Brownston 85/
    Programming Expert Systems in OPS5
    An Introduction to Rule-based Programming
    Lee Brownston, Robert Farrell, Elaine Kant, Nancy Martin
    Addison-Wesley Publishing Company, Inc.
    Reading, Massachusetts, 1985

/Basili 75/
    Iterative Enhancement: A Practical Technique for Software Development
    Victor R. Basili, Albert J. Turner
    in: IEEE Transaction on Software Engineering,
        Vol. SE-1, No.4, Dezember 1975, Seite 340

/Forgy 81/
    OPS5 User's Manual
    Charles L. Forgy
    Department of Computer Science, Carnegie Mellon University, Juli 1981

/Hayes-Roth 83/
    An Overview of Expert Systems
    Frederick Hayes-Roth, Donald A. Waterman, Douglas B. Lenat
    in: Building Expert Systems
        F. Hayes-Roth, D. A. Waterman, D. B. Lenat (Herausgeber)

    Addison-Wesley Publishing Company, Inc.
    Reading, Massachusetts, 1983
    Seite 3

/Hayes-Roth 85/
    Blackboard Architecture for Control
    Barbara Hayes-Roth
    in: J. Artificial Intelligence
        Vol. 26, 1985, Seite 256

/Laubsch 85/
    Techniken der Wissesdarstellung
    Joachim Laubsch
    in: Informatik-Fachberichte
        Künstliche Intelligenz, Frühjahrsschule Dassel
        Springer Verlag Berlin, März 1985
        Seite 48

/Lenat 83/
Reasoning about Reasoning
Douglas B. Lenat, Randall Davis, Jon Doyle, Michael Genesereth,
Ira Goldstein, Howard Schrobe
in: Building Expert Systems
    F. Hayes-Roth, D. A. Waterman, D. B. Lenat (Herausgeber)

    Addison-Wesley Publishing Company, Inc.
    Reading, Massachusetts, 1983
    Seite 219

/Moore 73/
How can Merlin Understand?
J. Moore, Allen Newell
Department of Computer Science, Carnegie Mellon University, Juli 1973

/Newell 76/
Computer Science as Empirical Inquiry: Symbols and Search
Allen Newell, Herbert A. Simon
in: Communications of the ACM
    Vol. 3, No 19, März 1976, Seite 113

/Nilsson 82/
Principles of Artifical Intelligence
Nils J. Nilsson
Springer Verlag Berlin, 1982

/Rich 83/
Artificial Intelligence
Elaine Rich
McGraw-Hill, Inc. Singapore, 1983

/Winston 84/
Artificial Intelligence
Patrick H. Winston
(2nd Edition)
Addison-Wesley Publishing Company, Inc.
Reading, Massachusetts, 1984

Index